博雅

21世纪经济与管理应用型本科规划教材
会计学系列

中级财务会计

Intermediate Financial Accounting

吕孝侠 编著

北京大学出版社
PEKING UNIVERSITY PRESS

图书在版编目(CIP)数据

中级财务会计/吕孝侠编著. —北京:北京大学出版社,2013.1
(21世纪经济与管理应用型本科规划教材·会计学系列)
ISBN 978-7-301-21462-6

Ⅰ.①中… Ⅱ.①吕… Ⅲ.①财务会计-高等学校-教材 Ⅳ.①F234.4

中国版本图书馆 CIP 数据核字(2012)第 252523 号

书　　名:中级财务会计
著作责任者:吕孝侠　编著
策 划 编 辑:马　霄
责 任 编 辑:马　霄
标 准 书 号:ISBN 978-7-301-21462-6/F·3379
出 版 发 行:北京大学出版社
地　　址:北京市海淀区成府路 205 号　100871
网　　址:http://www.pup.cn
电 子 信 箱:em@pup.cn　　QQ:552063295
新 浪 微 博:@北京大学出版社　@北京大学出版社经管图书
电　　话:邮购部 62752015　发行部 62750672　编辑部 62752926　出版部 62754962
印 刷 者:山东省高唐印刷有限责任公司
经 销 者:新华书店
787 毫米×1092 毫米　16 开本　23 印张　541 千字
2013 年 1 月第 1 版　2013 年 1 月第 1 次印刷
印　　数:0001—3000 册
定　　价:42.00 元

丛书出版前言

《国家中长期教育改革和发展规划纲要(2010—2020年)》指出,目前我国高等教育还不能完全适应国家经济社会发展的要求,学生适应社会和就业创业能力不强,创新型、实用型、复合型人才紧缺。所以,在此背景下,北京大学出版社响应教育部号召,在整合和优化课程、推进课程精品化与网络化的基础上,积极构建与实践接轨、与研究生教育接轨、与国际接轨的本科教材体系,特策划出版《21世纪经济与管理应用型本科规划教材》。

《21世纪经济与管理应用型本科规划教材》注重系统性与综合性,注重加强学生分析能力、人文素养及应用性技能的培养。本系列包含三类课程教材:通识课程教材,如《大学生创业指导》等,着重于提高学生的全面素质;基础课程教材,如《经济学原理》《管理学基础》等,着重于培养学生建立宽厚的学科知识基础;专业课程教材,如《组织行为学》《市场营销学》等,着重于培养学生扎实的学科专业知识以及动手能力和创新意识。

本系列教材在编写中注重增加相关内容以支持教师在课堂中使用先进的教学手段和多元化的教学方法,如用课堂讨论资料帮助教师进行启发式教学,增加案例及相关资料引发学生的学习兴趣等;并坚持用精品课程建设的标准来要求各门课程教材的编写,力求配套多元的教辅资料,如电子课件、习题答案和案例分析要点等。

为使本系列教材具有持续的生命力,我们每隔三年左右会对教材进行一次修订。我们欢迎所有使用本系列教材的师生给我们提出宝贵的意见和建议(我们的电子邮箱是em@pup.cn),您的关注就是我们不断进取的动力。

在此,感谢所有参与编写和为我们出谋划策提供帮助的专家学者,以及广大使用本系列教材的师生,希望本系列教材能够为我国高等院校经管专业的教育贡献绵薄之力。

北京大学出版社

经济与管理图书事业部

2012年1月

前 言

现代会计可以分为财务会计和管理会计两大分支。财务会计和管理会计都是以企业经济活动所产生的数据为依据，通过科学的程序和方法，提供经济决策与经营管理所需的财务信息，共同为信息使用者提供服务。财务会计主要是为企业外部的投资者、债权人及利益相关的单位或个人提供决策、控制、管理所需的会计信息。管理会计主要是为企业内部各个层次的管理者提供管理用信息。本书所涉及的概念及相关内容属于财务会计范畴。财务会计又分初级财务会计（会计基础）、中级财务会计和高级财务会计，而中级财务会计在财务会计学科的体系中处于非常重要的地位。中级财务会计主要是对一般企业的常见业务或最基本内容进行核算，核算的目的是以会计假设和会计基础为前提，运用会计的专门方法，按照会计法律及企业会计准则的要求，对会计要素进行确认、计量和报告，最终以财务报告的形式向财务报告使用者提供对决策有用的信息，同时反映企业管理层受托责任的履行情况及结果。

本教材以突出实用性为出发点，在阐述相关概念和会计理论的基础上，依据现行企业会计准则、会计准则应用指南、会计准则解释，进行了大量的实用案例分析及会计业务处理。同时，为了帮助学生更好地理解所学理论，提高学生的实务处理能力，各章内容后均配有思考题、单项选择题、多项选择题、判断题等多种强化训练题及业务处理综合题，以方便学生学习和进行实务训练。

本教材编写人员在普通高等院校本科会计学专业从事多年的教学工作，具有丰富的教学经验，了解学生的学习需求，同时也了解现有人才市场对应用型人才的需求情况，因此，为了满足本科院校对应用型会计人才培养的需要，我们编写了这本《中级财务会计》，以帮助学生尽快掌握中级财务会计理论及核算方法，使其能够快速地与用人单位对接。

本教材主要用于普通本科院校会计学、财务管理及相关专业的教学，同时也可以作为会计从业人员继续教育及高等职业技术院校的会计教学用书。

本教材由天津城市建设学院经济与管理学院吕孝侠任主编，负责结构设计和写作提纲确定，并承担部分编写任务；天津农学院经济管理系章洁倩任副主编；参加编写的人员还有天津农学院经济管理系杨国强、哈尔滨金融学院管理系刘俊贤。

本书共分十二章，其中第一章、第四章、第五章、第六章和第八章由吕孝侠编写；第二章、第三章和第七章由章洁倩编写；第九章和第十章由刘俊贤编写；第十一章和第十二章由杨国强编写。全书由吕孝侠总纂定稿。

本书在写作过程中，参考了有关专家、学者、教授的优秀著作、教材和其他相关文献，在此一并表示感谢！

受时间和水平所限，书中不妥之处在所难免，恳请读者批评指正。

编者

2012 年 11 月

目 录

第一章 财务会计基本理论

【教学目的】

通过本章学习,学生应当了解并掌握:

1. 会计的含义及特点
2. 会计的职能与目标
3. 会计核算的基本前提及会计基础
4. 会计信息质量要求
5. 会计要素及其确认和计量
6. 财务会计核算方法

现代会计可以分为财务会计和管理会计两大分支。财务会计和管理会计都是以企业经济活动所产生的数据为依据,通过科学的程序和方法,提供经济决策与经营管理所需的财务信息,共同为信息使用者提供服务。财务会计主要是为企业外部的投资者、债权人及利益相关的单位或个人提供决策、控制、管理所需的会计信息。管理会计主要是为企业内部各个层次的管理者提供管理用信息。本书所涉及的概念及相关内容都是财务会计范畴中的中级财务会计内容。中级财务会计在财务会计学科体系中,处于非常重要的地位。中级财务会计主要是对一般企业的常见业务或最基本内容进行核算,核算的目的是以会计假设和会计基础为前提,运用会计的专门方法,遵循会计法律及各项准则、制度及会计信息质量要求的同时,对会计要素进行确认、计量,最终以财务报告的形式向财务报告使用者提供对决策有用的信息,同时也用以反映企业管理层受托责任的履行情况及结果。通过本章内容的学习,不但可以了解财务会计的基本含义、职能、会计假设、会计基础,还可以掌握会计要素的内容及其确认与计量,并对我国目前的会计规范体系有所了解,为后续各章内容的学习奠定理论基础。

第一节 会计的含义及特点

一、会计的含义

会计是随着社会生产及其经济发展的需要而产生的,并随着市场经济的发展而不断完善。我国的会计发展经历了从实践到理论、再将理论应用于实践,由低级到高级、由简单到复杂的漫长过程。

从时间上看，旧石器时代的中、晚期就出现了原始的计量、记录行为。尽管当时的人们还不能用纸张进行科学规范的账务处理，也没有专职的人员去从事会计工作，而仅凭大脑进行记忆，但这是会计产生的雏形。后来随着生产活动的日益复杂，单凭记忆已经不能满足经济发展的需要，便开始了简单的计量、计算和记录行为。1494 年意大利传教士卢卡帕乔利的著作《算术、几何及比例概要》一书出版，第一次系统地介绍了借贷复式记账法，并从理论上做了阐述，标志着近代会计的开始。20 世纪 50 年代以后，传统的会计逐渐形成了相对独立的两个分支：财务会计和管理会计。从核算手段上看，也由原来的纯手工会计向会计电算化过渡和转化，使会计人员从繁琐的劳作中解脱出来，大大提高了会计信息的生成效率和利用率。

从会计的产生和发展过程可以看出，社会经济的发展直接决定了会计的发展，"经济越发展，会计越重要"这一著名论断也早已被实践证明。此处，我们给出会计的定义：会计是以货币为主要计量单位，以凭证为依据，借助专门的技术方法，对一定会计主体的经济活动进行连续、系统、全面的核算与监督，并向会计信息使用者提供会计信息的一种经济管理活动。

二、财务会计的特点

1. 以货币为主要计量单位

会计核算主要是利用货币量度，综合反映各单位的经济活动过程和结果。当然也不排除其他量度单位的辅助使用，如对经济活动过程和结果的数量进行反映时，可以采用实物量度、货币量度和劳动量度。鉴于经济活动的复杂性，要想综合反映和比较不同类别的经济活动及其结果，只能使用货币量度，所以会计核算中以货币作为主要计量单位。

2. 以凭证为依据

会计所提供的信息资料只有真实、可靠，才能客观地反映企业经营管理的过程及结果。因此，会计要想提供真实、准确的信息资料，就必须依据符合会计核算要求的凭证进行会计业务处理，即企业必须准确填制和严格审核会计凭证，以保证依据会计凭证所登记的账簿真实可靠，继而保证会计信息的真实、可靠。

3. 连续、系统、全面

会计核算的连续性，是指按经济业务发生的时间先后顺序进行不间断的计量、记录、报告；会计核算的系统性，是指对会计对象要按科学的方法进行分类，进行系统的加工、整理、汇总，以便提供经济管理所必需的数据资料；会计核算的全面性，是指对会计核算的所有内容都要进行计量、记录、报告，不能有任何遗漏。

4. 核算方法具有特殊性

会计的方法是指用来核算和监督会计对象，实现会计职能，执行和完成会计任务的手段。会计由会计核算、会计分析和会计检查三个主要部分组成。会计核算是会计的基本环节，其方法比较特殊，主要包括设置账户、复式记账、填制和审核凭证、登记账簿、成本计算、财产清查、编制会计报告。会计核算的这些方法相互联系、密切配合，构成了一个完整的方法体系。

第二节 会计的职能与目标

一、会计的职能

会计的职能是指会计在经济管理活动中所具有的功能。随着社会经济的不断发展和经济管理需求的逐步提高,会计职能的内涵也在不断扩展和充实。根据会计的含义及特点,会计的基本职能有两个:会计核算和会计监督。

(一) 会计核算职能

会计核算职能是会计最基本的职能,因为,会计核算工作是企业全部会计工作的基础,贯穿企业经济活动的全过程。所谓会计核算,是指以货币为主要计量单位,运用一系列的专门方法和程序对企业经济活动进行连续、系统、全面的确认、计量、记录和报告,为各利益相关者提供财务会计信息的行为。

实际工作中,会计确认和计量是记录的前提,记录是确认和计量的结果。会计报告是会计信息系统的最终环节,也是确认、计量、记录的结果和目的。财务部门在其日常的会计核算工作中,针对不同的经济业务可能同时出现确认、计量、记录工作,而对于一项经济业务来说是有先后顺序的,先确认和计量,再进行记录,期末结账后才能进行财务报告。什么是会计确认、计量、记录和报告呢?会计确认是指决定交易或事项中的某一项目作为一项会计要素加以记录和列入财务报表的过程,是财务会计的一项重要程序。会计确认主要解决应不应该确认、如何确认、何时确认的问题,分为初始确认和会计报表中的最终确认。会计计量是指根据被计量对象的计量属性,以货币或其他度量单位确定其货币金额或其他数量的过程,主要解决记录多少的问题。会计记录是指对已确认的会计事项运用会计专门方法进行数量登记的过程。会计报告是指将已记录的数据资料,以表格或文字方式报告给会计信息使用者。

(二) 会计监督职能

会计监督职能是指以财经法律、法规及准则、制度等为准绳,对企业经济活动的全过程进行合法性、合理性的检查、控制和评价。会计监督职能有三种表现:事前监督、事中监督和事后监督。事前监督是指参与经济预测、计划、或预算的编制等;事中监督体现在企业日常财务会计核算过程中,因为会计核算是对企业经济活动是否符合国家政策、法规的一种真实体现,会计核算的过程本身也是一种会计监督;事后监督是指以事先制定的目标、标准为依据,对已完成的经济活动的合法性、合理性、经济效益及计划完成情况进行客观的考核和评价。

二、会计的目标

在市场经济条件下,企业会计的总体目标是实现经济效益和企业价值最大化。具体目标表现在:

1. 为国家提供会计信息

国家是社会经济活动的组织者和管理者，国家在运用经济手段对国民经济实行宏观调控时，所需要的经济信息大部分来源于各会计主体提供的财务会计信息。所以，企业为国家提供真实、有效的会计信息，是企业财务会计的重要工作任务及目标。

2. 为企业外部的信息使用者提供会计信息

企业外部的信息使用者主要是指企业的投资者、债权人、供应商、经销商及财政、税收、审计、商业银行等部门及个人。这些企业外部信息使用者，在投资、贷款、业务往来及税收征管等方面，都需要及时了解企业的财务状况、经营成果及现金流量等多方面信息。信息使用者出于利益考虑，政府部门出于其实现政府职能的考虑，他们都非常关注企业的经营状况及成果，因此，企业有义务为他们提供真实、可靠的财务会计信息，以便信息使用者做出正确的决策。

3. 为企业内部管理者提供会计信息

从会计的角度说，企业为实现经济效益或企业价值最大化的目标，就必须提升企业的综合管理水平，增强企业的市场竞争力。而提升企业的综合管理水平、增强企业的市场竞争力与企业内部管理是密不可分的。企业内部管理中的经营决策、筹资决策、投资决策等又都离不开企业财务会计信息资料的分析和评价，因此，企业财务会计核算的信息资料，不仅要提供给企业外部的信息使用者，也要提供给企业内部信息使用者。

4. 为企业管理层受托责任履行情况评价提供依据

在现代企业管理中，企业的管理层是接受投资者和债权人的委托经营管理企业的受托者，他们不仅负有资产管理权限，保证企业资产的安全完整，还要负有资产运作使企业资产不断增值的责任。企业管理层在受托期间能否很好地履行受托责任，企业的投资者和债权人等委托人要定期或经常对受托责任者进行客观评价。对受托责任者的评价依据就是财务会计核算的信息资料，通过对会计信息的分析，可以帮助投资者和债权人根据分析和评价结果做出对受托者继续任用或更换的决策。因此，财务会计提供反映企业管理层受托责任履行情况的会计信息，也是财务会计具体目标之一。

第三节　会计核算的基本前提及会计基础

一、会计核算的基本前提

会计核算中的确认、计量、记录和报告，需要在一定的前提条件下进行。会计核算的基本前提又称会计假设，是对会计核算所处的时间、空间环境及计量尺度等做出的合理设定。我国《企业会计准则——基本准则》规定了四个会计基本前提，即会计主体、持续经营、会计分期和货币计量。

（一）会计主体

会计主体是指会计为之服务的特定单位或组织，即会计实体。会计主体为会计工作明确了空间范围和界限，会计主体以是否进行独立会计核算为主要确认依据，能够进行独立会计核算的即为会计主体,不能进行独立会计核算的不是会计主体。我国企业会计准则明确了企业从事会计工作和提供会计信息的空间范围,如“企业应当对其本身发生的交易或者事项进行会计确认、计量和报告”,企业会计核算有了这样的空间范围,会计人员在业务核算时就能够明确哪些经济活动应予核算和监督,哪些活动不在会计核算和监督的范围之内。

需要注意和加以区分的是,会计主体与法律主体不同。法律主体是法律上承认的、拥有独立财产、能够独立承担民事责任和享受权利的主体,包括法人和自然人。任何一个法人都要按规定进行会计核算,自然人一般无须进行会计核算,因此法人一定是会计主体,自然人一般不作为会计主体。会计主体不一定是法律主体。任何在工商管理部门登记注册的企业,都是会计主体,但企业中非独立法人的分支机构也可以是独立核算的会计主体,但却不是法律主体。

(二) 持续经营

我国《企业会计准则——基本准则》规定,企业会计确认、计量和报告应当以持续经营为前提。持续经营是假设企业在可预见的未来,能够按照预期的发展目标永远经营下去,不会破产清算。这只是企业会计核算理论、核算方法应用,及时提供会计信息的一个基本前提和假设,如果没有这样的前提和假设,企业终止经营、破产清算时,会计核算将无法正常进行,需要按清算规则进行业务处理。所以,企业在正常经营情况下,其资产、负债、所有者权益、收入、费用、利润的核算,都必须按照常规的会计方法进行核算,即在持续经营前提下进行核算。

(三) 会计分期

企业的经营是一个连续不断的过程,要想确切地核算企业最终的经营成果,理论上需要等到会计主体终止经营,才能得出结论。然而,事实上企业不可能等到终止经营时再去计算其经营成果。因为,企业在其经营过程中,要随时了解企业的经营状况、经营成果及企业经营管理中存在的各种问题,企业外部的投资者、债权人及相关利益者也需要及时了解企业的经营状况及经营成果等相关信息,为此,将一个企业连续不断的生产经营活动划分成若干相等的期间,这就是会计分期。我国《企业会计准则——基本准则》规定:“企业应当划分会计期间,分期结算账目和编制财务会计报告。”

会计期间分为年度和中期。按年划分的会计期间称为会计年度。我国企业的会计年度与日历年度相同,即每年1月1日至12月31日为一个会计年度。中期是指短于一个完整的会计年度的报告期间,如半年度、季度和月度。有些国家或地区的会计年度与日历年度并不相同,如我国香港特别行政区就是以4月1日至下一年的3月31日为一个会计年度期间。

(四) 货币计量

货币计量是指企业在会计核算过程中统一采用货币作为计量单位。至于日常会计核算选用何种货币作为记账本位币,取决于生产经营活动中的交易或事项主要以何种货币结算。在我国,会计核算要求采用以人民币作为记账本位币。同时也规定,业务收支以外币为主的单位也可以选择某种外币作为记账本位币,但编制的财务会计报告应当折算为人民币反映。在境外设立的中国企业向国内报送的财务会计报告,应当折算为人民币报送。

需要注意的是,货币计量的前提假设还有另外一层含义,即币值稳定的假设。货币是通过其购买力或物价水平来体现其自身价值的,当物价水平变动时,币值也会随之变动。当通货膨胀情况出现时,货币计量也会受到冲击,此时,需要采用特殊会计准则予以解决。

二、会计基础

会计基础是会计确定记账时间点的标准。由于企业在生产经营活动过程中,会出现经济业务发生的时间与款项结算时间不在同一会计期间的情况,这些经济业务所产生的结果到底应该归属于哪一个会计期间,就需要有合理的标准予以确定。因此,在会计分期假设下,就出现了权责发生制和收付实现制两种会计基础。

权责发生制又称应计制或应收应付制,是指凡是当期已经实现的收入和已经发生或应当负担的费用,无论款项是否收付,都应作为当期的收入和费用,计入利润表;凡是不属于当期的收入和费用,即使款项在当期已经收到或已经付出,也不应当作为当期的收入和费用。

收付实现制又称现金制或实收实付制,是指凡是在本期收到款项和支付的费用,不论是否属于本期,都应当作为本期的收入和费用处理;反之,即使收入取得或费用发生,没有实际款项的收入或付出,也不应作为当期的收入和费用入账。

权责发生制强调的是权力、责任的形成和发生,收付实现制强调款项是否收付。二者业务处理时间的确定标准不同。

我国《企业会计准则——基本准则》第九条规定:“企业应当以权责发生制为基础进行会计确认、计量和报告。”

第四节　会计信息质量要求

会计信息质量要求是对企业财务会计报告所提供的会计信息质量的基本要求,是使财务报告中所提供的会计信息对投资者决策有用所应具备的基本特征。根据我国企业会计准则规定,企业会计信息质量要求包括以下八个方面。

1. 可靠性

可靠性要求企业应当以实际发生的交易或者事项为依据进行会计确认、计量和报告,如实反映符合确认和计量要求的各项会计要素及其他相关信息,保证会计信息真实可靠、内容完整。会计信息的可靠性包括真实性、客观性、完整性三方面含义。

会计信息的真实性是指会计应当如实核算企业发生的经济业务,不得对没有发生的或者尚未发生的交易或者事项进行确认、计量和报告。

会计信息的客观性是指会计对企业的经济活动进行确认、计量和报告时,应该尊重客观事实,不能主观臆断。

会计信息的完整性是指在符合重要性和成本效益原则的前提下,不能随意遗漏或者减少应予披露的信息,保证会计信息的全面完整。

2. 相关性

相关性要求企业提供的会计信息应当与财务报告使用者的经济决策需要相关,有助于财务报告使用者对企业过去、现在或者未来的情况做出评价或者预测。

会计信息的价值在于是否有用,如果企业所提供的会计信息能满足使用者的决策需要,对信息使用者进行正确决策有帮助,则体现了会计信息的相关性,否则,会计信息将不具有相关性。

3. 可理解性

可理解性要求企业提供的会计信息应当清晰明了,便于使用者理解和使用。企业为会计信息使用者提供的会计信息不能含义不清,也不能过于专业让信息使用者无法理解,当然也不是越简单越好。企业提供的会计信息应该是在保证充分披露所有重要事项的同时,避免过于繁琐,以免引起会计信息使用者理解混乱,最终影响信息使用者的决策。

4. 可比性

企业提供的会计信息应当具有可比性。可比性包括企业自身的纵向可比,也包括企业间的横向可比。同一企业不同时期发生的相同或者相似的交易或者事项,应当采用一致的会计政策,不得随意变更;确需变更的,应当在附注中说明,以保证企业会计信息资料的纵向可比。不同企业发生的相同或者相似的交易或者事项,应当采用规定的会计政策,确保会计信息口径一致、相互可比,以使不同企业按照一致的确认、计量和报告要求提供有关会计信息,保证企业间会计信息资料的横向可比。

5. 实质重于形式

我国《企业会计准则——基本准则》第十六条对实质重于形式提出要求:“企业应当按照交易或者事项的经济实质进行会计确认、计量和报告,不应仅以交易或者事项的法律形式为依据。”

企业发生的交易或事项的经济实质和法律形式在多数情况下是一致的,个别情况下二者不一致。当二者不一致时,企业会计人员在进行职业判断时,应该注重按经济实质进行会计确认、计量和报告,不能仅以交易或事项的法律形式进行确认、计量和报告,以保证会计信息的真实可靠,有利于会计信息使用者的决策。例如,企业以融资租赁方式租入的固定资产,从法律形式上讲企业并不拥有其所有权,但是从其经济实质上看,承租企业能够实际控制该资产,并能拥有该资产所创造的未来经济利益和承担相应的风险及损失,因此,承租企业应当将其视为自有的资产进行管理和反映,列入企业的资产负债表。

6. 重要性

重要性要求企业提供的会计信息应当反映与企业财务状况、经营成果和现金流量有关的所有重要交易或者事项。

重要的交易或者事项对会计信息使用者的决策有较大影响,因此,应分项核算、详细反映、重点报告或披露。不重要的交易或者事项在保证真实性的前提下,可以简化核算、合并反映、无须详细报告。一项具体的交易或者事项重要与否,会因企业的性质和规模的不同而不同,因此,现实核算中需要会计进行职业判断予以区分。主要判断依据有两个,一是在考虑企业所处环境和现实情况的基础上,从项目的性质和金额方面加以判断;二是考虑会计信息使用者在没有得到或得到错误信息时对其决策是否会产生重大影响加以判断。

7. 谨慎性

谨慎性要求企业对交易或者事项进行会计确认、计量和报告时要保持应有的谨慎,不应高估资产或收益、低估负债或费用。企业在存在不确定性因素的情况下进行职业判断时，应当充分估计各种风险和损失，尽可能不高估资产或收益，也不低估负债或费用，体现应有的谨慎。

8. 及时性

及时性要求企业对于已经发生的交易或者事项，应当及时予以确认、计量和报告，不得提前或延后。任何信息都有时效性，会计信息也不例外，因此，企业应该在规定的时间内及时提供会计信息，以保证会计信息使用者充分、有效利用会计信息。及时性也要求企业在日常的业务核算过程中，及时收集、加工处理会计信息并且及时传递会计信息。

第五节　会计要素及其确认和计量

一、会计要素及其确认

财务会计对象是企业的资金及其运动。财务会计要素是对财务会计对象的基本分类。财务会计要素按其性质可分为资产、负债、所有者权益、收入、费用和利润。其中，资产、负债和所有者权益是反映企业财务状况的要素，是构成资产负债表的要素；收入、费用和利润是反映企业经营成果的要素，是构成利润表的要素。

（一）资产

1. 资产的定义及特征

资产是指企业过去的交易或事项形成的，由企业拥有或控制的，预期会给企业带来经济利益的资源。

根据资产的定义，资产具有以下特征：

(1) 资产预期会给企业带来经济利益。资产具有直接或间接导致现金和现金等价物流入企业的潜力。这种潜力来源于企业的日常生产经营活动和非日常生产经营活动。预期不能给企业带来经济利益的资源，是不能确认为企业资产的。即使前期已经确认为资产，如果将来不能再为企业带来经济利益，因其不符合资产的定义，也不能再确认为企业的资产。

(2) 资产是企业拥有或控制的资源。拥有是指企业对该资源有所有权；控制是指企业不具有某项资源的所有权，但对该资源有控制权（企业有支配使用权，没有所有权）。如果企业拥有或控制了该项资源，该资源就被视为企业资产予以确认。如果企业既不拥有也不控制该资源，那么就不能将其作为企业的资产予以确认。

(3) 资产必须是企业过去交易或事项形成的资源。这里所说的过去交易或事项包括购买、生产、企业建造行为或其他交易事项。企业只有发生了交易或事项才能引起资产的价值变动，才能在会计上作为资产予以确认。企业预期将要发生的交易或事项，因不属于现实资产，故不能确认为资产。

2. 资产的分类

企业的资产按其流动性可分为流动资产和非流动资产两大类。

(1) 流动资产，是指一年或一个营业周期内变现的资产，包括货币资金、交易性金融资产、应收票据、应收账款、预付账款、应收利息、应收股利、其他应收款、存货等。

(2) 非流动资产，是指流动资产以外的所有资产，包括可供出售金融资产、持有至到期投资、长期股权投资、固定资产、无形资产等。

3. 资产的确认条件

将一项资源确认为资产，在满足资产定义的前提下，还需要同时满足以下两个条件：

(1) 与该资源有关的经济利益很可能流入企业。

(2) 该资源的成本或价值能够可靠地计量。

(二) 负债

1. 负债的定义及特征

负债是指企业过去的交易或事项形成的，预期会导致经济利益流出企业的现时义务。根据定义，负债具有以下特征：

(1) 负债是企业承担的现时义务。现时义务是指企业在现行条件下已承担的义务。未来发生的交易或事项形成的义务，不属于现时义务，不应当确认为负债。

(2) 预期会导致经济利益流出企业。企业在偿还债务时，将以现金、实物资产、无形资产、提供劳务等方式履行现时义务，这些现时义务的履行将会导致企业经济利益流出。

(3) 负债是由企业过去的交易或事项形成的。这里所说的过去交易或事项包括购买货物、使用劳务、接受银行贷款等。企业未来将要发生的承诺、签订的合同等交易或事项，不能确认为负债。

2. 负债的分类

负债按其流动性，可分为流动负债和非流动负债两大类。

(1) 流动负债，是指满足下列条件之一的负债：① 预计在一个正常营业周期中清偿；② 主要为交易目的而持有；③ 自资产负债表日起一年内(含一年)到期应予以清偿；④ 企业无权自主将清偿推迟至资产负债表日后一年以上。

企业常见的流动负债包括短期借款、应付票据、应付账款、预收账款、应付职工薪酬、应付股利、应交税费、应付利息、其他应付款以及一年内到期的非流动负债等。

(2) 非流动负债，是指流动负债以外的负债，包括长期借款、应付债券、长期应付款等。

3. 负债的确认条件

将一项现时义务确认为负债，在满足负债定义的前提下，还需要同时满足以下两个条件：

(1) 与该义务有关的经济利益很可能流出企业。

(2) 未来流出的经济利益的金额能够可靠地计量。

(三) 所有者权益

1. 所有者权益的定义及特征

所有者权益是指企业资产扣除负债后由所有者享有的剩余权益。公司的所有者权益又称为股东权益。所有者权益有如下特征：

(1) 企业正常经营情况下,不需要偿还所有者权益,除非企业减资或清算。

(2) 所有者权益反映所有者对企业净资产的索取权。当企业清算时,只有在清偿完所有负债后,剩余财产才能用于偿还所有者。

(3) 所有者权益的确认和计量主要依赖于资产和负债的确认和计量。

2. 所有者权益的来源构成

所有者权益按其来源分类主要包括所有者投入的资本、直接计入所有者权益的利得和损失、留存收益等。

所有者投入的资本,是指所有者投入企业的资本部分,它既包括构成企业注册资本或者股本部分的金额,也包括投入资本超过注册资本或股本部分的金额,即资本溢价或股本溢价。其中,资本溢价或股本溢价按会计准则规定计入资本公积,并在资产负债表中的资本公积项目下反映。

直接计入所有者权益的利得和损失,是指不应计入当期损益、会导致所有者权益发生增减变动的、与所有者投入资本或者向所有者分配利润无关的利得或者损失。其中,利得是指由企业非日常活动所形成的、会导致所有者权益增加的、与所有者投入资本无关的经济利益的流入;损失是指由企业非日常活动所发生的、会导致所有者权益减少的、与向所有者分配利润无关的经济利益的流出。直接计入所有者权益的利得和损失主要包括可供出售金融资产的公允价值变动额、现金流量套期中套期工具利得或损失(属于有效套期部分)等。

留存收益是指企业历年实现的净利润留存于企业的部分,主要包括计提的盈余公积和未分配利润。

3. 所有者权益的确认条件

由于所有者权益体现的是所有者在企业中的剩余权益,所有者权益的确认主要取决于资产和负债的确认,所有者权益的计量也取决于资产和负债的计量。

(四) 收入

1. 收入的定义及特征

收入是指企业日常活动中形成的、会导致所有者权益增加的、与所有者投入资本无关的经济利益的总流入。根据定义,收入有以下特征:

(1) 收入是企业日常活动中形成的。日常活动是指企业为完成其经营目标所从事的经常性活动以及与之相关的活动。这里强调日常活动的目的是为了区分利得。企业非日常活动所形成的经济利益的流入不确认为收入,而是计入利得。不同性质的企业其日常活动也不相同,比如制造业生产和销售产品、商品流通企业从事购销活动、安装公司提供安装服务、租赁公司出租资产等属于企业的日常活动。特别需要说明的是,与日常活动相关但不经常发生的个别事项,如制造业销售原材料所取得的经济利益也作为收入确认。

(2) 收入会导致所有者权益增加。所有者权益的大小取决于资产与负债之差,由于收入能使企业资产增加或负债减少,收入的确认会导致所有者权益的增加。如果不能导致所有者权益增加,即使形成经济利益流入,也不符合收入的定义,不应确认为收入。如企业取得的银行借款。

(3) 收入是与所有者投入资本无关的经济利益的总流入。收入会导致经济利益流入企业,但并不是所有的经济利益流入都是收入。例如,投资者投入的资本形成了经济利益的流入,也增加了所有者权益,但却不能确认为收入,因为不是企业日常活动所形成的。

2. 收入的确认条件

要将经济利益的流入确认为收入,除了满足收入定义外,还需要同时满足以下三个条件:

(1) 与收入相关的经济利益很可能流入企业。

(2) 经济利益流入企业会导致资产的增加或负债的减少。

(3) 经济利益的流入额能够可靠计量。

(五) 费用

1. 费用的定义及特征

费用是指企业日常活动中发生的、会导致所有者权益减少的、与向所有者分配利润无关的经济利益的总流出。根据定义,费用有以下特征:

(1) 费用是企业日常活动中发生的。这里所说的日常活动与收入定义中的日常活动是一致的,在此强调日常活动是为了区分损失。因为企业非日常活动所形成的经济利益的流出不确认为费用,而是计入损失。企业日常活动产生的费用通常包括营业成本、职工薪酬、折旧费、无形资产摊销费、运输费、业务招待费、水电费等。

(2) 费用会导致所有者权益减少。与费用相关的经济利益的流出会导致所有者权益的减少;不会导致所有者权益减少的经济利益的流出不符合费用的定义,不应确认为费用。例如,企业用银行存款购置一台机器设备,此业务的发生导致企业银行存款这项资产减少,即企业经济利益流出,但因购置的机器设备属于固定资产,即增加了资产,并没有导致所有者权益减少。因此,银行存款这项利益流出企业,也不能确认为费用。

(3) 费用与向所有者分配利润无关的经济利益的总流出。费用会导致经济利益流出企业,但并不是所有的经济利益流出都是费用。如企业向投资者分配利润会导致经济利益流出,但却因为该项经济利益的流出属于所有者权益的抵减项目,也不是企业日常活动发生的,故将其排除在费用界定范围之外。

2. 费用的确认条件

要将经济利益的流出确认为费用,除了满足费用定义外,还需要同时满足以下三个条件:

(1) 与费用相关的经济利益很可能流出企业。

(2) 经济利益流出企业会导致资产的减少或负债的增加。

(3) 经济利益的流出额能够可靠计量。

(六) 利润

1. 利润的定义

利润是指企业在一定会计期间的经济成果。利润往往是评价企业管理层业绩的一项重要指标,也是投资者等财务报告使用者进行决策时的重要参考。

2. 利润的构成

利润包括收入减去费用后的净额、直接计入当期利润的利得和损失等。其中，前者反映的是企业日常活动的业绩，后者反映的是企业非日常活动的业绩。

直接计入当期利润的利得和损失，是指应当计入当期损益、最终会引起所有者权益发生增减变动的、与所有者投入资本或向所有者分配利润无关的利得或者损失。

3. 利润的确认条件

利润的确认主要取决于收入、费用、直接计入当期利润的利得和损失的确认，金额的计量主要取决于收入、费用、直接计入当期利润的利得和损失的计量。

二、会计要素计量

会计计量是根据被计量对象的属性，选择一定的计量基础和计量单位，确定应记录项目金额的会计处理过程。会计计量包括计量单位和计量属性。会计上是以货币作为统一计量尺度的，此内容前已述及，在此不再赘述。以下仅介绍会计计量属性。

会计计量属性又称会计计量基础，是指所用量度的经济属性，即用什么标准记账。如银行存款用人民币元计量，房屋按面积计量，汽车按辆计量等。会计上在选择了货币作为主要计量单位的前提下，我国《企业会计准则》确定的计量属性包括：历史成本、重置成本、可变现净值、现值和公允价值等。

1. 历史成本

历史成本又称实际成本，是指取得或制造某项财产物资时所实际支付的现金或现金等价物金额。在历史成本计量下，资产按照其购置时支付的现金或者现金等价物的金额，或者按照购置资产时所付出的对价的公允价值计量。负债按照其因承担现时义务而实际收到的款项或资产的金额，或者承担现时义务的合同金额，或者按照日常活动中为偿还负债预期需要支付的现金或者等价物的金额计量。

2. 重置成本

重置成本又称现行成本，是指按照当前的市场条件，重新取得同样资产所需支付的现金或现金等价物金额。在重置成本计量下，资产按照现在购买相同或相似资产所需支付的现金或现金等价物的金额计量。负债按照现在偿付该项债务所需支付的现金或现金等价物的金额计量。

3. 可变现净值

可变现净值是指在正常生产经营过程中以预计售价减去进一步加工成本和销售所必需的预计税金、费用后的净值。在可变现净值计量下，资产按照其正常对外销售所能收到现金或者现金等价物的金额扣减该资产至完工时估计将要发生的成本、估计的销售费用以及相关税金后的金额计量。

4. 现值

现值是指对未来现金流量以恰当的折旧率进行折现后的价值，是考虑货币时间价值因素等的一种计量属性。在现值计量下，资产按照预计从其持续使用及最终处置中所产生的未来净现金流入量的折现金额计量。负债按照预计期限内需要偿还的未来净现金流出量的折现金额计量。

5. 公允价值

公允价值,是指在公平交易中,熟悉情况的交易双方自愿进行资产交换或债务清偿的金额。在公允价值计量下,资产和负债按照在公平交易中,熟悉情况的交易双方自愿进行资产交换或者债务清偿的金额计量。

关于计量属性的应用原则,我国《企业会计准则——基本准则》规定:“企业在对会计要素进行计量时,一般应当采用历史成本、重置成本、可变现净值、现值、公允价值计量的,应当保证所确定的会计要素金额能够取得并可靠计量。”

第六节 财务会计核算方法

财务会计核算方法就是对企业的经济交易或事项进行确认、计量、记录和报告,以核算和监督企业经济活动的方法,包括设置账户、复式记账、填制和审核会计凭证、登记账簿、成本计算、财产清查和编制会计报表七种专门方法。

1. 设置账户

设置账户是对会计对象的具体内容进行确认、归类和监督的一种专门方法,其实质是对会计要素做进一步的科学分类。由于企业的经济活动复杂多样,基本要素的具体存在形式各有不同,为了便于记录,将会计要素进一步分为若干项目(即会计科目),并确定每个项目的记账方向及记账内容,即赋予一定的结构形式,用于分门别类地登记和归集各项经济业务。

2. 复式记账

复式记账是对每一项经济业务都以相等的金额,同时在两个或两个以上的相关账户中进行登记的一种记账方法。采用复式记账,既可以通过账户的对应关系了解有关经济业务的来龙去脉,又可以通过账户的平衡关系检查有关经济业务的记录是否正确。因此,复式记账是一种比较完善、科学的记账方法。我国会计历史上曾经使用过的复式记账方法有:收付记账法、增减记账法和借贷记账法。目前,我国企业及政府、行政、事业单位统一采用的是借贷记账法。

3. 填制和审核会计凭证

会计凭证是记录经济业务、明确经济责任的书面证明,也是登记账簿的依据。填制和审核会计凭证是保证会计资料完整、可靠、真实、合理、合法而采用的一种专门方法。只有审核无误的会计凭证,才能据以登记账簿。

4. 登记账簿

会计账簿是用来记录各项经济业务的簿籍,是加工和保存会计资料的重要工具。登记账簿就是在账簿上全面、系统、连续地记录和反映企业经济活动的一种专门方法。登记账簿以会计凭证为依据,利用账户和复式记账的方法,将所有经济业务按照账户进行分类核算,并定期进行对账和结账,为编制会计报表提供必要的资料。

5. 成本计算

成本计算是对企业在生产经营活动中发生的全部费用,按照一定的对象和标准进行归集和分配,借以确定各个对象的总成本和单位成本的一种专门方法。通过成本计算,一方面核算和监督生产经营活动中所发生的各项费用,有利于进行成本控制;另一方面,可以正确地对会计核算对象进行合理计价,有利于企业提高经济效益。

6. 财产清查

财产清查是通过盘点实物、核对账目来查明各项财产物资、债权债务、货币资金实有数额,并进行账实核对,检查账实是否相符的一种专门方法。通过财产清查,可以查明各项财产物资的实有数与账面数是否相符,以便及时发现问题、明确责任,保证企业财产物资的真实、完整。通过财产清查,可以及时发现往来款项中各项债权债务款项是否及时结算,有无长期拖欠不清的情况。所以,财产清查具有重要的现实意义。

7. 编制会计报表

编制会计报表是定期总括反映企业的财务状况、经营成果和现金流量情况以及所有者权益变动情况,提供系统的会计信息的一种专门方法。会计报表是以一定格式的表格,对企业一定会计期间内账簿记录内容的总括反映。企业对外报送的会计报表主要包括资产负债表、利润表、现金流量表和所有者权益变动表。

思考题

1. 会计的含义是什么?会计有何特点?

2. 会计的职能及目标是什么?

3. 会计核算的基本前提有哪些?各种假设对会计核算有何意义?

4. 会计基础有哪两种?它们的基本内容分别是什么?我国企业会计核算应当采用哪种会计基础?

5. 会计计量属性有哪些?应用这些属性时应当遵循什么原则?

6. 会计要素有哪几类?会计各要素的确认应分别符合哪些条件?

7. 企业财务会计的信息应当具备哪些质量要求?这些质量要求的具体含义分别是什么?

8. 什么是财务会计核算方法?具体核算方法有哪些?

练习题

一、单项选择题

1. 下列关于财务报告的说法中,不正确的是(　　)。

A. 向财务报告使用者提供决策有用的信息

B. 反映企业管理层受托责任的履行情况

C. 财务报表仅包括资产负债表、利润表和现金流量表

D. 由财务报表和一些其他资料构成

2. 企业计提固定资产折旧首先是以(　　)假设为前提的。

A. 会计主体　　B. 货币计量　　C. 持续经营　　D. 会计分期

3. 关于损失,下列说法中正确的是(　　)。

A. 损失是指由企业日常活动所发生的,会导致所有者权益减少的经济利益的流出

B. 损失只能计入所有者权益项目,不能计入当期损益

C. 损失是指由企业非日常活动所发生的、会导致所有者权益减少的、与向所有者分配利润无关的经济利益的流出

D. 损失只能计入当期损益,不能计入所有者权益项目

4. 确立会计核算空间范围所依据的会计基本假设是(　　)。

A. 会计主体　　B. 持续经营　　C. 会计分期　　D. 货币计量

5. 下列计价方法中,不符合历史成本计量属性的是(　　)。

A. 发出存货计价所使用的先进先出法

B. 可供出售金融资产期末采用公允价值计价

C. 固定资产计提折旧

D. 发出存货计价所使用的移动加权平均法

6. 销售收入应计入销售期间的利润表,这体现的会计核算基本前提是(　　)。

A. 持续经营　　B. 会计主体　　C. 货币计量　　D. 会计分期

7. 企业将融资租入固定资产按自有固定资产的折旧方法对其计提折旧,遵循的是(　　)要求。

A. 谨慎性　　B. 实质重于形式　　C. 可比性　　D. 重要性

8. 企业提供的会计信息应当清晰明了,便于财务会计报告使用者理解和使用。这体现的是(　　)要求。

A. 相关性　　B. 可靠性　　C. 及时性　　D. 可理解性

9. 甲企业2012年5月份购入了一批原材料,会计人员在7月份才入账,该事项违背的会计信息质量要求是(　　)要求。

A. 相关性　　B. 客观性　　C. 及时性　　D. 明晰性

10. 同一企业不同时期发生的相同或者相似的交易或者事项,应当采用一致的会计政策,不得随意变更;确需变更的,应当在附注中说明,其依据的会计信息质量要求是(　　)。

A. 相关性　　B. 可比性　　C. 一贯性　　D. 明晰性

11. 下列说法中,能够保证同一企业会计信息前后各期可比的是(　　)。

A. 为了提高会计信息质量,要求企业所提供的会计信息能够在同一会计期间不同企业之间进行相互比较

B. 存货的计价方法一经确定,不得随意改变,如需变更,应在财务报告中说明

C. 对于已经发生的交易或事项,应当及时进行会计确认、计量和报告

D. 对于已经发生的交易或事项进行会计确认、计量和报告时,不应高估资产或收益、低估负债或者费用

二、多项选择题

1. 会计信息的外部使用者包括(　　)。

A. 债权人　　B. 投资者　　C. 顾客　　D. 竞争者

E. 税务局

2. 下列各项中属于我国财务报告目标的有(　　)。

A. 向财务报告使用者提供决策有用的信息

B. 反映企业管理层受托责任的履行情况

C. 与同行业信息做比较

D. 客观地反映企业的财务和经营状况

E. 客观地反映企业的现金流量

3. 关于利润,下列说法中正确的有(　　)。

A. 利润是指企业在一定会计期间的经营成果

B. 直接计入当期利润的利得和损失,是指应当计入当期损益、会导致所有者权益发生增减变动的、与所有者投入资本或者向所有者分配利润无关的利得或者损失

C. 利润反映企业某一时点的财务状况

D. 利润金额主要取决于收入和费用的计量,利得和损失金额不造成影响

E. 利润反映企业收入的总额

4. 按照企业会计准则的规定,以下表述中错误的有(　　)。

A. 费用导致经济利益的流出,最终导致所有者权益减少

B. 损失导致经济利益的流出,属于会计准则定义的"费用"

C. 利得导致经济利益的流入,但是不属于会计准则定义的"收入"

D. 营业成本属于费用,期间费用属于损失

E. 企业的管理费用也应计入产品成本

5. 关于负债,下列说法中正确的有(　　)。

A. 负债是指企业过去的交易或者事项形成的、预期会导致经济利益流出企业的潜在义务

B. 符合负债定义和负债确认条件的项目,应当列入资产负债表;符合负债定义,但不符合负债确认条件的项目,不应当列入资产负债表

C. 如果未来流出企业的经济利益的金额能够可靠计量,应该确认预计负债

D. 未来发生的交易或者事项形成的义务,不属于现时义务,不应当确认为负债

E. 企业预付的款项属于企业的负债。

6. 会计的基本假设包括(　　)。

A. 会计主体　　B. 持续经营　　C. 历史成本　　D. 会计分期

E. 货币计量

7. 下列各项不应确认为企业资产的有(　　)。

A. 企业所拥有的人力资源　　B. 企业受托代销的商品

C. 外购的固定资产　　D. 自行建造的厂房

E. 商标使用权

8. 反映财务状况的会计要素有( )。

A. 收入　　B. 费用　　C. 所有者权益　　D. 资产

E. 负债

三、判断题

1. 在持续经营假设下，企业进行会计确认、计量和报告应当以持续经营为前提。(　　)

2. 如果企业某项会计信息的省略或错报金额较小，则该信息就不属于重要的信息。(　　)

3. 无论何种情况下，企业都应按照持续经营的基本假设选择会计核算的原则和方法。(　　)

4. 按照相关规定，我国所有单位都应以权责发生制作为会计核算基础。(　　)

5. 利得和损失一定会影响当期损益。(　　)

6. 可比性要求不同企业发生的相同或者相似的交易或事项，应当采用规定的会计政策，确保会计信息口径一致，以便企业前后各期的会计信息相互可比。(　　)

第二章　金融资产核算(上)

【教学目的】

通过本章学习,学生应当了解并掌握:

1. 金融资产的定义和分类
2. 货币资金的管理与核算
3. 银行结算方式的适用和特点
4. 应收款项的内容和会计处理
5. 应收款项减值的会计处理

金融资产主要包括货币资金、应收款项、股权投资、债权投资和衍生金融工具形成的资产等。其中,货币资金、应收款项是企业最基本的金融资产,其流动性强,对企业的生产经营具有至关重要的影响。企业中一切经济活动都是围绕着货币资金来进行的,货币资金是维系企业正常生产经营的"血液"。应收款项是指企业拥有的将来获取现款、商品或劳动的权利,应收账款属于商业信用,在市场经济发达的条件下,商业信用的应用非常普遍,给企业带来了机遇也带来了一定的风险。如何对货币资金和应收款项进行管理和核算,对企业具有重大的意义和影响。本章将重点介绍货币资金及应收款项的内容、管理以及具体的核算方法。通过本章的学习,学生将了解到货币资金、应收款项的内部控制和管理方法,熟悉货币资金的内容、清查、银行结算方式的具体应用,应收款项的内容和特点,应收票据的贴现等知识,掌握货币资金、应收款项的会计处理。

第一节　金融资产的定义和分类

金融资产是单位或个人拥有的以价值形态存在的资产,是一种索取实物资产的无形的权利,是持有一切可以在有组织的金融市场上进行交易、具有现实价格和未来估价的金融工具的总称。金融资产可分为现金与现金等价物和其他金融资产两类。前者是指个人拥有的以现金形式或高流动性资产形式存在的金融资产,主要包括库存现金、银行存款、应收款项。后者是指由于投资行为而形成的资产,包括股权投资、债权投资和衍生金融工具形成的资产等,在会计核算中,将其他金融资产进行相应的分类是会计确认和计量的基础,企业应当结合自身业务特点和风险管理要求,将取得的金融资产在初始确认时分为以下几类:

(1) 以公允价值计量且其变动计入当期损益的金融资产,包括交易性金融资产和指定为以公允价值计量且其变动计入当期损益的金融资产。

（2）持有至到期投资，指到期日固定、回收金额固定或确定，且企业有明确意图和能力持有至到期的非衍生金融资产。如企业打算持有至到期的债券投资。

（3）可供出售的金融资产，指初始确认时即被指定为可供出售的非衍生金融资产，以及除了上述三类资产以外的金融资产。

（4）长期股权投资，指对子公司、联营企业、合营企业的权益性投资，以及企业持有的对被投资单位不具有控制、共同控制、重大影响，并且在活跃市场上没有报价，公允价值不能可靠计量的权益性投资。

金融资产会计核算时的分类与金融资产的确认和计量密切相关。不同类别的金融资产，其初始计量和后续计量采用的基础不完全相同，因此，上述分类一经确定，不得随意变更。

本章学习的内容为库存现金、银行存款、应收款项，以公允价值计量且其变动计入当期损益的金融资产、持有至到期投资、可供出售的金融资产将在第三章进行介绍，长期股权投资将在第五章探讨。

第二节 货币资金

货币资金是指企业在生产经营、周转过程中以货币形态存在的资产。货币资金按用途和存放地点不同，分为现金、银行存款和其他货币资金。它是流动资产中流动性最强的资产，加强对货币资金的管理和控制，对于保障企业资产安全、完整，提高货币周转速度和使用效率，具有重要的意义。不同形式的货币资金管理方式和内容不同，为了适应货币资金管理的需要，一般应分别设置"库存现金"、"银行存款"和"其他货币资金"账户对以上各项货币资金进行核算。

一、库存现金

库存现金是指通常存放在企业财会部门，由出纳人员经管的货币。库存现金是企业流动性最强的资产，企业应当遵守国家有关现金管理制度，建立现金内部控制制度，监督现金使用的合法性与合理性，正确进行现金收支的管理与核算。

（一）库存现金的管理

国务院颁布的《现金管理暂行条例》规定了现金管理的内容，主要包括以下三方面：

1. 现金的使用范围

企业支付各种款项必须按《现金管理暂行条例》的规定办理，在规定的范围内使用现金。除以下情况可以使用现金支付外，其他支出一律通过银行办理转账结算。允许使用现金结算的情况有：

（1）职工工资、津贴；

（2）个人劳务报酬；

（3）按国家规定颁发给个人的科学技术、文化艺术、体育等各种奖金；

(4) 各种劳保、福利费用以及国家规定对个人的其他现金支出；

(5) 向个人收购农副产品和其他物资支付的价款；

(6) 出差人员必须随身携带的差旅费；

(7) 结算起点1 000元以下的零星支出；

(8) 中国人民银行规定需要支付现金的其他支出。

2. 库存现金限额

库存现金限额是为保证各单位日常零星支出按规定允许留存现金的最高限额。由开户银行根据企业的实际需要和交通便利情况等进行核定,一般按照企业3—5天日常零星开支所需确定。边远地区和交通不便地区的企业,库存现金限额可以多于5天,但不能超过15天的日常零星开支需要量。企业必须严格按规定的限额控制现金金额,超过限额的部分,必须于当日终了送存银行。需要增加或减少库存现金限额的,应当向开户银行提出申请,由开户银行核定。

3. 现金日常收支管理

开户单位现金收支应当按照下列规定办理:

(1) 现金收入应及时送存银行,如当日送存有困难,由开户银行确定送存时间。

(2) 开户单位支付现金,可以从本单位库存现金限额中支付或从开户银行提取,不得从本单位的现金收入中直接支付(坐支现金)。特殊原因需要坐支,应事先报经有关部门审查批准,并在核定的坐支范围和限额内进行。

(3) 开户单位从开户银行提取现金时,应如实写明提取现金的用途,由本单位财会部门负责人签字盖章,并经开户银行审查批准后予以支付。

(4) 因采购地点不确定、交通不便、抢险救灾以及其他特殊情况必须使用现金的单位,应向开户银行提出书面申请,由本单位财会部门负责人签字盖章,并经开户银行审查批准后予以支付。

(5) 出纳人员要做到日清月结。每日终了,将库存现金数与账面余额进行核对,发现账款不符应及时查明原因,进行处理。

(6) 内部稽核人员和内部审计人员应定期或不定期地对库存现金进行核查和抽查。

此外,不准"白条抵库";不准谎报用途套取现金;不准用银行账户代替其他单位和个人存入或支取现金;不准公款私存;不准设立"小金库"等。银行对于违反上述规定的单位,将按违规金额的一定比例予以处罚。

(二) 库存现金的内部控制

1. 现金收入的内部控制

现金收入控制的目的,主要是保证全部现金收入无一遗漏地入账。其基本要点是:

(1) 签发现金收款收据与收款应由不同的人员经办。相互牵制、相互核对,以防弊端。

(2) 一切现金收入都应无一例外地开具收款收据。

(3) 控制收款收据和销售发票的数量和编号,领用收据时须由领用人签收领用数量和起讫编号,收据和发票存根由保管人回收保管。

(4) 开出收据或发票的存根应与已入账的收据或发票联按编号逐张核对金额,核对无误后予以注销，确保现金收入全部入账。

2. 现金支出的内部控制

现金支出控制的目的，主要是保证全部现金支付都经有关主管人员授权批准，其基本要点是：

（1）根据国家规定的范围使用现金。

（2）采购、出纳、记账工作应分别由不同的经办人员负责，不能职责不清、一人兼管，支票的签发和付款要有两人分别盖章，互相监督。

（3）任何一项需要付款的业务必须有合法、合理、真实的原始凭证，按单位财务管理制度进行审批，并经有关会计人员审核后，出纳人员才能办理付款。

（4）付讫的凭证，应加盖“银行付讫”或“现金付讫”图章，予以注销，以防被重复付款、盗窃和篡改。

（三）库存现金的核算

为了总括反映和监督现金的收入、支出、结存情况，企业应设置“库存现金”账户进行会计核算。该账户属于资产类账户，借方登记库存现金的增加，贷方登记库存现金的减少，期末余额在借方，反映库存现金的结存数额。

为了全面、连续地反映和监督库存现金的收支和结存情况，企业应当设置现金总账和现金日记账，分别进行企业库存现金的总分类核算和明细分类核算。

现金日记账采用订本式账簿，一般采用三栏式账页，设有借方、贷方、余额三栏，分别登记现金的增加、减少和余额。由出纳根据审核无误的记账凭证对现金业务按照发生的先后顺序进行逐日逐笔登记。每日终了，结算当天的现金收入合计数、现金支出合计数和余额，并与实际库存现金数进行核对，做到日清月结、账款相符。有外币现金的企业，还应按外币币种分别设置现金日记账。通过日记账的记录，企业可以随时掌握现金的动态，保证现金的安全完整。月度终了，现金日记账的余额应当与现金总账的余额核对，做到账账相符。

【例 2-1】 某企业 2012 年 5 月发生以下现金收付业务：

① 5 日，开出现金支票，从银行提取现金 4 000 元。根据现金支票存根联，企业应编制的会计分录如下：

借：库存现金　　4 000
　贷：银行存款　　4 000

② 6 日，企业管理人员王志出差预借差旅费 2 000 元。根据借款单，企业应编制的会计分录如下：

借：其他应收款——王志　　2 000
　贷：库存现金　　2 000

③ 16 日，王志报销差旅费 1 800 元，所借余款 200 元退回。根据收款单据和报销凭证，企业应编制的会计分录如下：

借：库存现金　　200
　　管理费用　　1 800
　贷：其他应收款——王志　　2 000

（四）现金的清查

为了确保账实相符，企业应当按照规定对库存现金进行定期或不定期的清查。现金清查的方法采用实地盘点法。对于清查的结果应当编制现金盘点报告单。如果有挪用现金、白条顶库的情况，应及时予以纠正；对于超限额留存的现金应当及时送存银行；如果属于记账错误的应及时更正，对发生的溢余或短缺，应先通过“待处理财产损溢——待处理流动资产损溢”账户进行核算。然后查找原因，按管理权限经批准并进行相应的账务处理，以确保账实相符。

1. 现金短缺的处理

现金短缺是指库存现金实有数少于现金账面余额的差额。发现现金短缺，应借记“待处理财产损溢——待处理流动资产损溢”，贷记“库存现金”。查明原因，属于由责任人或保险公司赔偿的部分，借记“其他应收款——××”或“应收保险赔款”账户，贷记“待处理财产损溢——待处理流动资产损溢”账户；属于无法查明原因的，经批准后处理，借记“管理费用——现金短缺”账户，贷记“待处理财产损溢——待处理流动资产损溢”账户。

2. 现金溢余的处理

现金溢余是指库存现金实有数多于现金账面余额的差额。发现现金溢余，应借记“库存现金”，贷记“待处理财产损溢——待处理流动资产损溢”。查明原因，属于应支付给有关人员或单位的，应借记“待处理财产损溢——待处理流动资产损溢”账户，贷记“其他应付款——××单位或个人”账户；属于无法查明原因的现金溢余，经批准后，借记“待处理财产损溢——待处理流动资产损溢”账户，贷记“营业外收入——现金溢余”账户。

【例 2-2】 某企业 2012 年 5 月发生如下现金清查业务：

① 进行现金清查，发现现金溢余 110 元。企业应编制的会计分录如下：

借：库存现金　　110

　贷：待处理财产损溢——待处理流动资产损溢　　110

② 经反复核查，仍无法确认其原因，经有关领导批准，转作营业外收入。企业应编制的会计分录如下：

借：待处理资产损溢——待处理流动资产损溢　　110

　贷：营业外收入　　110

③ 现金清查中发现短缺 80 元，原因待查。企业应编制的会计分录如下：

借：待处理财产损溢——待处理流动资产损溢　　80

　贷：库存现金　　80

④ 经核查，上述短款是由出纳人员责任造成的，由出纳人员赔偿。企业应编制的会计分录如下：

借：其他应收款　　80

　贷：待处理财产损溢——待处理流动资产损溢　　80

二、银行存款

银行存款是企业存放在银行或其他金融机构的货币资金。凡是独立核算的企业都必须在当地银行开设账户，以办理存款、取款和收付结算等。企业除了按核定限额留存的库存现金外，其余的现金都必须存入银行；企业与其他单位的一切货币收付业务，除了在规定的范围内可以用现金直接支付外，都必须通过银行存款账户办理转账结算。

（一）银行存款账户管理

企业应当按照《银行账户管理办法》的规定开立、使用账户。银行存款账户分为基本存款账户、一般存款账户、临时存款账户和专用存款账户。

基本存款账户是企业办理日常转账结算和现金收付的账户。企业工资、奖金等现金的支取，只能通过该账户办理。基本存款账户实行开户许可证制度，一个企业只能选择一家银行的一个营业机构开设一个基本存款账户。

一般存款账户是企业因借款或其他结算需要，在基本存款账户开户银行以外的银行营业机构开立的银行结算账户，是存款人的辅助结算账户，借款转存、借款归还和其他结算的资金收付可通过该账户办理。该账户可以办理现金缴存，但不得办理现金支取。该账户开立数量没有限制。

临时存款账户是企业因临时经营活动需要开设的账户，如企业异地产品展销、临时性采购资金等。企业可以通过本账户办理转账结算和根据国家现金管理的规定办理现金收付。

专用存款账户是企业因特定用途需要开设的账户，如基本建设项目专项资金账户等。

（二）通过“银行存款”账户核算的银行转账结算方式

银行转账结算，又称非现金结算，是指企业的开户银行将款项从付款单位的结算账户划转到收款人的结算账户。根据中国人民银行发布的《支付结算办法》和《票据法》的有关规定，目前银行转账结算的方式主要包括：支票、汇兑、托收承付、委托收款、银行汇票、银行本票、信用卡、信用证、商业汇票等。其中，以支票、汇兑、托收承付、委托收款四种结算方式付款通过“银行存款”账户核算；以银行汇票、银行本票、信用卡、信用证等结算方式付款通过“其他货币资金”账户核算；以商业汇票等结算方式付款通过“应付票据”账户核算。

1. 支票

支票是由银行的存款人签发的，委托办理支票业务的银行在见票时无条件支付确定金额给收款人或持票人的票据。同一票据交换区域内各种款项的结算，均可以使用支票。

支票由银行统一印制，分为现金支票和转账支票，现金支票只能用于支取现金，转账支票只能用于转账。签发现金支票必须符合国家现金管理的规定。支票为即期票据，自出票之日起10天内提示付款。不得签发远期支票和空头支票，不得签发与其预留银行印鉴不符的支票。支票在同一票据交换区内可以背书转让。转账支票可以背书转让、挂失止付。支票结算程序如图2-1所示。

付款单位支付购货款等款项时，在存款限额内签发支票给收款单位，根据支票存根和有关原始凭证，编制付款凭证，借记有关账户，贷记“银行存款”账户。收款单位在规定的期限内填写进账单连同支票一起送存银行，办理转账结算，根据银行盖章的通知收款等原始凭证，编制收款凭证，借记“银行存款”账户，贷记有关账户。

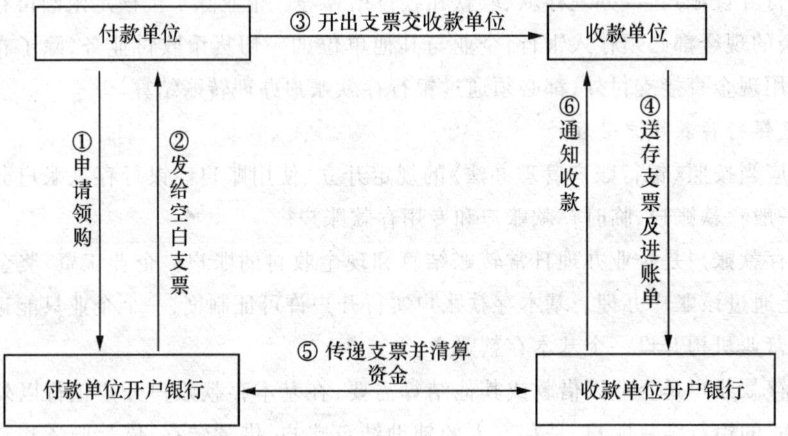

图 2-1　支票结算程序

2. 汇兑

汇兑是汇款人委托银行将其款项支付给外地收款人的结算方式。汇兑方式广泛应用于单位和个人各种款项的结算。

汇兑分为信汇和电汇两种。信汇是指汇款人委托银行通过邮寄方式将款项划转给收款人;电汇是指汇款人委托银行通过电报方式将款项划给收款人,目前大部分都采用电汇,信汇较少用到。汇兑结算方式划拨款项简便、灵活。汇兑结算方式的结算程序如图 2-2 所示。

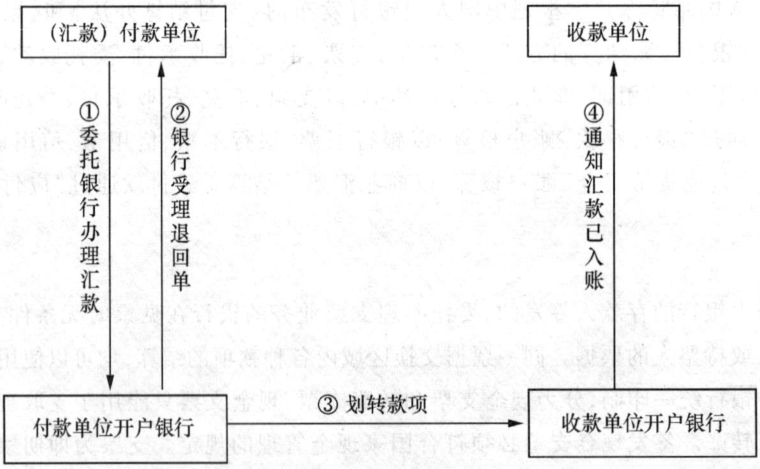

图 2-2　汇兑结算程序

付款单位办理汇款手续后,根据汇款回单联编制付款凭证,借记有关账户,贷记"银行存款"账户。收款单位接到银行的收款通知时,编制收款凭证。借记"银行存款"账户,贷记有关账户。

3. 托收承付

托收承付又称异地托收承付,是指收款人发货后委托银行向异地付款人收取款项,由付款人向银行承认付款的结算方式。

办理托收承付结算方式的款项，必须是商品交易，以及因商品交易而产生的劳务供应的款项，购销双方应签有符合《合同法》的购销合同，并在合同上注明使用托收承付结算方式。代销、寄销、赊销商品的款项，不得办理托收承付结算。收款人办理托收承付时，必须具有商品发出的证件或其他证明。托收承付结算的金额起点为10 000元，新华书店系统每笔金额起点为1 000元。托收承付结算程序如图2-3所示。

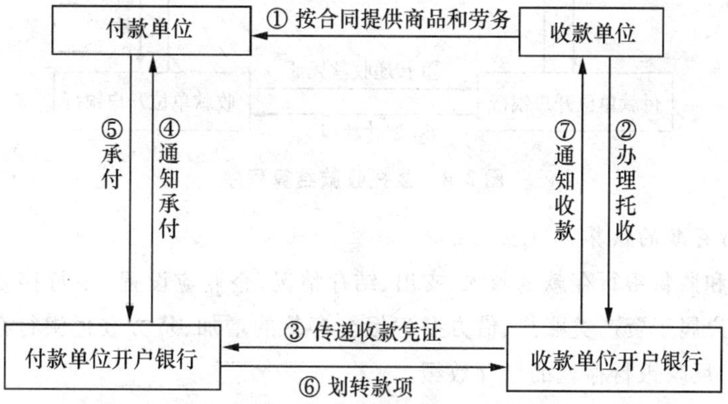

图2-3 托收承付结算程序

收款单位采用托收承付进行结算时，应在按合同提供商品和劳务后，向开户银行出示合同，提供银行要求的发票及托运等结算凭证，填制“托收凭证”，办理委托银行收款手续。销货企业开户银行接受委托后，将结算凭证传递给购货单位开户银行，由购货单位开户银行通知购货单位承认付款。购货单位收到托收承付结算凭证和所附单据后，应立即审核是否符合订货合同的规定。货款的承付方式有验单付款和验货付款两种，由收付双方在合同中约定。验单付款的期限为3天，验货付款的期限为10天，付款单位在承付期内，未向银行表示拒付的，银行视同承付，并在承付期满的次日将款项主动划给收款单位。付款单位如发现收款单位托收款项有错误，或者商品的品种、质量、规格、数量与合同规定不符，以及重复托收等，可在承付期内，向银行提交拒付理由书，全部或部分拒付货款，并向银行办理拒付手续。

付款单位在承付期满或承付时，根据付款通知和有关原始凭证，编制付款凭证，借记有关账户，贷记“银行存款”账户。如果拒付货款，属于全额拒付的，不做会计处理；部分拒付的，根据银行退回的拒付理由书做部分付款的会计处理。收款单位在收到银行的收账通知时，编制收款凭证借记“银行存款”账户，贷记有关账户。

4. 委托收款

委托收款是收款人向银行提供收款依据，委托银行向付款人收取款项的结算方式。委托收款在同城、异地均可办理，不受金额起点的限制。适用于电费、税费、电话费等公用事业费等有关款项的收取。付款期限为3天。

委托收款结算方式的结算程序如图2-4所示。

付款单位在收到银行转来的委托收款凭证后，根据委托收款的付款通知和有关原始凭证编制付款凭证，借记有关账户，贷记“银行存款”账户，如果拒付，则不做会计处理。收款单位接到银行的收款通知时，编制收款凭证。借记“银行存款”账户，贷记有关账户。

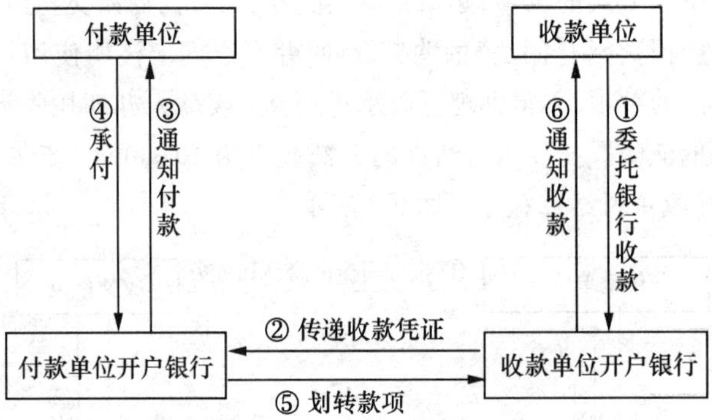

图 2-4　委托收款结算程序

（三）银行存款的核算

为了反映和监督银行存款的收入、支出、结存情况，企业应设置“银行存款”账户进行会计核算。该账户属于资产类账户，借方登记银行存款的增加，贷方登记银行存款的减少，期末余额在借方，反映银行存款的结存数额。

为了全面、连续地反映和监督库存现金的收支和结存情况，企业应当设置银行存款总账和银行存款日记账，分别进行企业银行存款的总分类核算和明细分类核算。企业可按开户银行和其他金融机构、具体账户等设置银行存款明细账户。

银行存款日记账采用订本式账簿，一般采用三栏式账页，设有借方、贷方、余额三栏，分别登记现金的增加、减少和余额。由出纳根据审核无误的记账凭证对银行存款业务按照发生的先后顺序进行逐日逐笔登记。每日终了，结出当天的余额。

【例 2-3】　某企业 2012 年 7 月发生以下银行存款收付业务：

① 采用托收承付方式收到甲公司支付货款 23 400 元到账的收账通知。根据银行入账凭证，企业应编制的会计分录如下：

借：银行存款	23 400	
贷：应收账款——甲公司		23 400

② 签发转账支票一张，支付购买的办公用品价款 800 元。根据支票存根联和有关发票，企业应编制的会计分录如下：

借：管理费用——办公用品	800	
贷：银行存款		800

③ 异地购买材料，不含税价款 30 000 元，增值税 5 100 元，材料已入库，以电汇方式结算货款，根据电汇回单联，企业应编制的会计分录如下：

借：原材料	30 000	
应交税费——应交增值税（进项税额）	5 100	
贷：银行存款		35 100

（四）银行存款的核对

为了防止银行存款账目发生差错，同时也为了准确掌握银行存款的实际数额，企业必须定期核对银行存款的有关账目，至少每月月末要核对一次，发现不符，及时查明原因，根据情况加以处理。

核对环节主要包括：一是银行存款日记账与银行存款收、付款凭证进行核对；二是银行存款日记账与银行存款总账进行核对；三是银行存款日记账与银行对账单进行核对。在此仅介绍银行存款日记账与银行对账单的核对。

企业应将银行存款日记账与银行对账单逐笔进行核对，如发现双方余额不一致，应及时查明原因，属于记账差错的，要立即进行更正。属于未达账项的，应编制“银行存款余额调节表”进行调整，经过调整，银行存款日记账与银行对账单的余额应一致。银行存款余额调节表只是为了核对账目，不能作为调整银行存款账面余额的记账依据。

未达账项是指收付款凭证在企业与银行之间或者收付款银行之间传递需要时间，造成企业与银行之间入账的时间不一致，导致一方收到凭证已登记入账，而另一方未收到凭证而尚未登记入账的账项。未达账项具体包括四种情况：

（1）企业已收款入账，银行尚未收款入账。如企业将收到的外来转账支票送存银行后，记录“银行存款”增加，而银行收到后尚未记账。

（2）企业已付款入账，银行尚未付款入账。如企业签发转账支票后已记录“银行存款”减少，而收款人尚未将支票送交银行兑取，银行未办理支付和转账手续。

（3）银行已收款入账，企业尚未收款入账。如银行已收妥企业托收的款项并入账，而企业由于尚未收到银行的收款通知，未记录“银行存款”增加。

（4）银行已付款入账，而企业尚未付款入账。如银行向企业收取的借款利息和手续费等费用，已直接从企业存款账户中划转，而企业由于尚未收到银行通知，未记录“银行存款”减少。

下面举例说明银行存款余额调节表的编制。

【例 2-4】 某企业 2012 年 7 月 31 日，银行存款日记账的账面余额为 144 600 元，银行对账单余额为 145 240 元，经逐笔核对，查明有以下未达账项：

① 7 月 28 日，企业送存银行的转账支票 7 400 元，企业已入账，而银行尚未入账。

② 7 月 30 日，银行代付电费 1 800 元，企业尚未收到付款通知。

③ 7 月 31 日，企业委托银行收款 6 000 元，银行已收到入账，而企业尚未收到通知。

④ 7 月 31 日，企业开出 3 840 元的转账支票一张，已付款入账，持票单位尚未到银行办理结算。

根据上述资料，可编制该企业银行存款余额调节表如表 2-1 所示。

表 2-1 银行存款余额调节表

2012 年 7 月 31 日 单位：元

项目	金额	项目	金额
企业银行存款日记账余额	144 600	银行对账单余额	145 240
加：银行已收，而企业未收	6 000	加：企业已收，而银行未收	7 400
减：银行已付，而企业未付	1 800	减：企业已付，而银行未付	3 840
调整后的存款余额	148 800	调整后的存款余额	148 800

经调整后双方余额一致，说明企业与银行记账都没有错误，调整后的余额是企业银行存款的实际余额。

三、其他货币资金

其他货币资金是指企业除现金、银行存款以外的其他各种货币资金,其他货币资金同现金和银行存款一样,是企业可以作为支付手段的货币。但是,其他货币资金同现金和银行存款相比,具有其特殊的存在形式和支付方式,管理上也不同于现金和银行存款,应单独进行核算。

(一) 其他货币资金的内容

其他货币资金主要包括银行汇票存款、银行本票存款、信用卡存款、信用证保证金存款、外埠存款、存出投资款等。

1. 银行汇票存款

银行汇票是指由出票银行签发的,由其在见票时按照实际结算金额无条件支付给收款人或持票人的票据。银行汇票具有使用灵活、兑现性强的特点,适用于异地间各种款项的结算。银行汇票可用于转账,填写"现金"字样的银行汇票也可用于支取现金。银行汇票为即期票据,自出票日起 1 个月内付款。银行汇票可以背书转让,在付款期内只能转让一次。银行汇票结算程序如图 2-5 所示。

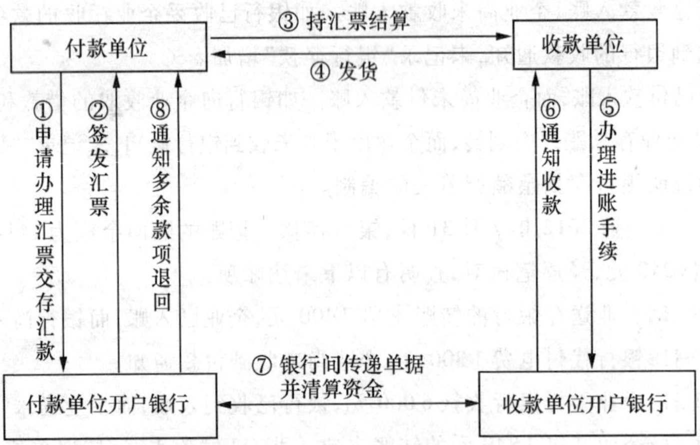

图 2-5 银行汇票结算程序

企业支付购货款等款项时,应向出票银行填写"银行汇票申请书",银行受理银行汇票委托书,收妥款项后签发银行汇票,并用压数机压印出票金额,然后将银行汇票、解讫通知联、多余款收账通知联一并交给汇款(付款)单位。

收款单位在收到付款单位送来的银行汇票时,应在出票金额以内,将实际结算金额和多余金额准确、清晰地填入银行汇票、解讫通知的有关栏内,连同进账单一起送交开户银行办理转账。

2. 银行本票存款

银行本票是由银行签发的,承诺自己在见票时无条件支付确定的金额给收款人或持票人的票据。银行本票由银行签发并保证兑付,具有信誉高、支付功能强的特点。单位或个人在同一票据交换区域内各种款项的结算,均可以使用银行本票。

银行本票可以用于转账，注明“现金”字样的银行本票也可以用于支取现金。银行本票分定额本票和不定额本票两种。定额本票面额为 1 000 元、5 000 元、10 000 元和 50 000 元四种。银行本票为即期票据，付款期限最长不超过两个月。银行本票结算程序如图 2-6 所示。

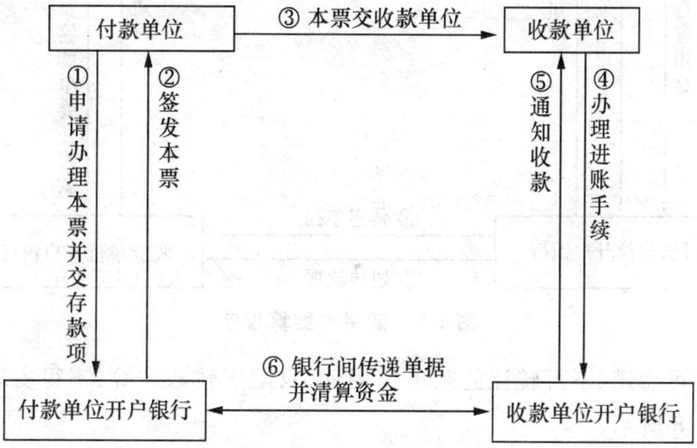

图 2-6 银行本票结算程序

企业申请办理银行本票，应填写“银行本票申请书”，银行受理并收妥款项后，签发银行本票交给申请人（付款单位）。申请人将本票连同解讫通知交给收款单位，收款单位在规定的期限内填写出进账单，连同银行汇票和解讫通知一起送交开户银行办理转账。

3. 信用卡存款

信用卡是商业银行向个人或单位发行的，凭以向特约单位购物、消费和向银行存取现金，且具有消费信用的特制载体卡片，是银行卡的一种。信用卡存款是企业为取得信用卡而存入银行信用卡专户的款项。

信用卡按使用对象可分为单位卡和个人卡；按信用等级可分为金卡和普通卡。凡在中国境内金融机构开设基本存款账户的单位均可申领单位卡，单位卡账户的资金一律从其基本存款账户转入，在使用过程中，需要向其账户续存资金，也一律从其基本存款账户转账存入，不得交存现金，不得将销售收入的款项存入其账户。单位卡一律不得用于 10 万元以上的商品交易、劳务供应款项的结算，不得支取现金。信用卡在规定的限额和期限内允许善意透支，透支期限最长 60 天。信用卡结算程序如图 2-7 所示。

企业申请信用卡，按照有关规定填制信用卡保证书，并按银行要求交存备用金。企业持信用卡在特约单位消费时，由特约单位在签购单上压卡，填写实际结算金额、用途、持卡人身份证号码、特约单位名称和编号等，并由持卡人签名确认。收款单位根据信用卡签购单，填写进账单，连同签购单一并送交银行办理转账。

4. 信用证保证金存款

信用证结算方式是国际结算的主要方式之一。信用证是进口方银行应进口方要求，向出口方（受益人）开立，以受益人按规定提供单据和汇票为前提的，支付一定金额的书面承诺。信用证保证金存款是指采用信用证结算方式的企业为开具信用证而存入银行信用证保证金专户的款项。

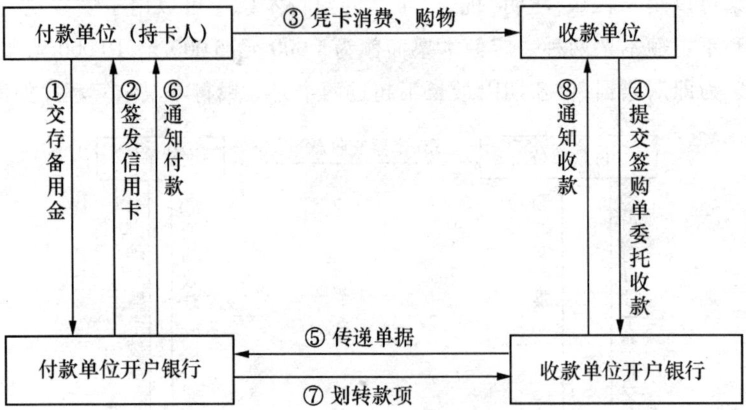

图 2-7 信用卡结算程序

信用证为不可撤销、不可转让的跟单信用证，只限于转账结算，不得支取现金。信用证结算程序如图 2-8 所示。

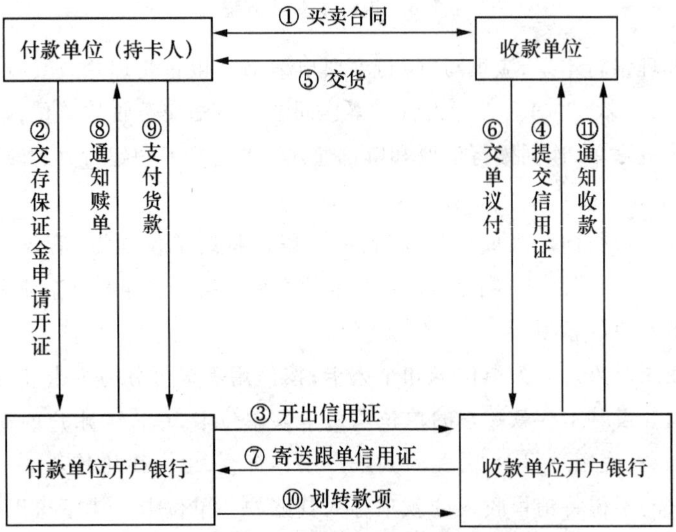

图 2-8 信用证结算程序

信用证与作为其依据的购销合同相互独立，银行在处理信用证业务时，不受购销合同的约束。在信用证结算中，各有关当事人处理的只是单据，而不是与单据有关的货物及劳务。

开证申请人（购货方）按合同规定申请办理开证业务时，应当填写开证申请书、信用证申请人承诺书，并提交有关购销合同。开证行在决定受理信用证业务时，向申请人收取一定金额的保证金，开具信用证传递给收款人开户行，经收款人开户行提交给收款人（销货方）。收款单位收到信用证后，即备货装运，签发有关发票账单，连同运输单据和信用证，送交银行，办理结算。

5. 外埠存款

外埠存款是指企业到外地进行临时和零星采购时，汇往采购地银行开立采购专户（临时存款账户）的款项。该账户的存款不计利息、只付不收、付完清户，除了采购人员可从中提取少量现金外，一律采用转账结算。

6. 存出投资款

存出投资款是指企业已存入第三方存管账户但尚未进行短期投资的货币资金。

（二）其他货币资金的核算

1. 银行汇票存款核算

银行汇票核算的内容主要包括：

（1）企业申请办理银行汇票，将款项交存银行。根据银行签章退回的委托书存根联，借记“其他货币资金——银行汇票存款”账户，贷记“银行存款”账户。

（2）以汇票支付货款。根据发票账单及开户银行转来的银行汇票有关联次，借记“原材料”等账户，贷记“其他货币资金——银行汇票存款”账户，如有多余款项，还应按退回的余款借记“银行存款”账户。

【例 2-5】 某企业发生如下有关银行汇票的经济业务：

① 申请办理银行汇票，将银行存款 60 000 元转为银行汇票存款，将汇票交给外地收款单位。企业应编制的会计分录如下：

借：其他货币资金——银行汇票存款	60 000	
贷：银行存款		60 000

② 采购设备，收到收款单位增值税专用发票，价款为 40 000 元，增值税 6 800 元。企业应编制的会计分录如下：

借：固定资产	40 000	
应交税费——应交增值税（进项税额）	6 800	
贷：其他货币资金——银行汇票存款		46 800

③ 收到多余款项退回通知，余款已收妥入账。企业应编制的会计分录如下：

借：银行存款	13 200	
贷：其他货币资金——银行汇票存款		13 200

2. 银行本票存款核算

银行本票核算的内容主要包括：

（1）企业申请办理银行本票，将款项交存银行。根据银行签章退回的委托书存根联，借记“其他货币资金——银行本票存款”账户，贷记“银行存款”账户。

（2）以本票支付货款。根据发票账单及开户银行转来的银行本票有关联次，借记“原材料”等账户，贷记“其他货币资金——银行本票存款”账户。

银行本票的会计处理与银行汇票基本相同，在此不再举例。

3. 信用卡存款

信用卡核算的内容主要包括：

（1）申请办理信用卡或续存资金。根据银行盖章退回的交存备用金或续存资金的进账单，借记“其他货币资金——信用卡存款”账户，贷记“银行存款”账户。

（2）以信用卡支付有关费用。根据开户银行转来的信用卡付款凭证及所附发票账单，借记“管理费用”等账户，贷记“其他货币资金——信用卡存款”账户。

【例2-6】 某企业发生如下有关信用卡的经济业务：

① 将银行存款50 000元存入信用卡。企业应编制的会计分录如下：

借：其他货币资金——信用卡存款 50 000

　贷：银行存款 50 000

② 以信用卡支付业务招待费1 800元。企业应编制的会计分录如下：

借：管理费用 1 800

　贷：其他货币资金——信用卡存款 1 800

4. 信用证保证金存款

信用证核算的内容主要包括：

(1) 交纳保证金申请开证。根据银行退回的进账单等有关联次，借记“其他货币资金——信用证保证金存款”账户，贷记“银行存款”账户。

(2) 支付货款。根据开证行交来的信用证通知书及有关单据，借记“原材料”等账户，贷记“其他货币资金——信用证保证金存款”，不足的资金以银行存款支付，贷记“银行存款”账户。

5. 外埠存款

外埠存款核算的内容主要包括：

(1) 将款项委托银行汇往采购地开立专户。根据银行退回汇款单据，借记“其他货币资金——外埠存款”账户，贷记“银行存款”账户。

(2) 收到采购员以临时存款户资金付款的购货发票等报销凭证。应借记“原材料”等账户，贷记“其他货币资金——外埠存款”账户。

(3) 收到银行转回余款的通知。应借记“银行存款”账户，贷记“其他货币资金——外埠存款”账户。

【例2-7】 某企业发生如下有关外埠存款的经济业务：

① 委托银行将400 000元存款汇往外地建立临时采购账户。企业应编制的会计分录如下：

借：其他货币资金——外埠存款 400 000

　贷：银行存款 400 000

② 采购员以外埠存款购买材料，材料价款300 000元，增值税51 000元，共计351 000元，材料已入库。企业应编制的会计分录如下：

借：原材料 300 000

　　应交税费——应交增值税(进项税额) 51 000

　贷：其他货币资金——外埠存款 351 000

③ 外埠采购结束，将外埠存款清户，收到银行转来收账通知，余款49 000元已收妥入账。企业应编制的会计分录如下：

借：银行存款 49 000

　贷：其他货币资金——外埠存款 49 000

6. 存出投资款

存出投资款核算的内容主要包括：

（1）将资金划入第三方存管账户，借记"其他货币资金——存出投资款"账户，贷记"银行存款"账户。

（2）以第三方存管账户资金购买证券。借记"交易性金融资产"等账户，贷记"其他货币资金——存出投资款"账户。

【例 2-8】 某企业发生如下短期股票投资业务：

① 将银行存款 600 000 元划入某证券公司第三方存管账户，准备进行股票投资。企业应编制的会计分录如下：

借：其他货币资金——存出投资款　　600 000

　贷：银行存款　　600 000

② 委托证券公司购买股票，已经成交，股票公允价值为 300 000 元，交易税费 9 000 元，实际支付资金 309 000 元，公司将该股票划为交易性金融资产。企业应编制的会计分录如下：

借：交易性金融资产（成本）　　300 000

　　投资收益　　9 000

　贷：其他货币资金——存出投资款　　309 000

第三节　应收及预付款项

应收及预付款项是指企业在日常生产经营过程中发生的各项债权，包括应收款项和预付款项。应收款项包括应收票据、应收账款、应收利息、应收股利和其他应收款；预付款项是指企业按照合同规定预付的款项，如预付账款。

一、应收票据

（一）应收票据概述

应收票据是企业因销售商品、产品、提供劳务等而收到的商业汇票。商业汇票是一种由出票人签发的，委托付款人在指定日期无条件支付确定金额给收款人或持票人的远期票据。应收票据作为商业信用的工具，受到法律的保护，无论在付款期限还是在金额上，都具有法律上的约束力，而且可以转让和流通，在到期前通常可以背书转让或向银行贴现，因而具有较强的流动性。

商业汇票的付款期限最长为 6 个月，包括定日付款、出票后定期付款、见票后定期付款三种方式。定日付款的汇票付款期限自出票日起计算，并在汇票上记载具体到期日；出票后定期付款的汇票付款期限自出票日起按月计算，并在汇票上记载；见票后定期付款的汇票，持票人应当自出票日起一个月内向付款人提示承兑，付款期限自承兑或拒绝承兑日起按月计算，并在汇票上记载。商业汇票的提示付款期限，自汇票到期日起 10 日。应收票据的种类是按照商业汇票的分类来确定的，商业汇票一般可以有两种分类方法。

1．按承兑人不同分类

商业汇票按其承兑人不同，可分为银行承兑汇票和商业承兑汇票。

银行承兑汇票是指由在承兑银行开立存款账户的存款人（这里也是出票人）签发，由承兑银行承兑的票据。企业申请使用银行承兑汇票时，应向其承兑银行按票面金额的万分之五交纳手续费。银行承兑汇票的出票人应于汇票到期前将票款足额交存其开户银行。在汇票到期时，无论承兑申请人是否将票款足额缴存其开户银行，承兑银行都应向收款人或贴现银行无条件履行付款责任，因而能够较好地保证收款人的权益不受侵害。如果银行承兑汇票的出票人于汇票到期前未能足额交存票款，承兑银行对出票人尚未支付的汇票金额按照每天万分之五计收利息。

商业承兑汇票是指由付款人签发并承兑，或由收款人签发交由付款人承兑的汇票。商业承兑汇票的付款人收到银行的付款通知，应在当日通知银行付款。付款人在接到银行通知日的次日起三日内（遇法定休假日顺延）未通知银行付款的，视同付款人承诺付款。银行将于付款人在接到银行通知日的次日起第四日（遇法定休假日顺延），将票款划给持票人。如果付款人银行存款余额不足支付票款，银行应填制付款人未付票款通知书，连同商业承兑汇票邮寄持票人开户银行转交持票人，银行不承担付款责任。

2．按是否计息分类

商业汇票按其是否附带利息，可分为带息商业汇票和不带息商业汇票。

带息商业汇票是指除票面金额外还附有利息的商业汇票，其到期时，债权人除了按面值收回本金外，还根据票面规定的利率收取利息。带息票据的到期值等于其面值加上到期应计利息。

不带息商业汇票是指没有附带利息的商业汇票，这种商业汇票到期时，债权人只按票面金额收回本金，不收取利息。其票据到期值等于面值。

（二）应收票据的核算

为了核算和监督企业因销售商品、产品、提供劳务等而收到的商业汇票的取得和款项收回情况，应设置“应收票据”账户进行应收票据的总分类核算，按开出商业汇票的单位进行明细核算。在该账户的借方登记收取的应收票据的面值以及带息票据期末计算的利息，贷方登记已经到期收回或已贴现或已背书转让的票据的账面余额。期末余额在借方，反映企业持有的商业汇票的票面价值和利息。

为便于管理和分析各种票据的具体情况，企业应设置“应收票据备查簿”，逐笔登记商业汇票的种类、号数、出票日期、票面金额、交易合同号和付款人、承兑人、背书人的姓名或单位名称、到期日、背书转让日、贴现日、贴现率和贴现净额以及收款日和收回金额、退票情况等详细资料，商业汇票到期结清票款或退票后，在备查簿中应予注销。

1．取得应收票据

无论企业收到的商业汇票是否带息，均应于收到票据时以其票面金额入账。企业因销售商品或提供劳务而取得商业汇票时，根据其面值，借记“应收票据”账户，贷记“主营业务收入”、“应交税费——应交增值税（销项税额）”等账户；收到用于抵付以往应收账款的票据时，借记“应收票据”账户，贷记“应收账款”账户。

【例 2-9】 某企业于 2012 年 9 月 1 日向乙公司销售产品一批，开出的增值税专用发票上列明，货款计 20 000 元，增值税额 3 400 元，当日收到乙公司签发并承兑的商业承兑汇票一张，期限为 5 个月，票面利率为 3%，面值为 23 400 元。企业应编制的会计分录如下：

借：应收票据——乙公司	23 400	
贷：主营业务收入		20 000
应交税费——应交增值税（销项税额）		3 400

【例 2-10】 某企业收到甲公司 2012 年 9 月 11 日签发并承兑的不带息商业承兑汇票，期限 2 个月，面值为 45 000 元，用以抵付前欠的款项。应编制的会计分录如下：

借：应收票据——甲公司	45 000	
贷：应收账款——甲公司		45 000

2. 票据到期收款

由于票据有带息和不带息之分，其到期值的计算和账务处理有所不同。

（1）不带息商业汇票。不带息票据的到期值就是其面值。当汇票到期，企业收到票据承兑人兑付的票面款项时，借记“银行存款”账户，贷记“应收票据”账户。

【例 2-11】 2012 年 11 月 11 日，【例 2-10】中的 2 月期不带息商业汇票到期，企业如期收回甲公司款项 45 000 元。企业应编制的会计分录如下：

借：银行存款	45 000	
贷：应收票据——甲公司		45 000

（2）带息商业汇票。带息商业汇票的到期值即票面价值加上票据到期利息。票据到期利息的计算公式为：

票据到期利息 = 应收票据面值 × 票面利率 × 时间

票面利率一般以年利率表示，在实际业务中，需要将年利率换算为月利率或日利率。为了计算方便，每月统一按 30 天计算，全年按 360 天计算。

时间是指从票据生效之日起到票据到期之日止的时间间隔。常用的表示方法有两种：第一种以月表示，即按月计息。计算时以次月同一日为一个月；月末签发的票据，不论月份大小，以到期月份的月末为到期日。计算利息的利率要换算成月利率。第二种以日数表示，即按日计息。计算时以实际日历天数计算到期日及利息，到期日和出票日只计一天，称为“算头不算尾”或“算尾不算头”。计算利息的利率要换算成日利率。

带息应收票据，应在会计期末计提利息，即自票据生效之日起至本会计期末带息票据的利息。计提的利息增加应收票据的账面余额，借记“应收票据”账户，贷记“财务费用”账户。

【例 2-12】 2012 年 12 月 31 日，计提【例 2-9】中收到的商业汇票的期末应计利息。

至 2012 年 12 月 31 日，该带息票据的利息为：23 400 × 3% × 4 ÷ 12 = 234（元）

企业应编制的会计分录如下：

借：应收票据——乙公司	234	
贷：财务费用		234

【例 2-13】 2012 年 2 月 1 日，【例 2-9】中收到的商业汇票到期，企业如期收到票款，已存入银行。

该商业汇票到期值为：$23\,400 \times (1 + 3\% \times 5 \div 12) = 23\,692.5$（元）

企业应编制的会计分录如下：

借：银行存款　　23 692.5

　贷：应收票据——乙公司　　23 634

　　财务费用　　58.5

3. 应收票据到期退票

应收票据到期退票现象，一般发生在采用商业承兑汇票结算方式中。当企业应收票据到期，承兑人无力兑付票款而退票，且付款人不再签发新票据时，应将票据面值与应计未收利息之和一并转为应收账款，借记“应收账款”账户，贷记“应收票据”、“财务费用”等账户。

【例 2-14】 若【例 2-9】中的商业承兑汇票于 2013 年 2 月 1 日到期，但乙公司无力支付票款且未签发新票据，则企业应编制的会计分录如下：

借：应收账款——乙公司　　23 692.5

　贷：应收票据——乙公司　　23 634

　　财务费用　　58.5

4. 应收票据转让

实务中，企业可以将自己持有的商业汇票背书转让。背书是指在票据背面或者粘贴单上记载有关事项并签章的票据行为。背书转让的，背书人应当承担票据责任。通常情况下，企业将持有的商业汇票背书转让以取得所需物资时，按应计入取得物资成本的金额，借记“在途物资”等账户，按专用发票上注明的可抵扣的增值税税额，借记“应交税费——应交增值税（进项税额）”账户，按商业汇票的票面金额，贷记“应收票据”账户，如有差额，借记或贷记“银行存款”等账户。

【例 2-15】 承【例 2-10】，假定企业于 2012 年 9 月 28 日将上述应收票据背书转让给丙企业，以取得生产经营所需的原材料，该材料价款为 40 000 元，适用的增值税税率为 17%，差额以银行存款支付，材料已入库。企业应编制的会计分录如下：

借：原材料　　40 000

　应交税费——应交增值税（进项税额）　　6 800

　贷：应收票据——甲公司　　45 000

　　银行存款　　1 800

（三）应收票据的贴现

企业所持有的应收票据到期前，如果出现资金短缺，可持未到期的商业汇票向其开户银行申请贴现。“贴现”是指票据持有人将未到期的票据在背书后送交银行，银行受理后，从票据到期值中扣除按银行贴现率计算的贴现利息，并将余额付给持票人，作为对企业的一种短期贷款。所以，票据贴现实质上是企业融通资金的一种形式。

1. 贴现净额的计算

应收票据贴现时，银行所扣除的利息称为贴现息，是以银行规定的贴现率计算的。申请贴现的企业所得到的款项即贴现净额。有关的计算公式有：

票据到期值 = 票据面值 ×（1 + 票据年利率 ÷ 360 × 票据到期天数）

或 = 票据面值 ×（1 + 票据月利率 ÷ 12 × 票据到期月数）

如果贴现票据为无息票据，则到期值即其面值。

贴现息 = 票据到期值 × 贴现率 × 贴现期

贴现净额 = 票据到期值 − 贴现息

2. 应收票据贴现的核算

企业将未到期的不带息应收票据向开户银行贴现时，按扣除贴现息后的贴现净额，借记“银行存款”账户，按贴现利息金额，借记“财务费用”账户，按应收票据的账面价值，贷记“应收票据”账户。如果贴现的为带息应收票据，则要按实际收到的金额，借记“银行存款”账户，按应收票据的账面余额，贷记“应收票据”账户，按其差额借记或贷记“财务费用”账户。

【例 2-16】 某企业 2012 年 5 月 10 日收到不带息商业汇票一张，面值 300 000 元，期限 4 个月。6 月 10 日，企业因资金周转需要，将其向银行申请贴现。银行年贴现率为 6%。计算贴现净额并做出会计处理。

由于企业持有的票据自贴现日至到期日尚有 3 个月，则贴现期为 3 个月。

贴现息 = 300 000 × 6% × 3 ÷ 12 = 4 500（元）

贴现净额 = 300 000 − 4 500 = 295 500（元）

企业应编制的会计分录如下：

借：银行存款	295 500	
财务费用	4 500	
贷：应收票据		300 000

【例 2-17】 假设【例 2-16】中的应收票据为带息票据，票面利率为 3%，其他条件不变。计算贴现净额并做出会计处理。

票据到期值 = 300 000 ×（1 + 3% × 4 ÷ 12）= 303 000（元）

贴现息 = 303 000 × 6% × 3 ÷ 12 = 4 545（元）

贴现净额 = 303 000 − 4 545 = 298 455（元）

企业应编制的会计分录如下：

借：银行存款	298 455	
财务费用	1 545	
贷：应收票据		300 000

3. 贴现票据到期时的处理

企业向银行申请贴现的商业汇票到期时，如果该票据到期不能兑付，贴现企业仍负有连带偿还责任。银行将已贴现的票据退回申请贴现的企业，同时从贴现企业的账户中将票据款划回。银行承兑汇票是由承兑银行承兑的，所以一般不会出现到期无法兑付的情况。而商业承兑汇票则不同，它是由银行以外的承兑人承兑的，因而在到期前使贴现企业存在着潜在的债务，因此，必须在企业的期末资产负债表上，将已贴现商业承兑汇票的价值在报表附注中加以披露。

如果出现了上述情况，贴现企业应按所付票据本息转为“应收账款”，即借记“应收账款”账户，贷记“银行存款”账户。假如申请贴现企业的银行存款账户余额不足以支付票款，银行将作为逾期贷款，贴现企业应借记“应收账款”账户，贷记“短期借款”账户。

【例 2-18】 若【例 2-17】中的带息商业汇票到期，承兑人未能支付票款，银行将本企业已贴现的票据退回，并从企业银行存款账户中将款项予以划转。企业应编制的会计分录如下：

借：应收账款	303 000	
贷：银行存款		303 000

如果申请贴现企业的银行存款账户余额不足，银行将作为逾期贷款处理，企业应编制的会计分录如下：

借：应收账款	303 000	
贷：短期借款		303 000

二、应收账款

（一）应收账款概述

1. 应收账款含义

应收账款是指企业因销售商品、提供劳务等业务，应向购货单位或接受劳务单位或个人收取的款项。主要包括企业销售商品、提供劳务等应向有关债务人收取的价款、增值税及代购货方垫付的运杂费等。应收账款属于商业信用性质。在市场经济发达的条件下，赊销十分普遍，企业为了扩大销售，提高市场占有率，增强竞争力，赊销业务不断增多。这也给企业带来了一定的风险。企业采用赊销方式销售商品或提供劳务，由此获得向顾客收取款项的权利，形成应收账款，它代表企业获得未来经济利益的权利。

2. 应收账款的确认

在确认应收账款时应注意，应收账款是企业因销售活动引起的债权，其他非销货引起的应收项目不应列入应收账款，如应收职工欠款、应收债务人的利息、应收保险赔款、应收已宣告分配的股利等，而应列入其他应收款；应收账款是指流动资产性质的债权，不包括长期性的债权，如购买的长期债券等；应收账款是企业应收客户的款项，不包括企业付出的各类存出保证金，如租入包装物保证金。

应收账款通常是由企业赊销活动所引起的，因此，应收账款的入账时间与收入的确认标准密切相关，具体的确认标准将在收入、费用和利润一章中说明。应收账款应于收入实现时加以确认。

3. 应收账款的计价

应收账款的计价，是指应收账款入账金额的确定。通常情况下，应收账款应按买卖双方交易时实际发生的交易金额计价。但是在商业交易中，由于存在商业折扣、现金折扣、销货退回和销售折让等，商品交易的价格可能发生变动，从而影响应收账款入账价值的确定。

（1）商业折扣。商业折扣是企业根据市场供需情况，或针对不同的顾客，在商品交易时从价目单所列售价中给予的扣除，是卖方基于多种原因对购买方的优惠。它是企业最常用的促销手段。

由于商业折扣在交易成立及实际付款之前已经予以扣除，对应收账款和营业收入均不产生影响，不需要在买卖双方的账上反映，对应收账款的入账价值没有实质性影响。在有商业折扣的情况下，应收账款的入账金额按扣除商业折扣后的实际售价确认。

（2）现金折扣。现金折扣是指发生赊销业务时，销货企业为了鼓励顾客在规定的期限内早日偿还货款而给予的价格优惠，即向债务人提供的债务扣除，折扣之多少由客户付款的早晚决定。现金折扣通常用符号“折扣/折扣期限”来表示，如“2/10，1/20，n/30”，表示如果在10天内付款可享受2%的折扣，在11—20天内付款可享受1%的折扣，在21—30天内付款则不给折扣。

对于销货方来说，提供现金折扣有利于提前收回货款，加速资金周转；而对于购货方来说，接受现金折扣无异于得到一笔可观的理财收益，获得免费信用。所以购货方除非资金非常紧张，一般都会接受现金折扣。

【例2-19】 甲公司赊销一批产品，销售额为5 000元，向客户提供的现金折扣条件是：2/10，1/20，n/30。

根据例题中的条件，客户自发票日10天内只需付4 900元，超过10天在20天内，只需付4 950元，超过20天最迟在30天内必须全额付款5 000元。

现金折扣与商业折扣不同，它发生于交易成立之后，随客户付款时间的不同而影响企业应收账款的实收数额，那么在交易日，应收账款和销货收入就存在是以总额入账，还是以扣除现金折扣后的净额入账的问题。在会计实务中通常采用两种处理方法：总账法和净价法。

总价法是在销售业务发生时，应收账款和销售收入按未扣减现金折扣前的实际售价作为入账价值，实际发生的现金折扣作为对购货方提前付款的鼓励性支出，对实际发生的现金折扣计入当期损益，视为加速资金周转的理财费用，在财务费用中列支。

净价法是将扣除现金折扣后的金额作为应收账款和销售收入的入账价值。这种方法是把购货方取得现金折扣视为正常现象，认为大多数购货方都会提前付款，把因购货方超过折扣期限付款而多收的款项视为提供信贷获得的收入，于收到款项时入账，冲减财务费用。

我国《企业会计准则——收入》规定，企业应收账款的入账价值，应当采用总价法计价。

（二）应收账款核算

为了核算和监督应收账款的发生和收回情况，应设置“应收账款”账户进行核算。借方登记应收账款的增加数，贷方登记应收账款的收回数及确认坏账损失数，期末余额在借方，反映尚未收回的应收账款数额。应收账款账户应按债务人设置明细账户，进行明细核算。不单独设置“预收账款”账户的企业（一般在预收货款不多的情况下），为简化核算，可将预收货款业务直接计入“应收账款”账户。

1. 商业折扣下应收账款的核算

【例2-20】 某企业销售100台电视给A公司，标价2 000元/台，成交时给予5%的折扣优惠，则实际成交价格为1 900元/台，假设企业已开出增值税专用发票，列明销售额为190 000元，增值税额32 300元。为购货的A公司代垫包装费420元，运杂费580元，均以银行存款支付。款项尚未收到。企业应编制的会计分录如下：

借:应收账款——A 公司　　223 300

　贷:主营业务收入　　190 000

　　　应交税费——应交增值税(销项税额)　　32 300

　　　银行存款　　1 000

【例 2-21】 承【例 2-20】,企业收到 A 公司支付的购货款和代垫的包装费、运杂费等共计 223 300 元,款项已存入银行。

借:银行存款　　223 300

　贷:应收账款——A 公司　　223 300

2. 现金折扣下应收账款的核算

【例 2-22】 2012 年 5 月 1 日,某企业向 B 公司销售产品价值 10 000 元,规定的现金折扣条件为"2/10,1/20,*n*/30",适用的增值税税率为 17%,产品交付并办妥委托收款手续。采用总价法处理,折扣不考虑增值税额,企业应编制的会计分录如下:

借:应收账款——B 公司　　11 700

　贷:主营业务收入　　10 000

　　　应交税费——应交增值税(销项税额)　　1 700

假设销售产品的款项于 5 月 9 日收到,即 B 公司享受现金折扣 200 元(10 000 × 2%),企业应编制的会计分录如下:

借:银行存款　　11 500

　　财务费用　　200

　贷:应收账款——B 公司　　11 700

假设销售产品的款项于 5 月 31 日收到,则 B 公司没有享受现金折扣,企业应编制的会计分录如下:

借:银行存款　　11 700

　贷:应收账款——B 公司　　11 700

三、预付账款

(一) 预付账款概述

预付账款是企业按照购货合同的有关规定,预先支付的款项。与应收账款一样,预付账款也是企业的短期债权,是企业的流动资产。但应收账款于销货时产生,是指应向购货方收取的款项;而预付账款于购货时发生,是预先支付给销售方的款项。

(二) 预付账款核算

为了加强对预付账款的管理,应设置"预付账款"账户进行核算,该账户属于资产类,借方登记预付和收到所购货物时补付的款项,贷方登记收到采购货物时按发票金额冲销的预付账款和退回多付的款项,期末借方余额表示实际预付的款项数额,期末贷方余额表示尚未补付的款项。本账户应按供应单位设置明细账进行明细核算。预付账款不多的企业,也可以将预付的货款记入"应付账款"账户的借方。但在编制会计报表时,仍然要将"预付账款"和"应付账款"的金额分开填列。

当企业按购货合同的规定向供货方预付货款时，按预付的金额借记“预付账款”账户，贷记“银行存款”账户；企业收到预定的货物时，应根据有关发票账单等列明的应计入购入货物成本的金额，借记“原材料”等账户，按增值税专用发票上注明的增值税额，借记“应交税费——应交增值税（进项税额）”账户，按应付的金额，贷记“预付账款”账户；补付货款时，借记“预付账款”账户，贷记“银行存款”账户。退回多付的货款时，借记“银行存款”账户，贷记“预付账款”账户。

【例 2-23】 甲企业与丙公司签订一项合同，向丙公司购买原材料一批，价款 150 000 元，适用的增值税税率为 17%。根据合同规定，甲企业在合同签订时预付货款 100 000 元，剩余款项在收到材料后付清。

假设该企业原材料是按实际成本计价核算。企业应编制的会计分录如下：

① 预付货款时

借：预付账款——丙公司　　100 000

　贷：银行存款　　100 000

② 收到丙公司发来的原材料和有关的发票账单时

借：原材料　　150 000

　应交税费——应交增值税（进项税额）　　25 500

　贷：预付账款——丙公司　　175 500

③ 补付货款时

借：预付账款——丙公司　　75 500

　贷：银行存款　　75 500

【例 2-24】 若【例 2-23】中，实际收到的原材料价款为 80 000 元，增值税额为 13 600 元，则将从丙公司收回多付的款项 6 400 元，企业应编制的会计分录如下：

① 收到丙公司发来的材料和有关的发票账单时

借：原材料　　80 000

　应交税费——应交增值税（进项税额）　　13 600

　贷：预付账款——丙公司　　93 600

② 收回丙公司退回的多付款项时

借：银行存款　　6 400

　贷：预付账款——丙公司　　6 400

四、其他应收款

（一）其他应收款的内容

其他应收款是指企业发生的非购销活动的应收短期债权，是企业除应收票据、应收账款、预付账款等以外的其他各种应收、暂付款项。其主要内容包括应收的各种赔款、罚款、存出保证金、应收出租包装物租金、向企业各部门拨出的备用金、应向职工收取的各种垫付款项等。

（二）其他应收款的核算

为了反映和监督其他应收款的增减变动及其结存情况，企业应设置“其他应收款”账户进行核算。该账户属于资产类账户，其借方登记其他应收款的增加，贷方登记其他应收款的收回和结转，期末余额一般在借方，反映企业尚未收回的其他应收款项。

其他应收款的核算业务比较简单，在此仅介绍备用金的核算。

备用金是企业财会部门预付给内部有关部门和人员，用于支付零星的日常开支的备用款项，如购买办公用品、支付医药费或差旅费等。备用金本身也是现金，但由于它体现着企业与内部有关部门和人员的资金往来关系，应对其单独管理和核算。为了反映备用金的设立、领用和报销情况，应在“其他应收款”账户下专设“备用金”明细账户进行核算。如果使用备用金的部门或人员较多，为了加强核算和管理，也可以单独设置“备用金”总账账户进行核算。备用金分为非定额备用金和定额备用金两种。

【例 2-25】 企业职工李芳准备出差，经必要手续批准，向财会部预借备用金 2 000 元，以现金支付。企业应编制的会计分录如下：

借：其他应收款——备用金（李芳）　　2 000

　贷：库存现金　　2 000

【例 2-26】 李芳出差回来，经批准报销差旅费 1 350 元，根据相关的车费、住宿费等报销凭证，交回剩余的现金 650 元，企业应编制的会计分录如下：

借：管理费用——差旅费　　1 350

　　库存现金　　650

　贷：其他应收款——备用金（李芳）　　2 000

有些企业为了简化核算，对经常发生零星开支的部门或单位，如供应部门、行政科等，实行定额备用金制度。建立定额备用金制度，是由企业会计部门根据实际情况核定、拨付一笔固定数额的现金，并规定使用范围。备用金经管人员在规定范围内支付，凭有关凭证向会计部门报销，财会部门根据报销单据付给现金，补足备用金定额。

【例 2-27】 企业为办公室建立定额备用金制度，核定的定额备用金为 8 000 元，以现金支票一次性拨付给行政科。企业应编制的会计分录如下：

借：其他应收款——备用金（行政科）　　8 000

　贷：银行存款　　8 000

【例 2-28】 行政科发生了 6 500 元的开支，备用金经管人员持有关报销单据报销时，财会部门以现金补足行政科的定额备用金。企业应编制的会计分录如下：

借：管理费用　　6 500

　贷：库存现金　　6 500

五、应收款项减值

（一）应收款项减值测试

在市场经济存在风险的情况下，应收款项有可能会发生减值，应收款项减值是指企业无法收回或收回的可能性极小的应收款项。这是由于在采取赊销方式进行商品交易的情况下，债务人因某种原因不能付款，造成应收款项不能收回的信用风险。由于发生坏账而造成的企业的损失称为坏账损失。

企业应当在资产负债表日，对应收款项进行减值测试，分析、判断各种应收款项的可收回性，有客观证据表明应收款项发生减值的，应当计提减值准备。应收款项发生减值的客观证据是指应收款项初始确认以后实际发生的，对该应收款项的预计未来现金流量有影响，且企业能够对该影响进行可靠计量的事项，包括下列各项：

（1）债务人发生严重财务困难。

（2）债务人违反了合同条款。

（3）债权人处于经济或法律方面的考虑，对发生财务困难的债务人做出让步。

（4）债务人很可能倒闭或进行其他财务重组。

（5）其他表明应收款项发生减值的客观证据。

（二）应收款项减值损失的核算方法

应收款项发生减值时，应当将其账面价值减记至预计未来现金流量现值，减记的金额确认为资产减值损失，计提坏账准备。短期应收款项未来现金流量与其现值相差较小，为了简化核算，在确定相关减值损失时，可不对其预计未来现金流量进行折现，直接根据预计未来现金流量低于应收款项账面价值的差额，确认减值损失，计提坏账准备。

确定应收款项减值有两种方法——直接转销法和备抵法。我国企业会计准则规定采用备抵法确定应收款项的减值。

1. 直接转销法

采用直接转销法时，日常核算中应收款项可能发生的坏账损失不予考虑，只有在实际发生坏账时，才作为损失计入当期损益，同时冲销该笔应收款项。当坏账发生时，借记“资产减值损失”账户，贷记“应收账款”账户。已确认的坏账如果以后又收回时，借记“应收账款”账户，贷记“资产减值损失”账户，同时，借记“银行存款”账户，贷记“应收账款”账户。

这种方法的优点是账务处理简单实用，缺点是不符合权责发生制和收入与费用互相配比的会计原则。在这种方法下，只有坏账已经发生时，才能将其确认为当期损益，导致各期收益不实；另外，在资产负债表上，应收款项是按其账面余额反映，而不是按净额反映，这在一定程度上虚增了企业的资产。所以，一般不采用直接转销法。

【例 2-29】 某企业 2006 年发生的一笔 20 000 元的应收甲公司的货款，长期无法收回，企业于 2010 年经过适当的会计程序将其确认为坏账。2010 年企业应编制的会计分录如下：

借：资产减值损失	20 000	
贷：应收账款——甲公司		20 000

【例 2-30】 【例 2-29】中已确认为坏账的账款在 2011 年经催收又收回，企业应编制的会计分录如下：

借：应收账款——甲公司	20 000	
贷：资产减值损失		20 000

同时：

借：银行存款　　20 000

　贷：应收账款——甲公司　　20 000

2. 备抵法

备抵法是采用一定的方法按期估计应收款项可能发生的坏账损失，计入当期损益，同时建立坏账准备，待坏账实际发生时，按确认的金额冲销坏账准备和相应的应收款项。采用这种核算方法，因分期提取坏账准备金，计入了各期损益，符合配比原则的要求；同时，在财务会计报表上列示的应收款项亦为扣除坏账准备后的应收款项净额，能比较真实地反映企业的财务状况。

（1）坏账损失的估计方法。在备抵法下，企业应当根据实际情况合理地按期估计当期坏账损失金额。由于企业发生坏账损失带有很大的不确定性，只能以过去的经验为基础，参照当前的信用政策、市场环境和行业惯例。准确估计每期应收款项未来现金流量现值，从而确定当期减值损失金额，计入当期损益。在会计实务中，估计坏账损失的方法有三种：应收款项余额百分比法、销货百分比法、账龄分析法。

① 应收款项余额百分比法

应收款项余额百分比法是以会计期末应收款项余额乘以根据历史经验估计的坏账计提比例估计坏账损失数额，并以此损失数额作为本期末坏账准备的月末余额，考虑计提前“坏账准备”账户的原有余额，确定本期应计提坏账准备金额的方法。坏账准备的计提方法和计提比例由企业自行确定，所以要求企业根据以往的经验、债务单位的实际财务状况和现金流量的情况，以及其他相关信息进行合理的估计。应当注意的是，提取方法一旦确定，不能随意变更，如需变更，应在会计报表附注中加以说明。

坏账准备可按下列公式计算：

$$\frac{\text{当期应提取的}}{\text{坏账准备金额}} = \frac{\text{当期按应收款项余额}}{\text{计算应提坏账准备余额}} \pm \frac{\text{坏账准备账户原有}}{\text{的借（贷）方余额}}$$

其中，

$$\frac{\text{当期按应收款项计算}}{\text{应提坏账准备余额}} = \frac{\text{当期应收款项}}{\text{期末余额}} \times \text{坏账计提比例}$$

计提坏账准备时，应根据“坏账准备”账户的原有余额确定本期应计提的数额，如果计提坏账准备前，“坏账准备”账户无余额，应按本期应收款项期末余额乘以坏账计提比例计算确定的减值金额计提坏账准备；如果计提坏账准备前，“坏账准备”账户已有贷方余额，应将本期应收款项期末余额乘以坏账计提比例计算确定的减值金额与“坏账准备”账户的贷方余额相比较，大于时补提差额，小于则反向冲回；如果计提坏账准备前，“坏账准备”账户已有借方余额，应将本期应收款项期末余额乘以坏账计提比例计算确定的减值金额加上“坏账准备”账户的借方余额计提坏账准备。经过上述会计处理，各期期末计提坏账准备后，“坏账准备”账户的贷方余额应等于本期应收款项期末余额乘以坏账计提比例。

【例 2-30】 某企业 2011 年年末应收账款余额为 8 000 000 元，“坏账准备”账户贷方余额为 150 000 元。根据历史经验并参照当前有关情况，计提坏账准备的百分比为 5%，则企业本年应计提的坏账准备为：

$$8\,000\,000\times5\%-150\,000=250\,000(元)$$

如果在计提坏账准备前，“坏账准备”账户贷方余额为600 000元，则本年应计提的坏账准备为：

$$8\,000\,000\times5\%-600\,000=-200\,000(元)$$

则本年不仅不需要计提坏账准备，还要冲回多计提的坏账准备200 000元。

如果在计提坏账准备前，“坏账准备”账户借方余额为50 000元，则本年应计提的坏账准备为：

$$8\,000\,000\times5\%+50\,000=450\,000(元)$$

② 账龄分析法

所谓账龄是指债务人所欠账款时间的长短。账龄分析法是指对应收款项按账龄的长短进行分类并分别确定计提坏账准备的百分比，据以估计减值损失，计提坏账准备的一种方法。这种方法和应收账款余额百分比一样，需要考虑计提前“坏账准备”账户的原有余额来确定本期应计提坏账准备的金额。

采用账龄分析法计提坏账准备，企业在期末要编制“应收款项账龄分析表”，根据账龄分析表中各账龄应收款项的余额，乘以相应的坏账损失率，然后将各类应收款项应计提的坏账准备金额进行加总，求得全部应收款项应计提的坏账准备金额。

【例2-31】 某企业2011年年末应收账款余额为8 000 000元，该企业将根据应收账款的账龄分为3年以上、2—3年、1—2年、6个月—1年、6个月以下五类来进行坏账损失的分析与估计，账龄分析表如表2-1所示。

表2-1 应收账款账龄分析表

2011年12月31日

应收账款账龄	应收账款账面余额	估计坏账率(%)	估计坏账损失(元)
6个月以下	2 000 000	2%	40 000
6个月—1年	3 000 000	5%	150 000
1—2年	1 500 000	20%	300 000
2—3年	1 000 000	40%	400 000
3年以上	500 000	60%	300 000
合计	8 000 000		1 190 000

假定该企业2011年12月31日“坏账准备”账户有贷方余额150 000元，则应计提的坏账准备为1 190 000 - 150 000 = 1 040 000(元)。

假定该企业2011年12月31日“坏账准备”账户有贷方余额1 200 000元，则应计提的坏账准备为1 190 000 - 1 200 000 = -10 000(元)，表示冲回坏账准备10 000元。

假定该企业2011年12月31日“坏账准备”账户有借方余额50 000元，则应计提的坏账准备为1 190 000 + 50 000 = 1 240 000(元)。

③ 赊销净额百分比法

赊销净额百分比法是按照企业某一会计期间赊销净额的一定比例估计坏账损失，提取坏账准备，该比例根据历史经验和当前相关信息来进行估计。这种方法期末按照估计的坏账损失金额直接计提坏账准备，不需要考虑计提前“坏账准备”账户的原有余额。

【例 2-32】 某企业 2011 年销售收入为 18 000 000 元，其中赊销净额为 3 000 000 元，年末应收账款余额为 8 000 000 元，坏账准备贷方余额为 600 000 元，根据历史经验并参照当前情况，确定坏账损失约占赊销净额的 5%，则本年应计提的坏账准备为 3 000 000 × 5% = 150 000（元）。

（2）备抵法的会计处理。企业为核算坏账准备，应设置“资产减值损失”账户和“坏账准备”账户来进行会计处理。“坏账准备”作为“应收账款”、“其他应收款”等应收款项的备抵账户，贷方登记当期提取的坏账准备和已核销的坏账损失以后又收回的金额，借方登记实际发生的坏账损失金额和冲减的坏账准备金额，余额一般在贷方，反映企业已经计提但尚未转销的坏账准备。

计提坏账准备时，应借记“资产减值损失”账户，贷记“坏账准备”账户；冲回多提坏账准备，做反向分录；转销坏账时，借记“坏账准备”账户，贷记“应收账款”等应收款项账户；收回已转销的坏账，借记“应收账款”账户，贷记“坏账准备”账户，同时借记“银行存款”账户，贷记“应收账款”；收回已转销的坏账，也可以直接借记“银行存款”账户，贷记“坏账准备”账户。

下面以应收账款余额百分比法为例，说明备抵法的会计处理。

【例 2-33】 企业于 2008 年年末开始提取坏账准备，应收账款账户年末余额为 2 300 000 元，坏账准备的提取比例为 5%。2009 年年末，企业应收账款账户余额为 3 200 000 元。2010 年 3 月 1 日，企业确认一笔坏账损失为 40 000 元，当年年末应收账款账户余额为 1 000 000 元。2011 年 6 月 10 日，上年已核销的坏账 40 000 元经催收又被收回，当年年末应收账款账户余额为 3 500 000 元。企业应编制的会计分录如下：

① 2008 年末，企业提取坏账准备 115 000 元（2 300 000 × 5%）

借：资产减值损失——坏账损失　　115 000

　贷：坏账准备　　115 000

② 2009 年末，企业应提取坏账准备 45 000 元（3 200 000 × 5% − 115 000）

借：资产减值损失——坏账损失　　45 000

　贷：坏账准备　　45 000

③ 2010 年 3 月 1 日，企业冲销坏账时

借：坏账准备　　40 000

　贷：应收账款—— × × 公司　　40 000

④ 2010 年末，企业提取坏账准备 −70 000 元（1 000 000 × 5% − 160 000 + 40 000）

借：坏账准备　　70 000

　贷：资产减值损失——坏账损失　　70 000

⑤ 2011 年 6 月 10 日，已核销的坏账 40 000 元又经催收予以收回

借：应收账款—— × × 公司　　40 000

　贷：坏账准备　　40 000

同时：

借：银行存款　　40 000

　贷：应收账款——××公司　　40 000

⑥ 2011 年末，企业提取当年的坏账准备 85 000 元（3 500 000×5% －50 000－40 000）

借：资产减值损失——坏账准备　　85 000

　贷：坏账准备　　85 000

思考题

1. 如何进行现金的管理？
2. 现金控制的基本内容包括哪些？
3. 企业在银行可以开立哪些账户？各有什么特点？
4. 银行结算方式有哪些？各种结算方式有何特点与适用性？
5. 什么是其他货币资金？包括哪些内容？
6. 应收账款核算的内容是什么？应收账款有什么特点？
7. 商业折扣和现金折扣有什么不同？
8. 什么是坏账损失？如何确认坏账损失？
9. 什么是预付账款？它和应收账款的主要区别是什么？
10. 什么是其他应收款？其他应收款的核算内容有哪些？

练习题

一、单项选择题

1. 企业存放在银行的信用卡存款，应通过（　　）账户进行核算。

A. 其他货币资金　B. 银行存款　C. 在途货币资金　D. 库存现金

2. 下列情形中，不违背《内部会计控制规范——货币资金（试行）》规定的“确保办理货币资金业务的不相容岗位相互分离、制约和监督”原则的是（　　）。

A. 由出纳人员兼任会计档案保管工作

B. 由出纳人员保管签发支票所需全部印章

C. 由出纳人员兼任明细账的登记工作

D. 由出纳人员兼任固定资产明细账的登记工作

3. 对于银行已经收款而企业尚未入账的未达账项，企业应做的处理为（　　）。

A. 以“银行对账单”为原始记录将该业务入账

B. 根据“银行存款余额调节表”和“银行对账单”自制原始凭证入账

C. 在编制“银行存款余额调节表”的同时入账

D. 待有关结算凭证到达后入账

4. 企业在现金清查中，在未查明原因前，应记入的会计账户是（　　）。

A. 财务费用　B. 管理费用

C. 待处理财产损溢　D. 其他应收款或其他应付款

5. 在企业的银行账户中，不能办理现金支取的账户是（　　）。

A. 基本存款账户　　B. 一般存款账户
C. 临时存款账户　　D. 专用存款账户

6. 预付账款不多的企业,可以不设"预付账款"账户,而将预付的款项记入(　　)。

A. "应收账款"账户的借方　　B. "应收账款"账户的贷方
C. "应付账款"账户的借方　　D. "应付账款"账户的贷方

7. 收到的带息商业汇票应于中期期末和年度终了计提利息时,冲减(　　)。

A. 管理费用　　B. 财务费用
C. 销售费用　　D. 营业外支出

8. 企业销售产品收到的商业承兑汇票,若到期时承兑人无力偿还票款,则应将其转入的账户是(　　)。

A. 应收账款　　B. 应付账款
C. 应收票据　　D. 应付票据

9. 下列各项中,不通过"其他应收款"账户核算的是(　　)。

A. 为职工垫付的房租　　B. 应收保险公司的赔款
C. 应向购货方收取的代垫运费　　D. 存出保证金

10. 一张票面金额为1 000元、利率为8%、90天到期的带息票据,企业已持有30天,如果此时按9%的贴现率进行贴现,该企业可实收贴现金额为(　　)元。

A. 1 000　　B. 1 020　　C. 1 004. 70　　D. 1 012. 50

二、多项选择题

1. 商业汇票按其承兑人不同,可分为(　　)。

A. 商业承兑汇票　　B. 银行汇票　　C. 银行本票　　D. 银行承兑汇票
E. 信用卡

2. 现金溢缺的核算可能涉及的会计科目有(　　)。

A. 其他应收款　　B. 财务费用　　C. 营业外收入　　D. 营业外支出
E. 待处理财产损溢

3. 其他货币资金包括(　　)。

A. 外埠存款　　B. 银行本票存款　　C. 银行承兑汇票　　D. 信用卡存款
E. 信用证存款　　F. 存出投资款

4. 导致企业银行存款日记账与银行存款对账单的金额在同一日期不一致的情况有(　　)。

A. 企业已记银行存款增加,而银行尚未办妥入账手续的款项
B. 银行已记企业存款增加,而企业尚未接到收款通知,尚未记账的款项
C. 企业已记银行存款减少,而银行尚未支付入账的款项
D. 银行已记企业的存款减少,而企业尚未接到付款通知,尚未记账的款项
E. 企业根据银行存款账单登记账簿

5. 下列各项中,符合《现金管理暂行条例》规定可以用现金结算的有(　　)。

A. 向个人收购农副产品支付的价款

B. 向企业购买大宗材料支付的价款

C. 支付给职工个人的劳务报酬

D. 出差人员随身携带的差旅费

E. 根据国家规定颁发给个人的科学技术、文化技术、体育等各种奖金

6. 按照企业会计准则的规定，下列各项目中，可以作为应收账款初始确认金额的有（　　）。

A. 销售产品价款　　B. 增值税销项税额

C. 商业折扣　　D. 代垫运杂费

E. 现金折扣

7. 采用备抵法核算坏账损失时，估计坏账损失的主要方法有（　　）。

A. 应收账款余额百分比法　　B. 账龄分析法

C. 销货百分比法　　D. 先进先出法

E. 总额法

8. 在采用备抵法核算坏账损失的企业，下列各项中计提坏账准备的项目有（　　）。

A. 应收账款　　B. 预付账款　　C. 应收票据　　D. 长期应收款

E. 其他应收款

9. 企业内部各部门、各单位周转使用的备用金，可以通过（　　）账户核算。

A. 库存现金　　B. 其他应收款　　C. 备用金　　D. 银行存款

E. 其他货币资金

10. 计算带息商业汇票的到期值时，应考虑的因素是（　　）。

A. 票面利率　　B. 票据面值　　C. 票据期限　　D. 贴现期限

E. 贴现利率

三、判断题

1. 为加强现金管理制度，一笔现金业务应由一人单独处理。（　　）

2. 在资产中，库存现金的流动性最强。（　　）

3. 专用存款账户不得办理提取现金业务。（　　）

4. 银行存款余额调节表是专门用于调整银行存款日记账的凭证。（　　）

5. 现金清查一般采用永续盘存法。（　　）

6. 不带息的票据贴现所得等于票据面值减去贴现息之差。（　　）

7. 企业会计准则规定，企业一般采用应收账款余额百分比法按月计提坏账准备金。（　　）

8. 商品销售中发生的商业折扣在应收账款中不予反映。（　　）

9. 如果企业未设置“预付账款”账户，表明该企业不存在预付账款的业务。（　　）

10. 应收及预付款项是企业的资产。（　　）

四、业务题

1. 甲公司在现金清查中，发现现金短缺150元，经查，其中100元为多付业务员李刚的差旅费，其余50元无法查明原因，报经批准处理。

要求：根据上述经济业务，做现金短缺的会计处理。

2. 光明公司2012年7月31日基本存款账户银行存款日记账余额为81 000元，银行送来的对账单的余额为124 500元。经逐笔核对，发现以下未达账项：

（1）送存银行转账支票90 000元，企业已登记银行存款增加，但银行尚未入账。

（2）企业开出转账支票67 500元，但持票单位尚未到银行办理转账。

（3）企业委托银行代收某公司购货款72 000元，银行已收妥并登记入账，但企业尚未收到收账通知，尚未入账。

（4）银行代企业支付电话费6 000元，银行已登记企业银行存款减少，但企业尚未收到银行付款通知，尚未记账。

要求：编制银行存款余额调节表对银行存款余额进行核对。

3. 某工厂2012年6月份发生下列其他货币资金业务：

（1）3日，企业在外地采购一批甲材料，通过银行汇出款项850 000元，建立采购专户。

（2）10日，收到3日采购甲材料的发票账单，货款及外地运杂费计720 000元，增值税进项税额122 400元，材料已入库。

（3）收回上项采购材料专户余款存入银行结算账户。

（4）15日，企业去外地采购材料一批，委托银行签发面额为35 000元的银行汇票。

（5）20日，上项购入的材料已验收入库，货款及外地运杂费计28 000元，增值税4 760元，以银行汇票结算。

（6）将上述银行汇票的余额转回银行结算账户。

要求：编制上述经济业务的会计分录。

4. 企业2011年12月份发生下列应收账款业务：

（1）5日，企业销售甲产品一批，货款5 600元，增值税税率17%，款项暂欠。

（2）10日，企业销售材料一批，货款1 200元，增值税税率17%，收到转账支票一张，金额1 000元，余款暂欠。

（3）20日，原销售甲产品所欠货款4 300元改用商业汇票结算，收到商业承兑汇票一张，金额4 300元，期限4个月。

要求：编制上述经济业务的会计分录。

5. 企业坏账损失采用应收账款余额百分比法核算。2011年初“坏账准备”科目贷方余额为4 800元，坏账准备计提比例为0.5%，2012年发生的经济业务如下：

（1）3月2日，3年前销售给光明工厂的丙产品应收账款8 000元，已无法收回，经批准作坏账损失处理。

（2）4月5日，上月已确认为坏账的光明工厂货款又收回3 000元，存入银行。

（3）12月31日，经查应收账款年末余额为1 200 000元，计提坏账准备。

要求：编制上述经济业务的会计分录。

6. 某企业2011年发生如下经济业务：

（1）1月8日，销售产品一批，不含税价款为185 000元，款项尚未收到，已办妥托收手续，适用的增值税税率为17%。

（2）1 月 18 日，收到购货单位交来的 4 个月的商业承兑汇票一张，面值为 216 450 元，用以抵赊销款。

（3）5 月 18 日，收到商业承兑汇票的金额并存入银行。

（4）6 月 1 日，某企业销售产品一批，该批产品的价款为 80 000 元，增值税税率为 17%，收到购货单位发来的期限为 3 个月、利率为 5% 的商业承兑汇票一张。

（5）7 月 5 日，企业向 A 企业销售产品一批，销售价格为 80 000 元，增值税税率为 17%，规定的现金折扣条件为“3/10，n/30”，采用总价法进行核算。（假定折扣不考虑增值税）

（6）7 月 10 日，A 企业付款。

（7）8 月 5 日，企业预先向胜利公司支付货款 50 000 元。

（8）8 月 25 日，收到胜利公司交来的产品价值 40 000 元，增值税金额为 6 800 元，退回余款。

（9）8 月 26 日，企业对办公室拨付定额备用金 5 000 元。

（10）8 月 29 日，办公室报销办公用品 800 元。

要求：编制上述经济业务的会计分录。

第三章　金融资产核算(下)

【教学目的】

通过本章学习,学生应当了解并掌握:

1. 各类金融资产的特点和划分依据
3. 交易性金融资产的确认及计量
4. 持有至到期投资的确认及计量
5. 可供出售金融资产的确认及计量
6. 实际利率法的计算和运用
7. 金融资产减值损失的计量

金融是现代经济的核心,金融工具的广泛运用和不断创新促进了金融市场的健康、可持续发展。金融工具是指形成一个企业的金融资产,并形成其他单位的金融负债或权益工具的合同,金融工具对其持有者来说就是金融资产。例如,甲企业发行一项5年期债券,乙企业购入该项债券,双方签订购销合同,那么这个合同就是一项金融工具,甲企业就产生了一项金融资产,乙企业就产生了一项金融负债。金融资产属于企业资产的重要组成部分,其最大特征是能够在市场交易中为其所有者提供即期或远期的货币收入流量。随着经济的发展,企业金融资产持有的比重呈逐步提高的趋势,对金融资产进行合理准确的确认和计量有助于全面、客观地反映企业的财务状况和经营成果。本章将根据金融资产的分类,介绍以公允价值计量且其变动计入当期损益的金融资产、持有至到期投资、可供出售金融资产这三类金融资产。通过本章的学习,学生将了解和熟悉各类金融资产的特点和划分依据,掌握交易性金融资产、持有至到期投资、可供出售金融资产的确认与计量的具体方法。

第一节　以公允价值计量且其变动计入当期损益的金融资产

一、以公允价值计量且其变动计入当期损益的金融资产分类

以公允价值计量且其变动计入当期损益的金融资产,可以进一步分为交易性金融资产和指定以公允价值计量且其变动计入当期损益的金融资产。

(一) 交易性金融资产

交易性金融资产,是指企业为了近期出售或回购的金融资产,如企业以赚取差价为目的

从二级市场购入的股票、债券、基金等。衍生工具不作为有效套期工具的,如国债期货、远期合同、股指期货等,也应划分为交易性金融资产。金融资产满足下列条件之一的,应当划分为交易性金融资产。

(1)取得该金融资产主要是为了近期内出售或回购。例如,企业以赚取差价为目的从二级市场购入的股票、债券、基金等。

(2)属于进行集中管理的可辨认金融工具组合的一部分,且有客观证据表明企业近期采用短期获利方式对该组合进行管理。例如,企业基于其投资策略和风险管理的需要,将某些金融资产进行组合从事短期获利活动,对于组合中的金融资产,应采用公允价值计量,并将其相关公允价值变动计入当期损益。

(3)属于衍生金融工具。衍生金融工具是与传统金融工具相对应的一个概念,它是在传统金融工具诸如即期交易的商品合约、债券、股票、外汇等基础上派生出来的新型金融工具,如国债期货、远期合同、股指期货等。衍生金融工具公允价值变动大于零时,应将其相关变动金额确认为交易性金融资产,同时计入当期损益。但是,如果衍生工具被企业指定为有效套期关系中的套期工具,那么该衍生金融工具初始确认后的公允价值变动应根据其对应的套期关系(即公允价值套期、现金流量套期或境外经营净投资套期)不同,采用相应的方法进行处理。

(二)指定为以公允价值计量且其变动计入当期损益的金融资产

指定为以公允价值计量且其变动计入当期损益的金融资产,是指企业基于风险管理、战略投资需要等而将其直接指定为以公允价值计量且其变动计入当期损益的金融资产。通常是指该金融资产不满足确认为交易性金融资产条件时,企业仍可在符合某些特定条件的情况下将其按公允价值计量,并将其公允价值变动计入当期损益。

符合下列条件之一的金融资产,可以在初始确认时指定为以公允价值计量且其变动计入当期损益的金融资产。

(1)该指定可以消除或明显减少由于该金融资产的计量基础不同所导致的相关利得或损失在确认或计量方面不一致的情况。例如,甲金融企业的某金融负债和某金融资产密切相关且均具利率敏感性,该企业将该金融资产划分为可供出售金融资产,而将相关负债划分为交易性金融负债,在这种情况下,该金融资产期末以公允价值计量但公允价值变动却计入所有者权益,而相关的金融负债却以公允价值计量且公允价值变动计入当期损益,由此出现会计计量基础不同导致会计处理结果不能较好地反映交易实质的情况。在这种情况下,可以将该金融资产指定为以公允价值计量且其变动计入当期损益的金融资产。

(2)企业风险管理或投资策略的正式书面文件已载明,该金融资产组合或该金融资产和金融负债组合,以公允价值为基础进行管理、评价并向关键管理人员报告。例如,某企业集团对所辖范围内全资子企业或分公司的风险归口进行集中管理以总体控制财务风险,该企业集团采用金融资产和金融负债组合方式进行管理,每日均以公允价值对该组合进行评价以及时调整组合来应对相关财务风险。该企业集团管理层对该组合的管理也以公允价值为基础。在这种情况下,该企业集团可以直接指定组合中的金融资产和金融负债为以公允价值计量且其变动计入当期损益的金融资产和金融负债。

划分以公允价值计量且其变动计入当期损益的金融资产时应注意:在活跃市场中没有报价,公允价值不能可靠计量的权益工具投资,不得划分为以公允价值计量且其变动计入当期损益的金融资产;某项金融资产划分为以公允价值计量且其变动计入当期损益的金融资产后,不能再重分类为其他类别的金融资产,其他类别的金融资产也不能再重分类为以公允价值计量且其变动计入当期损益的金融资产。

二、以公允价值计量且其变动计入当期损益的金融资产的计量

初始确认时,以公允价值计量且其变动计入当期损益的金融资产应按公允价值计量,相关交易费用应当直接计入当期损益。其中,公允价值不包含购买时已宣告但尚未发放的现金股利或已到付息期但尚未领取的债券利息。交易费用包括支付给代理机构、咨询公司、券商等的手续费和佣金及其他必要支出,不包括债券溢价、折价、融资费用、内部管理成本及其他与交易不直接相关的费用。

资产负债表日,以公允价值计量且其变动计入当期损益的金融资产按资产负债表日的公允价值计量,公允价值与账面价值的差异计入当期损益。

三、以公允价值计量且其变动计入当期损益的金融资产的会计处理

企业对以公允价值计量且其变动计入当期损益的金融资产的会计处理,应着重于该金融资产与金融市场的紧密结合性,反映该类金融资产相关市场变量变化对其价值的影响,进而对企业财务状况和经营成果的影响。

(一) 应设置的账户

交易性金融资产的会计处理应设置“交易性金融资产”、“应收股利(利息)”、“公允价值变动损益”、“投资收益”等账户。

(1)“交易性金融资产”账户,核算短期持有的以交易为目的的债券投资、股票投资、基金投资等交易性金融资产的公允价值,企业持有的直接指定为以公允价值计量且其变动计入当期损益的金融资产也在“交易性金融资产”账户中核算。该账户应当按照金融资产的类别和品种,分别设置“成本”、“公允价值变动”明细账户进行核算。借方登记交易性金融资产取得的成本、资产负债表日其公允价值高于账面余额的差额等,贷方登记资产负债表日其公允价值低于账面余额的差额、企业出售交易性金融资产时结转的成本等。衍生金融资产不在此科目核算,通过单独设置“衍生工具”科目核算。

(2)“应收股利”或“应收利息”账户,核算企业购买交易性金融资产获得的应收股利或利息。借方登记收到或转出应收股利或利息,贷方登记应收未收的应收股利或利息。

(3)“公允价值变动损益”账户,核算企业交易性金融资产等公允价值变动而形成的应计入当期损益的利得或损失。借方登记资产负债表日其公允价值低于账面余额的差额,贷方登记资产负债表日其公允价值高于账面余额的差额。

(4)“投资收益”账户,核算企业持有交易性金融资产期间内取得的投资收益以及处置交易性金融资产等实现的投资收益或损失。借方登记企业购买交易性金融资产的交易费用、处置交易性金融资产发生的投资损失,贷方登记处置交易性金融资产实现的投资收益。

（二）以公允价值计量且其变动计入当期损益的金融资产的初始确认

企业取得交易性金融资产时，应当按照该金融资产取得时的公允价值作为其初始确认金额，借记“交易性金融资产——成本”账户；取得交易性金融资产所支付的价款中如果包含了已宣告但尚未发放的现金股利或已到付息期但尚未领取的债券利息的，应当单独确认为应收项目，借记“应收股利”或“应收利息”账户；取得交易性金融资产发生的相关交易费用，借记“投资收益”。按实际支付的价款贷记“银行存款”或“其他货币资金——存出投资款”等。

【例 3-1】 2011 年 5 月 10 日，某企业通过证券公司从二级市场购入乙公司发行的股票 100 000 股，每股价格 10.50 元（含已宣告但尚未发放的现金股利 0.50 元），另支付交易费用 5 000 元。甲公司将持有的乙公司股权划分为交易性金融资产，且持有乙公司股权后对其无重大影响。企业取得该项交易性金融资产时应编制的会计分录如下：

借：交易性金融资产——成本	1 000 000	
应收股利	50 000	
投资收益	5 000	
贷：其他货币资金——存出投资款		1 055 000

【例 3-2】 2011 年 1 月 8 日，某企业购入丙公司发行的公司债券，该笔债券于 2010 年 7 月 1 日发行，面值为 2 500 万元，票面利率为 4%，债券利息按年支付。企业将其划分为交易性金融资产，支付价款为 2 600 万元（其中包含已宣告发放的债券利息 50 万元），另支付交易费用 30 万元。企业取得该项交易性金融资产时应编制的会计分录如下：

借：交易性金融资产——成本	25 500 000	
应收利息	500 000	
投资收益	300 000	
贷：银行存款		26 300 000

（三）以公允价值计量且其变动计入当期损益的金融资产持有期间应收股利或利息的会计处理

企业在持有以公允价值计量且其变动计入当期损益的金融资产期间获得股票股利时，不需要做会计处理，只需要备查登记股票数量的增加；获得的现金股利和债券利息，应当确认为投资收益。被投资单位宣告发放现金股利时，投资单位按应享有的份额，借记“应收股利”账户，贷记“投资收益”账户；资产负债表日，投资企业按分期付息、一次还本债券投资的票面利率计提利息时，借记“应收利息”账户，贷记“投资收益”账户。收到现金股利或债券利息时，借记“银行存款”等账户，贷记“应收股利”或“应收利息”账户。

【例 3-3】 承【例 3-1】，2011 年 5 月 20 日，企业收到乙公司发放的现金股利 50 000 元。企业编制会计分录如下：

借：银行存款	50 000	
贷：应收股利		50 000

【例 3-4】 承【例 3-2】，2011 年 2 月 5 日，企业收到该笔债券利息 50 万元。

借：银行存款	500 000	

贷:应收利息　　500 000

【例 3-5】 承【例 3-4】,2011 年年末,企业计提 2011 年债券利息 100 万元。

借:应收利息　　1 000 000

贷:投资收益　　1 000 000

(四) 以公允价值计量且其变动计入当期损益的金融资产的期末计量

资产负债表日,以公允价值计量且其变动计入当期损益的金融资产应当按照该资产在资产负债表日的公允价值计量。按公允价值高于账面余额之间的差额,借记“交易性金融资产——公允价值变动”账户,贷记“公允价值变动损益”账户;如果公允价值低于账面余额,则按差额做相反分录。

【例 3-6】 承【例 3-3】,2011 年 6 月 30 日,企业持有的乙公司股票价格为每股 14 元。2011 年 12 月 31 日,企业持有的乙公司股票价格为每股 13 元。企业编制会计分录如下:

① 2011 年 6 月 30 日,确认股票价格变动

借:交易性金融资产——公允价值变动　　400 000

贷:公允价值变动损益　　400 000

② 2011 年 12 月 31 日,确认股票价格变动

借:公允价值变动损益　　100 000

贷:交易性金融资产——公允价值变动　　100 000

(五) 处置以公允价值计量且其变动计入当期损益的金融资产

企业处置以公允价值计量且其变动计入当期损益的金融资产时,其处置收到的价款与账面余额之间的差额应确认为投资收益,同时将相应的公允价值变动损益结转至投资收益。企业按实际收到的金额,借记“银行存款”等账户;按该金融资产的账面余额,贷记“交易性金融资产——成本”账户,借记或贷记“交易性金融资产——公允价值变动”账户;按实际收到的金额与按该金融资产的账面余额之间的差额,借记或贷记“投资收益”账户。同时,将该资产已记入公允价值变动损益的金额转出,借记或贷记“公允价值变动损益”账户,贷记或借记“投资收益”账户。

【例 3-7】 承【例 3-6】,2012 年 1 月 15 日,企业将乙公司股票全部售出,每股售价 15 元,支付交易费用 6 000 元。

借:银行存款　　1 494 000

贷:交易性金融资产——成本　　1 000 000

——公允价值变动　　300 000

投资收益　　194 000

借:公允价值变动损益　　300 000

贷:投资收益　　300 000

【例 3-8】 2011 年 1 月 1 日,企业支付价款 1 040 000 元(含已到付息期但尚未领取的利息 20 000 元)购入某公司发行的债券,另支付交易费用 20 000 元。该债券面值 1 000 000 元,剩余期限为 2 年,票面年利率为 4%,每半年付息一次,企业将其划分为交易性金融资产。相关资料如下:

① 2011 年 1 月 5 日，收到该债券 2010 年下半年利息 20 000 元。

② 2011 年 6 月 30 日，该债券的公允价值为 1 150 000（不含利息）。

③ 2011 年 7 月 5 日，收到该债券半年利息。

④ 2011 年 12 月 31 日，该债券的公允价值为 1 100 000 元（不含利息）。

⑤ 2012 年 1 月 5 日，收到该债券 2011 年下半年利息。

⑥ 2012 年 3 月 31 日，企业将该债券出售，取得价款 1 180 000 元。

假定不考虑其他因素，则企业的账务处理如下：

① 2011 年 1 月 1 日，购入债券

借：交易性金融资产——成本	1 000 000	
应收利息	20 000	
投资收益	20 000	
贷：银行存款		1 040 000

② 2011 年 1 月 5 日，收到该债券 2010 年下半年利息

借：银行存款	20 000	
贷：应收利息		20 000

③ 2011 年 6 月 30 日，确认债券公允价值变动和投资收益

借：交易性金融资产——公允价值变动	1 150 000	
贷：公允价值变动损益		1 150 000
借：应收利息	20 000	
贷：投资收益		20 000

④ 2011 年 7 月 5 日，收到该债券半年利息

借：银行存款	20 000	
贷：应收利息		20 000

⑤ 2011 年 12 月 31 日，确认债券公允价值变动和投资收益

借：公允价值变动损益	50 000	
贷：交易性金融资产——公允价值变动		50 000
借：应收利息	20 000	
贷：投资收益		20 000

⑥ 2012 年 1 月 5 日，收到该债券 2011 年下半年利息

借：银行存款	20 000	
贷：应收利息		20 000

⑦ 2012 年 3 月 31 日，将该债券予以出售

借：银行存款	1 180 000	
贷：交易性金融资产——成本		1 000 000
——公允价值变动		100 000
投资收益		80 000
借：公允价值变动损益	100 000	
贷：投资收益		100 000

第二节 持有至到期投资

一、持有至到期投资概述

持有至到期投资，是指到期日固定、回收金额固定或可确定，且企业有明确意图和能力持有至到期的非衍生金融资产。通常情况下，股权投资因其没有固定的到期日，不能划分为持有至到期投资。能够划分为持有至到期投资的金融资产，主要是债权性投资，比如企业购入准备持有至到期的固定利率国债、企业债券等。持有至到期投资通常具有长期性质，属于非流动资产。

企业不能将下列非衍生金融资产划分为持有至到期投资：在初始确认时即被指定为以公允价值计量且其变动计入当期损益的非衍生金融资产；在初始确认时被指定为可供出售的非衍生金融资产；符合贷款和应收款项的定义的非衍生金融资产。

企业在将金融资产划分为持有至到期投资时，应当注意把握以下特征：

(1) 该金融资产到期日固定、回收金额固定或可确定。指相关合同明确了投资者在确定的期间内获得或应收取现金流量(如投资利息和本金等)的金额和时间。

(2) 企业有明确意图将该金融资产持有至到期。指投资者在取得投资时意图就是明确的，除非遇到一些企业所不能控制、预期不会重复发生且难以合理预计的独立事项，否则将持有至到期。

(3) 企业有能力将该金融资产持有至到期。指企业有足够的财务资源，并不受外部因素影响将投资持有至到期。

企业将某金融资产划分为持有至到期投资后，可能会发生到期前将该金融资产予以处置或重分类的情况。这种情况的发生，通常表明企业违背了将投资持有至到期的最初意图。如发生变化，应当将其重分类为可供出售金融资产进行处理。

二、持有至到期投资的会计处理

企业对持有至到期投资的会计处理，应着重于该金融资产的持有者打算“持有至到期”，到期前通常不会出售或重分类，主要应解决该金融资产实际利率的计算、摊余成本的确定、持有期间的收益确认以及将其处置时损益的处理。

(一) 应设置的账户

为了核算持有至到期投资的取得、收取利息、处置、减值等业务，企业应设置“持有至到期投资”、“持有至到期投资减值准备”等账户进行核算。在“持有至到期投资”总账账户下，分别设置“成本”、“利息调整”、“应计利息”明细账户进行明细核算。

(1) “持有至到期投资——成本”账户，核算持有至到期投资的面值，借方登记取得持有至到期投资资产的面值，贷方登记处置持有至到期投资资产时成本的转出。

(2) “持有至到期投资——利息调整”账户，核算持有至到期投资取得时实际支付的价款与面值之间的差额以及持有期间该差额的摊销。借方登记取得时实际支付的价款高于面值的差额以及计息时债券折价的摊销，贷方登记取得时实际支付的价款低于面值的差额以及计息时债券溢价的摊销。

（3）“持有至到期投资——应计利息”账户，核算持有至到期投资到期一次还本付息的利息。借方登记计提应收未收的利息，贷方登记收到利息。持有至到期投资的利息如果采取分次付息的方式，则应收未收的利息属于流动资产，记入“应收利息”账户；如果采取到期一次还本付息的方式，则应收未收的利息属于非流动资产，记入“持有至到期投资——应计利息”账户。

（4）“持有至到期投资减值准备”账户，核算持有至到期投资发生的减值，借方登记减值的恢复或冲销，贷方登记减值的计提。

（二）持有至到期投资的初始计量

持有至到期投资初始确认时，应当按照公允价值计量和相关交易费用之和作为初始入账金额。按照该投资的面值，借记“持有至到期投资——成本”账户；如果实际支付的价款中包含有已到付息期但尚未领取的债券利息，应单独确认为应收项目，借记“应收利息”账户；按实际支付的价款，贷记“银行存款”账户；借贷方的差额，借记或贷记“持有至到期投资——利息调整”账户。

【例 3-9】 2008 年 1 月 1 日，某企业以 528 000 元价格（包含买价和交易费用）购入乙公司当日发行的面值为 500 000 元、5 年期、年利率为 6% 的公司债券，准备持有至到期。该债券每年 12 月 31 日付息。根据有关的凭证，进行会计处理：

借：持有至到期投资——成本	500 000	
——利息调整	28 000	
贷：银行存款		528 000

【例 3-10】 2007 年 1 月 1 日，某企业支付价款 1 059 000 元（含交易费用）从活跃市场上购入某公司 2006 年 1 月 1 日发行的 6 年期债券，面值 1 250 000 元，票面年利率 4.72%，每年结算并支付利息（即每年 59 000 元），准备持有至到期，该价款包含已到付息期但尚未支付的利息 59 000 元，划分为持有至到期投资。

借：持有至到期投资——成本	1 250 000	
应收利息	59 000	
贷：银行存款		1 059 000
持有至到期投资——利息调整		250 000

持有至到期投资初始确认时，应当计算确定其实际利率，并在该持有至到期投资预期存续期间或适用的更短期间内保持不变。

实际利率，是指将金融资产或金融负债在预期存续期间或适用的更短期间内的未来现金流量，折现为该金融资产或金融负债当前账面价值所使用的利率。企业在确定实际利率时，应当在考虑金融资产或金融负债所有合同条款（包括提前还款权、看涨期权、类似期权等）的基础上预计未来现金流量，但不应考虑未来信用损失。

【例 3-11】 确定【例 3-9】的实际利率。

该债券票面利率为 6%，购入成本 528 000 元高于债券面值 500 000 元，因此，实际利率一定低于票面利率。设该债券的实际利率为 r,则可列出如下等式：

$$债券年票面利息额 = 500\,000 \times 6\% = 30\,000(元)$$

$$30\,000 \times (1+r)^{-1} + 30\,000 \times (1+r)^{-2} + 30\,000 \times (1+r)^{-3} + 30\,000 \times (1+r)^{-4} + 30\,000 \times (1+r)^{-5} + 500\,000 \times (1+r)^{-5} = 528\,000(元)$$

根据复利现值系数表和年金现值系数表可知,5 年期、折现率 5% 的复利现值系数、年金现值系数分别是 0.7835、4.3295, 5 年期、折现率 4% 的复利现值系数、年金现值系数分别是 0.8219、4.4518。

$$利息和本金现值(5\%) = 500\,000 \times 0.7835 + 30\,000 \times 4.3295 = 521\,635(元)$$

$$利息和本金现值(4\%) = 500\,000 \times 0.8219 + 30\,000 \times 4.4518 = 544\,504(元)$$

所以,实际利率在 4% 和 5% 之间,采用插值法计算实际利率：

$$实际利率 = 4\% + (5\% - 4\%) \times \frac{544\,504 - 528\,000}{544\,504 - 521\,635} = 4.72\%$$

【例 3-12】 确定【例 3-10】的实际利率。

该债券票面利率为 4.72%,购入成本 1 000 000 元低于债券面值 1 250 000 元,因此,实际利率一定高于票面利率。设该债券的实际利率为 r,则可列出如下等式：

$$债券年票面利息额 = 1\,250\,000 \times 4.72\% = 59\,000(元)$$

$$59\,000 \times (1+r)^{-1} + 59\,000 \times (1+r)^{-2} + 59\,000 \times (1+r)^{-3} + 59\,000 \times (1+r)^{-4} + 59\,000 \times (1+r)^{-5} + 12\,500\,000 \times (1+r)^{-5} = 1\,000\,000(元)$$

根据复利现值系数表和年金现值系数表可知:5 年期、折现率 10% 的复利现值系数、年金现值系数分别是 0.6209、3.7908。5 年期、折现率 9% 的复利现值系数、年金现值系数分别是 0.6499、3.8897。

采用插值法(计算方法同上例),可以计算得出实际利率约为 10%。

(三)持有至到期投资的后续计量

1. 实际利率法

实际利率法是指按照金融资产或金融负债(含一组金融资产或金融负债)的实际利率计算其摊余成本及各期利息收入或利息费用的方法。企业应当采用实际利率法,按摊余成本对持有至到期投资进行后续计量。

摊余成本是指该金融资产的初始确认金额经下列调整后的结果:扣除已偿还的本金;加上或减去采用实际利率法将该初始确认金额与到期日金额之间的差额进行摊销形成的累计摊销额;扣除已发生的减值损失。

利息收入是指企业购入的持有至到期投资在持有期间实际获得的投资收益。应当按照摊余成本和实际利率计算确认。计算公式如下：

$$\begin{aligned}利息收入 &= 应收利息 + 利息调整摊销额\\ &= 持有至到期投资摊余成本 \times 实际利率\end{aligned}$$

其中：

应收利息 = 债券票面金额 × 票面利率

摊余成本 = 债券票面金额 + 利息调整摊销额

企业应在持有至到期投资的持有期间，采用实际利率法，按照摊余成本和实际利率计算确认利息收入，计入投资收益。实际利率应当在取得持有至到期投资时确定，实际利率与票面利率差别较小的，也可按票面利率计算利息收入，计入投资收益。

2. 持有至到期投资确认利息收入的会计处理

资产负债表日，持有至到期投资应按票面利率计算确定的应收未收利息，借记"应收利息"账户（分期付息、一次还本债券投资）或"持有至到期投资——应计利息"账户（一次还本付息债券投资），按持有至到期投资摊余成本和实际利率计算确定的利息收入，贷记"投资收益"账户，按其差额，借记或贷记"持有至到期投资——利息调整"账户。收到利息时，借记"银行存款"账户，贷记"应收利息"账户。

【例 3-13】 承【例 3-9】和【例 3-11】，企业对购入的持有至到期债券采用实际利率法确认利息收入。该公司在持有期间确认利息收入、用摊余成本对持有至到期投资后续计量的会计处理如下：

（1）采用实际利率法编制利息收入确认表，如表 3-1 所示。

表 3-1 利息收入确认表

单位：元

计息日期	应收利息①	实际利率②	利息收入③	利息调整④	摊余成本⑤
2008.1.1					528 000
2008.12.31	30 000	4.72%	24 922	5 078	522 922
2009.12.31	30 000	4.72%	24 682	5 318	517 604
2010.12.31	30 000	4.72%	24 431	5 569	512 035
2011.12.31	30 000	4.72%	24 168	5 832	506 203
2012.12.31	30 000	4.72%	23 797*	6 203	500 000
合计	150 000		122 000	28 000	

注：① 应收利息 = 500 000 × 6%　③ 利息收入 = ⑤ × 4.72%

④ 利息调整 = ① − ③　⑤ 摊余成本 = 年初⑤ − ④

* 由于计算过程中存在尾差，最后一年的数字采用倒挤的方法得出。

（2）根据表 3-1 的计算结果，每年应进行的会计处理如下：

① 2008 年 12 月 31 日，确认本年利息收入

借：应收利息	30 000	
贷：投资收益		24 922
持有至到期投资——利息调整		5 078

② 收到时

借：银行存款	30 000	
贷：应收利息		30 000

③ 2009 年 12 月 31 日，确认本年利息收入

借：应收利息	30 000	
贷：投资收益		24 682

持有至到期投资——利息调整 5 318

收到利息做法同以前。

④ 2010 年 12 月 31 日,确认本年利息收入

借:应收利息 30 000

贷:投资收益 24 431

持有至到期投资——利息调整 5 569

收到利息做法同以前。

⑤ 2011 年 12 月 31 日,确认本年利息收入

借:应收利息 30 000

贷:投资收益 24 168

持有至到期投资——利息调整 5 832

收到利息做法同以前。

⑥ 2012 年 12 月 31 日,确认本年利息收入

借:应收利息 30 000

贷:投资收益 23 797

持有至到期投资——利息调整 6 203

⑦ 收到本息

借:银行存款 530 000

贷:应收利息 30 000

持有至到期投资——成本 500 000

【例 3-14】 承【例 3-10】和【例 3-12】,企业对购入的持有至到期债券采用实际利率法确认利息收入。该公司在持有期间确认利息收入、用摊余成本对持有至到期投资后续计量的会计处理如下:

(1) 采用实际利率法编制利息收入确认表,如表 3-2 所示。

表 3-2 利息收入确认表

单位:元

计息日期	应收利息①	实际利率②	利息收入③	利息调整④	摊余成本⑤
2007.1.1					1 000 000
2007.12.31	59 000	10%	100 000	41 000	1 041 000
2008.12.31	59 000	10%	104 100	45 100	1 086 100
2009.12.31	59 000	10%	108 610	49 610	1 135 710
2010.12.31	59 000	10%	113 571	54 571	1 190 281
2011.12.31	59 000	10%	118 719*	59 719	1 250 000
合计	295 000		545 000	250 000	

注:① 应收利息 = 500 000 × 6% ③ 利息收入 = ⑤ × 4.72%

④ 利息调整 = ① - ③ ⑤ 摊余成本 = 年初⑤ - ④

* 由于计算过程中存在尾差,最后一年的数字采用倒挤的方法得出。

(2) 根据表 3-2 的计算结果,每年应进行的会计处理如下:

① 2007 年 1 月,收到购买时确认的应收利息

借:银行存款　　59 000

　贷:应收利息　　59 000

② 2007 年 12 月 31 日,确认本年利息收入

借:应收利息　　59 000

　　持有至到期投资——利息调整　　41 000

　贷:投资收益　　100 000

收到时

借:银行存款　　59 000

　贷:应收利息　　59 000

③ 2008 年 12 月 31 日,确认本年利息收入

借:应收利息　　59 000

　　持有至到期投资——利息调整　　45 100

　贷:投资收益　　1 041 000

收到利息做法同以前。

④ 2009 年 12 月 31 日,确认本年利息收入

借:应收利息　　59 000

　　持有至到期投资——利息调整　　49 610

　贷:投资收益　　108 610

收到利息做法同以前。

⑤ 2010 年 12 月 31 日,确认本年利息收入

借:应收利息　　59 000

　　持有至到期投资——利息调整　　54 571

　贷:投资收益　　113 571

收到利息做法同以前。

⑥ 2011 年 12 月 31 日,本年利息收入

借:应收利息　　59 000

　　持有至到期投资——利息调整　　59 719

　贷:投资收益　　118 719

⑦ 收到本金及利息时

借:银行存款　　1 309 000

　贷:应收利息　　59 000

　　　持有至到期投资——成本　　1 250 000

（四）持有至到期投资的减值

资产负债表日,企业应当对持有至到期投资的账面价值进行减值测试,如有客观证据表明该项资产发生了减值,应当将该金融资产的账面价值与预计未来现金流量现值之间的差额,确认为减值损失,计入当期损益,同时,计提持有至到期投资减值准备。

企业对持有至到期投资的账面价值进行减值测试时,应根据本企业的实际情况,将持有

至到期投资分为单项金额重大和非重大两类。对于单项金额重大的,单独进行减值测试;对于单项金额非重大的,可以单独进行减值测试,也可以包括在具有类似信用风险特征的金融资产组合中进行减值测试。单独测试未发现减值的金融资产(包括单项金额重大和非重大的金融资产),应当包括在具有类似信用风险特征的金融资产组合中再进行减值测试。在实务中,企业可以根据具体情况确定单项金额重大的标准。该项标准一经确定,不得随意变更。

企业对持有至到期投资的账面价值进行减值测试时,应当按照该资产的原实际利率折现确定持有至到期投资的预计未来现金流量现值,原实际利率是初始确认该金融资产时计算确定的实际利率。当持有至到期投资的预计未来现金流量现值低于其账面价值时,应当将该投资的账面价值减记至预计未来现金流量现值。按其差额,借记"资产减值损失"账户,贷记"持有至到期投资减值准备"账户。

如有客观证据表明已计提减值准备的持有至到期投资的价值以后又得以恢复,应在原计提的减值准备金额内,按恢复的金额,借记"持有至到期投资减值准备"账户,贷记"资产减值损失"账户。

【例 3-15】 某企业于2011 年1 月1 日以银行存款102 719 元购入面值为100 000 元、期限3 年、票面利率为6%、每年12 月31 日付息的甲企业债券作为持有至到期投资。2011 年12 月31 日,企业对该债券进行减值测试时发现,因甲企业发生财务困难,预计所持有的债券只能收回分期支付的利息和80% 的本金。

2011 年1 月1 日,取得该资产应编制的分录如下:

借:持有至到期投资——成本	100 000	
持有至到期投资——利息调整	2 719	
贷:银行存款		102 719

经计算,该项持有至到期投资在初始确认时的实际利率为5%。

2011 年12 月31 日,确认本年利息。

借:应收利息	6 000	
贷:投资收益(102 719 × 5%)		5 136
持有至到期投资——利息调整		864

2011 年12 月31 日进行减值测试。

根据复利现值系数表和年金现值系数表可知:3 年期、折现率5% 的复利现值系数、年金现值系数分别是0.8638、2.7232。预计可收回甲企业债券本金和利息按5% 作为折现率计算的预计未来现金流量现值如下:

甲企业债券预计未来现金流量现值 = 100 000 × 80% × 0.8638 + 6 000 × 2.7232

= 85 443(元)

持有至到期投资账面价值 = 100 000 + 2 719 - 864 = 101 855(元)

甲企业债券减值损失 = 101 855 - 85 443 = 16 412(元)

2011 年12 月31 日,做出减值会计处理如下:

借:资产减值损失	16 412	

贷:持有至到期投资减值准备　　16 412

（五）持有至到期投资的处置

1．出售持有至到期投资

出售持有至到期投资时,应将取得的价款与该投资账面价值之间的差额计入投资收益。按照实际收到的金额,借记“银行存款”等账户,按持有至到期投资各明细账户的余额,贷记“持有至到期投资——成本”账户,贷记“持有至到期投资——应计利息”账户,借记或贷记“持有至到期投资——利息调整”账户,按其差额,借记或贷记“投资收益”账户。

【例 3-16】 承【例 3-13】资料,假定企业于 2010 年 4 月将 2008 年 1 月 1 日以 528 000 元价格(包含买价和交易费用)购入的面值为 500 000 元、5 年期、年利率为 6% 的乙公司债券提前出售,取得转让收入 530 000 元。转让日,该持有至到期投资账面价值为 517 604 元,其中:成本 500 000 元,利息调整(借方)17 604 元。企业应编制如下会计分录:

借:银行存款　　530 000

　贷:持有至到期投资——成本　　500 000

　　持有至到期投资——利息调整　　17 604

　　投资收益　　12 396

企业将持有的债券划分为持有至到期投资,并不意味着必须将该债券持有至到期。如果企业的持有意图或能力发生了变化,在持有至到期投资到期前,可以重分类为可供出售的金融资产,也可以将其出售。

2．将持有至到期投资重分类为可供出售金融资产

企业因持有意图或能力发生改变,使某项投资不再适合划分为持有至到期投资的,应当将其重分类为可供出售金融资产,并以公允价值进行后续计量。重分类日,该投资的账面价值与其公允价值之间的差额计入所有者权益,在该可供出售金融资产发生减值或终止确认时转出,计入当期损益。

企业将持有至到期投资重分类为可供出售金融资产时,应在重分类日,按该投资的公允价值,借记“可供出售金融资产——成本”账户、“持有至到期投资减值准备”账户,贷记“持有至到期投资——成本”账户、“持有至到期投资——应计利息”账户,借记或贷记“持有至到期投资——利息调整”账户,按其差额,贷记或借记“资本公积——其他资本公积”账户。

【例 3-17】 企业因持有用途发生改变,于 2010 年 6 月 30 日,将 2008 年 1 月 1 日购入的面值 500 000 元、期限 3 年、利率为 6% 、每年付息的企业债券重分类为可供出售金融资产。重分类日,该债券的公允价值为 540 000 元,账面余额为 522 035 元,其中成本为 500 000 元,利息调整为借方余额 22 035 元。企业应编制如下会计分录:

借:可供出售金融资产——成本　　540 000

　贷:持有至到期投资——成本　　500 000

　　持有至到期投资——利息调整　　22 035

　　资本公积——其他资本公积　　17 965

第三节　可供出售金融资产

一、可供出售金融资产概述

可供出售金融资产，是指初始确认时即被指定为可供出售的非衍生金融资产，以及除下列各类资产以外的金融资产：① 贷款和应收款项；② 持有至到期投资；③ 以公允价值计量且其变动计入当期损益的金融资产。例如，企业购入的在活跃市场上有报价的股票、债券和基金等，没有划分为以公允价值计量且其变动计入当期损益的金融资产或持有至到期投资等金融资产的，可归为此类。

对于在活跃市场上有报价的金融资产，既可能划分为以公允价值计量且其变动计入当期损益的金融资产，也可能划分为可供出售金融资产；如果该金融资产属于有固定到期日、回收金额固定或可确定的金融资产，则该金融资产还可能划分为持有至到期投资。某项金融资产具体应分为哪一类，主要取决于企业管理层的风险管理、投资决策等因素。金融资产的分类应是管理层意图的如实表达。

二、可供出售金融资产的会计处理

可供出售金融资产的会计处理，与以公允价值计量且其变动计入当期损益的金融资产的会计处理有类似之处，但也有不同。具体而言：① 初始确认时，都应按公允价值计量，但对于可供出售金融资产，相关交易费用应计入初始入账金额；② 资产负债表日，都应按公允价值计量，但对于可供出售金融资产，公允价值变动不是计入当期损益，而通常应计入所有者权益。

（一）应设置的账户

为了核算可供出售金融资产的取得、收取现金股利或利息、处置等业务，企业应当设置“可供出售金融资产”总账账户来核算该项业务。在总账账户下，分别设置“成本”、“公允价值变动”、“利息调整”、“应计利息”明细账户进行明细核算。

（1）“可供出售金融资产——成本”账户，核算可供出售金融资产中权益性资产的公允价值与交易费用之和以及债券类资产的面值，借方登记取得可供出售金融资产时的公允价值与交易费用之和（权益性资产）或面值（债券类资产），贷方登记处置可供出售金融资产时成本的转出。

（2）“可供出售金融资产——公允价值变动”账户，核算可供出售金融资产公允价值的变动，借方登记资产负债表日可供出售金融资产公允价值高于其账面价值的差额及处置时该账户贷方余额的转出，贷方登记资产负债表日可供出售金融资产公允价值低于其账面价值的差额及处置时该账户借方余额的转出。

（3）“可供出售金融资产——利息调整”账户，核算可供出售金融资产（债券类资产）取得时实际支付的价款与面值之间的差额以及持有期间该差额的摊销。借方登记取得时实际支付的价款高于面值的差额、计息时债券折价的摊销、处置时该账户贷方余额的转出，贷方登记取得时实际支付的价款低于面值的差额、计息时债券溢价的摊销、处置时该账户借方余额的转出。

（4）“可供出售金融资产——应计利息”账户，核算可供出售金融资产（债券类资产）到期一次还本付息的利息。借方登记计提应收未收的利息，贷方登记收到的利息。可供出售金融资产的利息如果采取分次付息的方式，则应收未收的利息属于流动资产，记入“应收利息”账户；如果采取到期一次还本付息的方式，则应收未收的利息属于非流动资产，记入“可供出售金融资产——应计利息”账户。

（二）可供出售金融资产的取得

企业取得可供出售金融资产时，区分权益性投资和债券性投资进行会计处理。

1. 权益性投资

企业取得可供出售金融资产，按照其公允价值与交易费用之和，借记“可供出售金融资产——成本”账户，按实际支付的价款中包含的已宣告但尚未发放的现金股利，借记“应收股利”账户，按实际支付的金额，贷记“银行存款”账户。

【例 3-18】 某企业于 2008 年 7 月 10 日从二级市场购入股票 1 000 000 股，每股市价 15.5 元，手续费 30 000 元，已宣告但尚未发放的现金股利为每股 0.5 元，初始确认时，该股票划分为可供出售金融资产。假定不考虑其他因素，企业的账务处理如下：

借：可供出售金融资产——成本	15 030 000	
应收股利	500 000	
贷：银行存款		15 530 000

2. 债券性投资

企业取得可供出售金融资产，按照债券的面值，借记“可供出售金融资产——成本”账户，按实际支付的价款中包含的已到付息期但尚未领取的利息，借记“应收利息”账户，按实际支付的金额，贷记“银行存款”账户，按其差额，借记或贷记“可供出售金融资产——利息调整”账户。

【例 3-19】 2008 年 1 月 1 日，某企业以 20 555 100 元从二级市场上购入面值 20 000 000 元、票面利率为 5%、3 年期的甲公司企业债券，利息每年支付。企业将其划分为可供出售金融资产。假定不考虑其他因素，企业的账务处理如下：

借：可供出售金融资产——成本	20 000 000	
——利息调整	555 100	
贷：银行存款		20 555 100

按照本章第二节中介绍的方法进行计算，该项可供出售金融资产的实际利率为 4%。

（三）可供出售金融资产持有期间收益的确认

1. 权益性投资

可供出售金融资产在持有期间取得的现金股利，应当计入投资收益。被投资方宣告发放现金股利时，投资方按应享有份额借记“应收股利”账户，贷记“投资收益”账户。收到股利时，借记“银行存款”账户，贷记“应收股利”账户。

【例 3-20】 承【例 3-18】，2008 年 7 月 20 日，企业收到现金股利 500 000 元。账务处理

如下：

借：银行存款　　500 000

　贷：应收股利　　500 000

2. 债券性投资

资产负债表日，可供出售金融资产应按票面利率计算确定的应收未收利息，借记“应收利息”账户（分期付息、一次还本债券投资）或“可供出售金融资产——应计利息”账户（一次还本付息债券投资），按可供出售金融资产摊余成本和实际利率计算确定的利息收入，贷记“投资收益”账户，按其差额，借记或贷记“可供出售金融资产——利息调整”账户。收到利息时，借记“银行存款”账户，贷记“应收利息”账户。

【例 3-21】 承【例 3-19】，2008 年 12 月 31 日，企业确认应收利息及投资收益，2009 年 1 月 5 日收到债券利息，账务处理如下：

① 确认应收利息及投资收益

2008 年应收利息 = 20 000 000 × 5% = 1 000 000（元）

2008 年应确认的利息收入 = 20 555 100 × 4% = 822 204（元）

借：应收利息　　1 000 000

　贷：投资收益　　822 204

　　可供出售金融资产——利息调整　　177 796

② 收到债券利息

借：银行存款　　1 000 000

　贷：应收利息　　1 000 000

（四）可供出售金融资产的期末计量

1. 可供出售金融资产的公允价值变动

资产负债表日，可供出售金融资产应当以公允价值计量，因公允价值变动形成的利得或损失，计入所有者权益。如果资产负债表日可供出售金融资产公允价值高于其账面余额的差额，借记“可供出售金融资产——公允价值变动”账户，贷记“资本公积——其他资本公积”账户。若公允价值低于其账面余额，则做相反会计分录。

【例 3-22】 承【例 3-18】，2008 年 12 月 31 日，该股票当日的市价为 17 元。2009 年 12 月 31 日，该股票当日的市价为 16 元。假定企业一直持有该股票，企业账务处理如下：

① 2008 年 12 月 31 日，确认可供出售金融资产的公允价值变动

借：可供出售金融资产——公允价值变动　　1 970 000

　贷：资本公积——其他资本公积　　1 970 000

② 2009 年 12 月 31 日，确认可供出售金融资产的公允价值变动

借：资本公积——其他资本公积　　1 000 000

　贷：可供出售金融资产——公允价值变动　　1 000 000

【例 3-23】 承【例 3-21】，2008 年 12 月 31 日，该债券的市场价格为 20 177 304 元。企业账务处理如下：

2008 年 12 月 31 日，确认可供出售金融资产的公允价值变动。

公允价值变动 =(20 000 000 + 555 100 - 177 796)- 20 177 304 = 200 000(元)

借:资本公积——其他资本公积 200 000

贷:可供出售金融资产——公允价值变动 200 000

2. 可供出售金融资产减值

如果可供出售金融资产的公允价值发生较大幅度或持续下降,可以认定该金融资产发生了减值,应当确认资产减值损失。按应减记的金额,借记"资产减值损失"账户,按应从所有者权益中转出原计入资本公积的金额,借记或贷记"资本公积——其他资本公积"账户,按其差额,贷记"可供出售金融资产——公允价值变动"账户。

对已确认减值损失的可供出售金融资产,在随后会计期间内公允价值已上升且客观上与确认原减值损失事项有关的,应对原已确认的减值损失进行恢复,可供出售金融资产为权益性投资的,借记"可供出售金融资产——公允价值变动"账户,贷记"资本公积——其他资本公积"账户;可供出售金融资产为债券性投资的,借记"可供出售金融资产——公允价值变动"账户,贷记"资产减值损失"账户。

【例 3-24】 承【例 3-22】, 2010 年,企业持有的股票因系统性风险价格发生大幅下跌。至 2010 年 12 月 31 日,该股票的市场价格下跌到每股 8 元。2011 年,市场宏观面好转,股票价格有所回升,至 12 月 31 日,该股票的市场价格上升到每股 10 元。企业账务处理如下:

① 2010 年 12 月 31 日,确认减值

借:资产减值损失 7 030 000

资本公积——其他资本公积 970 000

贷:可供出售金融资产——公允价值变动 8 000 000

② 2010 年 12 月 31 日确认股票价格上涨

借:可供出售金融资产——公允价值变动 2 000 000

贷:资本公积——其他资本公积 2 000 000

【例 3-25】 2008 年 1 月 1 日,某企业按面值从债券二级市场购入甲企业发行的债券 10 000 张,每张面值 100 元,票面年利率 3%,划分为可供出售金融资产。

① 2008 年 12 月 31 日,该债券的市场价格为每张 100 元。

② 2009 年,甲企业因投资决策失误,发生严重财务困难,但仍可支付该债券当年的票面利息。2009 年 12 月 31 日,该债券的公允价值大幅下降为每张 80 元。

③ 2010 年,甲企业调整产品结构并整合其他资源,致使上年发生的财务困难大为好转。2010 年 12 月 31 日,该债券的公允价值已上升至每张 95 元。

假定企业初始确认该债券时计算确定的债券实际利率为 3%,且不考虑其他因素,则企业有关的账务处理如下:

① 2008 年 1 月 1 日购入债券

借:可供出售金融资产——成本 1 000 000

贷:银行存款 1 000 000

② 2008 年 12 月 31 日确认利息、公允价值变动

借:应收利息 30 000

贷:投资收益 30 000

借:银行存款 30 000

贷:应收利息 30 000

债券的公允价值变动为零,故不做账务处理。

③ 2009 年 12 月 31 日确认利息收入及减值损失

借:应收利息 30 000

贷:投资收益 30 000

借:银行存款 30 000

贷:应收利息 30 000

借:资产减值损失 200 000

贷:可供出售金融资产——公允价值变动 200 000

④ 2010 年 12 月 31 日,按摊余成本确认利息收入及减值损失转回

确认利息收入前,该债券的摊余成本 = 1 000 000 - 200 000 = 800 000(元)

应确认的实际利息收入 = 800 000 × 3% = 24 000(元)

借:应收利息 30 000

贷:投资收益 24 000

可供出售金融资产——利息调整 6 000

收到利息

借:银行存款 30 000

贷:应收利息 30 000

减值损失转回前,债券的摊余成本 = 1 000 000 - 200 000 - 6 000 = 794 000(元)

2010 年 12 月 31 日,按该债券的公允价值转回减值损失转回的金额 = 950 000 - 794 000 = 156 000(元)

借:可供出售金融资产——公允价值变动 156 000

贷:资产减值损失 156 000

(五) 可供出售金融资产的处置

出售可供出售金融资产时,应将取得的价款与该金融资产账面价值之间的差额,计入投资损益;同时,将原直接计入所有者权益的公允价值变动累计额对应处置部分的金额转出,计入投资损益。出售可供出售金融资产时,应按实际收到的金额,借记“银行存款”账户,按其账面余额,贷记“可供出售金融资产——成本”账户、“可供出售金融资产——应计利息”账户、借记或贷记“可供出售金融资产——公允价值变动”账户,按应从所有者权益中转出的公允价值累计变动额,借记或贷记“资本公积——其他资本公积”账户,按其差额,借记或贷记“投资收益”账户。

【例 3-26】 承【例 3-24】,2011 年 2 月 1 日,企业将该股票售出,售价为每股 13 元,另支付交易费用 20 000 元。企业账务处理如下:

借:银行存款 12 980 000

资本公积——其他资本公积 2 000 000

可供出售金融资产—公允价值变动　　5 030 000
贷:可供出售金融资产——成本　　15 030 000
投资收益　　4 980 000

思考题

1. 以公允价值计量且其变动计入当期损益的金融资产的划分依据是什么?
2. 持有至到期投资的确认依据是什么?
3. 可供出售金融资产的会计处理要点是什么?
4. 持有至到期投资如何进行重分类?

练习题

一、单项选择题

1. 下列金融资产中,应按公允价值进行初始计量,且交易费用计入当期损益的是(　　)。

A. 交易性金融资产　　B. 持有至到期投资
C. 应收款项　　D. 可供出售金融资产

2. 企业以每股3.60元的价格购入G公司股票20 000股作为交易性金融资产,并交付交易税费300元。股票的买价中包括了每股0.20元已宣告但尚未派发的现金股利。该交易性金融资产的初始确认金额为(　　)。

A. 68 000元　　B. 68 300元　　C. 72 000元　　D. 72 300元

3. 企业于2007年1月1日,支付53 250元(含债券利息)的价款购入面值50 000元、2006年1月1日发行、票面利率5%、期限4年、每年12月31日付息的债券作为持有至到期投资。应记入"持有至到期投资——利息调整"科目的金额为(　　)。

A. 50 000元　　B. 750元　　C. 2 500元　　D. 3 250元

4. 企业持有的下列资产中,不计提减值准备的是(　　)。

A. 交易性金融资产　　B. 持有至到期投资
C. 可供出售金融资产　　D. 应收账款

5. 下列金融资产中,应作为可供出售金融资产的是(　　)。

A. 企业从二级市场购入准备随时出售的普通股票
B. 企业购入有意图和有能力持有至到期的公司债券
C. 企业购入没有公开报价且不准备随时变现的A公司5%的股权
D. 企业购入有公开报价但不准备随时变现的A公司5%的流通股票

6. 企业购入债券作为持有至到期投资,该债券的投资成本应为(　　)。

A. 债券面值　　B. 债券面值加相关交易费用
C. 债券公允价值　　D. 债券公允价值加相关交易费用

7. 企业部分出售持有至到期投资时,剩余部分不再适合划分为持有至到期投资的,应将该剩余部分重分类为(　　)。

A. 长期股权投资　　B. 交易性金融资产

C. 可供出售金融资产　　D. 贷款和应收款项

8. 下列各项中,不应计入相关金融资产初始入账价值的是(　　)。

A. 取得交易性金融资产发生的交易费用

B. 取得持有至到期投资发生的交易费用

C. 取得可供出售金融资产发生的交易费用

D. 取得持有至到期投资溢价或折价

二、多项选择题

1. 企业对交易性金融资产进行有关会计处理时,会直接涉及"投资收益"科目的情况有(　　)。

A. 取得投资时支付的相关税费

B. 取得投资时支付的价款中包含的现金股利

C. 持有期间获得的现金股利

D. 持有期间获得的股票股利

E. 持有期间发生的公允价值变动损益

2. "持有至到期投资"科目下应设置的明细科目有(　　)。

A. 成本　　B. 公允价值变动　　C. 利息调整　　D. 损益调整

E. 应计利息

3. 关于可供出售金融资产,下列说法中正确的有(　　)。

A. 购买价款中包含的已宣告但尚未发放的现金股利应确认为应收项目

B. 可供出售金融资产的公允价值变动应计入资本公积

C. 可供出售金融资产按公允价值计量因而不需要计提减值准备

D. 处置可供出售金融资产时原计入所有者权益的公允价值变动应转入投资收益

E. 可供出售金融资产的投资对象既可以是股票也可以是债券

4. 关于金融资产减值,下列说法中不正确的有(　　)。

A. 金融资产发生减值时都要计提减值准备

B. 以公允价值计量的金融资产不计提减值准备

C. 持有至到期投资按摊余成本计量因而不计提减值准备

D. 按照《金融工具确认和计量》准则要求计提的减值准备均可以转回

E. 可供出售权益工具投资转回的减值损失金额应计入所有者权益

5. 根据企业会计准则对金融资产的分类,属于金融资产的有(　　)。

A. 以公允价值计量且变动计入当期损益的金融资产

B. 交易性金融资产　　C. 持有至到期投资

D. 贷款和应收款项　　E. 可供出售金融资产

6. 交易性金融资产从取得到处置,会涉及"投资收益"账户的情况有(　　)。

A. 取得投资时支付的相关税费　　B. 持有期间获得的现金股利

C. 持有期间获得的股票股利　　D. 持有期间获得的债券利息

E. 持有期间发生的公允价值变动损益

7. 企业不得将下列哪些金融资产划分为持有至到期投资(　　)。

A. 初始确认时即被指定为以公允价值计量且其变动计入当期损益的非衍生金融资产

B. 初始确认时即被指定为可供出售的非衍生金融资产

C. 符合贷款和应收款项的定义的非衍生金融资产

D. 企业购买的某公司的股票投资

E. 企业购入的准备持有至到期并有能力持有至到期的债券投资

8. “可供出售金融资产”账户下应设置的明细账户有(　　)。

A. 成本　　B. 公允价值变动　　C. 利息调整　　D. 损益调整

E. 应计利息

三、判断题

1. 企业在持有交易性金融资产期间所获得的现金股利或债券利息,应当冲减交易性金融资产的初始确认金额。(　　)

2. “利息调整”是指持有至到期投资的初始确认金额与其面值之间的差额。(　　)

3. 交易性金融资产与可供出售金融资产均按公允价值计量,但公允价值的变动前者计入当期损益,后者计入所有者权益。(　　)

4. 企业在转回可供出售金融资产已计提的减值准备时,债券投资应当冲减资产减值损失,股票投资应当计入资本公积。(　　)

5. 交易性金融资产不需要计提资产减值准备。(　　)

6. 如果持有至到期投资的初始确认金额大于其面值,则利息调整的摊销会导致持有至到期投资账面摊余成本逐期减少。(　　)

7. 企业取得的可供出售金融资产,在持有期间应按公允价值计量,且公允价值的变动计入所有者权益。(　　)

8. 已计提减值准备的持有至到期投资价值以后又得到恢复,应在原已计提的减值准备金额内恢复其账面价值。(　　)

四、业务题

1. 甲公司2011年有关交易性金融资产的业务如下:

3月1日,以银行存款购入A公司股票40 000股,并准备随时变现,每股买价15元,同时支付相关税费3 000元。

4月10日,A公司宣告发放现金股利每股0.2元。

4月15日,又购入A公司股票60 000股,并准备随时变现,每股买价16.2元(其中包含已宣告发放尚未支取的股利每股0.2元),同时支付相关税费4 800元。

4月20日,收到A公司发放的现金股利20 000元。

6月30日,A公司股票市价为每股16.4元。

7月15日,该公司以每股16.8元的价格转让A公司股票60 000股,扣除相关税费5 040元,实得金额为1 002 960元。

要求:编制上述业务的会计分录。

2. 2012 年 1 月 1 日，甲公司支付价款 197 300 元（含 2011 年度已到付息期但尚未支付的债券利息和相关税费），购入 2011 年 1 月 1 日发行、面值 200 000 元、期限 4 年、票面利率 4%、每年 12 月 31 日付息、到期还本的 B 公司债券作为持有至到期投资。甲公司在取得债券时确定的实际利率为 6%。

要求：(1) 编制购入债券的会计分录。

(2) 采用实际利率法计算各年年末应确认的债券利息收益并编制会计分录。

(3) 编制债券到期收回本金和最后一期利息的会计分录。

3. 2010 年 1 月 1 日，甲公司支付价款 526 730 元（包括相关税费），购入当日发行的面值 500 000 元、期限 3 年、票面利率 8%、每年 12 月 31 日付息、到期还本的 A 公司债券作为可供出售金融资产。甲公司在取得债券时确定的实际利率为 6%。2010 年 12 月 31 日，A 公司债券的公允价值为 520 000 元；2011 年 9 月 1 日，甲公司将 A 公司债券出售，取得转让收入 546 000 元。

要求：编制甲公司有关可供出售金融资产的会计分录。

第四章　存货核算

【教学目的】

通过本章学习，学生应当了解并掌握：

1. 存货的概念、分类及确认条件
2. 存货的初始计量方法
3. 存货发出计价方法
4. 存货的实际成本核算法和计划成本核算法
5. 毛利率法和售价核算等存货估价法
6. 周转材料的核算
7. 委托加工物资的核算
8. 存货的期末计量

存货是企业的一项重要资产，是企业日常活动中持有以备出售的产成品或商品、处在生产过程中的在产品、在生产过程或提供劳务过程中耗用的材料和物料，主要包括各种原材料、在产品、半成品、产成品、商品、周转材料、发出商品等。对于制造企业和商品流通企业，存货在流动资产中所占比重较大。因此，存货的核算科学与否不仅关系到资产的准确性，对于利润也有很大影响。通过本章学习，学生将了解企业存货的定义和确认条件，熟悉取得存货的初始成本计价和会计处理方法，掌握存货成本流转假设下的发出存货的计价方法和会计处理方法，熟悉成本与可变现净值孰低原则在存货期末计价上的运用。

第一节　存货概述

一、存货概念

存货，是指企业在日常活动中持有以备出售的产成品或商品、处在生产过程中的在产品、在生产过程或提供劳务过程中耗用的材料和物料等。

企业持有存货的最终目的是出售（不论是直接出售还是需经过进一步加工后才能出售）而不是自用或消耗，这是存货最基本的特征，这一特征就使存货明显区别于固定资产等长期资产。

二、存货内容

存货包括各种原材料、在产品、半成品、产成品、商品、周转材料、发出商品等。

(1) 原材料,是指企业在生产过程中经加工改变其形态或性质并构成产品主要实体的各种原料及主要材料、辅助材料、外购半成品(外购件)、修理用备件(备品备件)、包装材料、燃料等。

(2) 在产品,也称在制品,是指企业正在制造尚未完工的产品,包括正在各个生产工序加工的产品,以及已加工完毕但尚未检验或已检验但尚未办理入库手续的产品。其实在产品有广义和狭义之分,此处的定义及本章后面所用的在产品都是狭义的,而广义的在产品是由存在于车间内部的在制品和存在与车间之间的半成品两部分所构成。

(3) 半成品,是指经过一定生产过程并已检验合格交付半成品仓库保管,但尚未制造完工成为产成品,仍需进一步加工的中间产品。但不包括从一个生产车间转给另一个生产车间继续加工的自制半成品以及不能单独计算成本的自制半成品,这类自制半成品属于在产品。

(4) 产成品,是指工业企业已经完成全部生产过程并验收入库,可以按照合同规定的条件送交订货单位,或者可以作为商品对外销售的产品。企业接受外来原材料加工制造的代制品和为外单位加工修理的代修品,制造和修理完成验收入库后,应视同企业的产成品。

(5) 商品,是指商品流通企业外购或委托加工完成验收入库用于销售的各种商品。

(6) 周转材料,是指企业能够多次使用、逐渐转移其价值但仍保持原有形态,又不确认为固定资产的材料,如包装物和低值易耗品。其中,包装物是指为了包装本企业商品而储备的各种包装容器,如桶、箱、瓶、坛、袋等。其主要作用是盛装、装潢产品或商品。低值易耗品是指不能作为固定资产的各种用具物品,如工具、管理用具、玻璃器皿、劳动保护用品,以及在经营过程中周转使用的容器等。低值易耗品的特点是单位价值较低,或使用期限相对于固定资产较短,在使用过程中保持其原有实物形态基本不变。

(7) 委托代销商品,是指企业委托其他单位代销的商品。

这里需要说明的是,企业为建造固定资产等各项工程而储备的各种材料,虽然同属于材料,但是用于建造固定资产等各项工程,并不符合存货的定义,因此不能作为企业的存货进行核算。企业的特种储备以及国家指令专项储备的资产也不符合存货的定义,因而也不属于企业的存货。

此外,不同行业的存货,其所包含的内容也不完全相同。如制造企业的存货主要有原材料、包装物、低值易耗品、自制半成品、在产品、产成品等,商品流通企业的存货主要有商品、包装物、低值易耗品等。

三、存货的分类

1. 存货按经济用途分类

(1) 销售用存货,即以销售为目的而储备的存货,如产成品、商品等。

(2) 生产用存货,即为生产而储备的存货,如原材料、燃料、在产品等。

(3) 其他存货,即上述存货之外的物品,如办公用具、周转材料、其他物料用品等。

2. 存货按经济内容分类

(1) 原材料。

(2) 在产品。

(3) 半成品。

(4) 产成品。

(5) 商品。

(6) 周转材料。

(7) 委托代销商品。

上述各类含义及包括内容与前述存货内容中的一致,在此不再重述。

3. 存货按存放地点分类

(1) 库存存货,是指已经购进或生产完工并已验收入库的各种材料、燃料、包装物、低值易耗品、半产品、产成品和商品。

(2) 在途存货,是指已经取得所有权但存货尚在运输途中,或虽然已经运抵企业但尚未验收入库的各种材料物资及商品。

(3) 加工中存货,是指正处于本企业各生产工序加工制造过程中的在产品,以及委托外单位加工但尚未完成的材料物资。

四、存货确认条件

企业的存货必须在符合其定义的前提下,同时满足下列两个条件,才能予以确认。

(1) 与该存货有关的经济利益很可能流入企业。资产最重要的特征是预期会给企业带来经济利益,而存货是企业的一项重要资产,因此,存货确认的关键,是判断其是否很可能为企业带来经济利益。在实际工作中,存货的所有权是判断与该存货有关的经济利益很可能流入企业的一个重要标志,因此,不论其存放地点如何,只要其法定所有权属于企业,就应作为企业的存货加以核算和管理。

(2) 该存货的成本能够可靠计量。成本能够可靠计量是资产确认的一项基本条件。因此,要对存货进行确认,就必须能够对其成本进行可靠计量。存货的成本能够可靠计量必须以取得的确凿证据为依据,并具有可验证性。反之,如果存货成本不能可靠计量,则不能确认为一项存货。

第二节 存货的初始计量

存货的初始计量,就是确定存货的入账价值,存货应当按照成本进行初始计量。我国《企业会计准则第1号——存货》规定:存货成本包括采购成本、加工成本和其他成本。

一、存货初始计量的有关规定

1. 存货的采购成本

存货的采购成本是指在存货采购过程中发生的可直接归属于存货采购的费用,一般包括购买价款、相关税费、运输费、装卸费、保险费以及其他可归属于存货采购成本的费用。

（1）购买价款，是指企业购入材料或商品的发票账单上列明的价款，但不包括按规定可以抵扣的增值税额。

（2）相关税费，是指企业购买、自制或委托加工存货发生的进口关税、消费税、资源税和不能从销项税额中抵扣的增值税进项税额等。

（3）其他成本，是指采购成本中除上述各项以外的可归属于存货采购成本的费用，即存货采购过程中发生的仓储费、包装费、运输途中的合理损耗、入库前的挑选整理费用等。

2. 存货的加工成本

存货的加工成本包括直接人工和制造费用两部分。直接人工，是指企业在生产产品过程中，直接从事产品生产的工人工资和福利费。制造费用，是指企业为生产产品和提供劳务而发生的各项间接费用，包括工资和福利费、折旧费、修理费、办公费、机物料消耗、劳动保护费、季节性和修理期间的停工损失等。企业应当根据制造费用的性质，选择合理的分配方法将制造费用分配计入各产品的成本中。

3. 存货的其他成本

存货的其他成本，是指除采购成本、加工成本以外的，使存货达到目前场所和状态所发生的其他支出，如为特定客户设计产品所发生的设计费用等。根据企业会计准则的规定，下列费用应当在发生时确认为当期损益，不计入存货成本：

（1）非正常消耗的直接材料、直接人工及制造费用。

（2）仓储费用（不包括在生产过程中为达到下一个生产阶段所必需的费用），是指企业在采购入库后发生的（即在存货加工和销售环节发生的）仓储费用。

（3）不能归属于存货达到目前场所和状态的其他支出。

二、存货实际成本的构成

企业存货的来源主要有：外购的存货、加工形成的存货、投资者投入的存货、接受捐赠的存货、以非货币性资产交换取得的存货、债务重组取得的存货、盘盈的存货等。由于存货来源的不同，其实际成本的构成也有所不同。

1. 外购的存货

企业外购的存货主要包括原材料和商品。外购存货的成本，指企业物资从采购到入库前所发生的全部支出，包括购买价款、相关税费、运输费、装卸费、保险费、运输途中的合理损耗、入库前的挑选整理费用等。

采购过程中，除发生途中合理损耗计入存货采购成本外，发生的其他物资毁损和短缺等区别以下情况进行处理。

（1）从供货单位、外部运输机构等收回的物资短缺或其他赔款，应冲减所购物资的采购成本。

（2）因遭受意外灾害发生的损失和尚待查明原因的途中损耗，暂作为待处理财产损溢进行核算，查明原因后再作处理。

商品流通企业在采购商品过程中发生的运输费、装卸费、保险费以及其他可归属于存货采购成本的费用等进货费用,应当计入存货采购成本,也可以先进行归集,期末根据所购商品的存销情况进行分摊。对于已售商品的进货费用,计入当期损益;对于未售商品的进货费用,计入期末存货成本。企业采购商品的进货费用金额较小的,也可以在发生时直接计入当期损益。

2. 加工形成的存货

企业通过进一步加工形成的存货主要包括产成品、在产品、半成品、委托加工物资等,其成本由采购成本、加工成本构成。采购成本是指由所使用或消耗的原材料采购成本转移而来的成本;加工成本是指加工过程中发生的直接人工费和制造费用。

委托外单位加工的存货,以实际耗用的原材料或者半成品成本、加工成本、运输费、装卸费等费用以及按规定应计入成本的税金作为实际成本。

3. 投资者投入的存货

投资者投入存货的成本应当按照投资合同或协议约定的价值确定,但合同或协议约定价值不公允的除外。

4. 接受捐赠的存货

捐赠方提供了有关凭据的,按凭据上标明的金额加上应支付的相关税费确定存货的实际成本。捐赠方没有提供相关凭证的,应当参照同类或类似存货的市场价格估计的金额,加上应支付的相关税费确定。

5. 以非货币性资产交换取得的存货

应当按照《企业会计准则第 7 号——非货币性资产交换》的规定执行,即以公允价值和应支付的相关税费作为换入存货的成本,或以换出资产的账面价值和应当支付的相关税费作为换入存货的成本。

6. 债务重组取得的存货

应当按照《企业会计准则第 12 号——债务重组》的规定执行,即按所接受存货的公允价值减去可抵扣的增值税进项税额后的差额作为实际成本。

7. 盘盈的存货

按照重置成本确定存货成本。

第三节 存货发出的计价

目前,我国企业会计准则规定,在采用实际成本法进行存货核算的情况下,企业存货发出的计价方法有个别计价法、先进先出法、加权平均法、移动平均法等。企业可根据各类存货的实物流转方式、企业管理的要求、存货的性质等实际情况,合理地选择存货发出的计价方法,以确定当期发出存货的实际成本。

一、个别计价法

个别计价法,又称个别认定法、具体辨认法、分批实际法,是指按照某批入库存货的实际单位成本作为该批发出存货的单位成本,由此计算发出存货成本的一种方法。采用个别计价法要求企业要按品种和批次设置详细的存货记录,按照各种存货逐一辨认各批发出存货和期末存货所属的购进批别或生产批别，分别按照其购入或生产时所确定的单位成本计算各批发出存货和期末存货的成本。

个别计价法保持了存货的实物流转与成本流转的一致性，计算发出存货的成本和期末存货的成本符合实际情况、计算准确。但实务操作时，尤其是在进货批次和进货品种、规格较多时，工作量更为繁重。所以，个别计价法一般只适用于存货品种不多、单位成本较高、容易识别的贵重物品的发出计价。此外，对于不能替代使用的存货以及为特定项目专门购入或制造的存货，如珠宝、名画等也应当采用个别计价法。

二、先进先出法

先进先出法，是依据先购入的存货应先发出（销售或耗用）这样一种存货实物流转假设为前提，对发出存货进行计价的方法。采用这种方法，在确定发出存货和期末存货的成本时，先购入的存货视同先发出。

【例 4-1】 某公司 2012 年 4 月份采用先进先出法计算发出存货和期末存货的成本明细账如表 4-1 所示。

表 4-1　甲材料明细账

存货类别：　　　　存货编号：　　　　数量单位：千克
最高储量：　　　　最低储量：　　　　金额单位：元
存货名称及规格：甲材料

2011 年		凭证编号	摘要	收入			发出			结存		
月	日			数量	单价	金额	数量	单价	金额	数量	单价	金额
4	1	略	期初余额							3 000	4.5	13 500
	5		购入	2 000	4.6	9 200				3 000 2 000	4.5 4.6	13 500 9 200
	15		领用				3 000 1 000	4.5 4.6	13 500 4 600	1 000	4.6	4 600
	20		购入	3 000	4.8	14 400				1 000 3 000	4.6 4.8	4 600 14 400
	25		领用				1 000 1 500	4.6 4.8	4 600 7 200	1 500	4.8	7 200
	30		领用				500	4.8	2 400	1 000	4.8	4 800
	30		本月合计	5 000	—	23 600	7 000	—	32 300	1 000	4.8	4 800

由表 4-1 可知，该公司当期发出甲存货的总成本为 32 300 元，期末结存甲存货的总成本为 4 800 元。

先进先出法的优点是使企业不能随意选择存货计价以调整当期损益，且使企业的期末存货成本比较接近现行的市场价值。缺点是工作量比较大，对于存货收发量频繁的企业更是如此。此外，当物价不断上涨时，会因发出存货成本较低而高估企业当期的利润，相反，当物价不断下跌时，则会因发出存货成本较高而低估企业当期利润。

三、加权平均法

加权平均法，又称一次加权平均法或月末一次加权平均法，是先以当月全部进货数量和月初存货数量做权数，对当月全部进货和月初存货的单位成本进行加权平均后计算加权平均单位成本，再用该加权平均单位成本计算出本月发出存货成本和期末存货成本的一种方法。具体计算公式如下：

$$加权平均单位成本 = \sum(单位成本 \times 数量)/数量之和$$

即

$$= (月初存货实际成本 + 本月购进存货实际成本)/(月初存货数量 + 本月购进存货数量)$$

或

$$加权平均单位成本 = \frac{月初库存存货的实际成本 + \sum\left(本月某批进货的实际单位成本 \times 该批存货的数量\right)}{月初库存存货数量 + 本月各批进货数量之和}$$

$$本月发出存货的成本 = 本月发出存货的数量 \times 加权平均单位成本$$

$$本月月末库存存货成本 = 月末库存存货的数量 \times 加权平均单位成本$$

或

$$= 月初存货的实际成本 + 本月进货总成本 - 本月发出存货成本$$

【例 4-2】 沿用【例 4-1】资料，采用月末一次加权平均法计算甲材料发出成本和期末结存成本如表 4-2 所示。

表 4-2 甲材料明细账

存货类别： 存货编号： 数量单位：千克
最高储量： 最低储量： 金额单位：元
存货名称及规格：甲材料

2011 年		凭证编号	摘要	收入			发出			结存		
月	日			数量	单价	金额	数量	单价	金额	数量	单价	金额
4	1	略	期初余额							3 000	4.5	13 500
4	5		购入	2 000	4.6	9 200				5 000		
4	15		领用				4 000			1 000		
4	20		购入	3 000	4.8	14 400				4 000		
4	25		领用				2 500			1 500		
4	30		领用				500			1 000		
4	30		本月合计	5 000	—	23 600	7 000	4.6375	32 462.5	1 000	4.6375	4 637.5

本例中：

$$加权平均单位成本 = (13\,500 + 9\,200 + 14\,400)/(3\,000 + 2\,000 + 3\,000)$$

$$= 37\,100/8\,000 = 4.6375(元)$$

$$本月发出甲材料成本 = 7\,000 \times 4.6375 = 32\,462.50(元)$$

$$月末库存甲材料成本 = 1\,000 \times 4.6375 = 4\,637.50(元)$$

或

$$= 13\,500 + 23\,600 - 32\,462.50 = 4\,637.50(元)$$

采用加权平均法，平时收入存货时按数量、单价和金额登记，发出存货时只登记数量，在月末一次计算加权平均单位成本，并按照加权平均单位成本计算发出存货成本和期末存货成本，方法简单，而且在市场价值波动时，计算出的平均单位成本比较均衡。但是，加权平均法不能从账面上随时提供发出和结存存货的单价及金额，不利于存货的日常控制与管理。

四、移动平均法

移动平均法，又称移动加权平均法，是指以每次进货的成本加上原有库存存货的成本，除以每次进货数量加上原有库存存货的数量，据以计算加权平均单位成本，作为对下次进货前计算各次发出存货成本依据的方法。移动平均法要求每购进一次存货就要计算一次平均单价。具体计算公式如下：

$$\text{移动加权平均单位成本} = \frac{\text{原有库存存货的实际成本} + \text{本次进货的实际成本}}{\text{原有库存存货的数量} + \text{本次进货的数量}}$$

$$\text{本月发出存货的成本} = \text{本月发出存货的数量} \times \text{本次发出存货的单位成本}$$

$$\text{本月月末库存存货成本} = \text{月末库存存货的数量} \times \text{本月月末存货单位成本}$$

或

$$= \text{月初存货的实际成本} + \text{本月进货总成本} - \text{本月发出存货成本}$$

【例 4-3】 沿用【例 4-1】资料，采用移动加权平均法计算甲材料发出成本和期末结存成本如表 4-3 所示。

表 4-3　甲材料明细账

存货类别：　　　　存货编号：数量单位：千克

最高储量：　　　　最低储量：金额单位：元

存货名称及规格：甲材料

2011 年		凭证编号	摘要	收入			发出			结存		
月	日			数量	单价	金额	数量	单价	金额	数量	单价	金额
4	1	略	期初余额							3 000	4.5	13 500
4	5		购入	2 000	4.6	9 200				5 000	4.54	22 700
4	15		领用				4 000	4.54	18 160	1 000	4.54	4 540
4	20		购入	3 000	4.8	14 400				4 000	4.735	18 940
4	25		领用				2 500	4.735	11 837.5	1 500	4.735	7 102.5
4	30		领用				500	4.735	2 367.5	1 000	4.735	4 735
4	30		本月合计	5 000	—	23 600	7 000	4.6375	32 365	1 000	4.735	4 735

本例中：

① 4 月 5 日购入材料后

加权平均单位成本 = (13 500 + 9 200)/(3 000 + 2 000) = 22 700/5 000 = 4.54（元）

4 月 15 日发出材料的成本 = 4 000 × 4.54 = 1 8 160（元）

4 月 15 日发出材料后结存材料成本 = 1 000 × 4.54 = 4 540（元）

② 4 月 20 日购入材料后

加权平均单位成本 = (4 540 + 14 400)/(1 000 + 3 000) = 18 940/4 000 = 4.735（元）

4 月 25 日发出材料的成本 = 2 500 × 4.735 = 11 837.5（元）

4 月 30 日发出材料的成本 = 500 × 4.735 = 2 367.5（元）

4 月 30 日发出材料后结存材料成本 = 1 000 × 4.735 = 4 735（元）

或　　= 13 500 + 23 600 − 32 365 = 4 735（元）

移动加权平均法计算的加权平均单位成本比较客观，企业管理者能够及时了解存货的发出与结存成本情况。但由于计算平均单位成本的次数多、工作量大,对收发货频繁的企业不适用。

对于采用计划成本法进行存货核算的情况,上述的存货计价方法均不适用。计划成本法下的存货收入、发出和结存的日常核算是以计划单位成本加以核算的,并通过设置成本差异账户,在月末将发出存货和结存存货的计划成本调整成为实际成本。此内容将在本章第四节中介绍。

第四节　原材料核算

原材料是指企业在生产过程中经加工改变其形态或性质,并构成产品主要实体的各种原料及主要材料、辅助材料、外购半成品、修理用备件、包装材料、燃料等。原材料是企业生产经营过程中的劳动对象,原材料在日常收发中以收料单、领料单、限额领料单等作为原始凭证,并由仓库管理人员定期送往财务部门进行业务核算。

原材料的日常核算方法主要有实际成本核算法和计划成本核算法两种。

一、实际成本核算法

实际成本核算法简称实际成本法,是对原材料的收入、发出和期末结存(从存货收发凭证到明细分类账和总账)均按照其实际成本进行核算的方法。实际成本核算法,一般适用于规模较小、存货品种简单、采购业务不多的企业。

(一) 账户设置

1.“在途物资”账户

本账户核算企业采用实际成本(或进价)进行材料(或商品)日常核算,货款已付尚未验收入库的购入材料或商品的采购成本。

借方登记已支付或开出承兑商业汇票的材料物资实际采购成本,贷方登记验收入库材料物资的实际采购成本。账户期末借方余额反映企业已付款或已开出、承兑商业汇票,但尚未到达或尚未验收入库的在途材料、商品的采购成本。本账户可以按照供应单位和物资品种进行明细核算。

2.“原材料”账户

本账户核算企业库存的各种材料的实际成本。借方登记外购、自制、委托加工、盘盈、接受投资等取得原材料的实际成本,贷方登记材料发出耗用、对外销售、盘亏、毁损及对外投资、捐赠原材料的实际成本。期末借方余额,反映企业库存材料的实际成本。本账户可以按照材料的保管地点(仓库)、材料的类别、品种和规格等进行明细核算。

企业收到来料加工装配业务的原料、零件等,应当设置备查簿进行登记。

(二) 原材料取得时的核算

企业原材料取得的方式有很多,在此主要介绍企业外购、自制、投资者投入材料的核算方法。

1. 外购材料

企业外购材料时,由于结算方式和采购地点的不同,材料入库和货款的支付在时间上也不一定完全同步,因此,其账务处理也有所不同。

(1) 货款已支付或开出、承兑商业汇票,同时材料已验收入库。

此种情况下,企业应根据发票账单等结算凭证确定材料成本,借记"原材料"账户,按可抵扣的增值税额,借记"应交税费——应交增值税(进项税额)"账户(一般纳税人,下同),按实际支付或应付的款项,贷记"银行存款"、"应付账款"、"应付票据"等账户。

【例 4-4】 某公司是增值税一般纳税人,2012 年 5 月 3 日从本地某企业购入甲材料一批,增值税专用发票上注明数量 1 000 件,单价 25 元,共计 25 000 元,增值税额为 4 250 元。材料已验收入库,货款及增值税额通过银行转账付讫。根据有关材料购入凭证,该公司的相关会计处理如下:

借:原材料	25 000	
应交税费——应交增值税(进项税额)	4 250	
贷:银行存款		29 250

(2) 货款已支付或开出、承兑商业汇票,材料尚未到达或尚未验收入库。

此种情况下,企业应根据发票账单等结算凭证,借记"在途物资"、"应交税费——应交增值税(进项税额)"等账户,贷记"银行存款"、"应付账款"、"应付票据"等账户。材料到达、验收入库后,再根据收料单,借记"原材料"账户,贷记"在途物资"账户。

【例 4-5】 承【例 4-4】资料,假如该公司所购甲材料尚未验收入库,收到发票等结算单据,货款已经支付。5 天后收到甲材料并验收入库。根据有关材料购入凭证,该公司的相关会计处理如下:

① 支付货款时

借:在途物资	25 000	
应交税费——应交增值税(进项税额)	4 250	
贷:银行存款		29 250

② 材料验收入库时

借:原材料——甲材料	25 000	
贷:在途物资		25 000

(3) 材料已验收入库,货款尚未支付或尚未开出、承兑商业汇票。

此情况下,包括以下两种具体情况:

第一,材料已验收入库,发票账单已到,尚未付款。这种材料采购方式属于赊购,赊购过程中如果应付账款附有现金折扣条件,应付账款按实际交易金额入账,如果购货方在现金折扣期限内付款,取得的现金折扣应冲减当期财务费用,即按总价法进行会计处理。

【例 4-6】 某公司 2012 年 5 月 8 日采用托收承付结算方式购入乙材料一批,增值税专用发票上注明的价款为 120 000 元,增值税额为 20 400 元,对方代垫运杂费 600 元,银行转来的结算凭证已到,款项尚未支付,材料已验收入库。根据有关材料购入凭证,该公司的相关会计处理如下:

① 购入材料时

借:原材料——乙材料 120 600

应交税费——应交增值税(进项税额) 20 400

贷:应付账款 141 000

② 实际支付货款时

借:应付账款 141 000

贷:银行存款 141 000

第二,材料已验收入库,但相关发票账单尚未到达。此种情况下,月份内可暂不进行会计处理,什么时候收到发票账单,什么时候再按正常购货业务处理。如果到了月末,仍未收到发票账单,则按材料的暂估价值入账,借记"原材料"账户,贷记"应付账款——暂估应付账款"账户。下月初用红字分录予以冲回。下月收到发票账单后,按正常程序,借记"原材料"、"应交税费——应交增值税(进项税额)"账户,贷记"银行存款"、"应付账款"、"应付票据"等账户。

【例4-7】 某公司5月26日购入甲材料一批,按合同规定,货款共计30 000元,材料已验收入库,但发票账单月末尚未收到,月末按暂估材料价值入账。6月8日该批甲材料的发票账单到达,增值税专用发票上注明货款30 000元,增值税额为5 100元,款项已通过银行转账支付。根据有关凭证,该公司的会计处理如下:

① 5月末暂估入账

借:原材料——甲材料 30 000

贷:应付账款——暂估应付账款 30 000

② 6月初做红字会计处理予以冲回

借:原材料——甲材料 [30 000]

贷:应付账款——暂估应付账款 [30 000]

注:[30 000]代表红字

③ 6月8日收到发票账单时

借:原材料——甲材料 30 000

应交税费——应交增值税(进项税额) 5 100

贷:银行存款 35 100

(4) 货款已预付,材料尚未验收入库。

此种情况下,企业应在预付材料款时,按照实际预付金额,借记"预付账款"账户,贷记"银行存款"账户。已经预付货款的材料验收入库,根据发票账单等所列的价款、税额等,借记"原材料"、"应交税费——应交增值税(进项税额)"账户,贷记"预付账款"账户。预付款项不足,补付货款,按补付金额,借记"预付账款"账户,贷记"银行存款"账户。退回多付的款项,借记"银行存款"账户,贷记"预付账款"账户。

【例4-8】 A公司按照购货合同约定,向B公司预付购买甲材料的货款20 000元。数日后收到B公司发来的甲材料和有关的结算单据,货款25 000元,增值税4 250元。A公司随即补付了相关款项。A 公司的相关会计处理如下：

① 预付款项时

借:预付账款——B 公司	20 000	
贷:银行存款		20 000

② 收到材料时

借:原材料——甲材料	25 000	
应交税费——应交增值税(进项税额)	4 250	
贷:预付账款——B 公司		29 250

③ 补付货款时

借:预付账款——B 公司	9 250	
贷:银行存款		9 250

(5) 外购材料短缺及毁损的处理。企业购入材料验收入库时,如发现物资短缺或毁损,应查明原因,分清责任,并根据不同情况按照有关规定,做相应的会计处理。

第一,属于运输途中合理损耗的,应计入原材料采购成本。

第二,属于应由供应单位、运输机构、保险公司和过失人赔偿的部分,应列入“其他应收款”等账户。其中,如果是由供应单位责任造成的短缺或毁损,在货款尚未承付的情况下,应按短缺及毁损的数量和发票单价计算拒付金额,填写拒付理由书,向银行办理拒付手续。经银行同意后可根据收料单、发票账单、拒付理由书和银行结算凭证,按实际承付金额借记“原材料”等账户,贷记“银行存款”账户。如果上述货款已经支付,并已计入“在途物资”账户,应填制“赔偿请求单”,并以实收材料金额借记“原材料”账户,以供应单位应赔偿的款项,借记“应付账款”账户,以原金额贷记“在途物资”账户。

第三,属于意外灾害造成的非常损失,在原因与责任未明确前,应根据有关“毁损报告单”等凭证,先记入“待处理财产损溢”账户,待查明原因后,应将扣除残料价值和过失人、保险公司赔款后的净损失,借记“营业外支出——非常损失”账户,贷记“待处理财产损溢”账户。

【例 4-9】 A 公司从 B 公司购入原材料 2 000 件,单价 10 元,增值税专用发票上注明的增值税税额为 3 400 元,款项已通过银行转账支付,但材料尚在运输途中。当材料运到企业验收入库时发现短缺 20 件,原因待查。后经查明确认短缺的存货中有 15 件为供货方发货时少付,经与供货方协商,由其补足少付的材料,其余 5 件属于运输途中的合理损耗。根据索赔单等有关凭证,A 公司的相关会计处理如下:

① 材料在运输途中,款项已支付

借:在途物资——甲材料	20 000	
应交税费——应交增值税(进项税额)	3 400	
贷:银行存款		23 400

② 验收入库时发现材料短缺,原因待查,其余材料入库

借:原材料——甲材料	19 800	
待处理财产损溢——待处理流动资产损溢	200	
贷:在途物资——甲材料		20 000

③ 短缺原因查明

借:原材料——甲材料　　50

　应付账款——B公司　　150

　贷:待处理财产损溢——待处理流动资产损溢　　200

④ 收到供货方补发的材料,验收入库

借:原材料——甲材料　　150

　贷:应付账款——B公司　　150

2. 自制材料

企业自制材料过程中发生的费用与企业生产产品的成本费用处理方法相同,自制完成验收入库时,按照实际成本,借记"原材料"账户,贷记"生产成本"账户。

【例 4-10】 某公司辅助生产车间自制一批材料,材料生产过程中发生的实际成本合计30 000元。材料生产完工已验收入库。根据材料入库单等凭证,该公司的相关会计处理如下:

借:原材料　　30 000

　贷:生产成本——辅助生产成本　　30 000

3. 投资者投入材料

企业收到投资者投入的材料,按照投资合同或协议约定的价值,借记"原材料"账户,按照专用发票上注明的增值税额,借记"应交税费——应交增值税(进项税额)",按投资者在注册资本中所占的份额,贷记"实收资本"或"股本"账户,按其差额,贷记"资本公积"账户。

【例 4-11】 某公司收到投资者A投入原材料一批,增值税专用发票上注明原材料价格260 000元,增值税额44 200元。按该投资者在注册资本中占有的份额计算,确认属于A的投入资本为300 000元。根据原材料的有关凭证,该公司的相关会计处理如下:

借:原材料　　260 000

　应交税费——应交增值税(进项税额)　　44 200

　贷:实收资本　　300 000

　　资本公积——资本溢价　　4 200

(三) 原材料发出的核算

采用实际成本进行材料日常核算的,发出材料的实际成本,可以采用先进先出法、加权平均法或个别计价法计算确定。企业生产经营领用材料,按实际成本,借记"生产成本"、"制造费用"、"销售费用"、"管理费用"等账户,贷记"原材料"账户。发出委托外单位加工的原材料,借记"委托加工物资"账户,贷记"原材料"账户。在建工程领用的原材料,按实际成本加上不予抵扣的增值税额等,借记"在建工程"等账户,按实际成本,贷记"原材料"账户,按不予抵扣的增值税额,贷记"应交税费——应交增值税(进项税额转出)"账户。

为简化日常核算工作,企业可在月末编制"发出材料汇总表",结转发出材料的实际成本。

【例 4-12】 某公司2012年5月末,根据领料单等凭证,汇总编制"发出材料汇总表",如表4-4所示。

表4-4 发出材料汇总表 单位:元

2012年5月

类别 用途	原料及主要材料	辅助材料	燃料	修理用备件	合计
基本生产车间领用	100 000	2 000			102 000
辅助生产车间领用		20 000			20 000
车间管理部门领用		3 000	3 000	4 000	10 000
行政管理部门领用				8 000	8 000
独立销售机构领用	1 000				1 000
仓库建设项目领用	16 000 (不含增值税价)				16 000
合计	117 000	25 000	3 000	12 000	157 000

其中:发出材料汇总表中,仓库建设项目领用材料所对应的增值税进项税额是2 720元。

根据“发出材料汇总表”,进行会计处理如下:

借:生产成本——基本生产成本　　102 000
　　　　　——辅助生产成本　　20 000
　制造费用　　10 000
　管理费用　　8 000
　销售费用　　1 000
　在建工程(16 000 + 2 720)　　18 720
　贷:原材料　　157 000
　　应交税费——应交增值税(进项税额转出)　　2 720

二、计划成本核算法

(一)计划成本核算法的含义、核算程序及账户设置

1. 计划成本核算法的含义

计划成本核算法简称计划成本法,是指存货的收入、发出和结存都按企业预先制定的计划成本计价,同时设置“材料成本差异”(或产品成本差异)账户,用以登记实际成本与计划成本的差额,期末,将发出存货和期末存货由计划成本调整为实际成本的存货核算方法。

存货按计划成本核算时,要求存货的总分类核算和明细分类核算均按计划成本计价。

材料的计划成本所包括的内容应与其实际成本相一致,计划成本应当尽可能地接近实际。计划成本除特殊情况外,在年度内一般不作变动。

计划成本法一般适用于存货品种繁多、收发频繁的企业。如大中型企业中的各种原材料、低值易耗品等。如果企业的自制半成品、产成品品种繁多,或者在管理上需要分别核算其计划成本和成本差异的,也可以采用计划成本核算法核算。

2. 计划成本核算法的核算程序

(1) 制定科学合理的计划单位成本。企业应先制定各种存货的计划成本目录,规定存货的分类,以及各种存货的名称、规格、编号、计量单位和计划单位成本等。除特殊情况外,

计划单位成本在年度内一般不作调整。

(2) 平时收到存货时,应按计划单位成本计算其计划成本填入收料单内,并按实际成本与计划成本的差额,作为“材料成本差异”进行分类登记。

(3) 平时领用、发出的存货,都按计划成本计算,月份终了,再将本月发出存货应负担的成本差异进行分摊,将发出存货的计划成本调整为实际成本。需要注意的是,发出存货应负担的成本差异必须按月分摊,不得在季末或年末一次计算。

3. 账户设置

(1) “材料采购”账户。本账户核算企业采用计划成本进行材料日常核算而购入材料的采购成本。借方登记采购材料的实际成本,贷方登记验收入库材料的计划成本。贷方大于借方的差额表示节约,记入“材料成本差异”账户的贷方。借方大于贷方的差额表示超支,记入“材料成本差异”账户的借方。期末借方余额,反映企业在途材料的采购成本。本账户可以按照供应单位和材料品种进行明细核算。

(2) “原材料”账户。本账户核算企业原材料收、发、存的计划成本。借方登记已验收入库的原材料的计划成本,贷方登记发出原材料的计划成本,期末借方余额,反映企业库存原材料的计划成本。

(3) “材料成本差异”账户。“材料成本差异”是“原材料”的调整账户。本账户核算企业各种材料的实际成本与计划成本的差异。借方登记购入材料实际成本大于计划成本的数额(超支差异)以及发出材料应分摊的成本节约差异的结转数,贷方登记购入材料实际成本小于计划成本的数额(节约差异)以及发出材料应分摊的成本超支的结转数。期末如果为借方余额,反映企业库存材料的实际成本大于计划成本的超支差异;期末如果为贷方余额,则反映企业库存材料的实际成本小于计划成本的节约差异。

本账户应当分别“原材料”、“包装物及低值易耗品”等,按照类别或品种进行明细核算。

企业根据具体情况,可以单独设置“材料成本差异”账户,也可以在“原材料”、“周转材料”(或“包装物”、“低值易耗品”)等账户下设置“成本差异”明细账户进行核算。

(二) 原材料取得时的核算

1. 外购材料

计划成本法下外购材料的核算与实际成本法下外购材料的核算的不同之处在于,购入材料时,无论是否验收入库,一律先按实际成本借记“材料采购”账户,贷记“银行存款”等账户。然后再按验收入库材料的计划成本,借记“原材料”账户,按实际成本,贷记“材料采购”账户,此时借、贷方账户之差即计划成本与实际成本的差,按该差额记入“材料成本差异”账户的借方或贷方。材料成本差异的计算公式如下:

材料成本差异 = 该批材料的实际成本 - 计划成本

当实际成本大于计划成本时,超支差;当实际成本小于计划成本时,节约差。

【例 4-13】 某公司本月购入甲原材料一批,增值税专用发票上注明价款 100 000 元,增值税额 17 000 元,甲材料的计划成本共计 102 000 元。购入乙材料一批,增值税专用发票上注明价款 80 000 元,增值税额 13 600 元,乙材料的计划成本共计 76 000 元。两种材料的价税款均以银行存款支付,且均已验收入库。该公司的相关会计处理如下:

① 购入甲材料支付货款时

借:材料采购　　100 000

　应交税费——应交增值税(进项税额)　　17 000

　贷:银行存款　　117 000

② 甲材料验收入库时

借:原材料　　102 000

　贷:材料采购　　102 000

③ 购入乙材料支付货款时

借:材料采购　　80 000

　应交税费——应交增值税(进项税额)　　13 600

　贷:银行存款　　93 600

④ 乙材料验收入库时

借:原材料　　76 000

　贷:材料采购　　76 000

⑤ 月末结转材料成本差异时

本月入库材料的实际成本 = 100 000 + 80 000 = 180 000(元)

本月入库材料的计划成本 = 102 000 + 76 000 = 178 000(元)

材料成本差异 = 180 000 - 178 000 = 2 000(元)

借:材料采购　　2 000

　贷:材料成本差异　　2 000

2. 自制材料

企业自制的材料,不通过“材料采购”账户确定材料的成本差异,而是直接按完工入库材料的计划成本,借记“原材料”账户,按实际生产成本,贷记“生产成本”账户,按实际成本与计划成本之间的差额,借记或贷记“材料成本差异”账户。

【例 4-14】 某公司辅助生产车间自制甲材料一批,生产成本为 4 000 元,按照材料验收入库时入账的计划成本为 4 200 元,根据有关凭证,该公司的会计处理如下:

借:原材料　　4 200

　贷:生产成本——辅助生产成本　　4 000

　　材料成本差异　　200

3. 投资者投入材料

收到投资者投入材料时,按材料的计划成本借记“原材料”账户,按专用发票上注明的增值税额,借记“应交税费——应交增值税(进项税额)”账户,按投资者在注册资本中所占的份额,贷记“实收资本”或“股本”账户,按原材料的实际成本与计划成本的差额,借记或贷记“材料成本差异”账户,按借方账户合计与贷方账户合计之差记入“资本公积”账户。按计划成本与投资者在注册资本中所占份额之间的差额贷记“材料成本差异”账户。

【例 4-15】 某公司收到投资者投入材料一批,增值税专用发票上注明该材料价款为 200 000 元,增值税税额为 34 000 元。按该投资者在注册资本中占有的份额计算,确认为实收资本的数额为225 000元。该批材料验收入库时按其计划成本203 000元入账。根据有关凭证，该公司的相关会计处理如下：

借：原材料　　203 000

　应交税费——应交增值税（进项税额）　　34 000

　贷：实收资本　　225 000

　　资本公积——股本溢价　　9 000

　　材料成本差异（203 000 − 200 000）　　3 000

（三）原材料发出的核算

在计划成本法下，企业原材料的发出成本也应按计划成本核算，并且应该在月末根据领料单、退料单等编制"发出材料汇总表"，结转发出材料的成本差异，即材料成本差异随着材料的发出而转出。根据所发出材料的用途按计划成本分别记入"生产成本"、"制造费用"、"销售费用"、"管理费用"、"委托加工物资"、"其他业务支出"等账户，结转的发出材料的成本差异也按材料用途，计入相关成本或费用科目，从而将发出材料的计划成本调整为实际成本。

发出材料应负担的成本差异，除委托外部加工发出材料可按月初成本差异率计算外，应使用当月的实际差异率；月初成本差异率与本月成本差异率相差不大的，也可按月初成本差异率计算。计算方法一经确定，不得随意变更。材料成本差异率的计算公式如下：

本月材料成本差异率 =（月初结存材料的成本差异 + 本月收入材料的成本差异）
÷（月初结存材料的计划成本 + 本月收入材料的计划成本）
× 100%

上述公式中，超支额用正号（"+"）表示，节约额用负号（"−"）表示，并且本月收入原材料的计划成本中不包括暂估入账的原材料的计划成本。

月初材料成本差异率
= 月初结存材料的成本差异 ÷ 月初结存材料的计划成本 × 100%

发出材料应负担的成本差异 = 发出材料的计划成本 × 材料成本差异率

【例4-16】 某公司采用计划成本核算法对原材料进行核算。2012年5月初库存原材料的计划成本为320 000元，成本差异为超支差异1 800元。本月收入原材料的计划成本为460 000元，成本差异为节约差异4 296元。根据本月领料单等，编制"发出材料汇总表"，本月发出材料的计划成本共计440 000元，具体情况如表4-5所示。

表4-5　发出材料汇总表　　单位：元

2012年5月

类别 / 用途	原料及主要材料	辅助材料	燃料	修理用备件	合计
基本生产车间领用	420 000				420 000
车间管理领用		10 000	2 000	1 000	13 000
行政管理部门领用		3 000		4 000	7 000
合计	420 000	13 000	2 000	5 000	440 000

根据发出材料汇总表等有关凭证,进行会计处理如下:

借:生产成本——基本生产成本　420 000
　制造费用　13 000
　管理费用　7 000
　贷:原材料　440 000

材料成本差异 = (1 800 - 4 296) ÷ (320 000 + 460 000) × 100% = -0.32%

发出材料应负担的成本差异 = 440 000 × (-0.32%) = -1 408(元)

期末库存原材料的实际成本 = (320 000 + 460 000 - 440 000)
+ [1 800 + (-4 296) - (-1 408)]
= 338 912(元)

借:材料成本差异　1 408
　贷:生产成本——基本生产成本(420 000 × 0.32%)　1 344
　　制造费用(13 000 × 0.32%)　41.60
　　管理费用(7 000 × 0.32%)　22.40

对于制造企业来说,除一般常用上述实际成本法和计划成本法进行原材料的核算外,也可以根据具体情况,对其低值易耗品和包装物等存货采用计划成本核算法。同样,在采用计划成本核算法确定低值易耗品和包装物入账价值的情况下,月度终了,也应分配当月发出低值易耗品和包装物应负担的成本差异。对于商品流通企业,还可以采用毛利率法或售价核算法对存货进行核算(此内容在本章第五节中介绍)。对存货日常采用何种方法核算,由企业根据实际情况自行确定,但核算方法一经确定,不能随意变更。

第五节　存货估价法及其他存货核算

一、存货估价法

按实际成本进行存货的日常核算中,除了采用前述的发出存货计价法计算本期发出存货和期末结存存货的实际成本外,对于企业存货种类繁多的企业,还可以运用存货估价法进行简化核算。存货估价法是在月末对存货成本进行估价,待季末、半年末或年末时,再采用发出存货的计价方法,计算发出存货和结存存货的成本,并对估算的存货成本做出调整。常用的存货估价法有毛利率法和售价核算法两种。

(一) 毛利率法

毛利率法是指根据本期销售净额乘以上期实际(或本期计划)毛利率匡算本期销售毛利,据以计算发出存货和期末结存存货成本的一种方法。有关计算公式如下:

毛利率 = 销售毛利 ÷ 销售净额 × 100%

销售净额 = 销售收入 - 销售退回与折让

销售毛利 = 销售净额 × 上期实际(或本期计划)毛利率

销售成本 = 销售净额 - 销售毛利

期末存货成本 = 期初存货成本 + 本期购货成本 - 本期销售成本

毛利率法常用于商品流通企业，尤其是商品批发企业。采用毛利率法估算存货成本的关键在于确定一个合理的毛利率。而要保证毛利率的估算尽可能合理，企业应按存货的类别分别确定各类存货的毛利率，并据以估算和结转存货成本，不能采用综合毛利率。采用毛利率法，库存商品明细账平时只记数量，不记金额，每季末的最后一个月，再根据月末结存数量，先计算月末存货实际成本，再计算该季度的商品销售成本，用该季度的商品销售成本减去前两个月已经结转的成本，计算第三个月应结转的销售成本，从而对前两个月用毛利率计算的成本进行调整。

【例4-17】 某商场1月初A类商品成本130 000元，本月购进A类商品680 000元，销货800 000元，销售退回与折让合计10 000元，上季度该种商品毛利率为20%。该商品当月销售成本估算如下：

本月销售净额 = 800 000 − 10 000 = 790 000（元）

当月估计的销售毛利 = 790 000 × 20% = 158 000（元）

当月销售成本 = 790 000 − 158 000 = 632 000（元）

月末存货成本 = 130 000 + 680 000 − 632 000 = 178 000（元）

【例4-18】 承【例4-17】某商场1月初A类商品成本130 000元，1月份购进A类商品680 000元，销货800 000元，销售退回与折让合计10 000元，上季度该种商品毛利率为20%。2月份购进A类商品790 000元，2月份采用毛利率法估算的销售成本为430 000元，3月份购进A类商品600 000元，3月31日该商场采用先进先出法确定的实际结存A类商品成本为520 000元。则第一季度销售成本及3月份销售成本计算如下：

第一季度销售成本 = 130 000 + 680 000 + 790 000 + 600 000 − 520 000 = 1 680 000（元）

3月份销售成本 = 1 680 000 − 632 000 − 430 000 = 618 000（元）

（二）售价核算法

1. 售价核算法的含义及内容

售价核算法又称售价金额核算法，是指用成本占零售价的比率（即成本率）乘以期末存货的售价总额，估算期末存货成本，并据以计算本期发出存货成本的一种方法。售价核算法广泛应用于商品零售企业的存货成本估算。

售价核算法的基本内容如下：

（1）期初库存存货和本期购进存货同时按成本和售价记录，以便计算可供销售的存货成本和售价总额。

（2）本期销售只记录售价，从本期可供销售的存货售价总额中减去本期销售的售价总额，计算出期末库存存货的售价总额。

（3）计算销售成本率。计算公式如下：

销售成本率 =（期初库存存货成本 + 本期购进存货成本）÷（期初库存存货售价 + 本期购进存货售价）× 100%

（4）计算期末库存存货成本。计算公式如下：

期末库存存货成本 = 期末库存存货售价总额 × 销售成本率

（5）计算当期销售存货成本。计算公式如下：

当期销售存货成本 = 期初库存存货成本 + 当期购进存货成本 − 期末库存存货成本

【例 4-19】 某商场月初存货成本 200 000 元，售价金额为 300 000 元。本月购货成本为 840 000 元，售价金额为 1 000 000 元。本期销售收入为 900 000 元。假定不考虑增值税。采用售价法计算月末存货成本和当月销售成本如下：

销售成本率 = (200 000 + 840 000) ÷ (300 000 + 1 000 000) × 100% = 80%

期末库存存货售价总额 = 200 000 + 840 000 − 900 000 = 140 000(元)

期末库存存货成本 = 140 000 × 80% = 112 000(元)

当期销售存货成本 = 200 000 + 840 000 − 112 000 = 928 000(元)

2. 账户设置及核算

采用售价核算法核算时，需要设置“商品进销差价”账户，单独核算商品售价与进价的差额。商品日常的进、销、存记录均按售价进行，期末，通过计算商品进销差价率，将商品进销差价在本期已销商品和结存商品之间进行分摊，据以确定本期已销商品的成本和结存商品的成本。

本账户可按商品类别或实物管理负责人进行明细核算。

企业购入、加工收回以及销售退回等增加的库存商品，按商品售价，借记“库存商品”账户，按商品进价，贷记“银行存款”、“委托加工物资”等账户，按售价与进价之间的差额，贷记“商品进销差价”账户。

期(月)末分摊已销商品的进销差价，借记“商品进销差价”账户，贷记“主营业务成本”账户。

销售商品应分摊的商品进销差价，按以下公式计算：

商品进销差价率 = 期末分摊前本账户余额 ÷ (“库存商品”账户期末余额 + “发出商品”账户期末余额 + “发出商品”账户期末余额 + 本期“主营业务收入”账户贷方发生额) × 100%

本期销售商品应分摊的商品进销差价 = 本期“主营业务收入”账户贷方余额 × 商品进销差价率

企业的商品进销差价率各期之间比较均衡的，也可以采用上期商品进销差价率计算分摊本期的商品进销差价。年度终了，应对商品进销差价进行核实调整。

【例 4-20】 承【例 4-19】，采用售价核算法核算该商场的存货。会计业务处理如下：

① 当月购入存货

借：库存商品	1 000 000	
贷：银行存款		840 000
商品进销差价		160 000

② 当月销售商品

借：银行存款	900 000	
贷：主营业务收入		900 000

③ 结转商品销售成本

借：主营业务成本	900 000	

贷:库存商品 900 000

④ 分摊当月已销商品的进销差价

期末分摊前"商品进销差价"账户余额 = 300 000 - 200 000 + 160 000 = 260 000(元)

"库存商品"账户期末余额 = 300 000 + 1 000 000 - 900 000 = 400 000(元)

本期"主营业务收入"账户贷方发生额 = 900 000(元)

商品进销差价率 = 260 000 ÷ (400 000 + 900 000) × 100% = 20%

已销商品应分摊的进销差价 = 900 000 × 20% = 180 000(元)

月末结存商品应分摊的进销差价 = 400 000 × 20% = 80 000(元)

或 = 260 000 - 180 000 = 80 000(元)

⑤ 根据已销商品应分摊的进销差价结转商品销售成本

借:商品进销差价 180 000

贷:主营业务成本 180 000

转账后,当月已销商品成本调整为实际成本 720 000 元(900 000 - 180 000)。结存商品实际成本调整为 320 000 元(400 000 - 80 000)。

月末,该商场在编制资产负债表时,存货项目中的商品存货部分,按结存商品的实际成本 320 000 元列示。

二、其他存货核算

企业的存货除了原材料外,还包括周转材料、委托加工物资、库存商品等其他存货。这些存货的核算与原材料有相似之处,也有不同之处,以下仅就周转材料、委托加工物资的核算进行详述,库存商品比照原材料的核算方法进行。企业的周转材料、委托加工物资、库存商品等其他存货在核算时,可以采用实际成本法,也可以采用计划成本法。包装物不多的企业一般采用实际成本进行核算。如果采用计划成本进行核算,原理与原材料核算相同,也需要通过"材料成本差异"账户反映实际成本与计划成本的差异,月末结转本月发出存货应分摊的材料成本差异。

(一) 周转材料

周转材料是指企业在正常生产经营过程中多次使用、逐渐转移其价值但仍然保持原有形态不确认为固定资产的材料。周转材料主要包括包装物、低值易耗品,以及建造承包商的钢模板、木模板、脚手架等。企业通过取得并验收入库的周转材料,可比照原材料的核算方法核算。但由于周转材料有其特殊性,按照企业会计准则应用指南规定,可以设置"周转材料"账户,也可以单独设置"包装物"账户和"低值易耗品"账户进行总分类核算。

1. 包装物

包装物是指为包装本企业商品而储备的各种包装容器,如桶、箱、瓶、坛、袋等。企业的包装物包括:① 生产过程中用于包装产品作为产品组成部分的包装物;② 随同产品出售不单独计价的包装物;③ 随同产品出售单独计价的包装物;④ 出租或出借给购买单位使用的包装物。

下列各项不属于包装物核算的范围:① 各种包装材料,它们是一次性使用的包装材料,应作为原材料进行核算;② 用于储存和保管产品、材料而不对外出售的包装物,这类包装物应按其价值的大小和使用年限的长短,分别作为固定资产或低值易耗品管理和核算;③ 单独列为企业商品产品的自制包装物,应作为库存商品进行管理和核算。

(1) 账户设置。设置"周转材料"(或"包装物")账户,核算企业库存各种包装物及出租、出借包装物的摊余价值。该账户的借方登记验收入库包装物的成本,贷方登记发出包装物的成本以及计提的包装物摊销额,借方余额反映库存未用包装物的成本和已用包装物的摊余价值。

(2) 包装物入库的会计核算。企业购入、委托外单位加工完成验收入库的包装物的核算,与原材料入库的核算相同,可以比照原材料的核算方法进行会计处理。

【例 4-21】 某公司对包装物采用实际成本核算。2012 年 5 月,以银行存款购进包装物,增值税专用发票上注明的价款为 3 000 元,增值税税额为 510 元。根据有关凭证,进行会计处理如下:

借:周转材料　　3 000
　应交税费——应交增值税(进项税额)　　510
　贷:银行存款　　3 510

(3) 生产领用包装物的会计核算。生产领用包装物用于包装产品,构成产品实体组成部分的,直接记入"生产成本"账户;属于车间一般性物料消耗的,记入"制造费用"账户。

【例 4-22】 某公司 2012 年 5 月 10 日,基本生产车间领用包装物一批用于自产产品包装,并构成产品的一部分,实际成本为 4 000 元。根据有关包装物领用凭证,进行会计处理如下:

借:生产成本　　4 000
　贷:周转材料　　4 000

(4) 随同产品出售的包装物核算,分如下两种情况:

第一,销售部门领用随同产品出售不单独计价的包装物。企业在销售过程中领用随同产品出售不单独计价的包装物,应作为产品销售费用的一部分,按其成本计入"销售费用"账户。

【例 4-23】 某公司销售产品领用包装物一批,实际成本为 2 500 元,该批包装物随同产品出售不单独计价。根据有关领用凭证,进行会计处理如下:

借:销售费用　　2 500
　贷:周转材料　　2 500

第二,销售部门领用随同产品出售单独计价的包装物。企业在销售过程中领用随同产品出售单独计价的包装物,应作为对外销售处理,属于其他销售业务,一方面通过"其他业务收入"账户反映其销售收入,另一方面通过"其他业务成本"账户反映其销售成本。

【例 4-24】 某公司销售产品过程中领用随同产品出售单独计价的包装物一批。增值税专用发票上注明的价款为 4 000 元,增值税额为 680 元,款项已存入银行。包装物实际成本为 3 000 元。根据有关包装物领用和销售凭证,进行会计处理如下:

① 出售单独计价的包装物

借:银行存款 4 680

贷:其他业务收入 4 000

应交税费——应交增值税(销项税额) 680

② 结转出售包装物成本

借:其他业务成本 3 000

贷:周转材料 3 000

(5) 出租、出借包装物的会计核算。企业包装物对外出租或出借时,为了保证客户按时归还,一般会收取一定数额的押金。企业收取的押金通过"其他应付款"账户核算。如果包装物按期归还,则如数退回押金,如果包装物逾期未退,则没收押金,没收的押金视为销售周转材料取得的收入,计入其他业务收入,并计算相应的增值税销项税额。

出租包装物收取的租金收入,应作为其他业务收入并计算缴纳增值税,相应的出租包装物的成本,计入其他业务成本。出借包装物的成本作为企业的销售费用处理。

出租、出借包装物在多次周转使用过程中,尽管其实物形态没有变化,但价值发生了损耗。其损耗的价值,应采用适当的方法进行摊销。摊销方法主要有一次摊销法和五五摊销法两种。采用五五摊销法,应设置"周转材料"账户 ,且分别"在库"、"在用"、"摊销"进行明细核算。

企业在对包装物的价值进行摊销时,根据包装物的用途不同,将其实际成本转入相应的成本费用项目,具体可分为以下几种情况:

第一,生产环节领用的包装物,应将其成本计入"生产成本"。

第二,出借的包装物,以及随产品出售不单独计价的包装物,应将其成本计入"销售费用"。

第三,出租的包装物,以及随产品出售单独计价的包装物,应将其成本计入"其他业务成本"。

第四,管理部门领用的包装物,其成本计入"管理费用"。

第五,建造承包商使用的钢模板、木模板、脚手架和其他周转材料等,其账面价值应计入"工程施工"。

出租或出借的包装物,收回后不能继续使用而作报废处理时所取得的残料,应作为当期包装物摊销的减少,分别冲减当期的管理费用、生产成本、销售费用、其他业务成本等。

一次摊销法,是指包装物一经领用,就将其账面价值一次计入有关成本费用的一种方法。一次摊销法适用于生产领用的包装物和随同产品出售的包装物;数量不多、金额较小,且业务不频繁的出租和出借包装物的核算。

包装物报废时,应按其残料价值冲减有关资产成本或当期损益,借记"原材料"、"银行存款"等账户,贷记"管理费用"、"生产成本"、"其他业务成本"、"销售费用"、"工程施工"等账户。

【例 4-25】 某公司 9 月 15 日出租 20 只包装用铁桶,单位成本 100 元,共计 2 000 元。约定租期 1 个月,已收取租金 234 元(其中含增值税 34 元),收取押金 1 200 元,款项均存入银行,采用一次摊销法。同时,公司报废一批管理部门领用的包装物,残料作价 50 元,作为

原材料入库。根据包装物出租、收取押金及残料入库等有关凭证,进行会计处理如下:

① 9 月 15 日,结转包装物的实际成本

借:其他业务成本	2 000	
贷:周转材料		2 000

② 收取出租包装物押金时

借:银行存款	1 200	
贷:其他应付款——存入保证金		1 200

③ 收取出租包装物租金时

借:银行存款	234	
贷:其他业务收入		200
应交税费——应交增值税(销项税额)		34

④ 1 个月到期,收回出租的包装物,将押金通过银行转账退还

借:其他应付款——存入保证金	1 200	
贷:银行存款		1 200

⑤ 若 1 个月期满,包装物未退回,没收包装物押金

借:其他应付款——存入保证金	1 200	
贷:其他业务收入[1 200 ÷ (1 + 17%)]		1 025.64
应交税费——应交增值税(销项税额)		174.36

⑥ 残料入库

借:原材料	50	
贷:管理费用		50

【例 4-26】 某公司 9 月 25 日,向甲公司销售商品,随货出借包装箱一批,实际成本 4 000 元,期限 1 个月,收取押金 3 000 元,存入银行,采用一次摊销法。根据有关销售及包装物领用凭证,进行会计处理如下:

① 9 月 25 日,结转出借包装物的实际成本

借:销售费用	4 000	
贷:周转材料		4 000

② 收取出租包装物押金时

借:银行存款	3 000	
贷:其他应付款——存入保证金		3 000

③ 1 个月到期,收回包装物,退还押金时

借:其他应付款——存入保证金	3 000	
贷:银行存款		3 000

五五摊销法,是指包装物在领用时,先摊销其账面价值的 50%,报废时摊销其账面价值 50% 的一种摊销方法。五五摊销法适用于数量较多、金额较大,且发出业务频繁的出租或出借包装物的核算。

【例 4-27】 某公司 9 月 15 日,发出 100 件新包装物出租给乙公司,每件实际成本为 60

元，共计 6 000 元，约定租期 1 个月，已收租金 2 340 元（其中增值税 340 元），并已收取押金 4 500 元（每件收取 40 元）。根据有关包装物领用凭证，进行会计处理：

① 9 月 15 日，出租包装物时，将包装物由“在库”转为“在用”

借：周转材料——在用　　6 000

　贷：周转材料——在库　　6 000

② 收取出租包装物租金时

借：银行存款　　2 340

　贷：其他业务收入　　2 000

　　应交税费——应交增值税（销项税额）　　340

③ 收取出租包装物押金时

借：银行存款　　4 500

　贷：其他应付款——存入保证金　　4 500

④ 领用时摊销包装物成本的 50%（6 000 × 50% = 3 000 元）

借：其他业务成本　　3 000

　贷：周转材料——摊销　　3 000

【例 4-28】 承【例 4-23】，乙公司于月末退回 80 件包装物，经检修后入库，支付检修费 80 元，剩余 20 件未退回，按双方事前约定，没收未退包装物的押金。该公司于月末将未能收回的 20 件包装物的成本予以注销。根据有关凭证，进行会计处理如下：

① 退回的包装物（80 × 60 = 4 800 元）

借：周转材料——在库　　4 800

　贷：周转材料——在用　　4 800

② 退回包装物发生的检修费用

借：其他业务成本　　80

　贷：银行存款　　80

③ 没收 20 件包装物押金 900 元（4 500 × 20%）（其中增值税 130.77 元），退还已收回 80 件包装物押金（4 500 × 80% = 3 600 元）时

借：其他应付款——存入保证金　　4 500

　贷：其他业务收入（900 − 130.77）　　769.23

　　应交税费——应交增值税（销项税额）　　130.77

　　银行存款　　3 600

④ 月末摊销未收回 20 件包装物剩余的一半价值（20 × 60 × 50% = 600 元）

借：其他业务成本　　600

　贷：周转材料——摊销　　600

⑤ 月末对未收回 20 件包装物进行报废处理，注销其全部价值

借：周转材料——摊销　　1 200

　贷：周转材料——在用　　1 200

2. 低值易耗品

低值易耗品是指劳动材料中单位价值较低、使用时间较短、不能作为固定资产处理的各种用具和物品，如工具、管理用具、玻璃器皿以及在经营过程中周转使用的包装容器等。

低值易耗品在经营过程中能多次使用，其价值随着实物的磨损而逐渐转移，具有固定资产的特性。但由于低值易耗品价值低、使用时间短、容易损坏，在实际工作中一般将其作为存货进行管理和核算，以摊销的方法将其价值摊入成本、费用中。根据具体情况，低值易耗品可以采用不同的摊销方法。

(1) 账户设置。设置“周转材料”(或“低值易耗品”)账户，核算企业库存低值易耗品的价值。该账户的借方登记企业购入、自制、委托外单位加工完成验收入库等原因增加的低值易耗品的成本，贷方登记企业领用、摊销等原因减少的低值易耗品的成本，期末借方余额反映在库低值易耗品的成本及在用低值易耗品的摊余价值。

(2) 低值易耗品入库的会计核算。企业购入、委托外单位加工完成验收入库的低值易耗品的核算，与原材料、包装物入库的核算相同，可以比照原材料的会计处理方法进行。

(3) 低值易耗品摊销的会计核算

一次摊销法，是指在领用低值易耗品时，将其价值全部一次计入有关的成本费用。它适用于价值比较低或使用期限比较短，而且一次领用数量不多的低值易耗品，如一般的管理用具、小型工具、卡具，以及容易破碎的玻璃器皿等。

【例 4-29】 某公司行政管理部门领用管理用具一批，实际成本 2 000 元，采用一次摊销法进行摊销，根据有关低值易耗品领用凭证，进行会计处理如下：

借：管理费用	2 000	
贷：周转材料		2 000

五五摊销法，是指领用低值易耗品时，先摊销其价值的一半，报废时，再摊销剩余的一半。在采用五五摊销法的情况下，“周转材料”账户应设置“在库”、“在用”、“摊销”三个明细账户。

五五摊销法的核算手续较简便，适用于每月领用、报废数额较均衡的低值易耗品。领用时，由“在库”转入“在用”。一经转入就意味着低值易耗品投入使用，因此应摊销其价值的一半，计入有关成本费用。等其报废时，再摊销另一半价值，同时注销低值易耗品价值。

【例 4-30】 某公司 2012 年 6 月行政管理部门领用一般工具一批，实际成本为 5 000 元。采用五五摊销法进行摊销。根据有关低值易耗品领用凭证，进行会计处理：

① 领用工具时

借：周转材料——在用	5 000	
贷：周转材料——在库		5 000

② 领用时摊销其价值的 50%

借：管理费用	2 500	
贷：周转材料——摊销		2 500

【例 4-31】 承【例 4-30】，2012 年 8 月该批工具报废，残料计价 50 元交材料库。

① 报废时摊销其价值的另外50%

借:管理费用　　2 500

　贷:周转材料——摊销　　2 500

② 回收残料,并冲减管理费用

借:原材料　　50

　贷:管理费用　　50

③ 注销报废低值易耗品价值

借:周转材料——摊销　　5 000

　贷:周转材料——在用　　5 000

(二) 委托加工物资

委托加工物资是指企业委托外单位加工的各种材料、商品等物资。企业委托外单位加工的物资的实际成本包括:实际耗用的原材料或者半成品、加工费、运输费、装卸费等费用以及按照规定应计入成本的税金。委托加工业务在会计处理上,主要包括拨付加工物资、支付加工费用和税金、收回加工物资和剩余物资等几个环节。

1. 账户设置

设置“委托加工物资”账户,核算企业委托外单位加工的各种材料、商品等物资的实际成本。该账户的借方登记发出材料的实际成本以及支付的加工费、运杂费、税金等,贷方登记加工完成并验收入库材料的实际成本,期末余额在借方,反映尚在加工中的各种材料的实际成本。该账户可按加工合同、受托加工单位以及加工物资的品种进行明细核算。

2. 委托加工物资的会计核算

(1) 拨付加工物资。企业拨付给外单位加工的物资,按实际成本,借记“委托加工物资”账户,贷记“原材料”、“库存商品”等账户;按计划成本或售价核算的,还应同时结转材料成本差异或商品进销差价。

(2) 支付加工费、运杂费等,借记“委托加工物资”账户,贷记“银行存款”等账户;需要交纳消费税的委托加工物资,由受托方代收代交的消费税,借记“委托加工物资”账户(收回后用于直接销售的)或“应交税费——应交消费税”账户(收回后用于继续加工的),贷记“应付账款”、“银行存款”等账户。

(3) 加工完成验收入库的物资和剩余的物资,按加工收回物资的实际成本和剩余物资的实际成本,借记“原材料”、“周转材料”、“库存商品”等账户,贷记“委托加工物资”账户。

采用计划成本或售价核算的,按计划成本或售价,借记“原材料”、“周转材料”或“库存商品”账户,按实际成本,贷记“委托加工物资”,按实际成本与计划成本或售价之间的差额,借记或贷记“材料成本差异”或贷记“商品进销差价”账户。

采用计划成本中售价核算的,也可以采用上期材料成本差异率或商品进销差价率计算分摊本期应分摊的材料成本差异或商品进销差价。

【例4-32】 甲企业委托乙企业加工材料一批(属于应税消费品),原材料成本为20 000元,支付的加工费为7 000元(不含增值税),消费税税率为10%,材料加工完成验收入库,加工费用等已经支付。甲、乙企业均为一般纳税人企业。甲企业按照实际成本对原材料进行日常核算，甲企业相关会计处理如下：

(1) 发出委托加工材料

借：委托加工物资	20 000	
贷：原材料		20 000

(2) 支付加工费

消费税组成计税价格 = (20 000 + 7 000) ÷ (1 − 10%) = 30 000(元)

(受托方)代收代交的消费税 = 30 000 × 10% = 3 000(元)

应交增值税 = 7 000 × 17% = 1 190(元)

① 甲企业收回后用于连续生产应税消费品情况下支付加工费

借：委托加工物资	7 000	
应交税费——应交增值税(进项税额)	1 190	
——应交消费税	3 000	
贷：银行存款		11 190

② 甲企业收回后直接用于销售情况下支付加工费

借：委托加工物资(7 000 + 3 000)	10 000	
应交税费——应交增值税(进项税额)	1 190	
贷：银行存款		11 190

(3) 加工完成后收回委托加工材料

① 甲企业收回后用于连续生产应税消费品时

借：原材料(20 000 + 7 000)	27 000	
贷：委托加工物资		27 000

② 甲企业收回后直接用于销售时

借：原材料(20 000 + 10 000)	30 000	
贷：委托加工物资		30 000

第六节　存货的期末计量

我国《企业会计准则第 1 号——存货》规定，在资产负债表日，存货应当按照成本与可变现净值孰低计量。

一、成本与可变现净值孰低法的含义

成本与可变现净值孰低法，是指按照存货的成本与可变现净值两者之中的较低者对期末存货进行计量的一种方法。采用这种方法，在资产负债表日，当存货成本低于存货可变现净值时，存货按实际成本计价；当存货可变现净值低于存货成本时，存货按可变现净值计价，应当计提存货跌价准备，计入损益。

成本是指期末存货的历史成本，即按照先进先出法、加权平均法、移动平均法等存货计价方法计算的期末存货的实际成本。如果企业在存货日常核算中采用计划成本法、售价核

算法等方法核算时,则成本就为调整后的实际成本。

可变现净值,是指企业日常活动中,存货的估计售价减去至完工时估计将要发生的成本、估计的销售费用以及相关税费后的金额。

需要注意的是:可变现净值是指存货的预计未来净现金流入量,而不是指存货的估计售价或合同价。因为,存货在日常销售过程中,除产生销售收入等现金流入外,还会发生销售费用、相关税费、为使存货达到预定可销售状态可能发生的进一步加工成本等现金流出项目,只有扣除了这些现金流出后,才能确定存货的可变现净值。

运用成本与可变现净值孰低法对存货进行期末计价体现了谨慎性原则。当存货的可变现净值下跌至成本以下时,表明该存货给企业带来的未来经济利益低于其账面成本,因此应将这部分差额确认为存货跌价损失,并将其从存货价值中扣除,计入当期损益,以防虚计利润和存货价值。反之,当存货的可变现净值高于成本时,企业也不能按可变现净值与成本的差额确认为存货的增值收益,因为一旦确认该差额为增值收益,也会虚计利润和存货价值。

二、存货可变现净值的确定

运用成本与可变现净值孰低法,要确认的因素有两个,一是成本,二是可变现净值。成本可以很容易地从存货有关账户中取得,可变现净值的确定则成为存货期末计量的关键。

(一)存货可变现净值确定应考虑的因素

1. 确定存货的可变现净值必须要有确凿证据

确凿证据是指对确定存货的可变现净值有直接影响的客观证明。如产成品或商品的市场销售价格、与产成品或商品相同或类似商品的市场销售价格、销货方提供的有关资料和生产成本资料等。

2. 确定存货的可变现净值应当考虑持有存货的目的

企业持有存货的目的通常有两类,即持有以备出售和需要经过加工的材料存货。企业持有存货的目的不同,则确定存货可变现净值的方法也不同。

(1) 持有以备出售的存货。产成本、商品和用于出售的材料等直接用于出售的商品存货,在正常的生产经营过程中,应当以该存货的估计售价减去估计的销售费用和相关税费后的金额,确定其可变现净值。

(2) 需要经过加工的材料存货。在正常生产经营过程中,应当以所生产的产成品的估计售价减去至完工时估计将要发生的成本、估计的销售费用和相关税费后的金额,确定其可变现净值。

3. 确定存货的可变现净值应当考虑资产负债表日后事项的影响

确定存货的可变现净值,不仅要考虑资产负债表日与该存货相关的价格与成本变动,而且还应考虑未来的相关事项。也就是说,不仅应考虑财务报告批准报出日之前发生的相关价格与成本波动,还应考虑以后期间发生的相关事项。

三、存货估计售价的确定

在确定存货的可变现净值时,应合理确定估计售价、至完工将要发生的成本、估计的销售费用和相关税费。其中,存货估计售价的确定对于计算存货可变现净值至关重要。企业应当根据存货是否有约定销售的合同,区别以下情况确定存货的估计售价。

(1) 为执行销售合同或者劳务合同而持有的存货,通常应以产成品或商品的合同价格作为其可变现净值的计量基础。

如果企业与购买方签订了销售合同或劳务合同,并且销售合同订购的数量大于或等于企业持有的存货数量,则确定与该项销售合同直接相关存货的可变现净值时,应当以销售合同价格作为其可变现净值的计量基础。如果销售合同或劳务合同所规定的标的物企业还没有生产出来,但持有专门用于生产该标的物的原材料,则该原材料的可变现净值也应当以合同价格作为计量基础。

【例 4-33】 甲公司 2011 年 8 月 6 日与乙公司签订了一份不可撤销的销售合同,双方约定,2012 年 5 月 6 日甲公司按每台 35 000 元的价格向乙公司提供 A 产品 15 台。

2011 年 12 月 31 日,甲公司的 A 产品的账面价值为 290 000 元,数量为 10 台,单位成本为 29 000 元。市场销售价格为 34 000 元/台。甲公司 A 产品的估计售价(可变现净值的计量基础,下同)如下:由于有合同约定,且库存数量小于合同约定数量,因此,以销售合同约定价格 350 000 元(35 000 × 10)作为估计售价。

【例 4-34】 甲公司 2011 年 8 月 20 日与乙公司签订了一份不可撤销的销售合同,双方约定,2012 年 6 月 20 日甲公司按每台 35 000 元的价格向乙公司提供 A 产品 15 台。

2011 年 12 月 31 日,甲公司还没有生产 A 产品,但持有一批库存原材料专门用于生产 15 台 A 产品,其账面价值为 180 000 元,市场售价总额为 170 000 元。甲公司 A 产品的估计售价如下:有合同约定,甲公司还未生产,持有专门用于生产 A 产品的库存原材料,因此,以销售合同约定价格总额 525 000 元(35 000 × 15)作为估计售价。

(2) 如果企业持有同一项存货的数量多于销售合同或劳务合同订购的数量。

超过部分不能按照合同价格,而应该按照一般的市场价格作为计量基础。在资产负债表日,同一项存货中一部分有合同价格约定、其他部分不存在合同价格的,企业应分别确定其可变现净值,并与其相对应的成本进行比较,分别确定存货跌价准备的计提或转回的金额。

【例 4-35】 甲公司 2011 年 8 月 30 日与乙公司签订了一份不可撤销的销售合同,双方约定,2012 年 7 月 30 日甲公司按每台 35 000 元的价格向乙公司提供 A 产品 15 台。

2011 年 12 月 31 日,甲公司 A 产品的账面价值为 700 000 元,数量 20 台,单位成本为 33 000 元,市场销售价格为 36 000 元/台。甲公司 A 产品的估计售价如下:有合同约定,甲公司 A 产品库存量大于销售合同约定数量,因此,销售合同约定的 15 台产品以合同约定价格总额 525 000 元(35 000 × 15)作为估计售价。超出部分(5 台)的估计售价应以一般销售价格总额 180 000 元(36 000 × 5)作为计量基础。

(3) 没有销售合同或劳务合同约定的存货(不包括用于出售的材料),其可变现净值应以产品或商品一般市场销售价格作为计量基础。

【例 4-36】 甲公司 2011 年 12 月 31 日,A 产品的账面价值为 330 000 元,数量 10 台,单位成本为 33 000 元,市场销售价格为 36 000 元/台。该公司没有签订 A 产品的销售合同。甲公司A产品的估计售价如下:由于甲公司没有签订A产品销售合同,计算A产品可变现净值应以一般销售价格总额作为计量基础(即估计售价)为360 000元(36 000×10)。

(4) 用于出售的材料应以市场价格作为其可变现净值的计量基础。

【例4-37】 2012年12月31日,甲公司决定停止生产A产品。因此,决定将专门用于生产A产品的原材料全部对外出售。该原材料的账面价值为200 000元,市场售价180 000元,预计发生的销售费用及相关税费5 000元。该公司没有与购货方签订有关销售合同。甲公司A产品的估计售价如下:由于甲公司没有签订A产品销售合同,企业已决定停止生产A产品,因此,该材料的可变现净值应按市场销售价格作为计量基础。即:

该批材料的可变现净值 = 180 000 - 5 000 = 175 000(元)

四、存货减值迹象的判断

存货存在下列情况之一的,表明存货的可变现净值低于成本:

(1) 该存货的市场价格持续下跌,并且在可预见的未来无回升的希望。

(2) 企业使用该项原材料生产的产品的成本大于产品的销售价格。

(3) 企业因产品更新换代,原有库存原材料已不适应新产品的需要,而该原材料的市场价格又低于其账面成本。

(4) 因企业所提供的商品或劳务过时或消费者偏好改变而使市场的需求发生变化,导致市场价格逐渐下跌。

(5) 其他足以证明该项存货实质上已经发生减值的情形。

存货存在下列情形之一的,表明存货的可变现净值为零:

(1) 已霉烂变质的存货。

(2) 已过期且无转让价值的存货。

(3) 生产中已不再需要,并且已无使用价值和转让价值的存货。

(4) 其他足以证明已无使用价值和转让价值的存货。

五、存货跌价准备的核算

(一) 存货跌价准备的计提

企业应于期末计算存货可变现净值,将存货可变现净值与成本进行比较,如果有迹象表明存货发生减值,应该计提存货跌价准备。

企业通常按照单个存货项目计提存货跌价准备。但对于数量繁多、单价较低的存货,可以按照存货类别计提存货跌价准备。与在同一地区生产和销售的产品系列相关、具有相同或类似最终用途或目的,且难以与其他项目分开计量的存货,可以合并计提存货跌价准备。

在资产负债表日,将存货可变现净值与存货成本进行比较,如果存货可变现净值低于成本,则按其差额部分计提存货跌价准备。但在计提存货跌价准备时,不是按其差额直接冲减有关存货的账面价值,而是另设"存货跌价准备"账户进行核算。

"存货跌价准备"账户可按存货项目或类别进行明细核算,"存货跌价准备"账户期末贷方余额,反映企业已计提但尚未转销的存货跌价准备。

确定本期应计提的存货跌价准备金额时,应按下列公式计算:

本期应计提的存货跌价准备 = 当期可变现净值低于成本的差额 -“存货跌价准备”账户原有余额

根据上述公式,如果计提存货跌价准备前,“存货跌价准备”账户无余额,应按本期存货可变现净值低于存货成本的差额计提存货跌价准备,借记“资产减值损失”账户,贷记“存货跌价准备”账户;如果本期存货可变现净值低于成本的差额大于“存货跌价准备”账户原有贷方余额,应按二者之差补提存货跌价准备,借记“资产减值损失”账户,贷记“存货跌价准备”账户;如果本期存货可变现净值低于成本的差额与“存货跌价准备”账户原有贷方余额相等,不需要计提存货跌价准备;如果本期存货可变现净值低于成本的差额小于“存货跌价准备”账户原有贷方余额,表明以前引起存货减值的影响因素已经部分消失,存货的价值得以恢复,企业应当相应地恢复存货的账面价值,即按两者之差冲减已计提的存货跌价准备,借记“存货跌价准备”账户,贷记“资产减值损失”账户。如果本期存货可变现净值高于成本,表明以前引起存货减值的影响因素已经完全消失,存货的价值全部得以恢复,应在原已计提的存货跌价准备金额内,按恢复增加的金额,借记“存货跌价准备”账户,贷记“资产减值损失”账户。

需要注意的是,符合存货跌价转回条件的,应在原已计提的存货跌价准备的金额内转回,即以存货跌价准备的余额冲减至零为限。

【例 4-38】 某公司对期末存货按成本与可变现净值孰低计量。当年 12 月 31 日,甲商品的账面成本为 300 000 元,可变现净值为 280 000 元。乙商品的账面成本为 80 000 元,可变现净值为 90 000 元。该公司甲、乙两种商品此前“存货跌价准备”账户余额均为 0。

甲商品可变现净值低于成本的差额 = 300 000 - 280 000 = 20 000(元)

借:资产减值损失　　20 000

　贷:存货跌价准备——甲商品　　20 000

乙商品可变现净值大于成本,不提存货跌价准备。

在当年 12 月 31 日资产负债表中,甲商品按可变现净值 280 000 元列示,乙商品按成本 80 000 元列示。

如果乙商品以前账户余额不是 0 的话,应在存货跌价准备账户的金额内转回。

(二) 存货跌价准备的结转

企业已经计提了跌价准备的存货,如果其中部分已经销售,则在结转销售成本时,应同时结转已经对其计提的存货跌价准备。

发出存货结转存货跌价准备的,借记“存货跌价准备”账户,贷记“主营业务成本”、“生产成本”等账户。

对于因债务重组、非货币性资产交换转出的存货,应同时结转已计提的存货跌价准备,具体核算按债务重组和非货币性资产交换准则进行处理。

【例 4-39】 某公司 2011 年库存甲商品 20 件,每件成本 5 000 元,已计提存货跌价准备 15 000 元。2012 年,该公司将库存的 20 件商品全部出售,每件售价 6 500 元,增值税销项税额共计 22 100 元,价款已收存入银行。假设不考虑预计发生的销售费用及相关税费。该公司根据有关凭证，结转存货成本的会计处理如下：

借：银行存款　　152 100

　贷：主营业务收入　　130 000

　　应交税费——应交增值税（销项税额）　　22 100

借：主营业务成本　　100 000

　贷：库存商品——甲商品　　100 000

借：存货跌价准备　　15 000

　贷：主营业务成本　　15 000

【例 4-40】 某公司本月生产领用价值 20 000 元的甲材料，该部分材料已计提的存货跌价准备为 1 000 元。企业在领用材料时需要同时结转存货跌价准备。

借：生产成本　　20 000

　贷：原材料　　20 000

借：存货跌价准备——甲材料　　1 000

　贷：生产成本　　10 000

（三）存货跌价准备的核算举例

【例 4-41】 某公司从 2009 年开始，对期末存货按成本与可变现净值孰低计量。2009—2011 年，有关甲商品期末计量的资料如下：

（1）2009 年 12 月 31 日，甲商品的账面成本为 90 000 元，可变现净值为 82 000 元。

（2）2010 年 12 月 31 日，甲商品账面成本为 98 000 元，可变现净值为 85 000 元。

（3）2011 年度，在结转已售甲商品成本时，结转存货跌价准备 7 000 元。2011 年 12 月 31 日，甲商品账面成本为 62 000 元，可变现净值为 58 000 元。

该公司相关的会计处理如下：

① 2009 年 12 月 31 日，可变现净值低于成本的差额 = 90 000 − 82 000 = 8 000（元）

借：资产减值损失　　8 000

　贷：存货跌价准备——甲商品　　8 000

本年计提存货跌价准备之后，“存货跌价准备”账户贷方余额为 8 000 元，

2009 年 12 月 31 日的资产负债表日，甲商品应按可变现净值 82 000 元列示。

② 2010 年 12 月 31 日，可变现净值低于成本的差额 = 98 000 − 85 000 = 13 000（元）

本年应计提存货跌价准备 = 13 000 − 8 000 = 5 000（元）

借：资产减值损失　　5 000

　贷：存货跌价准备——甲商品　　5 000

本年计提存货跌价准备之后，“存货跌价准备”账户贷方余额为 13 000 元，在 2010 年 12 月 31 日的资产负债表中，甲商品按可变现净值 85 000 元列示。

③ 2011 年计提存货跌价准备之前，“存货跌价准备”账户贷方余额 13 000 − 7 000 = 6 000（元）

2011 年 12 月 31 日，可变现净值低于成本的差额 = 62 000 − 58 000 = 4 000（元）

本年应计提存货跌价准备 = 4 000 − 6 000 = −2 000（元）

借:存货跌价准备——甲商品　　2 000

　贷:资产减值损失　　2 000

本年计提存货跌价准备之后,"存货跌价准备"账户贷方余额为4 000元,在2011年12月31日的资产负债表中,甲商品应按可变现净值58 000元列示。

第七节　存货清查

一、存货清查的意义与方法

(一)存货清查的意义

存货清查,是指通过对存货的实地盘点,确定存货的实有数量,并与账面结存数核对,从而确定存货实存数与账面结存数是否相符的一种专门方法。

存货是企业资产的重要组成部分,不但种类繁多、收发频繁,而且在日常收发过程中可能发生计量差错、计算错误、自然损耗等情况,导致存货的实际结存数与账面结存数不符。为了加强对存货的控制,维护存货的安全完整,企业应当定期或不定期对存货的实物进行盘点和抽查,以确定存货的实际结存数,并与账面结存数核对,如账实不符,应查明原因,分清经济责任进行处理,达到存货账实相符。

企业至少应当在编制年度财务会计报告之前,对存货进行一次全面的清查盘点。

(二)存货清查的方法

企业常用的存货数量盘存方法主要有实地盘存制和永续盘存制两种。

1. 实地盘存制

实地盘存制也称定期盘存制,指会计期末通过对全部存货进行实地盘点,以确定期末存货的结存数量,然后分别乘以各项存货的盘存单价,计算出期末存货的总金额,记入各有关存货账户,倒轧出本期已耗用或已销售存货的成本。实行实地盘存制,平时存货核算只记借方,不记贷方,每一期末,通过实地盘点确定存货数量,据以计算期末存货成本,然后计算出当期耗用或销货成本,记入有关存货账户的贷方。这一方法通常也称为"以存计耗"或"以存计销"。

定期盘存制本期耗用(或销货)成本的计算公式如下:

本期耗用(或销货)成本 = 期初存货成本 + 本期购货成本 - 期末存货成本

2. 永续盘存制

永续盘存制也称账面盘存制,是指通过设置详细的存货明细账,逐笔或逐日记录存货收入、发出的数量和金额,以随时结出结余存货的数量和金额的一种存货盘存方法。实行永续盘存制,要求企业存货分别按品名、规格等设置明细账,逐笔逐日登记存货收入、发出的数量和金额,并结出结余存货的数量和金额。为了核对存货账面记录,加强对存货的管理,永续盘存制下,企业也应视具体情况对其存货进行定期的盘存,每年至少应全面盘存一次。

二、存货盘盈、盘亏及其会计核算

(一)盘盈、盘亏的含义及账户设置

在清查前,企业应将全部存货收发业务登记入账,结出余额,将账面存货数量填入“存货盘存报告单”。盘点时应根据各类存货的不同性质,分别采用点数、过磅、丈量等方法清查实际结存数量,将其填入“存货盘存报告单”。当实际盘存数大于账面结存数时,则盘盈。当实际盘存数小于账面结存数时,则盘亏。

为了核算和监督财产清查中的盘盈、盘亏和毁损情况,企业应设置“待处理财产损溢”账户,借方登记存货的盘亏、毁损金额及盘盈的转销金额,贷方登记存货盘盈金额及盘亏的转销金额。“待处理财产损溢”账户下应设置“待处理流动资产损溢”和“待处理固定资产损溢”两个明细账户进行明细核算。这里需要说明的是,物资在运输途中发生的非正常短缺与损耗,也通过“待处理财产损溢”账户核算。

(二)存货盘盈、盘亏的会计核算

1. 存货盘盈的核算

企业盘盈存货时,按盘盈存货的重置成本,借记“原材料”、“周转材料”、“库存商品”等账户,贷记“待处理财产损溢”账户;按管理权限报经批准后,借记“待处理财产损溢”账户,贷记“管理费用”账户或“营业外收入——盘盈利得”。

【例4-42】 某公司在财产清查中,盘盈甲材料100千克,实际单位成本为80元,经查属于材料收发计量错误。报经批准后,作冲减管理费用处理。根据有关凭证,进行会计处理如下:

① 批准处理前

借:原材料	8 000	
贷:待处理财产损溢——待处理流动资产损溢		8 000

② 批准处理后

借:待处理财产损溢——待处理流动资产损溢	8 000	
贷:管理费用		8 000

2. 存货盘亏及毁损的核算

企业发生存货盘亏及毁损时,按盘亏或毁损存货的账面成本,借记“待处理财产损溢”账户,贷记“原材料”、“周转材料”、“库存商品”等账户。材料、周转材料、产成品、商品采用计划成本(或售价)核算的,还应同时结转成本差异(或商品进销差价)。涉及增值税的还应进行相应处理。在按管理权限报经批准后,根据有关的凭证,进行会计处理:

(1) 对于入库的残料价值,借记“原材料”等账户,贷记“待处理财产损溢”账户。

(2) 属于定额内自然损耗造成的损失,计入管理费用。

(3) 属于收发计量差错和管理不善等原因造成的损失,将扣除可收回的保险公司和过失人赔偿款以及残料价值后的净损失,计入管理费用。

(4) 属于保险公司和过失人赔偿款部分,借记“其他应收款”等账户,贷记“待处理财产损溢”账户。

(5) 属于自然灾害或意外事故等原因造成的毁损,将扣除残料价值和应由保险公司和过失人赔偿后的净损失,记入“营业外支出”账户。

【例 4-43】 某公司按实际成本核算原材料,当年12月份财产清查中发现以下问题:

(1) 盘亏甲材料1 000千克,实际单位成本30元,经查属于一般经营损失。

(2) 毁损乙材料2 000千克,实际单位成本20元,增值税进项税额为6 800元。经查属于火灾造成的损失,根据保险合同规定,应由保险公司赔偿30 000元。

根据上述业务的有关凭证,进行会计处理如下:

① 批准处理前:

借:待处理财产损溢——待处理流动资产损溢	30 000	
贷:原材料		30 000

批准处理后:

借:管理费用	30 000	
贷:待处理财产损溢——待处理流动资产损溢		30 000

② 批准处理前:

借:待处理财产损溢——待处理流动资产损溢	46 800	
贷:原材料		40 000
应交税费——应交增值税(进项税转出)		6 800

批准处理后:

借:其他应收款——××保险公司	30 000	
营业外支出——非常损失	16 800	
贷:待处理财产损溢——待处理流动资产损溢		46 800

? 思考题

1. 什么是存货?存货可分为哪几类?
2. 存货的确认条件有哪些?
3. 存货的初始计量方法如何?
4. 存货发出的计价方法有哪些?各种方法的含义及优缺点如何?
5. 什么是实际成本法,原材料按实际成本法计价如何进行日常核算?
6. 什么是计划成本法,原材料按计划成本法计价如何进行日常核算?
7. 毛利率法和售价核算适用于哪些企业?如何运用?
8. 周转材料包括哪些?如何进行核算?
9. 委托加工物资如何进行核算?
10. 什么是成本与可变现净值孰低法?
11. 存货跌价准备如何核算?
12. 存货清查中盘盈、盘亏及毁损如何进行会计处理?

练习题

一、单项选择题

1. 下列各种物资中，不应当作为企业存货核算的是(　　)。

A. 委托加工材料　　B. 发出商品　　C. 借入的周转材料　　D. 自制半成品

2. 乙工业企业为增值税一般纳税企业。本月购进原材料200公斤，货款为6 000元，增值税为1 020元；发生的保险费为350元，入库前的挑选整理费用为130元；验收入库时发现数量短缺10%，经查属于运输途中合理损耗。乙工业企业该批原材料实际单位成本为每公斤(　　)元。

A. 32.4　　B. 33.33　　C. 35.28　　D. 36

3. 下列费用中，不应当包括在存货成本中的是(　　)。

A. 制造企业为生产产品而发生的人工费用

B. 购买材料发生的运输费用

C. 商品流通企业在商品采购过程中发生的包装费

D. 库存商品发生的仓储费用

4. 企业下列科目的期末余额不应列示于资产负债表"存货"项目下的是(　　)。

A. 在途物资　　B. 工程物资　　C. 委托加工物资　　D. 生产成本

5. 企业外购存货发生的下列支出中，通常不应计入采购成本的是(　　)。

A. 运输途中的保险费　　B. 运输途中的合理损耗

C. 入库前的挑选整理费用　　D. 市内零星货物运杂费

6. 下列关于存货可变现净值的表述中，正确的是(　　)。

A. 可变现净值等于存货的市场销售价格

B. 可变现净值等于销售存货产生的现金流入

C. 可变现净值等于销售存货产生现金流入的现值

D. 可变现净值是在日常活动中，存货的估计售价减去完工时估计将要发生的成本、估计的销售费用以及相关税费后的金额

7. 企业购进存货发生短缺，经查，属于意外事故造成的存货毁损，扣除保险公司及相关责任人赔款后的净损失应计入(　　)。

A. 制造费用　　B. 管理费用　　C. 营业外支出　　D. 存货成本

8. 某企业采用成本与可变现净值孰低法对存货进行期末计价，成本与可变现净值按单项存货进行比较。2011年12月31日，甲、乙两种存货成本与可变现净值分别为：甲存货成本10万元，可变现净值8万元；乙存货成本12万元，可变现净值15万元。甲、乙两种存货已计提的跌价准备分别为1万元、2万元。假定该企业只有这两种存货，2011年12月31日应补提的存货跌价准备总额为(　　)万元。

A. −0.5　　B. −1　　C. 2　　D. 3

9. 企业委托加工存货所支付的下列款项中，不可能计入委托加工存货成本的是(　　)。

A．支付的加工费　　B．支付的往返运杂费

C．支付的增值税　　D．支付的消费税

10．我国企业会计准则规定，企业购货时取得的现金折扣，应当冲减（　　）。

A．购货成本　　B．管理费用　　C．财务费用　　D．资产减值损失

二、多项选择题

1．下列各项与存货相关的费用中，应计入存货成本的有（　　）。

A．材料采购过程中发生的保险费　　B．材料入库前发生的挑选整理费

C．材料入库后发生的储存费用　　D．材料采购过程中发生的装卸费用

E．采购前采购员考察材料市场的差旅费

2．下列各项中，应计入存货实际成本中的有（　　）。

A．委托加工应税消费品（用于直接对外销售）收回时支付的消费税

B．材料采购过程中发生的非合理损耗

C．委托加工的物资发出时运输途中的保险费

D．商品流通企业外购商品时所支付的运杂费

E．采购人员的工资

3．根据企业会计准则的规定，发出存货的计价应当采用（　　）。

A．个别计价法　　B．先进先出法　C．加权平均法　　D．移动平均法

E．后进先出法

4．下列有关确定存货可变现净值基础的表述中，正确的有（　　）。

A．无销售合同的库存商品以该库存商品的估计售价为基础

B．有销售合同的库存商品以该库存商品的合同价格为基础

C．用于出售的无销售合同的材料以该材料的市场价格为基础

D．用于生产有销售合同产品的材料以该材料的市场价格为基础

E．无销售合同的库存商品以同类商品的合同价格为基础

5．下列情形中，表明存货的可变现净值为零的情况有（　　）。

A．已霉烂变质的存货　　B．已过期但是有转让价值的存货

C．生产中已不再需要，并且已无使用价值和转让价值的存货

D．其他足以证明已无使用价值和转让价值的存货

E．生产中已不再需要，无使用价值但有转让价值的存货

6．下列情况下的商品，仍应作为销售方存货的有（　　）。

A．收取手续费方式委托代销的商品

B．分期收款销售的商品　　C．售后回购的商品

D．采用托收承付结算方式发出的商品　E．已签订合同准备出售的商品

7．下列关于存货会计处理的表述中，正确的有（　　）。

A．存货采购过程中发生的合理损耗计入存货采购成本

B．存货跌价准备通常应当按照单个存货项目计提，也可分类计提

C．销售转出存货时不结转已计提的相关存货跌价准备

D. 发出原材料采用计划成本核算法的,应于期末调整为实际成本

E. 发出原材料采用计划成本核算法的,期末不用调整为实际成本

8. 周转材料主要包括(　　)。

A. 修理用备件　　B. 包装物

C. 低值易耗品　　D. 待进一步加工的半成品

E. 建造承包商的模板及脚手架

9. 下列各项中,会引起存货账面价值增减变动的有(　　)。

A. 冲回多计提的存货跌价准备　　B. 发生存货盘盈

C. 发出商品但尚未确认收入　　D. 委托外单位加工发出的材料

E. 收加委托加工材料验收入库

三、判断题

1. 企业已发出的商品,均不属于企业的存货。(　　)

2. 制造企业在采购商品过程中发生的运输费(不含增值税)、装卸费、保险费以及其他可归属于存货采购成本的费用等,应当计入存货的采购成本。(　　)

3. 收回的委托加工物资的成本包括发出材料的实际成本、支付的加工费、增值税等。(　　)

4. 即使不是因为以前减记存货价值的影响因素消失,而是其他影响因素造成存货价格回升的,也可以将该存货跌价准备转回。(　　)

5. 持有存货的数量多于销售合同订购数量,超出部分的存货可变现净值也应当以产成品或商品的合同价格作为计算基础。(　　)

6. 工业企业购入材料和商业企业购入商品所发生的运杂费、保险费等均应计入存货成本(金额较小的情况除外)。(　　)

7. 按企业会计准则规定,存货跌价准备只能按单个存货项目的成本与可变现净值计量。(　　)

8. 在建工程领用的库存商品,应视同销售,按计税价格计算增值税销项税额,随同库存商品成本一并作为有关工程项目支出。(　　)

9. 企业用于出租的周转材料,收取的租金应当作为其他业务收入。(　　)

10. 企业没收的出借周转材料押金,应作为营业外收入入账。(　　)

四、业务题

1. 某制造企业 2011 年 12 月 31 日以前对发出存货采用加权平均法计算发出成本,2012 年 1 月 1 日以后改为先进先出法。2011 年 1 月 1 日甲材料的账面价值为 15 200 元,结存数量为 4 000 件,1 月份有关甲材料的购入与发出情况如下:5 日购入 1 000 件存货,每件单价 4 元;10 日发出存货 3 000 件;20 日购入存货 1 500 件,每件单价 4.1 元;23 日发出 1 800 件;28 日发出 900 件。

要求:(1) 计算该企业 1 月份发出存货的总成本以及月末结存存货的账面金额。

(2) 分析计算该企业因改变存货计价方法而对存货、利润产生的影响。

2. 某企业为增值税一般纳税人。企业采用计划成本核算法进行原材料核算。2012 年 5

月初结存原材料计划成本为216 500元,材料成本差异额为3 000元(贷方)。5月份发生下列经济业务:

(1) 购入原材料一批,增值税专用发票上注明实际买价为36 000元,增值税税额为6 120元,货款已通过银行支付,材料验收入库,该批材料计划成本为38 000元。

(2) 购入原材料一批,增值税专用发票上注明实际买价为46 000元,增值税税额为7 820元,货款未付,材料已验收入库,计划成本为45 500元。

(3) 本月生产车间生产领用材料28 000元,车间一般耗用8 500元,委托加工材料发出8 000元,企业管理部门领用材料3 000元。

要求:(1) 根据上述资料做出相关会计处理。

(2) 计算材料成本差异率、发出材料应结转的成本差异和发出材料的实际成本,并进行会计处理。

3. 某企业为增值税一般纳税人,材料按计划成本核算并按类别计算成本差异,甲类材料包括A、B两种,A材料计划单位成本为每件80元,B材料计划单位成本为每件65元。按每笔业务结转入库材料和发出材料的计划成本,按每笔业务核算入库材料的成本差异。月末一次结转发出材料及库存材料应负担的材料成本差异。该企业甲类材料的月初余额为320 000元,甲类材料月初材料成本差异5 000元(贷方)。假设不考虑其他税费,该企业本月发生如下业务:

(1) 1日,从外地采购A材料5 000件,增值税专用发票上注明的材料价款为405 000元,增值税额68 850元。销货方代垫运杂费1 000元,材料尚未运到。本企业按应付货款、增值税及运杂费金额合计,签发并承兑一张为期三个月的商业承兑汇票。

(2) 8日,本月1日从外地购入的A材料已运到,验收时实际数量为4 980件,经查实短缺20件材料为定额内自然损耗。

(3) 10日,从本地购入B材料6 000件,增值税专用发票上注明的材料价款为360 000元,增值税额61 200元。款项通过银行支付,材料验收入库。

(4) 20日,从外地购入B材料2 000件,增值税专用发票上注明的材料价款为136 000元,增值税额23 120元。材料尚未运到,款项通过银行支付。

(5) 26日,企业20日从外地购入B材料到达验收入库。

(6) 1月份,生产车间生产产品领用A材料12 000件,车间一般耗用B材料200件,管理部门耗用B材料500件。

(7) 本月在建工程(职工食堂)领用B材料2 000件(不含税价)。由在建工程负担的增值税,按材料实际成本计算。

(8) 1月份销售A材料3 000件,每件售价100元(不含税价),款项已收存入银行。

要求:(1) 编制1月份有关业务的会计分录。

(2) 计算甲类材料本月材料成本差异率。

(3) 计算甲类材料本月发出材料实际成本及月末库存材料的实际成本。

4. 某制造企业期末存货采用成本与可变现净值孰低法计价,该企业有甲、乙两类存货,本题仅就甲类存货进行计算及业务处理。期末存货有关资料如表4-6所示。

表 4-6 某制造企业甲类存货期末资料

项目	数量(件)	成本单价(元)	单位可变现净值(元)
甲类:			
A	30	80	75
B	20	150	155

要求:(1) 根据上述资料分别采用单项比较法和分类比较法对期末存货进行计价。

(2) 计提存货跌价准备,做出单项比较法下的会计处理。

5. 某公司采用成本与可变现净值孰低法按单项存货于期末计提存货跌价准备。2011年12月31日,该公司拥有甲、乙两种商品,成本分别为240万元、320万元。其中,甲商品全部签订了销售合同,合同销售价格为200万元,市场价格为190万元;乙商品没有签订销售合同,市场价格为300万元;销售价格和市场价格均不含增值税。该公司预计销售甲、乙商品尚需分别发生销售费用12万元、15万元,不考虑其他相关税费;截至2011年11月30日,该公司尚未为甲、乙商品计提存货跌价准备。2011年12月31日,该公司应为甲、乙商品计提的存货跌价准备总额为多少万元?

6. 某企业低值易耗品采用实际成本法核算,低值易耗品的价值摊销采用"五五摊销法"。

3月1日,生产车间领取专用工具50件,每件实际成本15元。

5月31日,生产车间领用的上述专用工具报废30件,每件残值2元,作为原材料入库。

要求:根据上述资料做出相关会计处理。

7. 某公司在财产清查中发现以下问题:

(1) 盘盈甲材料80件,实际单位成本为60元,经查属于材料收发计量错误。报经批准后,做冲减管理费用处理。

(2) 盘亏乙材料100件,实际单位成本90元,经查属于一般经营损失。

(3) 毁损丙材料1 000千克,实际单位成本50元,增值税进项税额为8 500元。经查属于水灾造成的损失,根据保险合同规定,应由保险公司赔偿35 000元。

要求:根据上述业务进行会计处理。

8. 甲公司期末存货采用成本与可变现净值孰低法计价。2011年9月26日,甲公司与乙公司签订销售合同:由甲公司于2012年3月6日向乙公司销售产品10 000件,每件售价150元。2011年12月31日,甲公司库存产品14 000件,单位成本141元。2011年12月31日,市场销售价格为每件130元,预计销售税费均为每件5元。甲公司于2012年3月6日向乙公司销售产品10 000件,每件150元。甲公司于2012年4月6日销售产品100件,市场销售价格为每件120元。货款均已收到。甲公司是一般纳税人企业,适用的增值税税率为17%。

要求:(1) 编制计提存货跌价准备的会计分录并进行有关计算。

(2) 编制有关销售业务的会计分录。

第五章　长期股权投资核算

【教学目的】

通过本章学习,学生应当了解及掌握:

1. 长期股权投资分类
2. 长期股权投资下投资企业与被投资企业的关系
3. 长期股权投资核算成本法
4. 长期股权投资核算权益法
5. 成本法与权益法转换
6. 长期股权投资处置的核算方法

长期股权投资是企业准备长期持有的权益性投资。企业进行长期股权投资的目的不是在短期内出售,也不是为了获取股票投资的短期收益,而是在较长时期内取得股利收益或对被投资方实施控制,使被投资方能够为本企业总体经营目标的实现提供服务。投资企业与被投资企业之间的关系,可以根据投资方投资额占被投资方有表决权资本总额的比例以及对被投资方的影响程度,分为控制、共同控制、重大影响和无重大影响四种情况。由于投资企业与被投资企业间的关系不同,企业长期股权投资在后续计量时所选用的会计核算方法也存在差异,不同的核算方法又直接影响着长期股权投资的后续计量和各期投资损益的确认,因此,正确判断投资企业与被投资企业间的关系,是长期股权投资核算方法选择的依据。此外,实务中,由于存在着追加投资或减少投资等业务,投资企业对被投资企业的影响程度也会随之发生变化,从而导致投资企业与被投资企业间的关系发生改变。既然投资企业与被投资企业间的关系发生了变化,则与之相适应的长期股权投资核算方法就应随之改变,从而产生长期股权投资核算的成本法与权益法间的相互转换问题,总之,有关长期股权投资核算的具体内容和方法在本章将详细讲解,以帮助读者解决现实中的业务核算难题。

第一节　长期股权投资概述

一、投资企业与被投资企业的关系

根据投资方投资额占被投资方有表决权资本总额的比例以及对被投资方的影响程度、投资企业与被投资企业之间的关系,分为控制、共同控制、重大影响和无重大影响四种情况。

(一) 控制

控制,是指一个企业有权决定另一个企业的财务和经营政策,并能据以从该企业的经营活动中获取利益。控制包括以下两种情形:

1. 投资企业拥有被投资单位半数以上的表决权资本

投资企业拥有被投资单位半数以上的表决权资本,包括投资企业直接拥有被投资单位半数以上的表决权资本,也包括投资企业间接拥有被投资单位半数以上的表决权资本,或投资企业直接和间接合计拥有被投资单位半数以上的表决权资本。

2. 投资企业对被投资单位具有实质控制权

投资企业虽然未取得被投资单位半数以上表决权资本,但具备下列条件之一的,也表明投资企业对被投资单位具有实质控制权:

(1) 通过与其他投资者协议,投资企业拥有被投资单位半数以上表决权。

(2) 根据章程或协议,投资企业有权控制被投资企业的财务和经营政策。

(3) 有权任免被投资企业董事会等类似权力机构的多数成员。

(4) 在董事会或类似权力机构会议上有半数以上投票权。

投资企业能够对被投资单位实施控制的,被投资单位为其子公司。

(二) 共同控制

共同控制,是指按合同约定由投资双方或若干方共同决定被投资企业的财务和经营决策,任何一方都不能独自控制。

共同控制的实质,是通过合同约定建立起来的、合营各方对合营企业实施共同控制。现实中,由两个或两个以上企业共同投资设立一个经济实体时,投资各方持股比例相同,任何一方均不能单独控制该实体的重要财务和经营决策,必须由投资各方共同决定。

(三) 重大影响

重大影响是指对一个企业的财务和经营政策有参与决策的权力,但没有控制或共同控制的权力。

通常情况下,投资企业直接或通过子公司间接拥有被投资单位20%或以上表决权的资本,但未形成控制或共同控制的,可以认为对被投资单位具有重大影响,除非有确凿的证据表明投资企业不能参与被投资单位的生产经营决策,不能对被投资单位形成重大影响。投资企业拥有被投资单位的表决权资本不足20%,一般认为对被投资单位不具有重大影响,但符合下列条件之一的,可以认为投资企业对被投资单位具有重大影响:

(1) 投资企业直接或通过子公司间接地拥有被投资企业有表决权资本总额的20%以上。

(2) 投资企业拥有被投资企业的股权比例在所有投资者中居最高。

(3) 投资企业与被投资企业之间有重要的交易。

(4) 投资企业按联营契约的规定拥有经营权。

(四) 无重大影响

无重大影响是指投资企业对被投资单位不具有控制、共同控制或重大影响,并且在活跃市场中没有报价、公允价值不能可靠计量的情形。一般情况下,投资企业拥有被投资单位的

表决权资本不足20%，则认为对被投资单位不具有重大影响，

二、长期股权投资核算方法的选择

这里所说的长期股权投资核算方法，其实是长期股权投资后续计量时的核算方法，具体有成本法和权益法两种。成本法与权益法的根本区别在于长期股权投资的计量方式以及投资收益的确认。长期股权投资核算方法选择的依据是投资企业与被投资企业的关系类型。具体如下：

（1）投资企业能够对被投资单位实施控制，采用成本法核算。

（2）投资企业对被投资单位具有共同控制或重大影响，采用权益法核算。

（3）投资企业对被投资单位不具有控制、共同控制或重大影响，并且在活跃市场中没有报价、公允价值不能可靠计量，即无重大影响时，采用成本法核算。

三、账户设置

为了反映企业长期股权投资的取得、处置、投资额增减变动、投资损益及长期股权投资减值等情况，企业应设置"长期股权投资"、"投资收益"和"长期股权投资减值准备"等账户。

1.“长期股权投资”账户

“长期股权投资”账户属于资产类，用来核算企业持有的采用成本法和权益法核算的长期股权投资的增减变动及投资收回情况。借方登记投资的实际成本，贷方登记收回投资金额。这里需要说明的是，投资期间内，该账户的登记内容因长期股权投资的核算方法不同而有所区别，具体核算将在本章第三节中介绍。

“长期股权投资”账户按被投资单位进行明细核算。长期股权投资采用权益法核算的，还应当分别对“成本”、“损益调整”、“其他权益变动”进行明细核算。

2.“投资收益”账户

“投资收益”账户属于损益类，用来核算企业确认的投资收益或投资损失。具体核算内容因长期股权投资的核算方法不同而有所区别。

（1）长期股权投资采用成本法核算的，企业应按被投资单位宣告发放的现金股利或利润中属于本企业的部分，借记“应收股利”账户，贷记本账户；属于被投资单位在取得本企业投资前实现净利润的分配额，应作为投资成本的收回，借记“应收股利”等账户，贷记“长期股权投资”账户。

（2）长期股权投资采用权益法核算的，应按根据被投资单位实现的净利润或经调整的净利润计算应享有的份额，借记“长期股权投资——损益调整”账户，贷记本账户。被投资单位发生净亏损的，比照“长期股权投资”账户的相关规定进行处理。

（3）处置长期股权投资时，应按实际收到的金额，借记“银行存款”等账户，按其账面余额，贷记“长期股权投资”账户，按尚未领取的现金股利或利润，贷记“应收股利”账户，按其差额，贷记或借记“投资收益”账户。已计提减值准备的，还应同时结转减值准备。

（4）处置采用权益法核算的长期股权投资，除上述规定外，还应结转原记入资本公积的相关金额，借记或贷记“资本公积——其他资本公积”账户，贷记或借记“投资收益”账户。

“投资收益”账户可按投资项目进行明细核算。

3. “长期股权投资减值准备”账户

“长期股权投资减值准备”账户属于资产类，是“长期股权投资”的备抵账户。用来核算企业长期股权投资的减值准备。在资产负债表日，长期股权投资发生减值的，按应减记的金额，借记“资产减值损失”账户，贷记“长期股权投资减值准备”账户。处置长期股权投资时，应同时结转已计提的长期股权投资减值准备。本账户的期末贷方余额，反映企业已计提但尚未转销的长期股权投资减值准备。本账户可按被投资单位进行明细核算。

第二节 长期股权投资的初始计量

一、长期股权投资初始计量原则

(1) 企业在取得长期股权投资时，应按初始投资成本入账。长期股权投资可以通过企业合并形成，也可以通过支付现金、发行权益证券、投资者投入、非货币性资产交换、债务重组等方式取得。长期股权投资取得方式的不同，其初始投资成本的确定方法也不尽相同。

(2) 企业取得长期股权投资时支付的已宣告但尚未发放的现金股利或利润，不计入初始投资成本。企业在取得长期股权投资时，无论是同一控制下的企业合并还是非同一控制下的企业合并，如果实际支付的价款或其对价中包含已宣告但尚未发放的现金股利或利润，应作为应收项目单独入账，不构成长期股权投资的初始投资成本。

二、企业合并形成的长期股权投资

企业合并，是指将两个或者两个以上单独的企业合并形成一个报告主体的交易或事项。企业合并可分为同一控制下的企业合并和非同一控制下的企业合并。

同一控制下的企业合并与非同一控制下的企业合并在股权投资时的入账价值不同。

(一) 同一控制下企业合并形成的长期股权投资

同一控制下的企业合并，是指参与合并的企业在合并前后均受同一方或相同的多方最终控制，且该控制并非暂时性的。在这种合并方式下，在合并日取得对其他参与合并企业控制权的一方为合并方，参与合并的其他企业为被合并方。其中，合并日是指合并方实际取得对被合并方控制权的日期。

同一控制下的企业合并形成的长期股权投资，在确定其长期股权投资入账价值时，应当按照被合并方的账面价值进行计量，也就是按照取得被合并方所有者权益账面价值的份额作为长期股权投资的入账价值。

1. 合并方以支付现金等方式作为合并对价

合并方以支付现金、转让非现金资产或承担债务方式作为合并对价的，应当在合并日按照取得的被合并方所有者权益账面价值的份额作为长期股权投资的初始投资成本。长期股权投资初始投资成本与支付的现金、转让的非现金资产以及所承担债务账面价值之间的差额，应当调整资本公积(资本溢价或股本溢价)，资本公积(资本溢价或股本溢价)的余额不足冲减的，调整减少留存收益。

合并方为进行企业合并发生的审计费用、评估费用、法律服务费用等各项直接相关费用，应当于发生时计入当期损益。

合并方为进行企业合并发行的债券或承担其他债务支付的手续费、佣金等费用，应当计入所发行债券或其他债务的初始计量金额，即构成有关债务的入账价值的组成部分。

同一控制下企业合并形成的长期股权投资，应在合并日按取得被合并方所有者权益账面价值的份额，借记"长期股权投资——成本"账户，按享有被投资单位已宣告但尚未发放的现金股利或利润，借记"应收股利"账户，按支付的合并对价的账面价值，贷记有关资产或借记有关负债账户，按其差额，贷记"资本公积——资本溢价(或股本溢价)"账户，资本公积(资本溢价或股本溢价)不足冲减的，借记"盈余公积"、"利润分配——未分配利润"账户。

【例5-1】 甲公司和乙公司在合并前均受A公司控制，即甲、乙公司同为A公司所控制的两个子公司。2012年3月18日，甲和乙公司达成合并协议，约定甲公司以固定资产和银行存款作为合并对价，取得乙公司80%的股权。甲公司投入固定资产的账面原价为1 200万元，已计提折旧500万元，已计提固定资产减值准备200万元；支付银行存款3 000万元。2012年4月1日，甲公司实际取得对乙公司的控制权。此时乙公司所有者权益账面价值总额为3 600万元；甲公司"资本公积——资本溢价"账户余额250万元。在甲、乙公司合并中，甲公司以银行存款支付审计费用、评估费用等共计30万元。甲公司的会计业务处理依据分析及相关会计处理如下：由于甲、乙公司在合并前后均受同一公司控制，且合并后甲公司取得了对乙公司的控制权，该合并为同一控制下的企业合并。甲公司为合并方，乙公司为被合并方，2012年4月1日为合并日。

(1) 转销固定资产账面价值

借：固定资产清理	5 000 000	
固定资产减值准备	2 000 000	
累计折旧	5 000 000	
贷：固定资产		12 000 000

(2) 确认长期股权投资

初始投资成本 = 3 600 × 80% = 2 880(万元)

借：长期股权投资——乙公司(成本)	28 800 000	
资本公积——股本溢价	2 500 000	
盈余公积	3 700 000	
贷：固定资产清理		5 000 000
银行存款		30 000 000

(3) 支付合并费用

借：管理费用	300 000	
贷：银行存款		300 000

2. 合并方以发行权益性证券作为合并对价

合并方以发行权益性证券作为合并对价的，应当在合并日以取得的被合并方所有者权益账面价值的份额作为长期股权投资的初始投资成本,以发行权益性证券的面值总额作为股本。长期股权投资初始投资成本与所发行股份面值总额之间的差额,应当调整资本公积(仅限于资本溢价或股本溢价),资本公积不足冲减的,调整留存收益。

合并方为进行企业合并发行的权益性证券发生的手续费、佣金等费用,应当抵减权益性证券溢价收入,溢价收入不足冲减的,冲减留存收益。

合并方应在合并日按照被合并方所有者权益的账面价值的份额,借记"长期股权投资——成本"账户,按享有被投资单位已宣告但尚未发放的现金股利或利润,借记"应收股利"账户,按发行权益性证券的面值总额,贷记"股本"账户,按其贷方差额,贷记"资本公积——资本溢价(或股本溢价)"账户,同时,发行权益性证券过程中支付的手续费、佣金等,借记"资本公积——资本溢价(或股本溢价)"账户,贷记"银行存款"等账户,溢价发行收入不足冲减的,借记"盈余公积"、"利润分配——未分配利润"账户。

【例 5-2】 承例【例 5-1】,如果甲和乙公司达成合并协议,约定甲公司以增发权益性证券作为合并对价,取得乙公司 80% 的股权。甲公司增发的权益性证券为每股面值 1 元的普通股股票,共增发 2 000 万股,支付手续费及佣金等发行费用 40 万元。2012 年 4 月 1 日,甲公司实际取得对乙公司的控股权。此时乙公司所有者权益账面价值总额为 3 600 万元。甲公司的会计业务处理依据分析及相关会计处理如下:由于甲、乙公司在合并前后均受同一公司控制,且合并后甲公司取得了对乙公司的控制权,该合并为同一控制下的控股合并。甲公司为合并方,乙公司为被合并方,2012 年 4 月 1 日为合并日。

(1) 确认长期股权投资

初始投资成本 = 3 600 × 80% = 2 880(万元)

借:长期股权投资——乙公司(成本)	28 800 000	
贷:股本		20 000 000
资本公积——股本溢价		8 800 000

(2) 支付手续费及佣金

借:资本公积——股本溢价	400 000	
贷:银行存款		400 000

(二) 非同一控制下企业合并形成的长期股权投资

非同一控制下的企业合并,是指参与合并的各方在合并前后不受同一方或相同的多方的最终控制。在这种合并方式下,在购买日取得对其他参与合并企业控制权的一方为购买方,参与合并的其他企业为被购买方。其中,购买日是指购买方实际取得对被购买方控制权的日期。

非同一控制下的企业合并,购买方在购买日应当区别下列情况确定企业合并成本,并将其作为长期股权投资的初始投资成本。

(1) 一次交换交易实现的企业合并,合并成本为购买方在购买日为取得对被购买方的控制权而付出的资产、发生或承担的负债以及发行的权益性证券的公允价值。

(2) 通过多次交换交易分步实现的企业合并,合并成本为每一单项交易成本之和。

(3) 在合并合同或协议中对可能影响合并成本的未来事项做出约定的,购买日如果估计未来事项很可能发生并且对合并成本的影响金额能够可靠计量的，购买方应当将其计入合并成本。

非同一控制下的企业合并形成的长期股权投资，以支付的资产、形成的负债或形成的权益资本的公允价值作为长期股权投资的入账价值，并应在购买日按企业合并成本（不含应自被投资单位收取的现金股利或利润），借记“长期股权投资——成本”账户，按享有被投资单位已宣告但尚未发放的现金股利或利润，借记“应收股利”账户，按支付合并对价的账面价值，贷记有关资产或借记有关负债账户，按发生的直接相关费用，贷记“银行存款”等账户，按其差额，贷记“营业外收入”或借记“营业外支出”等账户。非同一控制下企业合并涉及以库存商品等作为合并对价的，应按库存商品的公允价值，贷记“主营业务收入”账户，并同时结转相关的成本。涉及增值税的，还应进行相应的处理。同时，发行权益性证券过程中支付的手续费、佣金等费用，借记“资本公积——资本溢价（或股本溢价）”账户，贷记“银行存款”等账户，溢价发行收入不足冲减的，应依次借记“盈余公积”、“利润分配——未分配利润”账户。

1. 购买方以支付现金等方式作为合并对价

【例 5-3】 甲公司和乙公司是两个不存在关联方关系的相互独立的法人企业。2012 年 3 月 1 日甲和乙公司达成合并协议，约定甲公司以库存商品和银行存款作为合并对价，取得乙公司 80% 的股权。甲公司作为合并对价的库存商品的账面价值为 1 000 万元，公允价值为 1 200 万元，增值税额为 204 万元；支付银行存款 2 000 万元。2012 年 4 月 1 日，甲公司实际取得对乙公司的控制权。甲、乙公司合并中，甲公司以银行存款支付审计费用、评估费用、法律服务费用等共计 35 万元。甲公司的会计业务处理依据分析及相关会计处理如下：由于甲、乙公司在合并前不存在关联方关系，且均为独立法人企业，合并后甲公司取得了对乙公司的控制权，该合并为非同一控制下的企业合并。甲公司为购买方，乙公司为被购买方，2012 年 4 月 1 日为合并日。

(1) 确认长期股权投资

初始投资成本 = 1 200 + 204 + 2 000 = 3 404（万元）

借：长期股权投资——乙公司（成本）	34 040 000	
贷：主营业务收入		12 000 000
应交税费——应交增值税（销项税额）		2 040 000
银行存款		20 000 000

(2) 结转库存商品成本

借：主营业务成本	10 000 000	
贷：库存商品		10 000 000

(3) 支付合并费用

借：管理费用	350 000	
贷：银行存款		350 000

2. 购买方以发行权益性证券作为合并对价

【例 5-4】 承例【例 5-3】，如果甲和乙公司达成合并协议，约定甲公司以增发权益性证券作为合并对价，取得乙公司80%的股权。甲公司增发的权益性证券为每股面值1元的普通股股票，共增发2 000万股，每股公允价值3元，支付手续费及佣金等发行费用40万元。2012年4月1日，甲公司实际取得对乙公司的控股权。合并中甲公司以银行存款支付审计费用、评估费用、法律服务费用等共计30万元。甲公司的会计业务处理依据分析及相关会计处理如下：由于甲、乙公司在合并前后均受同一公司控制，且合并后甲公司取得了对乙公司的控制权，该合并为同一控制下的控股合并。甲公司为合并方，乙公司为被合并方，2012年4月1日为合并日。

(1) 确认长期股权投资

$$初始投资成本 = 2\,000 \times 3 = 6\,000(万元)$$

借：长期股权投资——乙公司(成本)	60 000 000	
贷：股本(20 000 000 × 1)		20 000 000
资本公积——股本溢价		40 000 000

(2) 支付手续费及佣金

借：资本公积——股本溢价	400 000	
贷：银行存款		400 000

(3) 支付合并费用

借：管理费用	300 000	
贷：银行存款		300 000

三、非合并方式形成的长期股权投资

非合并方式形成的长期股权投资，是指以支付现金、发行权益证券、投资者投入、非货币性资产交换、债务重组等方式形成的长期股权投资。

(一) 以支付现金方式取得的长期股权投资

以支付现金方式取得的长期股权投资，应当以实际支付的价款作为初始投资成本。初始投资成本包括买价和取得长期股权投资直接相关的费用、税金及其他必要支出。企业取得长期股权投资时，实际支付的价款中包含的已宣告但尚未发放的现金股利或利润，作为应收项目处理。

【例5-5】 甲公司以支付现金方式取得A公司5%的股权作为长期股权投资，实际支付价款260万元，在购买过程中另支付手续费等相关费用3万元。股权购买价款中包含甲公司应享有的A公司已宣告发放但尚未支付的现金股利6万元。甲公司的相关会计处理如下：

(1) 确认长期股权投资

$$初始投资成本 = 260 + 3 - 6 = 257(万元)$$

借：长期股权投资——乙公司(成本)	2 570 000	
应收股利	60 000	
贷：银行存款		2 630 000

(2) 收到现金股利时

借:银行存款　60 000

　贷:应收股利　60 000

(二) 以发行权益性证券方式取得的长期股权投资

以发行权益性证券方式取得的长期股权投资,应当以发行权益性证券的公允价值作为初始投资成本。发行权益性证券所支付的手续费、佣金等,应从权益性证券的溢价发行收入中扣除,溢价不足以扣除的,应依次冲减盈余公积和未分配利润。

【例 5-6】 甲和乙公司达成协议,约定甲公司以增发权益性证券作为对价向乙公司投资,取得乙公司10%的股权。甲公司增发的权益性证券为每股面值 1 元的普通股股票,共增发 100 万股,每股发行价格 3 元,支付手续费及佣金等直接相关费用 10 万元。甲公司的会计处理如下:

$$初始投资成本 = 100 \times 3 = 300(万元)$$

借:长期股权投资——乙公司(成本)　3 000 000

　贷:股本(1 000 000 ×1)　1 000 000

　　资本公积——股本溢价　1 900 000

　　银行存款　100 000

(三) 投资者投入的长期股权投资

投资者投入的长期股权投资,是指投资者以其持有的对第三方的投资作为出资投入本企业。此种情况下,接受投资的企业在确定所取得的长期股权投资的成本时,应当按照投资合同或协议约定的价值作为初始投资成本,但合同或协议约定价值不公允的除外。

投资者合同或协议中约定的价值不公允情况下,应当按照取得长期股权投资的公允价值作为其初始投资成本。

【例 5-7】 甲公司的 A 股东以其持有的乙公司每股面值 1 元的普通股股票 200 万股作为资本金投入企业,投资协议约定的股权投资价值为 500 万元,可折换甲公司每股面值 1 元的普通股股票 200 万股。甲公司的会计处理如下:

借:长期股权投资——乙公司(成本)　5 000 000

　贷:股本——A 股东　2 000 000

　　资本公积——股本溢价　3 000 000

(四) 通过非货币性资产交换形成的长期股权投资

非货币性资产交换,是指交易双方通过存货、固定资产、无形资产和长期股权投资等非货币性资产进行的交换,有时也涉及少量货币性资产(即补价)。

认定涉及少量货币性资产的交换为非货币性资产交换,通常以补价占整个资产交换金额的比例低于 25% 作为参考,即支付补价的企业,其支付的货币性资产占换入资产公允价值(或占换出资产公允价值与支付的货币性资产之和)的比例低于 25% 的,视为非货币性资产交换;收到补价的企业,其收到的货币性资产占换出资产公允价值(或占换入资产公允价值与收到的货币性资产之和)的比例低于 25% 的,视为非货币性资产交换,适用《企业会计准则第 7 号——非货币性资产交换》。高于 25% (含 25%) 的,适用《企业会计准则第 14

号——收入》等相关准则。

非货币性资产交换形成的长期股权投资,有公允价值计量和账面价值计量两种计量基础。

1. 以公允价值计量

非货币性资产交换会计准则规定,非货币性资产交换具有商业实质且公允价值能够可靠计量的,应当以换出资产的公允价值和应支付的相关税费作为换入长期股权投资的初始投资成本,除非有确凿证据表明换入资产的公允价值比换出资产公允价值更加可靠。

在以公允价值计量下,无论是否涉及补价,换出资产公允价值与换出资产账面价值之间的差额,应作为销售处理,将其计入当期有关损益。如换出资产为存货的,以其公允价值确认收入,同时按其账面价值结转相应的成本,涉及增值税的,还应进行相应处理;换出资产为固定资产、无形资产的,其公允价值与账面价值的差额,计入营业外收入或营业外支出;换出资产为长期股权投资的,其公允价值与账面价值的差额,应当计入投资收益。

提醒注意,换出资产已计提减值准备的,应同时结转相应的资产减值准备。

(1) 涉及补价

如果非货币性资产交换涉及补价,则应按以下方法确定换入长期股权投资的初始投资成本:

支付补价方,应当以换出资产的公允价值加上支付的补价(即换入资产的公允价值)和应支付的相关税费作为换入资产的成本;换入资产成本与换出资产账面价值加支付的补价、应支付的相关税费之和的差额应当计入当期损益。

收到补价方,应当以换入资产的公允价值(或换出资产的公允价值减去补价)和应支付的相关税费作为换入资产的成本;换入资产成本加收到补价之和与换出资产账面价值加应支付的相关税费之和的差额应当计入当期损益。

【例5-8】 甲公司以库存商品换入乙公司持有的A公司5%的股权作为长期股权投资,支付相关税费2万元。甲公司换出库存商品的账面余额为260万元,公允价值300万元,增值税税额51万元。甲公司向乙公司支付补价10万元。甲公司的会计处理如下:

(1) 确认长期股权投资

初始投资成本 = 300 + 51 + 2 + 10 = 363(万元)

非货币性资产交换损益 = 300 − 260 = 40(万元)

借:长期股权投资——乙公司(成本)	3 630 000	
贷:主营业务收入		3 000 000
应交税费——应交增值税(销项税额)		510 000
银行存款		120 000

(2) 结转换出库存商品成本

借:主营业务成本	2 600 000	
贷:库存商品		2 600 000

(2) 不涉及补价

【例5-9】 甲公司以一台生产设备,换入乙公司持有的A公司的股票,乙公司持有的股票在交换日的账面余额为100 000元,已计提的长期股权投资减值准备为5 000元,公允价值为92 000元。甲公司生产设备的账面原值为110 000元,已计提的累计折旧为20 000元,已计提的固定资产减值准备2 000元,公允价值为92 000元。甲公司将换入的A公司股票作为长期股权投资项目进行管理。假设交换双方均认定该项交换具有商业实质,在交换过程中双方各自以现金缴纳印花税45元,除此之外未发生其他相关税费。甲公司的相关会计处理如下:

(1) 换出固定资产转清理

非货币性资产交换利得 = 92 000 - (110 000 - 20 000 - 2 000) = 4 000(元)

借:固定资产清理　88 000
　累计折旧　20 000
　固定资产减值准备　2 000
　贷:固定资产——生产经营用固定资产　110 000

(2) 确认长期股权投资

换入股票的入账价值 = 92 000 + 45 = 92 045(元)

借:长期股权投资　92 045
　贷:固定资产清理　88 000
　　库存现金　45
　　营业外收入——非货币性资产交换利得　4 000

2. 以账面价值计量

非货币性资产交换会计准则规定,非货币性资产交换不具有商业实质,或者虽然具有商业实质但换入资产和换出资产的公允价值均不能可靠计量的,应当以换出资产账面价值加上应支付的相关税费,作为换入长期股权投资的初始投资成本,无论是否支付补价,均不确认损益。

如果非货币性资产交换涉及补价,则应按以下方法确定换入长期股权投资的初始投资成本:支付补价方,应当以换出资产的账面价值加上支付的补价和应支付的相关税费作为换入长期股权投资的初始投资成本。收到补价方,应当以换出资产的账面价值加上应支付的相关税费,减去收到的补价,作为换入长期股权投资的初始投资成本。

【例5-10】 甲公司以一台设备换入乙公司持有的A公司的5%股权作为长期股权投资,支付相关税费2 000元。换出设备账面原价为65万元,累计折旧26万元。假定换出设备和换入股票的公允价值均不能可靠计量。甲公司相关会计处理如下:

(1) 换出固定资产转清理

借:固定资产清理　390 000
　累计折旧　260 000
　贷:固定资产　650 000

(2) 确认长期股权投资

初始投资成本 = 390 000 + 2 000 = 392 000(元)

借:长期股权投资　392 000

贷:固定资产清理　　390 000

银行存款　　2 000

（五）通过债务重组形成的长期股权投资

企业通过债务重组取得的长期股权投资,应当以受让的长期股权投资的公允价值作为初始投资成本。受让的长期股权投资公允价值与重组债权账面余额之间的差额,作为债务重组损失,计入营业外支出。重组债权已计提减值准备的,应当先将上述差额冲减已计提的减值准备,冲减后仍有余额的,计入营业外支出;不足冲减的,作为当期资产减值损失的抵减予以确认。企业受让股权投资时发生的手续费等直接相关费用,应当计入相关股权投资的成本。

企业受让长期股权投资时,按照确定的初始投资成本,借记"长期股权投资——成本"账户,按照享有被投资单位已宣告但尚未发放的现金股利或利润,借记"应收股利"账户,按照重组债权已计提的减值准备,借记"坏账准备"账户,按照重组债权的账面余额,贷记"应收账款"等账户,按照应支付的相关税费,贷记"银行存款"、"应交税费"等账户,按照借贷方的差额,借记"营业外支出——债务重组损失"账户或贷记"资产减值损失"账户。

【例 5-11】 甲公司因销售商品形成应收乙公司货款 650 000 元,已计提坏账准备 5 000 元。因乙单位发生财务困难,短期内难以偿还,经双方协商,甲公司同意乙公司以其持有的每股面值 1 元、每股公允价值 3 元的 A 公司股票 210 000 股抵债。甲公司将该项股权投资作为长期股权投资。取得该项投资后,甲公司能够对 A 公司的生产经营决策施加重大影响。甲公司的会计处理如下:

(1) 确认长期股权投资

$$初始投资成本 = 21 \times 3 = 63(万元)$$

$$债务重组损失 = 65 - 63 - 0.5 = 1.5(万元)$$

借:长期股权投资——A 公司(成本)　　630 000

坏账准备　　5 000

营业外支出——债务重组损失　　15 000

贷:应收账款　　650 000

(2) 假定甲公司为该笔应收账款计提了 25 000 元的坏账准备

$$债务重组损失 = 65 - 63 - 2.5 = -0.5(万元)$$

借:长期股权投资——A 公司(成本)　　630 000

坏账准备　　25 000

贷:应收账款　　650 000

资产减值损失　　5 000

第三节　长期股权投资的后续计量

根据企业持有长期股权投资的性质及与被投资单位的控制、共同控制、重大影响和无重大影响关系不同,选择适当的方法进行长期股权投资的后续计量。长期股权投资后续计量的方法有成本法和权益法两种。

一、长期股权投资的成本法

（一）成本法的含义及适用范围

成本法，是指长期股权投资的价值通常按初始投资成本计量，除追加或收回投资一般不对长期股权投资的账面价值进行调整的一种会计处理方法。成本法适用于：① 投资企业能够对被投资单位实施控制的长期股权投资；② 投资企业对被投资单位不具有共同控制或重大影响，并且在活跃市场中没有报价、公允价值不能可靠计量（即无重大影响）的长期股权投资。

（二）会计账户设置及基本核算程序

（1）设置"长期股权投资——成本"账户，用来核算长期股权投资的初始投资成本。在企业持有长期股权投资期间，无论被投资单位的净资产是否增减，一般不调整长期股权投资的账面价值。

（2）当发生追加投资、将应分得的现金股利或利润转为投资、收回投资等情况，应按照追加或收回投资的成本增加或减少长期股权投资的账面价值。

（3）被投资单位宣告分派现金股利或利润时，投资企业按应享有的部分确认为当期投资收益，但投资企业确认的投资收益仅限于被投资单位接受投资后产生的累积净利润的分配额。所获得的现金股利或利润超过上述数额的部分作为初始投资成本的收回，冲减长期股权投资的账面价值。

（4）被投资单位宣告分派股票股利，投资企业只做备忘记录；被投资单位未分派股利，投资企业不做任何会计处理。

长期股权投资采用成本法核算时，应按被投资单位宣告发放的现金股利或利润中属于本企业享有的部分，借记"应收股利"账户，贷记"投资收益"账户；属于被投资单位在取得投资前实现的净利润的分配额，应作为投资成本的收回，借记"应收股利"账户，贷记"长期股权投资——成本"账户。

【例 5-12】 甲公司 2003 年 3 月 1 日，以 375 000 元的价款（包括相关税费）取得乙公司普通股股票 150 000 股作为长期股权投资，该项投资占乙公司普通股股份的 2%，甲公司采用成本法核算。甲公司各年盈、亏及股利分配情况如表 5-1 所示。

表 5-1　甲公司各年盈、亏及股利分配情况表

时间	乙公司股利分配方案
2007 年 4 月 26 日	宣告 2006 年度每股派送股票股利 0.2 股
2008 年 4 月 25 日	宣告 2007 年度每股分派现金股利 0.25 元
2009 年 4 月 25 日	2008 年亏损，以留存收益弥补亏损后，2009 年 4 月 25 日，宣告 2008 年度每股分派现金股利 0.15 元
2010 年	2009 年继续亏损，2010 年未进行股利分配
2011 年	2010 年尽管扭亏为盈，2011 年也未进行股利分配
2012 年 4 月 20 日	宣告 2012 年度每股分派现金股利 0.20 元

甲公司的有关账务处理如下：

① 2007 年 3 月 1 日，甲公司取得乙公司普通股股票

借：长期股权投资——M 公司（成本） 375 000

贷：银行存款 375 000

② 2007 年 4 月 26 日，乙公司宣告派送股票股利

股票股利 = 150 000 × 0.2 = 30 000（股）

甲公司不进行会计处理，只在备查簿中登记增加的股份，甲公司持有乙公司的股份由原来的 150 000 万股，增加到 180 000 万股（150 000 + 30 000）。

③ 2008 年 4 月 25 日，乙公司宣告 2007 年度股利分配方案

现金股利 = 180 000 × 0.25 = 45 000（元）

借：应收股利 45 000

贷：投资收益 45 000

④ 2009 年 4 月 25 日，乙公司宣告 2008 年度股利分配方案

现金股利 = 180 000 × 0.15 = 27 000（元）

借：应收股利 27 000

贷：投资收益 27 000

⑤ 2010 年度乙公司未对 2009 年进行股利分配，因为乙公司 2009 年继续亏损。甲公司不做任何会计处理。

⑥ 尽管乙公司 2010 年已经扭亏为盈，仍然未对 2010 年度进行股利分配，所以 2011 年度甲公司不做任何会计处理。

⑦ 2012 年 4 月 20 日，乙公司宣告 2011 年度股利分配方案

现金股利 = 180 000 × 0.20 = 36 000（元）

借：应收股利 36 000

贷：投资收益 36 000

（三）成本法下投资收益份额的确认

按照《企业会计准则第 2 号——长期股权投资》规定，被投资单位宣告分派现金股利或利润时，投资企业按应享有的部分确认为当期投资收益，但投资企业确认的投资收益仅限于被投资单位接受投资后产生的累积净利润的分配额，即以被投资单位接受投资后产生的累积净利润中投资企业应享有的份额为限。投资企业应享有的收益份额，可用下列公式表示：

应享有的收益份额 = 被投资单位接受投资后产生的累积净利润 × 投资企业的持股比例

所获得的现金股利或利润超过上述数额的部分作为初始投资成本的收回，冲减长期股权投资的账面价值。

超过应享有收益份额获得的现金股利或利润部分不能确认为投资收益，是因为超过应享有收益份额获得的现金股利或利润，来源于投资前被投资单位的留存收益。这部分留存收益已包含在股权投资的初始成本之中，性质上属于投资返还，不是利润分配。

实务中，应当区分投资当年获得的现金股利或利润、投资次年获得的现金股利或利润和

投资次年以后年度获得的现金股利或利润分别处理。但是,我国《企业会计准则解释第3号》对此项内容有了新的规定,因此,应按新规定执行。

我国《企业会计准则解释第3号》规定,采用成本法核算的长期股权投资,除取得投资时实际支付的价款或对价中包含的已宣告但尚未发放的现金股利或利润外,投资企业应当按照享有被投资单位宣告发放的现金股利或利润确认投资收益,不再划分是否属于投资前和投资后被投资单位实现的净利润。企业按照上述规定确认自被投资单位应分得的现金股利或利润后,在判断该类长期股权投资是否存在减值迹象时,应当关注长期股权投资的账面价值是否大于享有被投资单位净资产(包括相关商誉)账面价值的份额等类似情况。出现类似情况时,企业应当按照《企业会计准则第8号——资产减值》对长期股权投资进行减值测试,可收回金额低于长期股权投资账面价值的,应当计提减值准备。

二、长期股权投资的权益法

(一) 权益法的含义及适用范围

权益法,是指在取得长期股权投资时以投资成本计量,在投资持有期间则要根据投资企业应享有被投资单位所有者权益份额的变动,对长期股权投资的账面价值进行相应调整的一种会计处理方法。

权益法适用于投资企业对被投资单位具有共同控制或重大影响的长期股权投资。

(二) 会计账户设置及基本核算程序

在"长期股权投资"账户下设置"成本"、"损益调整"、"其他权益变动"三个明细账户分别进行明细核算。

(1) 成本,反映长期股权投资的初始投资成本,以及在长期股权投资的初始投资成本小于投资时应享有被投资单位可辨认净资产公允价值份额的情况下,按其差额调整初始投资成本后形成的新的投资成本。

(2) 损益调整,反映投资企业应享有或应分担的被投资单位实现的净损益的份额,以及被投资单位分派的现金股利或利润中投资企业应获得的份额。

(3) 其他权益变动,反映被投资单位除净损益以外所有者权益的其他变动中,投资企业应享有或承担的份额。

权益法的一般核算程序如下:

(1) 初始投资或追加投资时,按照初始投资成本或追加投资成本增加长期股权投资的账面价值。

(2) 投资后,被投资单位所有者权益变动时,投资企业按所持表决权资本比例相应调整长期股权投资的账面价值。

(三) 取得长期股权投资的会计处理

企业采用权益法核算长期股权投资,企业取得长期股权投资时,按照确定的初始投资成本入账,但初始投资成本与应享有被投资单位可辨认净资产公允价值份额之间会产生一定的差额,这部分差额根据我国企业会计准则进行如下处理:

长期股权投资的初始投资成本大于投资时应享有被投资单位可辨认净资产公允价值份

额的，不调整已确认的初始投资成本。长期股权投资的初始投资成本小于投资时应享有被投资单位可辨认净资产公允价值份额的，调整已确认的初始投资成本，应按其差额，借记"长期股权投资——成本"账户，贷记"营业外收入"账户。

投资企业应享有被投资单位可辨认净资产公允价值的份额，按下列公式计算：

应享有被投资单位可辨认净资产公允价值的份额

= 投资时被投资单位可辨认净资产公允价值总额 × 投资企业持股比例

【例 5-15】 2010 年 1 月 1 日甲公司以现金 600 万元(包括交易税费)购买了乙公司持有的丙公司 30% 的股权(具有重大影响)，购买该股权时丙公司的可辨认净资产公允价值为 1 800 万元。则甲公司会计处理如下：

(1) 初始投资成本 > 应享有被投资单位可辨认净资产公允价值份额

初始投资成本 = 实际支付的购买价款 + 支付的直接相关费用、税金及其他必要支出

= 6 000 000(万元)

应享有被投资单位可辨认净资产公允价值份额 = 1 800 × 30% = 540(万元)

初始投资成本 > 应享有被投资单位可辨认净资产公允价值份额，因此，不调整长期股权投资的初始投资成本。

借：长期股权投资——丙公司(投资成本)	6 000 000	
贷：银行存款		6 000 000

(2) 初始投资成本 < 应享有被投资单位可辨认净资产公允价值份额

若购买股权时丙公司的可辨认净资产公允价值为 2 100 万元。则甲公司会计处理如下：

初始投资成本 = 实际支付的购买价款 + 支付的直接相关费用、税金及其他必要支出

= 600(万元)

应享有被投资单位可辨认净资产公允价值份额 = 2 100 × 30% = 630(万元)

初始投资成本 < 应享有被投资单位可辨认净资产公允价值份额，因此，应按其差额调整长期股权投资的成本。同时计入当期损益。

借：长期股权投资——丙公司(投资成本)	6 000 000	
贷：银行存款		6 000 000
借：长期股权投资——丙公司(投资成本)	300 000	
贷：营业外收入		300 000

(四) 被投资单位实现净损益时投资企业投资收益的确认

被投资企业当年实现净利润或发生净亏损，都会导致其所有者权益的变动，因此，投资企业的长期股权投资账面价值也应随之进行相应的调整。

权益法下，投资企业的长期股权投资账面余额随着被投资单位所有者权益变动而变动的，当被投资单位所有者权益增加时，投资企业的长期股权投资随之增加；当被投资单位所有者权益减少时，投资企业的长期股权投资也随之减少，但减少的金额以零为限。在不考虑股权投资差额的情况下，投资企业的长期股权投资账面余额始终与其在被投资单位所有者权益中所占份额部分相等。

当被投资单位实现的净利润或经调整的净利润计算应享有的份额，借记"长期股权投

资——损益调整”账户，贷记“投资收益”账户。被投资单位发生净亏损做相反的会计分录，但以“长期股权投资”账户的账面价值减记至零为限，这里的投资账面价值是指该项股权投资的账面余额减去该项投资已提的减值准备。如果被投资单位采用的会计政策及会计期间与投资企业不一致的话，应该按会计政策及会计期间产生的影响对被投资单位的净损益进行调整，调整后作为确认投资损益的依据。

被投资单位以后宣告发放现金股利或利润时，企业计算应分得的部分，借记“应收股利”账户，贷记“长期股权投资——损益调整”账户。收到被投资单位宣告发放的股票股利，不进行账务处理，但应在备查簿中登记。

【例 5-16】 承【例 5-15】资料，丙公司 2010 年 1 月 1 日至 2012 年实现的净利润（净亏损）、现金股利的分派情况以及甲公司长期股权投资的相关资料如表 5-2 所示。假定丙公司与甲公司的会计政策及会计期间一致。

表 5-2 投资企业与被投资企业利润（或亏损）、投资收益情况表 （单位：万元）

年份	丙公司（被投资企业）		甲公司（投资企业）		
	净利润（净亏损）	分派现金股利	长期股权投资损益调整数	投资收益	应收股利
2010	500	200	150（500×30%） （60）（200×30%）	150	60
2011	（150）		（45）（150×30%）	（45）	
2012	120	50	36（120×30%） （15）（50×30%）	36	15

甲公司的相关会计处理如下：

① 2010 年

借：长期股权投资——丙公司（损益调整） 1 500 000

　贷：投资收益——股权投资收益 1 500 000

借：应收股利——丙公司 600 000

　贷：长期股权投资——丙公司（损益调整） 600 000

借：银行存款 600 000

　贷：应收股利——丙公司 600 000

② 2011 年

借：投资收益——股权投资收益 450 000

　贷：长期股权投资——丙公司（损益调整） 450 000

③ 2012 年

借：长期股权投资——丙公司（损益调整） 360 000

　贷：投资收益——股权投资收益 360 000

借：应收股利——丙公司 150 000

　贷：长期股权投资——丙公司（损益调整） 150 000

借:银行存款　　150 000

　贷:应收股利——丙公司　　150 000

特别提醒:

(1) 投资企业的投资损益,应当以取得投资时被投资单位各项可辨认资产等的公允价值为基础,对被投资单位净损益进行调整后加以确定。

在进行有关调整时,如果投资时被投资单位可辨认资产等的公允价值与其账面价值之间的差额较小,以及其他原因导致无法对被投资单位净损益进行调整,可以按照被投资单位的账面净损益与持股比例计算确认投资损益,并在附注中说明这一事实及其原因。

(2) 被投资单位采用的会计政策及会计期间与投资企业不一致的,应当按照投资企业的会计政策及会计期间对被投资单位的财务报表进行调整,并据以确认投资损益。

(3) 投资企业在确认应享有被投资单位净损益的份额时,应当以取得投资时被投资单位各项可辨认资产等的公允价值为基础,对被投资单位的净利润进行调整后确认。例如,固定资产折旧,若固定资产账面价值与固定资产公允价值不同,则计提的折旧额不同,在确认投资收益时,应该按照投资日公允价值计提的折旧计算的净损益为准。

(4) 被投资单位当年发生的净亏损,投资企业应按持股比例计算应分担的份额,确认投资损失。投资企业确认被投资单位发生的净亏损,应当以长期股权投资的账面价值以及其他实质上构成对被投资单位净投资的长期权益减记至零为限,投资企业负有承担额外损失义务的除外。

其中,其他实质上构成对被投资单位净投资的长期权益,通常是指长期应收款项目,如企业对被投资单位的长期债权,该债权没有明确的清收计划且在可预见的未来期间不准备收回的,实质上构成对被投资单位的净投资。

(5) 企业存在其他实质上构成对被投资单位净投资的长期权益项目以及负有承担额外损失义务的情况下,在确认应分担被投资单位发生的亏损时,应当按照以下顺序进行处理:

① 冲减长期股权投资的账面价值。

② 长期股权投资的账面价值不足以冲减的,应当以其他实质上构成对被投资单位净投资的长期权益账面价值为限继续确认投资损失,冲减长期权益的账面价值。

③ 在进行上述处理后,按照投资合同或协议约定企业仍承担额外义务的,应按预计承担的义务确认预计负债,计入当期投资损失。

(6) 被投资单位以后期间实现盈利的,投资企业在扣除未确认的亏损分担额后,应按与上述顺序相反的顺序处理,减记已确认预计负债的账面余额、恢复其他长期权益以及长期股权投资的账面价值,同时确认投资收益。

【例 5-17】 甲公司2008 年1 月1 日以504 万元购买了乙公司30% 的股权(具有重大影响),甲公司按权益法进行核算。甲公司不存在长期债权项目,假设不考虑其他因素,有关投资时乙公司的可辨认净资产公允价值及投资后的净损益等情况如表5-3 所示。

表5-3　乙公司可辨认净资产公允价值及投资后的净损益情况表　（单位:万元）

时间	净利润(净亏损)	分派现金股利	可辨认净资产公允价值
2008.1.1			1 680
2008.12.31	400		2 080
2009.4.5		320	1 760
2009.12.31	(450)		1 310
2010.12.31	(1 350)		(40)
2011.12.31	210		170

甲公司相关会计处理如下:

① 2008年1月1日确认初始投资成本时:

借:长期股权投资——乙公司(成本)　　5 040 000

　贷:银行存款　　5 040 000

当年末确认投资收益时:

应确认的投资收益 = 400 × 30% = 120(万元)

借:长期股权投资——乙公司(损益调整)　　1 200 000

　贷:投资收益——股权投资收益　　1 200 000

2008年末,甲公司该项长期股权投资账面余额为624万元(504 + 120)。

② 2009年4月5日,乙公司宣告分派现金股利时:

甲公司应分得的现金股利 = 320 × 30% = 96(万元)

借:应收股利——乙公司　　960 000

　贷:长期股权投资——乙公司(损益调整)　　960 000

实际收到现金股利时:

借:银行存款　　960 000

　贷:应收股利——丙公司　　960 000

2009年末,确认投资损失:

应确认的投资损失 = 450 × 30% = 135(万元)

借:投资收益——股权投资收益　　1 350 000

　贷:长期股权投资——乙公司(损益调整)　　1 350 000

2009年末,甲公司该项长期股权投资账面余额为393万元(504 + 120 - 96 - 135)。

③ 2010年末,按乙公司当年发生的净亏损中应负担的金额确认投资损失:

应负担的投资损失 = 1 350 × 30% = 405(万元)

此时,长期股权投资的账面余额393万元小于应负担的投资损失405万元,只能确认投资损失393万元,其余12万元应在备查簿中进行登记。

借:投资收益——股权投资收益　　3 930 000

　贷:长期股权投资——乙公司(损益调整)　　3 930 000

2010年末,甲公司该项长期股权投资账面余额为零,备查簿中登记有未确认的投资损失12万元。

④ 2011 年末,按乙公司当年实现的净利润中应分享的金额确认投资收益:

应确认的投资收益 = 210 × 30% − 12 = 51(万元)

由于当年应享有的收益份额超过了以前年度在备查簿中记录的尚未抵销的亏损分担额,先将备查簿中记录的亏损额 12 万元予以抵销,并按超过部分恢复长期股权投资的账面价值。

借:长期股权投资——乙公司(损益调整)　　510 000
　贷:投资收益——股权投资收益　　510 000

(五) 其他权益变动的确认

在持股比例不变的情况下,被投资单位除净损益以外所有者权益的其他变动,企业按持股比例计算应享有的份额,借记或贷记"长期股权投资——其他权益变动"账户,贷记或借记"资本公积——其他资本公积"账户。

【例 5-18】 承【例 5-17】资料,2012 年,乙公司因其可供出售金融资产公允价值的变动而计入资本公积的金额为 60 万元。则甲公司的相关会计处理如下:

应调整长期股权投资的金额 = 60 × 30% = 18(万元)

借:长期股权投资——乙公司(其他权益变动)　　180 000
　贷:资本公积——其他资本公积　　180 000

第四节 长期股权投资核算方法的转换

一、成本法转换为权益法

企业持股比例的变化,会导致长期股权投资核算方法的转换。投资企业原持有的对被投资单位不具有控制、共同控制或重大影响,并且在活跃市场中没有报价、公允价值不能可靠计量的长期股权投资,因追加投资导致持股比例上升,能够对被投资单位施加重大影响或实施共同控制的,其核算方法由成本法转换为权益法。投资企业原持有的对被投资单位具有控制的长期股权投资,因处置投资导致持股比例下降,不再对被投资单位具有控制但仍能够施加重大影响或与其他投资方一起实施共同控制的,其核算方法也由成本法转换为权益法。

(一) 因追加投资导致的成本法转换为权益法

因追加投资导致的成本法转换为权益法,应当区分原持有和新增长期股权投资两部分,分别进行会计处理。

1. 原持有长期股权投资部分

对于原持有的长期股权投资部分,应当将其账面余额与按照原持股比例计算确定的取得原投资时应享有被投资单位可辨认净资产公允价值的份额进行比较,二者之间存在差额的,如果属于原投资的账面余额大于应享有被投资单位可辨认净资产公允价值份额的差额,属于通过投资作价体现的商誉,不调整长期股权投资的账面价值;如果属于原投资的账面余额小于应享有被投资单位可辨认净资产公允价值份额的差额,应按其差额调整长期股权投资的账面价值,借记“长期股权投资——成本”,同时调整留存收益,贷记“营业外收入”账户。

对于原取得投资后至再次投资的交易日之间被投资单位可辨认净资产公允价值的变动相对于原持股比例的部分,属于在此期间被投资单位实现净损益中应享有份额的,应当调整长期股权投资的账面价值,同时调整留存收益;属于其他原因导致的被投资单位可辨认净资产公允价值变动中应享有的份额,在调整长期股权投资账面价值的同时,记入“资本公积——其他资本公积”账户。

2. 新增长期股权投资部分

因追加投资新取得的长期股权投资部分,应当将新增的投资成本与按照追加投资比例计算确定的追加投资时应享有被投资单位可辨认净资产公允价值的份额进行比较,二者之间存在差额的,如果属于原投资的账面余额大于应享有被投资单位可辨认净资产公允价值份额的差额,属于通过投资作价体现的商誉,不调整长期股权投资的账面价值;如果属于原投资的账面余额小于应享有被投资单位可辨认净资产公允价值份额的差额,应按其差额调整长期股权投资的账面价值,同时调整留存收益。

【例 5-19】 2011 年 1 月 1 日,甲公司以 600 万元的价款(包括相关税费)取得乙公司有表决权股份的 12%,由于乙公司的股份在活跃市场中没有报价、公允价值不能可靠计量且甲公司对乙公司不具有重大影响,甲公司将其划分为长期股权投资,并采用成本法核算。2012 年 3 月 1 日,甲公司再次以 1 200 万元的价款(包括相关税费)取得乙公司有表决权股份的 15%。至此,甲公司已累计持有乙公司 25% 的股份,能够对乙公司施加重大影响,因此,长期股权投资改按权益法核算。2011 年 1 月 1 日,乙公司各项可辨认资产、负债的公允价值与其账面价值相同,此时,乙公司可辨认净资产公允价值为 4 800 万元;2012 年 3 月 1 日,乙公司可辨认净资产公允价值为 6 200 万元。2011 年度乙公司实现净利润 900 万元,未派发现金股利;2012 年 1 月 1 日至 3 月 1 日,乙公司实现净利润 85 万元。甲、乙公司的会计年度及采用的会计政策相同,双方未发生其他任何内部交易。甲公司按照净利润的 10% 提取盈余公积。甲公司的有关会计处理如下:

(1) 2011 年 1 月 1 日,购入乙公司 12% 的股份

借:长期股权投资——乙公司(成本)	6 000 000	
贷:银行存款		6 000 000

(2) 2012 年 3 月 1 日,再次购入乙公司 15% 的股份

借:长期股权投资——乙公司(成本)	12 000 000	
贷:银行存款		1 200 000

(3) 2012 年 3 月 1 日,调整股权投资的成本

① 原持有长期股权投资成本的调整

原持有的长期股权投资成本为 600 万元,按照原持股比例计算的取得原投资时应享有乙公司可辨认净资产公允价值的份额为 576 万元(4 800 × 12%),二者之间的差额为 24 万元,属于原投资时体现的商誉,不调整长期股权投资的账面价值。

② 追加投资新增长期股权投资成本的调整

追加投资的成本为 1 200 万元，按照追加投资比例计算的追加投资时应享有乙公司可辨认净资产公允价值的份额为 930 万元（6 200 × 15%），追加投资成本与追加投资时应享有被投资单位可辨认净资产公允价值份额的差额为 270 万元（1 200 － 930），属于原投资时体现的商誉，不调整长期股权投资的账面价值。

（4）2012 年 3 月 1 日，确认应享有乙公司可辨认净资产公允价值变动

乙公司可辨认净资产公允价值在取得原投资后至追加投资交易日之间的变动金额为 1 400 万元（6 200 － 4 800），甲公司按原持股比例计算的应享有份额为 168 万元（1 400 × 12%）。

在甲公司按原持股比例计算的应享有份额为 168 万元中，属于乙公司 2011 年 1 月 1 日至 2012 年 1 月 1 日期间实现的净损益中应享有的份额为 118.2 万元［（900 + 85）× 12%］。一方面，调整长期股权投资的账面价值，另一方面，应对乙公司 2011 年 1 月 1 日至 2012 年 1 月 1 日期间实现的净损益中应享有的份额 108 万元（900 × 12%），调整留存收益（其中，调整盈余公积 10.8 万元，调整未分配利润 97.2 万元），2012 年 1 月 1 日至 2012 年 3 月 1 日乙公司实现的净损益中应享有的份额 10.2 万元（85 × 12%），计入当期损益；属于乙公司实现净损益以外的其他原因导致的可辨认净资产公允价值变动中应享有的份额为 49.8 万元（168 － 118.2），在调整长期股权投资账面价值的同时，计入资本公积（其他资本公积）。

借：长期股权投资——乙公司（损益调整）	1 182 000	
贷：盈余公积		108 000
利润分配——未分配利润		972 000
投资收益		102 000
借：长期股权投资——乙公司（其他权益变动）	498 000	
贷：资本公积——其他资本公积		498 000

（5）如果 2011 年 1 月 1 日，乙公司可辨认净资产的公允价值是 5 600 万元，则甲公司对原持有的长期股权投资成本应做如下调整：

投资成本调整额 = 5 600 × 12% － 600 = 72（万元）

调整后的投资成本 = 600 + 72 = 672（万元）

借：长期股权投资——乙公司（成本）	720 000	
贷：盈余公积		72 000
利润分配——未分配利润		648 000

（6）如果 2012 年 3 月 1 日，乙公司可辨认净资产的公允价值是 9 000 万元，按照追加投资比例计算的追加投资时应享有乙公司可辨认净资产公允价值的份额为 1 350 万元（9 000 × 15%），由于追加投资成本（1 200 万元）小于追加投资时应享有被投资单位可辨认净资产公允价值份额（1 350 万元）的差额 150 万元，应按此差额调整长期股权投资的成本，同时计入追加投资当期的营业外收入。

投资成本调整额 = 9 000 × 15% － 1 200 = 150（万元）

调整后的投资成本 = 1 200 + 150 = 1 350（万元）

借：长期股权投资——乙公司（成本）　　1 500 000

　贷：营业外收入　　1 500 000

（二）因处置投资导致的成本法转换为权益法

由成本法转换为权益法时，先按处置投资的比例转销应终止确认的长期股权投资成本，剩余的长期股权投资部分应按如下原则进行会计处理：

（1）剩余的长期股权投资成本大于按剩余持股比例计算的应享有原取得投资时被投资单位可辨认净资产公允价值的份额，不调整长期股权投资的账面价值；剩余的长期股权投资成本小于按剩余持股比例计算的应享有原取得投资时被投资单位可辨认净资产公允价值的份额，应在调整长期股权投资账面价值的同时，调整留存收益。

（2）对于原取得投资后至转变为权益法核算之间被投资单位实现净损益中按照持股比例计算应享有的份额，在调整长期股权投资账面价值的同时，调整留存收益；对于被投资单位在此期间所有者权益的其他变动应享有的份额，在调整长期股权投资账面价值的同时，计入资本公积。

【例 5-20】 甲公司原持有乙公司 80% 的股份，账面余额为 6 000 万元，采用成本法核算。2012 年 1 月 1 日，甲公司将持有的乙公司 40% 的股份转让给其他企业，收到转让价款 4 500 万元。由于甲公司对乙公司的持股比例下降至 40%，不再对乙公司具有控制但仍能够施加重大影响，因此，改按权益法核算。甲公司取得乙公司 80% 的股份时，乙公司各项可辨认资产、负债的公允价值与其账面价值相同，甲、乙公司的会计年度及采用的会计政策相同，乙公司可辨认净资产公允价值为 7 000 万元，甲、乙双方未发生任何内部交易；甲公司取得乙公司 80% 的股份至转让乙公司 40% 的股份期间，乙公司实现净利润 5 400 万元，未进行利润分配；乙公司因确认可供出售金融资产公允价值变动而计入资本公积的金额为 800 万元。甲公司按照净利润的 10% 提取盈余公积。

① 2012 年 1 月 1 日，转让乙公司 40% 的股份

$$转让股份的账面价值 = 6\,000 \times 1/2 = 3\,000（万元）$$

借：银行存款　　45 000 000

　贷：长期股权投资——乙公司（成本）　　30 000 000

　　投资收益　　15 000 000

② 2012 年 1 月 1 日，调整剩余长期股权投资的成本

剩余长期股权投资的成本为 3 000 万元（6 000 − 3 000），按照剩余持股比例计算的取得原投资时应享有乙公司可辨认净资产公允价值的份额为 2 800 万元（7 000 × 40%），二者之间的差额 200 万元，属于原投资时体现的商誉，不调整长期股权投资的账面价值。

③ 2012 年 1 月 1 日，确认应享有乙公司实现的净损益

甲公司取得乙公司 80% 的股份至转让乙公司 40% 的股份期间，乙公司实现净利润 5 400 万元，甲公司按剩余持股比例计算的应享有的份额为 2 160 万元（5 400 × 40%），对此调整长期股权投资的账面价值的同时，由于处置投资当期期初与处置投资交易日为同一天，应全部调整留存收益（其中，调整盈余公积 216 万元，调整未分配利润 1 944 万元）。

借：长期股权投资——乙公司（损益调整）　　21 600 000

贷:盈余公积 2 160 000

利润分配——未分配利润 19 440 000

④ 2012 年 1 月 1 日,确认应享有乙公司其他权益变动

甲公司取得乙公司 80% 的股份至转让乙公司 40% 的股份期间,乙公司确认可供出售金融资产公允价值变动而计入资本公积的金额为 800 万元,甲公司按剩余持股比例计算的应享有份额为 320 万元(800 ×40%),在调整长期股权投资账面价值的同时,应当计入资本公积(其他资本公积)。

借:长期股权投资——乙公司(其他权益变动) 3 200 000

贷:资本公积——其他资本公积 3 200 000

二、权益法转换为成本法

投资企业因追加投资等原因使原持有的对被投资企业具有共同控制或重大影响的投资,转变为对子公司投资的,应在追加投资时对原采用权益法核算的长期股权投资账面余额进行调整,将有关长期股权投资的账面余额调整至最初取得成本,在此基础上再加上追加投资的成本作为成本法核算的初始投资成本。

企业因处置投资等原因对被投资单位不再具有共同控制或重大影响,并且该投资在活跃市场中没有报价、公允价值不能可靠计量,应将长期股权投资的核算由权益法转换为成本法,并以转换时长期股权投资的账面价值作为核算的基础。

转换为成本法后,从被投资单位分得的现金股利或利润未超过转换时被投资单位账面留存收益中本企业享有份额的,应冲减长期股权投资成本,不作为投资收益。直到从被投资单位取得的现金股利或利润超过转换时被投资单位账面留存收益中投资企业享有的份额,才能将超过部分确认为当期损益。

【例 5-21】 2011 年 1 月 8 日,甲公司以 5 000 万元的价款取得乙公司 25% 的股份,能够对乙公司施加重大影响,采用权益法核算;2012 年 2 月 15 日,甲公司追加投资 6 800 万元又取得乙公司 30% 的股份。此时,甲公司对乙公司具有控制权(投资达 55%),长期股权投资由权益法改按成本法核算。2011 年度乙公司实现净收益 900 万元,甲公司已按权益法确认了应享有的收益份额 280 万元,乙公司未分配现金股利。乙公司未发生其他导致所有者权益发生变动的交易或事项。甲公司按照净利润的 10% 提取盈余公积。

① 调整权益法核算的长期股权投资账面余额

借:盈余公积 280 000

利润分配——未分配利润 2 520 000

贷:长期股权投资——乙公司(损益调整) 2 800 000

② 追加投资

借:长期股权投资——乙公司(成本) 68 000 000

贷:银行存款 68 000 000

【例 5-22】 2012 年 3 月 31 日甲公司持有乙公司有表决权股份 1 000 万股,占乙公司股份的 20%,该股权投资的账面价值为 2 000 万元,其中,成本 1 600 万元,损益调整 400 万元。

甲公司能够对乙公司施加重大影响，采用权益法核算。2012 年 4 月 1 日，甲公司将持有的乙公司股份中的 10% 转让给其他企业，收到转让价款 1 045 万元。转让部分股权后，甲公司对乙公司不再具有重大影响（持股比例降为 10%），并且乙公司股份在活跃市场中没有报价、公允价值不能可靠计量，甲公司将该长期股权投资改按成本法核算，2012 年 4 月 1 日，被投资单位的可供分配利润为 800 万元。2012 年 4 月 15 日，乙公司宣告 2011 年度利润分配方案，每股分派现金股利 0.15 元。

① 2012 年 4 月 1 日，转让乙公司股份

转让股份的账面价值 = 2 000 × 1/2 = 1 000（万元）

其中：成本 = 1 600 × 1/2 = 800（万元）

损益调整 = 400 × 1/2 = 200（万元）

借：银行存款	10 450 000	
贷：长期股权投资——乙公司（成本）		8 000 000
——乙公司（损益调整）		2 000 000
投资收益		450 000

② 权益法转换为成本法

剩余股份的账面价值 = 2 000 - 1 000 = 1 000（万元）

其中：成本 = 1 600 - 800 = 800（万元）

损益调整 = 400 - 200 = 200（万元）

借：长期股权投资——乙公司	10 000 000	
贷：长期股权投资——乙公司（成本）		8 000 000
——乙公司（损益调整）		2 000 000

③ 2012 年 4 月 15 日，乙公司宣告分派现金股利

2012 年 4 月 1 日，被投资单位的可供分配利润为 800 万元。其中，由甲公司享有的份额为 80 万元（800 × 10%）；2012 年 4 月 15 日，甲公司剩余股份应分派的现金股利为 75 万元（500 × 0.15），由于甲公司应分派的现金股利（75 万元）未超过转换核算方法时被投资单位可供分配利润中本企业应享有的份额（80 万元），因此，应冲减长期股权投资成本。

借：应收股利	750 000	
贷：长期股权投资——乙公司（成本）		750 000

第五节　长期股权投资减值及处置

一、长期股权投资的减值

按照成本法核算的、在活跃市场中没有报价、公允价值不能可靠计量的长期股权投资的减值，应当按照《企业会计准则第 22 号——金融工具确认和计量》的规定处理；其他长期股权投资的减值应当按照《企业会计准则第 8 号——资产减值》的规定处理。

资产负债表日，长期股权投资发生减值的，按应减记的金额，借记“资产减值损失”账

户，贷记“长期股权投资减值准备”账户。

处置长期股权投资时，应同时结转已计提的长期股权投资减值准备。

资产减值损失一经确认，在以后的会计期间内不得转回。

二、长期股权投资的处置

处置长期股权投资时，应按实际收到的金额，借记“银行存款”等账户，按其账面余额，贷记“长期股权投资”账户，按尚未领取的现金股利或利润，贷记“应收股利”账户，按其差额，贷记或借记“投资收益”账户。已计提减值准备的，还应同时结转减值准备。

采用权益法核算长期股权投资的处置，除上述规定外，还应结转原计入资本公积的相关金额，借记或贷记“资本公积——其他资本公积”账户，贷记或借记“投资收益”账户。

【例 5-23】 甲公司对持有乙公司股份采用权益法核算。2012 年 5 月 8 日，甲公司将其持有的乙公司股份全部转让，收到转让价款 3 000 万元，其中包括甲公司应收乙公司已宣告但尚未发放的现金股利 200 万元。转让日，该项股权投资的账面价值为 2 500 万元，其中，成本 1 800 万元，损益调整（借方）600 万元，其他权益变动（借方）100 万元。甲公司对该项股权投资计提减值准备 50 万元。甲公司会计业务处理如下：

$$转让损益 = 3\,000 - 2\,500 - 200 + 50 = 350（万元）$$

借：银行存款	30 000 000	
长期股权投资减值准备	500 000	
贷：长期股权投资——乙公司（成本）		18 000 000
——乙公司（损益调整）		6 000 000
——乙公司（其他权益变动）		1 000 000
应收股利		2 000 000
投资收益		3 500 000
借：资本公积——其他资本公积	1 000 000	
贷：投资收益		1 000 000

? 思考题

1. 同一控制下企业合并取得的长期股权投资初始投资成本如何确定？
2. 非同一控制下企业合并取得的长期股权投资初始投资成本如何确定？
3. 什么是长期股权投资的成本法和权益法？各自的使用范围如何？
4. 长期股权投资成本法下如何确认投资收益？
5. 长期股权投资权益法下如何确认投资收益？
6. 成本法与权益法会计处理的主要区别有哪些？
7. 长期股权投资成本法和权益法之间转换的会计处理方法如何？
8. 长期股权投资处置的会计处理方法如何？

练习题

一、单项选择题

1. 同一控制下企业合并取得的长期股权投资,初始投资成本是指(　　)。

A. 股权投资的公允价值　　B. 支付合并对价的账面价值

C. 支付合并对价的公允价值　　D. 占被投资方净资产的份额

2. 非同一控制下企业合并形成的长期股权投资,初始投资成本小于投资时应享有被投资单位可辨认净资产公允价值份额的差额,应当计入(　　)。

A. 营业外收入　　B. 投资收益

C. 公允价值变动损益　　D. 不做会计处理

3. 非同一控制下企业合并取得的长期股权投资,初始投资成本应当是支付合并对价的(　　)。

A. 账面价值　　B. 公允价值

C. 账面价值加直接合并费用　　D. 公允价值加直接合并费用

4. 企业以固定资产换入股票作为长期股权投资,固定资产公允价值低于账面价值的差额,应当计入(　　)。

A. 投资收益　　B. 财务费用　　C. 管理费用　　D. 营业外支出

5. 企业购入股票作为长期股权投资,股票的初始投资成本应为实际支付的全部价款扣除(　　)。

A. 股票面值　　B. 相关税费

C. 已宣告的现金股利　　D. 相关税费和已宣告的现金股利

6. 企业以设备换入长期股权投资,并支付部分补价,该项支付的补价应计入(　　)。

A. 初始投资成本　　B. 投资收益　　C. 财务费用　　D. 营业外支出

7. 企业以产成品换入长期股权投资,换出的产成品应作销售处理,按其公允价值确认收入,计入(　　)。

A. 主营业务收入　　B. 营业外收入

C. 投资收益　　D. 公允价值变动损益

8. 企业以非货币性资产交换取得的长期股权投资,在以公允价值为计量基础时,该股权投资的初始投资成本为(　　)。

A. 换出资产的账面价值　　B. 换出资产的公允价值

C. 股权投资的面值　　D. 股权投资的账面价值

9. 长期股权投资采用成本法核算,如果被投资单位发生亏损且未分配股利,投资企业应当(　　)。

A. 冲减投资收益　　B. 冲减投资成本

C. 冲减资本公积　　D. 不做会计处理

10. 下列情况下的长期股权投资中,应当采用成本法核算的是具有(　　)。

A. 控制或共同控制　　B. 控制或重大影响

C. 共同控制或重大影响　　　　D. 控制或无重大影响

11. 长期股权投资采用成本法核算，如果初始投资成本小于投资时应享有被投资单位可辨认净资产公允价值的份额，则其差额应当调整长期股权投资的初始投资成本，同时计入(　　)。

A. 投资收益　　　　B. 公允价值变动损益

C. 资本公积　　　　D. 营业外收入

12. 投资企业收到被投资单位派发的股票股利时，应当(　　)。

A. 计入投资收益　　　　B. 冲减投资成本

C. 增加资本公积　　　　D. 只做备忘记录

13. 长期股权投资采用权益法核算，对于被投资单位除净损益以外所有者权益的其他变动，在持股比例不变的情况下，按照应享有或承担的部分，计入(　　)。

A. 投资收益　　B. 财务费用　　C. 资本公积　　D. 营业外收入

14. 长期股权投资采用权益法核算，被投资单位发生的下列事项中，会导致投资企业确认资本公积的情形是(　　)。

A. 取得利润引起的所有者权益变动　　B. 发生亏损引起的所有者权益变动

C. 分派现金股利引起的所有者权益变动　D. 除上列情况外的所有者权益变动

15. 长期股权投资采用权益法核算，如果被投资企业发生亏损，投资企业对应负担的亏损额的会计处理是先(　　)。

A. 冲减投资成本　　　　B. 冲减资本公积

C. 计入营业外支出　　　　D. 不做会计处理

16. 长期股权投资采用权益法核算，下列事项中不会影响股权投资账面价值的是(　　)。

A. 被投资单位取得利润　　　　B. 被投资单位发生亏损

C. 被投资单位派发现金股利　　　　D. 被投资单位派发股票股利

二、多项选择题

1. 在非同一控制下的企业合并中，购买方以支付的现金、非现金资产和发行的股票作为合并对价取得长期股权投资，构成合并成本的有(　　)。

A. 支付的现金　　　　B. 付出非现金资产的账面价值

C. 付出非现金资产的公允价值　　　　D. 支付的直接合并费用

E. 所发行股票的公允价值

2. 长期股权投资采用权益法核算，"长期股权投资"账户下应设置的明细账户有(　　)。

A. 成本　　　　B. 损益调整

C. 公允价值变动　　　　D. 应计利息

E. 其他权益变动

3. 长期股权投资采用权益法核算时，应当调整股权投资账面价值的情况有(　　)。

A. 被投资单位获得利润　　　　B. 被投资单位发生亏损

C．被投资单位分派现金股利　　D．被投资单位分派股票股利

E．被投资单位发生除净损益以外的其他权益变动

4．非同一控制下的企业合并发生的审计费用、评估费用等各项直接相关费用，应计入(　　)。

A．投资成本　　B．合并成本　　C．管理费用　　D．财务费用

E．营业外支出

5．长期股权投资采用成本法核算，当被投资企业分派现金股利时，投资企业根据具体情况，可能的会计处理有(　　)。

A．全部作为投资收益　　B．全部冲减投资成本

C．部分作为投资收益部分冲减投资成本

D．部分作为投资收益部分作为资本公积

E．部分冲减投资成本部分作为资本公积

6．企业持有的下列长期股权投资中，应当采用权益法核算的有(　　)。

A．具有控制　　B．具有共同控制

C．无控制但具有重大影响　　D．无共同控制但具有重大影响

E．无重大影响

7．长期股权投资采用权益法核算时，下列说法中正确的有(　　)。

A．投资时有可能调整初始投资成本

B．应按在被投资单位实现的净利润中享有的份额确认投资收益

C．应于被投资单位宣告分派现金股利时确认投资收益

D．被投资单位宣告分派的现金股利应冲减投资账面价值

E．确认的应享有被投资单位净损益以外的其他权益变动份额应计入资本公积

三、判断题

1．同一控制下企业合并形成的长期股权投资，初始投资成本取决于合并方作为合并对价付出资产的账面价值。(　　)

2．企业对被投资单位不具有控制、共同控制或重大影响的权益性投资，均应划分为长期股权投资。(　　)

3．企业购入长期股权投资的股票时，所支付的价款中，如果包含已宣告但尚未领取的现金股利，应计入初始投资成本。(　　)

4．企业以支付现金取得的长期股权投资，应当按照实际支付的购买价款作为初始投资成本，但应扣除购买价款中包含的已宣告但尚未领取的现金股利。(　　)

5．企业取得长期股权投资时，支付的手续费、佣金等相关税费，应计入初始投资成本。(　　)

6．企业以发行权益性证券的方式取得的长期股权投资，应当按照所发行权益性证券的面值作为初始投资成本。(　　)

7．长期股权投资采用成本法核算时，应按被投资单位实现的净利润中投资企业应当分享的份额确认投资收益。(　　)

8. 投资企业能够对被投资单位实施控制、共同控制或重大影响的长期股权投资，应当采用权益法核算。(　　)

9. 长期股权投资采用权益法核算，应按被投资单位的净收益中投资企业应当分享的份额确认投资收益，分得的现金股利应冲减投资的账面价值。(　　)

10. 长期股权投资如果已经计提了减值准备，其账面价值是指长期股权投资的账面余额减相应的减值准备。(　　)

11. 长期股权投资的核算方法由权益法改为成本法时，应以股权投资的公允价值作为成本法下的初始投资成本。(　　)

12. 持有至到期投资、可供出售金融资产和长期股权投资都可以计提减值准备，但只有长期股权投资计提的减值准备不允许转回。(　　)

13. 企业处置长期股权投资时，应同时结转已计提的长期股权投资减值准备。(　　)

四、业务题

1. 甲公司和乙公司不存在任何投资关系，二者在投资前是互不关联的独立企业。2012年3月，甲公司和乙公司达成合并协议，甲公司以发行的权益性证券作为合并对价，取得乙公司100%的股权。甲公司增发的权益性证券为每股面值1元的普通股股票，共增发2 000万股，每股公允价值3元；甲公司另以银行存款支付直接合并费用40万元。

要求：编制甲公司取得长期股权投资的会计分录。

2. 甲公司和丙公司为同一母公司所属的两个子公司。甲公司和丙公司达成合并协议，约定甲公司以固定资产和银行存款作为合并对价，取得丙公司60%的股权。甲公司投出固定资产的账面原价为2 000万元，已计提折旧500万元，已计提固定资产减值准备100万元，投出银行存款1 000万元。企业合并日时，丙公司所有者权益总额账面价值为5 000万元。

要求：

(1) 编制甲公司参与合并的固定资产转清理的会计分录。

(2) 确认企业合并取得的长期股权投资。

3. 2012年3月15日，甲公司以20万元的价款(包括相关税费)取得丁公司每股面值1元的普通股9万股作为长期股权投资。股票的购买价款中包括每股0.10元已宣告但尚未支付的现金股利，该现金股利于2012年4月20日派发。

要求：

(1) 编制2012年3月15日购入股票时的会计分录。

(2) 编制2012年4月20日收到现金股利时的会计分录。

4. 2012年5月10日，甲公司以2 500万元的价款(包括相关税费)取得的D公司股份占D公司普通股的25%，甲公司采用权益法核算。2012年5月10日，D公司可辨认净资产公允价值为9 000万元。

要求：编制甲公司长期股权投资时的会计分录。

5. 2012年5月20日，甲公司以2 450万元的价款(包括相关税费)取得D公司普通股股票1 600万股作为长期股权投资，该股份占D公司普通股的25%，甲公司采用权益法核算。

2012 年 5 月 20 日,D 公司可辨认净资产公允价值为 10 000 万元。

要求:编制甲公司长期股权投资时的会计分录。

6. 甲公司持有丙公司 25% 的股份,采用权益法核算。2011 年 12 月 31 日,丙公司持有的可供出售金融资产,原成本 800 万元,公允价值升至 1 000 万元。丙公司已确认该项可供出售金融资产的公允价值变动。

要求:编制甲公司确认应享有丙公司该项所有者权益变动份额的会计分录。

7. 甲公司持有 D 公司 20% 的股份,采用权益法核算。2011 年 12 月 31 日,该项股权投资的账面价值为 600 万元,其中,成本 400 万元,损益调整 200 万元(应享有 D 公司 2011 年度的收益份额已确认入账)。2012 年 1 月 1 日,甲公司以 320 万元的价格将持有的 D 公司股份转让了一半,甲公司对 D 公司的持股比例降至 10%,不再具有重大影响,因此,改按成本法核算。

要求:编制甲公司 2012 年 1 月 1 日转让 D 公司股份和权益法转换为成本法时的会计分录。

8. 2011 年 1 月 1 日,甲公司支付 615 万元的价款(包括交易税费)购入 A 公司 10% 的股份作为长期股权投资,甲公司采用成本法核算。2012 年 1 月 5 日,甲公司再次以 1 600 万元的价款(包括交易税费)购入 A 公司 25% 的股份作为长期股权投资。至此,甲公司已累计持有 A 公司 35% 的股份,改按权益法核算。2011 年 1 月 1 日,A 公司可辨认净资产公允价值为 5 200 万元。2011 年 12 月 31 日,A 公司可辨认净资产公允价值为 6 100 万元。2011 年度 A 公司取得净收益 800 万元,未进行利润分配。

要求:

(1) 编制 2011 年 1 月 1 日购入 A 公司 10% 的股份时的会计分录。

(2) 编制 2012 年 1 月 5 日成本法转换为权益法时的会计分录。

(3) 分析是否需要对原投资成本和追加投资成本进行调整。

(4) 分析应享有 A 公司可辨认净资产公允价值变动的份额,并编制相应的调整分录。

第六章　固定资产核算

【教学目的】

通过本章学习，学生应当了解并掌握：

1. 固定资产的概念、特征和分类
2. 固定资产的确认原则与计量方法
3. 固定资产折旧的计算方法
4. 固定资产的初始计量
5. 固定资产的后续计量
6. 固定资产处置及减值准备的计提

固定资产是企业在生产经营过程中必不可少的一项重要的劳动手段，并在企业的生产经营过程中发挥着极为重要的作用。此外，固定资产也是企业生产经营能力的标志。由于企业固定资产的单位价值较高，使用期限较长，应科学核算、规范管理，以提高其使用效率。固定资产在使用过程中，其价值不因企业产品的生产而转移到产品成本中，而是在使用中按月以计提折旧的方式进行资金回收，以折旧方式收回的资金将来再用于固定资产的更新。那么，固定资产取得时的初始计量、使用过程中的折旧计提、后续支出、发生减值和处置等业务如何核算，相关数据（如折旧额等）如何计算等，将在本章得到详细的解答。通过本章的学习，学生一方面可以掌握固定资产核算相关的基本理论知识，另一方面可以依照书中大量案例，在企业会计准则及会计制度的规范下，进行科学的判断，正确进行固定资产实务的核算及处理。

第一节　固定资产的性质、分类及确认

一、固定资产的性质

固定资产是企业所拥有的使用期限较长、单位价值较高、多次周转使用仍保持原有实物形态的资产，是企业重要的劳动手段。我国《企业会计准则第 4 号——固定资产》中对固定资产做了如下定义："固定资产是指同时具有下列特征的有形资产：① 为生产商品、提供劳务、出租或经营管理而持有的；② 使用寿命超过一个会计年度。"

从上述固定资产定义中可以看出，固定资产具有以下三个特征：

(1) 固定资产是为生产商品、提供劳务、出租或经营管理而持有的。

企业持有固定资产的目的是生产商品、提供劳务、出租或经营管理,而不是直接用于出售,这与流动资产存在着较为明显的区别。其中,“出租”的固定资产是指以经营租赁方式出租的机器设备类固定资产,不包括以经营租赁方式出租的建筑物,后者属于企业的投资性房地产,不属于固定资产。

(2) 固定资产使用寿命超过一个会计年度。

固定资产的使用寿命,是指企业使用固定资产的预计使用期间。固定资产使用寿命要求超过一个会计年度,说明固定资产属于长期资产。固定资产的价值会随着其使用和磨损,通过计提折旧方式逐渐减少账面价值。对于固定资产使用寿命的估计,会因固定资产的种类及性质不同而采取不同的方法。如某些机器设备或运输设备等固定资产,往往以该固定资产所能生产产品或提供劳务的数量来表示其使用寿命。

(3) 固定资产为有形资产。

固定资产为有形资产这一特征主要是用于区分固定资产与无形资产。因为有些无形资产可能同时符合以下两个特征:① 为生产商品、提供劳务而持有;② 使用寿命超过一个会计年度。但是,由于其没有实物形态,不属于固定资产。

对于工业企业所持有的工具、用具、备品备件、维修设备等资产,施工企业所持有的模板、挡板、架料等周转材料,以及地质勘探企业所持有的管材等资产,尽管具有固定资产的某些特征,但由于数量多、单价低,考虑到成本效益原则,在实务中通常确认为存货。

二、固定资产分类

固定资产的种类繁多,企业应根据不同的管理需要和核算要求,对固定资产按不同的分类标准进行分类。固定资产主要有以下几种分类方法:

1. 按固定资产的经济用途分类

按固定资产的经济用途,可将固定资产分为生产经营用固定资产和非生产经营用固定资产两类。

(1) 生产经营用固定资产,是指直接服务于企业生产经营过程的各种固定资产。如生产经营用的房屋、建筑物、机器、设备、器具、工具等。

(2) 非生产经营用固定资产,是指不直接服务于企业生产经营过程的各种固定资产。如职工宿舍、食堂、浴室等使用的房屋、设备和其他的固定资产等。

2. 按固定资产的使用状况分类

按固定资产的使用状况,可将固定资产分为使用中固定资产、未使用固定资产和不需用固定资产三类。

(1) 使用中固定资产,是指正在使用中的生产经营性和非生产经营性固定资产。由于季节性经营或大修理等原因暂时停用的固定资产仍属于企业使用中的固定资产,企业以经营性租赁方式出租给其他单位使用的固定资产和内部替换使用的固定资产也属于使用中的固定资产。

(2) 未使用固定资产,是指完工或已购建的尚未正式交付使用的新增固定资产以及因改建、扩建等原因暂停使用的固定资产。

(3) 不需用固定资产，是指因本企业多余不用或不再适用的固定资产。

3. 按固定资产的所有权分类

按固定资产的所有权，可将固定资产分为自有固定资产和租入固定资产两类。

(1) 自有固定资产，是指企业拥有的可供企业自由支配使用的固定资产。

(2) 租入固定资产，是指企业采用租赁方式从其他单位租入的固定资产。企业依照租赁合同，对租入固定资产拥有使用权，同时负有支付租金的义务，而资产的所有权属于出租方。租入固定资产可进一步分为经营性租入固定资产和融资租入固定资产。

4. 按固定资产的经济用途和使用情况综合分类

按照固定资产的综合分类方法，可将固定资产分为以下七大类：

(1) 生产经营用固定资产。

(2) 非生产经营用固定资产。

(3) 租出固定资产。仅指在经营性租赁方式下出租给外单位使用的固定资产。

(4) 未使用固定资产。

(5) 不需用固定资产。

(6) 土地。指过去已经估价单独入账的土地。因征地而支付的补偿费应计入与土地有关的房屋、建筑物的价值内，不单独作为土地价值入账。企业取得的土地使用权不能作为固定资产管理而应作为无形资产入账。

(7) 融资租入固定资产。指企业以融资租赁方式租入的固定资产。在租赁期内，融资租入的固定资产应视同自有固定资产管理。

由于企业的经营性质不同，经营规模各异，对固定资产的分类不可能完全一致，也没有必要强求统一，企业可以根据各自的具体情况和经营管理、会计核算的需要对固定资产进行必要的分类。

三、固定资产的确认条件

固定资产在符合定义的前提下，应当同时满足以下两个条件才能加以确认：

(1) 与该固定资产有关的经济利益很可能流入企业。判断与固定资产有关的经济利益是否很可能流入企业，主要判断与该固定资产所有权相关的风险和报酬是否转移到了企业。与固定资产所有权相关的风险，是指经营情况变化所造成的相关收益的变动，以及资产闲置、技术陈旧等原因造成的损失；与固定资产所有权相关的报酬，是指在固定资产使用寿命内使用该资产而获得的收入，以及处置该资产所实现的利得等。

通常，取得固定资产的所有权是判断与固定资产所有权相关的风险和报酬转移到企业的一个重要标志。但是，所有权是否转移，不是判断与固定资产所有权相关的风险和报酬转移到企业的唯一标志。在有些情况下，某项固定资产的所有权虽然不属于企业，但是企业能够控制与该项固定资产有关的经济利益流入企业，这就意味着与该固定资产所有权相关的风险和报酬实质上已转移到企业，在这种情况下，企业应将该项固定资产予以确认。

(2) 该固定资产的成本能够可靠地计量。在确定固定资产成本时必须取得确凿证据，但是,有时需要根据所获得的最新资料,对固定资产的成本进行合理的估计。比如,企业对于已达到预定可使用状态但尚未办理竣工决算的固定资产,需要根据工程预算、工程造价或者工程实际发生的成本等资料,按估计价值确定其成本;办理竣工决算后,再按照实际成本调整原来的暂估价值。

第二节　固定资产的初始计量

一、固定资产的计价基础

为了正确反映固定资产的增减变动,应按一定的标准对固定资产进行计价。固定资产的计价基础主要有两种:历史成本和净值。

1. 历史成本

固定资产的历史成本也称为固定资产的原始成本、原始价值,是指固定资产达到预定可使用状态以前发生的一切合理的、必要的支出。

历史成本具有客观性和可验证性的特点,固定资产按取得时的历史成本计价,可使固定资产成本的系统、合理分摊有据可依。在我国的会计实务中,固定资产的计价均采用历史成本。历史成本在应用时也存在一定的不足,如物价水平发生变化或货币时间价值的作用,使其原始价值与现时价值产生差异,固定资产的价值不真实,因此,按历史成本计价也有其局限性。

2. 净值

固定资产的净值是指固定资产原始价值或重置完全价值减去已提折旧后的净额,也称折余价值。

固定资产净值可以反映企业实际占用在固定资产上的资金数额,也可以体现固定资产的新旧程度。会计实务中,根据“固定资产”和“累计折旧”两个账户的期末余额加以确定固定资产的净值。固定资产净值计价常用于盘盈、盘亏、毁损固定资产的溢余或损失的计算。

二、固定资产的初始计量

固定资产的初始计量,是指确定固定资产的取得成本。固定资产应当按照成本进行初始计量。这里所说的成本是指企业为购建某项固定资产达到预定可使用状态前所发生的一切合理的、必要的支出。这些支出既包括直接发生的费用(如购置固定资产的价款、运杂费、包装费和安装费等),也包括间接发生的费用(如应分摊的借款利息、外币借款折算差额及应分摊的其他间接费用)。

企业固定资产的取得方式不同,其成本的确定方法也各不相同。

1. 外购固定资产

《企业会计准则第41号——固定资产》规定,外购固定资产的成本,包括购买价款、进口关税和其他税费,使固定资产达到预定可使用状态前所发生的可归属于该项资产的场地整理费、运输费、装卸费、安装费和专业人员服务费等。

外购固定资产是否达到预定可使用状态,需要根据具体情况进行分析判断。如果购入不需安装的固定资产,购入后即可发挥作用,则购入后即可达到预定可使用状态。如果购入需安装的固定资产,只有安装调试后达到设计要求或合同规定的标准,该项固定资产才可发挥作用,则安装调试后才达到预定可使用状态。

以一笔款项购入多项没有单独标价的固定资产,应当按照各项固定资产公允价值比例对总成本进行分配,分别确定各项固定资产的成本。

超过正常信用条件(通常在 3 年以上)购入固定资产,如分期付款购入固定资产,其成本以购买价款的现值为基础进行确定。由于此项业务具有融资性质,实际支付价值与购买价值现值的差额在符合资本化条件时,应当计入固定资产成本;其余部分则在信用期内确认为财务费用,计入当期损益。

这里需要说明的是,根据我国修订后的增值税暂行条例及实施细则,自 2009 年 1 月 1 日,企业购入机器设备类固定资产所发生的增值税进项税额准予从销项税额中扣除,不计入固定资产成本。而企业购入房屋等建筑物所发生的增值税是不能从销项税额中抵扣的,仍然计入固定资产成本中。此外,企业购入的用于集体福利或个人消费的固定资产而支付的增值税也不能从销项税额中抵扣,应计入固定资产成本。

2. 自行建造的固定资产

自行建造固定资产也称在建工程,是指企业自行建造房屋、建筑物、各种设施以及进行大型机器设备的安装工程等,包括固定资产新建工程、改扩建工程等。自行建造固定资产的成本,按建造该项资产达到预定可使用状态前所发生的必要支出,作为入账价值。

3. 投资者投入的固定资产

投资者投入的固定资产,按投资合同或协议约定的价值(即按投资各方确认价值),作为入账价值。但合同或协议约定价值不公允的除外。

4. 盘盈的固定资产

企业应定期或者至少于每年年末对固定资产进行清查盘点,以保证固定资产核算的真实性和完整性。如果清查过程中发现盘盈的固定资产,应填制固定资产盘盈报告表,并及时查明原因,在期末结账处理完毕。

盘盈的固定资产,作为前期差错处理。盘盈的固定资产报经批准处理后,应通过"以前年度损益调整"账户核算。

5. 接受捐赠的固定资产

接受捐赠的固定资产,应按其公允价值及相关税费入账。实际业务核算时,确定其入账价值一般有以下两种情况:

(1) 捐赠方提供了有关凭据的,按凭据上标明的金额加上应支付的相关税费,作为入账价值。

(2) 捐赠方没有提供有关凭据的,按如下顺序确定其入账价值:

① 同类或类似固定资产存在活跃市场的,按同类或类似固定资产的市场价格估计的金额,加上应支付的相关税费,作为入账价值。

② 同类或类似固定资产不存在活跃市场的,按该接受捐赠的固定资产预计未来现金流

量的现值,加上应支付的相关税费,作为入账价值。

企业接受捐赠的固定资产在按照上述会计规定确定入账价值以后,按接受捐赠金额,计入营业外收入。

6. 存在弃置费用的固定资产

对于这些特殊行业的特定固定资产,确定其初始入账成本时,应当考虑弃置费用。弃置费用通常是根据国家法律和行政法规、国际公约等规定,企业承担的环境保护和生态恢复等义务所确定的支出,如核电站核设施等的弃置和恢复环境义务。《企业会计准则第21号——或有事项》规定,按照现值计算确定应计入固定资产成本的金额和相应的预计负债,因为弃置费用的金额与其现值比较通常较大,需要考虑货币时间价值。在固定资产的使用寿命内按照预计负债的摊余成本和实际利率计算确定的利息费用,应当在发生时计入财务费用。

一般工商企业的固定资产发生的报废清理费用不属于弃置费用,应当在发生时作为固定资产处置费用处理。

7. 其他方式取得的固定资产

企业以非货币性资产交换、债务重组、企业合并、融资租赁等方式取得的固定资产的成本,应当分别按照《企业会计准则第7号——非货币性资产交换》、《企业会计准则第12号——债务重组》、《企业会计准则第20号——企业合并》和《企业会计准则第21号——租赁》等的相关规定确定其初始成本,具体内容将在高级财务会计中学习,在此不作介绍。

三、固定资产取得的会计处理

(一) 账户设置

为了反映企业取得固定资产的原价及增减变动情况,应设置"固定资产"、"累计折旧"和"在建工程"等账户。

1. "固定资产"账户

"固定资产"账户属于资产类,用来核算企业所有固定资产的原值。其借方登记企业取得的固定资产的成本,贷方登记企业处置、报废等减少的固定资产的账面原值,期末借方余额反映企业的固定资产原值。

为了加强对固定资产的管理,反映和监督各类固定资产和每项不同性质、不同用途的固定资产的增减变化情况,除应进行总分类核算外,企业还应设置"固定资产登记簿"和"固定资产卡片",按固定资产类别、使用部门和每项固定资产进行明细核算。

其中"固定资产登记簿"是固定资产核算的二级账,按照固定资产类别开设账页,并按照使用和保管单位开设专栏。月末,各类固定资产登记簿的余额之和,应与"固定资产"总账科目余额核对相符。"固定资产卡片"应按照每一项独立的固定资产设置,登记固定资产原值、预计净残值、预计使用年限、折旧方法、月折旧率、开始使用时间、使用期间内的停用记录、大修理记录以及与该固定资产相关的其他记录。月末,各类固定资产卡片的原值合计,应与相应的固定资产登记簿余额核对相符。

2．“累计折旧”账户

“累计折旧”账户是“固定资产”账户的抵减账户。其贷方登记计提的固定资产折旧以及增加的旧固定资产已提折旧，借方登记减少的旧固定资产已提折旧，贷方余额表示全部固定资产已提折旧的累计数。该账户一般只进行总分类核算，不进行明细分类核算。如需明细资料查询可根据固定资产卡片有关资料计算取得。

3．“在建工程”账户

“在建工程”账户属于资产类，用于核算企业进行基建工程、安装工程、技术改造工程等发生的各项实际支出，包括需要安装设备的价值。该账户借方登记各项工程支出的发生数额；贷方登记完工转入固定资产的数额；该账户的期末借方余额，反映企业尚未完工的基建工程发生的各项实际支出。

（二）固定资产取得的核算

1．外购固定资产的核算

（1）购入不需要安装的固定资产，是指购入的固定资产不需要安装就可以直接交付使用，即购入后就达到了预定可使用状态。按购入固定资产的入账价值借记“固定资产”账户，如购入的是准予从销项税额中抵扣进项税的固定资产，则借方还应按其进项税额借记“应交税费——应交增值税（进项税额）”账户，根据付款方式的不同，贷记“银行存款”、“应付账款”、“应付票据”、“长期应付款”等账户。

【例6-1】 某企业购入一台不需要安装的全新生产设备，价款150 000元，增值税额25 500元，发生运杂费4 200元，款项全部以银行存款付清。其相关会计处理如下：

借：固定资产　　154 200

　应交税费——应交增值税（进项税额）　　25 500

　贷：银行存款　　179 700

（2）购入需要安装的固定资产，是指购入的固定资产需要经过安装才能交付使用。在会计核算上，企业购入的固定资产以及发生的安装费用等均通过“在建工程”账户核算，待安装完毕后，由“在建工程”账户转入“固定资产”账户。

【例6-2】 某企业购入一台需要安装的用于集体福利的医疗设备，价款160 000元，增值税额27 200元，发生运杂费6 000元，款项以银行存款支付。设备运回企业后，发生安装调试费5 000元，以银行存款支付。其相关会计处理如下：

① 购入该设备时

借：在建工程（160 000 + 27 200 + 6 000）　　193 200

　贷：银行存款　　193 200

② 支付安装调试费时

借：在建工程　　5 000

　贷：银行存款　　5 000

③ 交付使用时

借：固定资产　　198 200

　贷：在建工程　　198 200

(3) 两种特殊情形购入的固定资产。

① 以一笔款项购入多项没有单独标价的固定资产，应当按照各项固定资产公允价值比例对总成本进行分配，分别确定各项固定资产的成本。

【例 6-3】 某企业一次性购入甲、乙、丙 3 台不需要安装的不同类型不同功能的设备，共支付设备价款 920 000 元，增值税额 156 400 元，3 台设备的运输费、装卸费、包装费合计 8 000 元，全部以银行存款转账支付。3 台设备均符合固定资产的定义及确认条件，且均属于增值税进项税额可予抵扣条件的设备。3 台设备的不含税公允价值分别为 400 000 元、250 000 元、350 000 元，不考虑其他相关税费。该企业相关会计处理如下：

A. 确定各项设备的价值比例

甲设备的价值比例 = 400 000 ÷ (400 000 + 250 000 + 350 000) × 100% = 40%

乙设备的价值比例 = 250 000 ÷ (400 000 + 250 000 + 350 000) × 100% = 25%

丙设备的价值比例 = 350 000 ÷ (400 000 + 250 000 + 350 000) × 100% = 35%

B. 确定应计入固定资产成本的总金额(包括买价、不得抵扣的增值税进项税、运输费、装卸费、安装费等)

注：本例进项税是可抵扣的。

固定资产成本的总金额 = 920 000 + 8 000 = 928 000(元)

C. 确定各项设备的入账价值

甲设备的入账价值 = 928 000 × 40% = 371 200(元)

乙设备的入账价值 = 928 000 × 25% = 232 000(元)

丙设备的入账价值 = 928 000 × 35% = 324 800(元)

D. 固定资产入账

借：固定资产——甲设备	371 200	
——乙设备	232 000	
——丙设备	324 800	
应交税费——应交增值税(进项税额)	156 400	
贷：银行存款(928 000 + 156 400)		1 084 400

② 超过正常信用条件(通常在 3 年以上)购入固定资产。

企业购买固定资产除一般在正常信用条件期限内付款外，还会发生超过正常信用条件购买固定资产的情况，如分期付款购入固定资产，且信用条件通常在 3 年以上。在固定资产购入时，按购买价值现值借记“固定资产”或“在建工程”账户；按应支付的金额贷记“长期应付款”账户；按其差额借记“未确认融资费用”账户。实际支付价值与购买价值现值的差额作为“未确认融资费用”在信用期内进行分摊，各项分摊未确认的融资费用符合资本化条件的，借记“在建工程”账户，贷记“未确认融资费用”账户；其余部分则在信用期内借记“财务费用”账户，贷记“未确认融资费用”账户。

【例 6-4】 甲公司 2011 年 12 月 31 日从乙公司购入一台不需要安装的大型机器设备，收到增值税专用发票一张，发票上注明设备价款 2 340 万元，增值税税额 397.8 万元。购货合同约定，甲公司在设备交付使用之日(2011 年 12 月 31 日)用银行存款支付增值税税额

397.8 万元,设备价款则分5年于每年末平均支付。假定折现率为6%。该设备的增值税属于可抵扣的进项税。

A. 2011年12月31日甲公司的账务处理如下:

每年末平均支付款 = 2 340 ÷ 5 = 468(万元)

分期支付款的现值 = 4 680 000 × (*P/A*,6%,5) = 4 680 000 × 4.212 = 19 712 160(元)

借:固定资产　　19 712 160

　未确认融资费用　　3 687 840

　应交税费——应交增值税(进项税额)　　3 978 000

　贷:长期应付款　　23 400 000

　　银行存款　　3 978 000

B. 确定信用期间未确认融资费用的分摊额,如表6-1所示。

表6-1 未确认融资费用分摊表

2011年1月1日

单位:元

日期	分期付款额	确认的融资费用	应付本金减少额	应付本金余额
①	②	③ = 期初⑤ × 6%	④ = ② - ③	期末⑤ = 期初⑤ - ④
2011.12.31				19 712 160.00
2012.12.31	4 680 000	1 182 729.60	3 497 270.40	16 214 889.60
2013.12.31	4 680 000	972 893.38	3 707 106.62	12 507 782.98
2014.12.31	4 680 000	750 466.98	3 929 533.02	8 578 249.96
2015.12.31	4 680 000	514 695.00	4 165 305.00	4 412 944.96
2016.12.31	4 680 000	267 055.04*	4 412 944.96	0.00
合计	23 400 000	3 687 840.00	19 712 160.00	0.00

注:* 尾数调整:267 055.04 = 4 680 000 - 4 412 944.96

C. 2012年12月31日账务处理

未确认融资费用不符合资本化条件,应计入当期损益:

借:财务费用　　1 182 729.60

　贷:未确认融资费用　　1 182 729.60

支付设备的第一期款项:

借:长期应付款　　4 680 000

　贷:银行存款　　4 680 000

2013—2016年分摊未确认融资费用、支付款项的账务处理与2012年12月31日的账务处理相同,此处略。

2. 自行建造固定资产的核算

自行建造固定资产的成本,按建造该项资产达到预定可使用状态前所发生的必要支出,作为入账价值。建造该项资产达到预定可使用状态前所发生的必要支出,包括工程用物资成本、人工成本、应予以资本化的借款费用、交纳的相关税金以及应分摊的其他间接费用等。在建工程按其实施的方式不同可分为自营工程和出包工程两种。其中,应分摊的其他间接费用也称为待摊支出,待摊支出是指在建设期间发生的,不能直接计入某项固定资产价值,而应由所建造的各项固定资产共同负担的相关费用,例如为建筑工程发生的管理费、征地费、监理费、为工程借款所发生的资本化利息支出及应负担的税金等。

(1) 自营工程

企业自营工程主要通过“工程物资”和“在建工程”账户进行核算。其中,“工程物资”账户属于资产类,用于核算企业为在建工程准备的各种物资的价值,包括工程用材料、尚未安装的设备以及为生产准备的工器具等。购入工程物资时,借记“工程物资”,贷记“银行存款”、“其他应付款”等账户;工程施工领用工程物资时,借记“在建工程”账户,贷记“工程物资”账户。工程完工后将领出的剩余物资退库时,做相反的会计分录。工程完工后剩余的工程物资转作本企业存货的,借记“原材料”等账户,贷记“工程物资”,采用计划成本核算的,应同时结转材料成本差异。工程完工后剩余的工程物资对外出售的,应确认其他业务收入并结转相应成本。资产负债表日,工程物资发生减值的,按减记金额借记“资产减值损失”账户,贷记“工程物资减值准备”账户。“工程物资”账户期末借方余额,反映企业为在建工程准备的各种物资的价值。上述事项涉及增值税的,应结转相应的增值税额。

【例 6-5】 某企业自行建造仓库一座,购入工程用物资价款 150 000 元,增值税额 25 500 元,工程实际领用工程物资总价 140 400 元(其中价款 120 000 元,增值税 20 400 元),剩余物资转作企业存货;另外领用企业生产的钢材一批,实际成本为 20 000 元,售价 32 000 元,增值税税率为 17%;此外,领用了企业生产用原材料一批,实际成本为 10 000 元,应转出的增值税额为 1 700 元;分配工程人员工资 25 000 元;企业辅助生产车间为工程提供有关劳务支出 10 000 元,为工程借款发生的符合资本化条件的利息支出为 11 000 元,支付其他费用 8 000 元。工程完工,验收并交付使用。其相关会计处理如下:

① 购入工程物资

借:工程物资——专用材料	175 500	
贷:银行存款		175 500

② 工程领用物资

借:在建工程——建筑工程(仓库)	140 400	
贷:工程物资		140 400

③ 工程领用本企业生产的钢材,应视同销售,其销项税额为 $32\,000 \times 17\% = 5\,440$(元)

借:在建工程——建筑工程(仓库)	25 440	
贷:库存商品		20 000
应交税费——应交增值税(销项税额)		5 440

④ 工程领用原材料

借:在建工程——建筑工程(仓库)	11 700	
贷:原材料		10 000
应交税费——应交增值税(进项税额转出)		1 700

⑤ 分配工程人员工资

借:在建工程——建筑工程(仓库)	25 000	
贷:应付职工薪酬		25 000

⑥ 辅助生产车间为工程提供的劳务支出

借:在建工程——建筑工程(仓库) 10 000

贷:生产成本——辅助生产成本 10 000

⑦ 工程借款而发生的利息支出

借:在建工程——待摊支出 11 000

贷:长期借款 11 000

⑧ 支付工程发生的其他费用

借:在建工程——待摊支出 8 000

贷:银行存款 8 000

⑨ 工程达到可使用状态,计算分配待摊支出

借:在建工程——建筑工程(仓库) 19 000

贷:在建工程——待摊支出 19 000

⑩ 工程完工交付使用,按其实际造价结转固定资产,剩余工程物资转作企业存货

工程实际造价 = 140 400 + 25 440 + 11 700 + 25 000 + 10 000 + 19 000 = 231 540(元)

借:固定资产 231 540

贷:在建工程——建筑工程(仓库) 231 540

借:原材料 30 000

应交税费——应交增值税(进项税额) 5 100

贷:工程物资——专用材料 35 100

(2) 出包工程

出包工程是指企业通过招标等方式将工程项目发包给建造商,由建造商组织施工的建筑工程和安装工程。采用出包方式进行的固定资产建造工程,工程的具体支出由承包单位核算。企业按照与承包单位结算的工程价款作为工程成本,通过“在建工程”核算,此时,“在建工程”账户为企业与承包单位的结算账户。在“在建工程”账户下,应分别设置“安装工程”、“建筑工程”、“在安装设备”和“待摊支出”等明细账户,进行明细核算。

【例 6-6】 某企业以出包方式建造一座厂房,按合同规定预付工程款 800 000 元,工程达到预定可使用状态后收到承包单位完工决算单,需补付工程价款 600 000 元。假定该工程未发生待摊支出。该企业的相关会计处理如下:

① 预付工程价款时

借:预付账款 800 000

贷:银行存款 800 000

② 工程完工办理工程价款结算,补付剩余工程价款时

借:在建工程——建筑工程(厂房) 1 400 000

贷:预付账款 800 000

银行存款 600 000

③ 工程完工交付使用时

借:固定资产　　1 400 000

　贷:在建工程——建筑工程(厂房)　　1 400 000

3. 投资者投入的固定资产

企业接受投资者投入的固定资产,一方面反映本企业固定资产的增加,另一方面应反映投资者投资额的增加。投入的固定资产按投资各方确认价作为入账价值。

【例 6-7】 甲公司以一台设备向乙公司投资。该设备在甲公司的账面原价为 250 000 元,已提折旧 50 000 元。投资双方确认的该设备价值为 180 000 元。乙公司的相关会计处理如下:

借:固定资产　　180 000

　贷:实收资本　　180 000

4. 盘盈的固定资产

【例 6-8】 甲公司在进行财产清查时,发现一台使用中的设备未入账,该设备九成新,同样新旧程度的同类设备市场价格为 25 万元。甲公司适用 25% 的所得税税率,按净利润的 10% 提取法定盈余公积。甲公司的相关会计处理如下:

(1) 发生盘盈

借:固定资产　　250 000

　贷:待处理财产损溢——待处理固定资产损溢　　250 000

(2) 经批准后转入以前年度损益调整

借:待处理财产损溢——待处理固定资产损溢　　250 000

　贷:以前年度损益调整　　250 000

(3) 确定应交纳的所得税

借:以前年度损益调整　　62 500

　贷:应交税费——应交所得税　　62 500

(4) 结转留存收益

借:以前年度损益调整(250 000 - 62 500)　　187 500

　贷:盈余公积——法定盈余公积　　18 750

　　利润分配——未分配利润　　168 750

5. 接受捐赠的固定资产

接受捐赠的固定资产,按其公允价值及相关税费入账。

【例 6-9】 甲公司接受某企业捐赠不需要安装的设备一台,根据捐赠设备的发票等有关单据确定其价值为 40 000 元(假定暂不考虑相关税费),甲公司在接受捐赠过程中支付运输费、包装费等计 2 000 元。甲公司的相关会计处理如下:

借:固定资产　　42 000

　贷:营业外收入　　40 000

　　银行存款　　2 000

第三节 固定资产折旧

一、固定资产折旧的性质和范围

（一）固定资产折旧的性质

固定资产折旧，是指在固定资产的使用寿命内，按照确定的方法对应计折旧额进行的系统分摊。其中，应计折旧额，是指应当计提折旧的固定资产的原价扣除其预计净残值后的金额；如果已经对固定资产计提了减值准备，还应当扣除已计提的固定资产减值准备累计金额。预计净残值，是指假定固定资产预计使用寿命已满并处于使用寿命终了时的预期状态，企业从该项资产处置中所获得的扣除预计处置费用后的金额。

固定资产的价值转移方式与原材料等存货的价值转移方式不同，不是一次性转移，而是在其使用过程中，通过折旧的方式逐渐转移到企业相关资产成本中，或形成当期费用，并在使用过程中不改变其原有的实物形态。

（二）影响固定资产折旧的因素

1．影响固定资产折旧的因素

（1）固定资产原价，即固定资产的成本。

（2）固定资产预计净残值，指固定资产预计使用寿命已满并处于使用寿命终了时的预期状态，即固定资产报废时的预计残值收入扣除预计清理费用后的净额。

（3）固定资产减值准备，指固定资产已计提的固定资产减值准备累计金额。

（4）固定资产的使用寿命，指企业使用固定资产的预计期间，或者该固定资产所能生产产品或提供劳务的数量。

2．企业确定固定资产使用寿命时应考虑的因素

（1）该项资产的预计生产能力或实物产量。

（2）该项资产的预计有形损耗和无形损耗。有形损耗是指固定资产在使用过程中，由于正常使用和自然力的作用而引起的使用价值和价值的损失，如设备使用中发生磨损、房屋建筑物受到自然侵蚀等。无形损耗是指由于科学技术的进步和劳动生产率的提高而带来的固定资产价值上的损失，如因新技术的出现而使现有的资产技术水平相对陈旧、市场需求变化使产品过时等。

（3）法律或者类似规定对该项资产使用的限制。

总之，企业应当根据固定资产的性质和使用情况，合理确定固定资产的使用寿命和预计净残值。固定资产的使用寿命、预计净残值一经确定，不得随意变更。

（三）固定资产折旧的范围

《企业会计准则第 4 号——固定资产》规定，除以下情况外，企业应对所有固定资产计提折旧：

（1）已提足折旧仍继续使用的固定资产。

（2）按规定单独估价作为固定资产入账的土地。

在确定固定资产折旧范围时,应注意的是:

(1) 固定资产应当按月计提折旧,并根据用途分别计入相关资产的成本或当期费用。

(2) 企业在实际计提固定资产折旧时,当月增加的固定资产,当月不计提折旧,从下月起计提折旧;当月减少的固定资产,当月仍计提折旧,从下月起停止计提折旧。

(3) 固定资产提足折旧后,不论能否继续使用,均不再提取折旧;提前报废的固定资产,也不再补提折旧。

(4) 已达到预定可使用状态但尚未办理竣工决算的固定资产,应当按照估计价值确定其成本,并计提折旧;待办理竣工决算后,再按实际成本调整原来的暂估价值,但不需要调整原已计提的折旧额。

(5) 处于更新改造过程中而停止使用的固定资产,应将其账面价值转入在建工程,不再计提折旧,待更新改造项目达到预定可使用状态转为固定资产后,再按照重新确定的折旧方法和尚可使用年限计提折旧。

(6) 因大修理而停用的固定资产,应当照提折旧,计提的折旧额应计入相关资产成本或当期损益。

二、固定资产折旧方法

按照《企业会计准则第4号——固定资产》规定,企业可以根据固定资产所含经济利益的预期实现方式合理选择折旧方法,可选择的折旧方法包括年限平均法、工作量法、双倍余额递减法和年数总和法。折旧方法一经选定,不得随意变更。如需变更,应当在会计报表附注中予以说明。

1. 年限平均法

年限平均法也称直线法,是将固定资产的应计折旧额在固定资产整个预计使用年限内平均分摊的折旧方法。其计算公式如下:

$$固定资产年折旧额 = \frac{固定资产原值 - 预计净残值}{预计使用年限}$$

其中,固定资产原始价值是月初应提折旧的固定资产原始价值,预计净残值 = 预计残值收入 - 预计清理费用

$$固定资产月折旧额 = 固定资产年折旧额 \div 12$$

固定资产折旧额的计算,在实务中,一般是用固定资产原值乘以月折旧率确定的。

固定资产折旧率是指一定时期内固定资产应提折旧额与固定资产原值的比率。折旧率的计算公式如下:

$$年折旧率 = \frac{1 - 预计净残值率}{预计使用年限}$$

其中,预计净残值率 $= \dfrac{预计净残值}{固定资产原值}$

$$月折旧率 = 年折旧率 \div 12$$

$$月折旧额 = 固定资产原值 \times 月折旧率$$

折旧率按计算对象不同,分为个别折旧率、分类折旧率和综合折旧率三种。个别折旧率

是按单项固定资产计算的折旧率;分类折旧率是按各类固定资产分别计算的折旧率;综合折旧率则是按全部固定资产计算的折旧率。企业在会计实践中采用较多的是分类折旧率,因为按个别折旧率计算折旧工作量大,按综合折旧率计算折旧会影响折旧费的合理分摊。

年限平均法计算简便,但也有其局限性,其局限性在于,既没有考虑固定资产在不同使用期间使用强度的不均衡性,也没有考虑固定资产不同使用期间的有形损耗及维修费用的不均衡性。

【例 6-10】 某企业有一厂房,原值 200 万元,预计使用寿命为 20 年,预计净残值率为 5%。则该厂房的折旧率和折旧额计算如下:

$$年折旧率=(1-5\%)\div 20=4.75\%$$

$$月折旧率=4.75\%\div 12=0.4\%$$

$$月折旧额=2\,000\,000\times 0.4\%=8\,000(元)$$

2. 工作量法

工作量法是按固定资产预计完成工作总量进行平均计算折旧的一种方法。其计算公式如下:

$$单位工作量折旧额=\frac{固定资产原价\times(1-预计净残值)}{预计总工作量}$$

其中,预计总工作量可以用小时数、产量数、行驶里程数、工作台班数等表示。

某项固定资产月折旧额 = 该项固定资产当月工作量 × 单位工作量折旧额

工作量法计算简便、实用,又弥补了年限平均法只重使用时间,不考虑使用强度的缺点,但也存在着不能反映固定资产无形损耗的折旧情况。工作量法主要适用于采矿设备、运输工具等固定资产的折旧计算。

【例 6-11】 某企业的一辆运输用货车,原值 20 万元,预计总行驶里程为 20 万公里,预计净残值率为 5%,本月份行驶 600 公里。则该货车本月折旧计算如下:

$$每公里折旧额=200\,000\times(1-5\%)\div 200\,000=0.95(元)$$

$$本月折旧额=0.95\times 600=570(元)$$

3. 双倍余额递减法

双倍余额递减法是加速折旧法的一种,是指在不考虑固定资产预计净残值的情况下,根据每期期初固定资产账面余额和双倍直线法折旧率计算固定资产折旧的一种方法。计算公式如下:

$$年折旧率=2/预计使用年限\times 100\%$$

$$年折旧额=期初固定资产账面净值\times 年折旧率$$

$$月折旧率=年折旧率\div 12$$

$$月折旧额=每月月初固定资产账面净值\times 月折旧率$$

由于折旧率中不考虑预计净残值,在应用这种方法计算折旧额时必须注意不能使固定资产的账面净值降低到其预计净残值以下。如果用双倍余额递减法计算的年折旧额小于本年用固定资产账面净值与预计净残值之差在剩余年限内按直线法计算的折旧额,从这一年起,改按直线法计提折旧。在我国,为了简化核算手续,在固定资产预计使用年限到期前两年内，将固定资产账面净值与预计净残值之差在最后两年内平均摊销。

【例 6-12】 某企业一项固定资产的原价为 20 000 元，预计使用年限为 5 年，预计净残值 200 元。按双倍余额递减法计算折旧，每年的折旧额计算如表 6-2 所示。

$$年折旧率 = 2/5 \times 100\% = 40\%$$

表 6-2 固定资产折旧计算表 （单位：元）

年份	年折旧额	累计折旧额	期末账面净值
1	20 000 × 40% = 8 000	8 000	12 000
2	(20 000 − 8 000) × 40% = 4 800	12 800	7 200
3	(20 000 − 8 000 − 4 800) × 40% = 2 880	15 680	4 320
4	(20 000 − 8 000 − 4 800 − 2 880 − 200) ÷ 2 = 2 060	17 740	2 260
5	(20 000 − 8 000 − 4 800 − 2 880 − 200) ÷ 2 = 2 060	19 700	200

4. 年数总和法

年数总和法也是加速折旧法的一种，又称年限积数法，是将固定资产的原价减去预计净残值后的余额，乘以一个逐年递减的分数（即年折旧率）计算每年折旧额的方法。其中的分数是以固定资产尚可使用年限做分子、以使用年数的逐年数字总和做分母进行计算的。计算公式如下：

$$年折旧率 = 尚可使用年限 \div 预计使用年限的年数总和 \times 100\%$$

$$年折旧额 = (固定资产原值 - 预计净残值) \times 年折旧率$$

$$月折旧率 = 年折旧率 \div 12$$

$$月折旧额 = (固定资产原值 - 预计净残值) \times 月折旧率$$

【例 6-13】 承接【例 6-12】，采用年数总和法计算的各年折旧额如表 6-3 所示。

表 6-3 固定资产折旧计算表 （单位：元）

年份	尚可使用年限	原值 − 预计净残值（应计折旧额）	年折旧率	每年折旧	累计折旧
1	5	19 800	5/15	6 600	6 600
2	4	19 800	4/15	5 280	11 880
3	3	19 800	3/15	3 960	15 840
4	2	19 800	2/15	2 640	18 480
5	1	19 800	1/15	1 320	19 800

双倍余额递减法和年数总和法都属于加速折旧法，加速折旧法的最大特点是在固定资产使用的早期多提折旧，后期少提折旧，相对而言加快了折旧的速度，目的是使固定资产成本在预计使用年限期内快速得到补偿。

三、固定资产折旧的账务处理

企业应设置“累计折旧”账户，用来核算企业固定资产累计提取的折旧数额。“累计折旧”账户属于“固定资产”账户的备抵调整账户，其贷方反映企业计提的折旧，借方反映企业出售、盘亏、毁损以及其他原因减少的固定资产折旧，期末贷方余额反映企业现有固定资产已提折旧的累计数。

企业计提的固定资产折旧，应根据固定资产的使用地点和用途，计入有关成本费用账户。企业自行建造固定资产过程中使用的固定资产提取的折旧，计入“在建工程”账户；生产车间使用的固定资产提取的折旧，应记入“制造费用”账户；经营性租出的固定资产提取的折旧，应记入“其他业务成本”账户；管理部门使用的固定资产提取的折旧计入“管理费用”账户；销售部门使用的固定资产提取的折旧记入“销售费用”账户。

总之，计提固定资产折旧时，借记“制造费用”、“管理费用”、“销售费用”、“在建工程”和“其他业务成本”等账户，贷记“累计折旧”账户。

在实际工作中，各月计提折旧额的计算一般是通过编制“固定资产折旧计算表”完成的，计算提取折旧时，可以在上月计提折旧的基础上，对当月固定资产的增减情况进行调整后计算当月应计提的折旧额。

当月固定资产应提折旧额 = 上月固定资产计提折旧额 + 上月增加固定资产应提折旧额 - 上月减少固定资产应提折旧额

【例 6-14】 某企业 2012 年 3 月份固定资产折旧计算表如表 6-4 所示。

表 6-4 固定资产折旧计算表

(单位:元)

使用部门	固定资产项目	上月折旧额	上月增加固定资产折旧额	上月减少固定资产折旧额	本月应提折旧额
基本生产车间	厂房	15 000			15 000
	生产设备	4 000	1 200		5 200
	小计	19 000	1 200		20 200
辅助生产车间	厂房	13 000			13 000
	机器设备	1 600		200	1 400
	小计	14 600		200	14 400
行政管理部门部门	房屋	14 000			14 000
	办公设备	2 000	600		2 600
	小计	16 000	600		16 600
销售部门	房屋	8 000			8 000
	运输工具	25 000	200		25 200
	小计	33 000	200		33 200
合计	82 600	2 000	200	84 400	

根据上述固定资产折旧计算表编制如下会计分录：

借：制造费用——基本生产车间　　20 200

　　　　　　——辅助生产车间　　14 400

　　管理费用　　16 600

　　销售费用　　33 200

　贷：累计折旧　　84 400

第四节　固定资产的后续支出

固定资产投入使用后,为了充分发挥其使用效能,往往需要对现有固定资产进行维护、改建、扩建或者改良。在固定资产的使用过程中对其进行的维护、改建、扩建或者改良所发生的这些支出就是固定资产的后续支出。企业发生固定资产后续支出时,应该按照以下原则进行确认处理:符合固定资产确认的两个条件(该固定资产包含的经济利益很可能流入企业、该固定资产的成本能够可靠地计量)的,应当计入固定资产成本(即资本化);不符合固定资产确认条件的,应当于发生时计入当期损益(即费用化)。

一、资本化的后续支出

与固定资产有关的后续支出,符合固定资产的确认条件的,应当计入固定资产成本,但其增计金额不应超过该固定资产的可收回金额。

在固定资产发生可资本化的后续支出时,企业应将该固定资产的原值、已计提的折旧和减值准备转销,将固定资产账面价值转入在建工程。固定资产发生的资本化的后续支出,通过"在建工程"账户核算。在固定资产发生的后续支出完成并达到预定可使用状态时,从"在建工程"账户转入"固定资产"账户,但其增计金额不应超过该固定资产的可收回金额,并按重新确定的使用寿命、预计净残值和折旧方法计提折旧。

【例 6-15】 某企业将原有一栋厂房进行改、扩建,该厂房的账面原值为 500 000 元,已提折旧 220 000 元,改、扩建发生全部支出共计 150 000 元,均以银行存款支付。改、扩建过程中回收的残料作价 20 000 元入库。改、扩建的厂房达到预定可使用状态,并在预期能够给企业带来经济利益 420 000 元。该企业相关会计处理如下:

① 将原厂房转入在建工程

借:在建工程	280 000	
累计折旧	220 000	
贷:固定资产——厂房		500 000

② 发生后续支出

借:在建工程	150 000	
贷:银行存款		150 000

③ 回收残料

借:原材料	20 000	
贷:在建工程		20 000

④ 厂房达到预定可使用状态

厂房的总价值 = 280 000 + 150 000 − 20 000 = 410 000(元)

由于厂房改、扩建后的总价值 410 000 元未超过厂房改、扩建达到预计可使用状态后的可回收金额 420 000 元,可将 410 000 元全部资本化。

借:固定资产	410 000	

贷:在建工程 410 000

二、费用化的后续支出

与固定资产有关的后续支出,如果不满足固定资产的确认条件,应在发生时确认为费用,直接计入当期损益。如固定资产使用中,由于各组成部分的耐用程度不同,可能导致固定资产的局部损坏。为了维护固定资产的正常运转和使用,充分发挥其使用效能,企业对固定资产进行必要的日常维护和修理,一般不产生未来的经济利益,即不符合固定资产的确认条件,其维修费用发生时应直接计入当期损益。

《企业会计准则——应用指南》的附录《会计科目和主要账务处理》中明确指出:企业发生的与专设销售机构相关的固定资产修理费用等后续支出,在"销售费用"科目核算;企业生产车间(部门)和行政管理部门等发生的固定资产修理费用等后续支出,在"管理费用"科目核算。

这里需要注意的是,企业生产车间固定资产修理费,按新会计准则规定计入了管理费用,而不是计入制造费用。原因是,将生产车间发生的修理费直接计入管理费用,是基于修理费,应该费用化;如果计入制造费用,则计入了存货,进行了资本化。

【例 6-16】 某企业对生产车间的一台机器设备进行日常维修,维修过程中领用了价值 5 000 元的原材料一批,购买该批原材料时支付增值税 850 元;应付维修人员的薪酬 1 800 元。该企业进行如下会计处理:

借:管理费用 7 650

贷:原材料 5 000

应交税费——应交增值税(进项税额转出) 850

应付职工薪酬 1 800

本例中对机器设备进行的日常维修,是为了保证设备的正常使用,不产生未来的经济利益,不满足固定资产的确认条件,因此该设备的后续支出确认为费用,计入当期损益。

第五节 固定资产的处置

固定资产处置包括固定资产出售、转让、报废或毁损、对外投资、非货币性资产交换、债务重组等。

企业发生固定资产出售、转让、报废或毁损时,应当将处置收入扣除其账面价值和相关税费后的金额计入当期损益。其中,固定资产账面价值是固定资产成本扣减累计折旧和累计减值准备后的金额。固定资产盘亏造成的损失,也应当计入当期损益。

企业处置固定资产,一般应通过"固定资产清理"账户核算。该账户借方反映转入清理的固定资产的价值和发生的清理费用、承担的相关税费等,贷方反映清理固定资产的卖价或变价收入和应由保险公司或过失人承担的损失等;期末余额反映尚未清理完毕的固定资产的净值以及清理净收入(清理收入减去清理费用)。

固定资产清理的净损益,应区别情况处理,属于筹集期间的,计入长期待摊费用;属于生产经营期间的，计入当期损益。

一、投资转出的固定资产

投资转出的固定资产，属于放弃非货币性资产而取得的长期股权投资，根据企业会计准则的规定，其初始投资成本应按《企业会计准则第7号——非货币性资产交换》的规定确定。

二、出售、报废和毁损的固定资产

企业在生产经营过程中，对不适用或不需用的固定资产可以出售转让，对于那些由于使用而不断磨损直至最终报废或由于遭受自然灾害等非常损失发生毁损的固定资产应及时进行清理。其会计核算一般经过以下几个步骤：

第一，固定资产转入清理。企业将出售、报废和毁损的固定资产转入清理时，按固定资产的账面价值借记"固定资产清理"账户，按已提折旧借记"累计折旧"账户，按已计提的减值准备借记"固定资产减值准备"账户，按固定资产原价贷记"固定资产"账户。

第二，发生的清理费用。固定资产清理过程中发生相关税费和其他费用时，按实际发生的清理费用和应列支的相关税费借记"固定资产清理"账户，贷记"银行存款"、"应交税费"等账户。

第三，出售收入和残料等的处理。企业收回出售固定资产的价款、报废固定资产的残料价值和变价收入等，应冲减清理支出。按实际收到的出售价款及残料变价收入等，借记"银行存款"、"原材料"等账户，贷记"固定资产清理"账户。

第四，保险赔偿的处理。企业计算或收到的应由保险公司或过失人赔偿的损失，应冲减清理支出，借记"其他应收款"等账户，贷记"固定资产清理"账户。

第五，清理净损益的处理。固定资产清理工作结束时，应结转清理净损益。具体分以下情况处理。

（1）企业发生的清理净损益，如果属于筹建期间的，计入长期待摊费用。

（2）企业发生的清理净损失，如果是正常原因造成的，且工程项目尚未达到预定可使用状态，按资产清理净损失借记"在建工程"账户，贷记"固定资产清理"账户；如果工程项目已经达到预定可使用状态，不属于筹建期间的，直接借记"营业外支出——非流动资产处置损失"账户，贷记"固定资产清理"账户。如果是非正常原因造成的，不属于筹建期间的，直接借记"营业外支出——非常损失"账户，贷记"固定资产清理"账户。

（3）企业发生的清理净收益，如果是正常原因造成的，且工程项目尚未达到预定可使用状态，按清理净收益借记"固定资产清理"账户，贷记"在建工程"账户；如果工程项目已经达到预定可使用状态，不属于筹建期间的，直接借记"固定资产清理"账户，贷记"营业外收入——非流动资产处置利得"账户。如果是非正常原因造成的，不属于筹建期间的，直接借记"固定资产清理"账户，贷记"营业外收入——非流动资产处置利得"账户。

【例6-17】 某公司一台生产用机器设备，账面原值200 000元，已提折旧120 000元，该设备因火灾而意外毁损，经批准报废转入清理。该设备清理过程中发生清理费1 200元，以银行存款支付，取得保险公司赔款50 000元，残料1 800元作为材料验收入库。该公司的相关会计处理如下：

① 固定资产报废转清理

借：固定资产清理 80 000

累计折旧 120 000

贷：固定资产 200 000

② 支付清理费

借：固定资产清理 1 200

贷：银行存款 1 200

③ 残料入库

借：原材料 1 800

贷：固定资产清理 1 800

④ 收到保险公司赔款

借：银行存款 50 000

贷：固定资产清理 50 000

⑤ 结转清理净损失

固定资产清理账户借方余额 = 80 000 + 1 200 − 1 800 − 50 000 = 29 400（元），即发生固定资产清理损失 29 400 元。

借：营业外支出——非常损失 29 400

贷：固定资产清理 29 400

三、捐赠转出的固定资产

企业固定资产对外捐赠时，先将固定资产账面价值、发生的清理费用及相关税费等通过“固定资产清理”账户核算，再将“固定资产清理”账户的余额转入“营业外支出——捐赠支出”账户。

【例 6-17】 某公司将一台生产用机器设备对外捐赠，该设备账面原值 180 000 元，已提折旧 80 000 元，该设备捐赠过程中发生清理费 2 000 元，以银行存款支付，该公司的相关会计处理如下：

① 固定资产转清理

借：固定资产清理 100 000

累计折旧 80 000

贷：固定资产 180 000

② 支付清理费

借：固定资产清理 2 000

贷：银行存款 2 000

③“固定资产清理”账户余额转出

借：营业外支出——捐赠支出 102 000

贷：固定资产清理 102 000

四、盘亏的固定资产

企业应当定期对固定资产清查盘点，每年至少实地清查盘点一次，以保证固定资产核算的真实性，充分挖掘企业现有固定资产的潜力。对于盘亏的固定资产，企业应及时办理固定资产注销手续，报经审批前，按盘亏固定资产的账面价值，借记“待处理财产损溢——待处理固定资产损溢”账户，按已提折旧，借记“累计折旧”账户，按该项固定资产已计提减值准备，借记“固定资产减值准备”账户，按固定资产的原值，贷记“固定资产”账户。盘亏的固定资产经批准转销时，借记“营业外支出——固定资产盘亏”账户，贷记“待处理财产损溢——待处理固定资产损溢”账户。

【例 6-18】 某公司在财产清查中，盘亏一台设备，其账面原值 60 000 元，累计折旧 45 000 元。其相关会计处理如下：

① 盘亏时

借：待处理财产损溢——待处理固定资产损溢	15 000	
累计折旧	45 000	
贷：固定资产		60 000

② 经批准转销时

借：营业外支出——固定资产盘亏	15 000	
贷：待处理财产损溢——待处理固定资产损溢		15 000

第六节　固定资产减值

一、固定资产减值的概念及其认定

固定资产减值，是指固定资产由于市价持续下跌，或技术陈旧、损坏、长期闲置等原因，导致其可收回金额低于其账面价值。

企业的固定资产在使用过程中，受有形损耗和无形损耗等多方面原因的影响，会发生减值。对于已经发生的资产减值从客观性原则和稳健性原则角度出发，企业应对已经发生的固定资产减值及时予以确认，如果不予确认，则会使企业资产价值虚增或不实。

企业应该按照《企业会计准则第 8 号——资产减值》规定，在资产负债表日如果企业固定资产存在减值迹象，应进行减值测试。如果固定资产发生了减值损失，应计提相应的减值准备。固定资产减值一经确认，在以后会计期间不得转回。

二、固定资产减值迹象判断

《企业会计准则第 4 号——固定资产》规定，企业应当在期末或者至少在每年的年度终了，对固定资产逐项进行检查，如发现存在下列迹象之一，则表明资产可能发生了减值。

（1）资产市价大幅度下跌，其跌幅明显高于因时间推移或正常使用而预计的下跌，并且预计在近期内不可能恢复。

(2) 企业所处的经营环境,如技术、市场、经济或法律环境,或者产品营销市场在当期或在近期发生重大变化,并对企业产生不利影响。

(3) 同期市场利率等大幅度提高,进而很可能影响企业计算固定资产可收回金额的折现率,并导致固定资产可收回金额大幅度降低。

(4) 有证据表明资产已经陈旧过时或者其实体已经损坏。

(5) 资产已经或者将被闲置、终止使用或者计划提前处置。

(6) 其他有可能表明资产已发生减值的情况。

在实际工作中出现上述迹象,并不表明该固定资产已经发生减值,企业应在综合考虑各方面因素的基础上,计算固定资产的可收回金额,确定固定资产是否已经发生减值。

如果固定资产的可收回金额低于其账面价值,企业应当按可收回金额低于账面价值的差额计提固定资产减值准备,并计入当期损益。

其中,可收回金额的确定,应当根据其公允价值减去处置费用后的净额与资产预计未来现金流量的现值两者之间较高者确定。需要说明的是,公允价值减去处置费用后的净额与资产预计未来现金流量的现值这两者中的任一项超过了资产的账面价值,就表明资产没有发生减值。

此外,存在下列情况之一时,应当按照该项固定资产的账面价值全额计提固定资产减值准备:

(1) 长期闲置不用,在可预见的未来不会再使用,且已无转让价值的固定资产。

(2) 由于技术进步等原因,已不可使用的固定资产。

(3) 虽然尚可使用,但使用后产生大量不合格品的固定资产。

(4) 已遭毁损,以至于不再具有使用价值和转让价值的固定资产。

(5) 其他实质上已经不能再给企业带来经济利益的固定资产。

三、计提固定资产减值准备的账务处理

如果固定资产发生减值,企业应计提固定资产减值准备。计提固定资产减值准备的步骤如下:

(1) 考虑固定资产发生减值的迹象。

(2) 计算确定固定资产可收回金额。

(3) 比较固定资产账面价值和可收回金额。

(4) 如可收回金额小于账面价值,则按其差额计提固定资产减值准备,并进行账务处理。

固定资产减值准备的计提,通过"资产减值损失"账户核算,按确认的资产减值数,借记"资产减值损失"账户,贷记"固定资产减值准备"账户。

【例 6-19】 某公司 2010 年 12 月 20 日购入一辆汽车用于公司管理。该汽车原价 300 000 元,预计使用 10 年,预计净残值 2 000 元,按直线法计提折旧。2011 年年末根据测试和计算,该汽车预计可收回金额为 250 000 元。2012 年年末根据测试和计算,该汽车预计可收回金额为 240 000 元。该公司相关会计处理如下:

① 2011 年计提折旧

年折旧额 =（300 000 - 2 000）÷ 10 = 29 800（元）

借：管理费用　　29 800

　贷：累计折旧　　29 800

② 2011 年年末计提汽车减值准备

应计提减值准备 = 300 000 - 29 800 - 250 000 = 20 200（元）

借：资产减值损失——固定资产减值损失　　20 200

　贷：固定资产减值准备　　20 200

③ 2012 年计提折旧

2011 年年末计提减值准备后，该汽车的账面价值为 250 000 元，假定预计使用年限不变，即预计使用年限还剩 9 年，预计净残值仍为 2 000 元，则 2012 年的年折旧额 =（250 000 - 2 000）÷ 9 = 27 555.56（元）

借：管理费用　　27 555.56

　贷：累计折旧　　27 555.56

④ 2012 年年末

2012 年年末该汽车的账面价值 = 250 000 - 27 555.56 = 222 444.44（元）

尽管 2012 年年末该汽车的可收回金额 240 000 元，高于账面价值，根据我国企业会计准则规定，已确认的固定资产减值损失在以后期间也不得转回，所以，此时的账面价值仍为 222 444.44 元。

需要注意的是：

（1）计提减值准备的固定资产其账面价值已经发生了改变，应当按照该固定资产的账面价值以及尚可使用年限重新计算确定折旧率和折旧额。

（2）已全额计提减值准备的固定资产，不再计提折旧。

（3）固定资产减值一经确认，在以后会计期间不得转回。

（4）固定资产减值准备应按单项资产计提。

四、资产组的认定及减值处理

《企业会计准则第 8 号——资产减值》规定：有迹象表明一项资产可能发生减值的，企业应当以单项资产为基础估计其可收回金额。企业难以对单项资产的可收回金额进行估计的，应当以该资产所属的资产组为基础确定资产组的可收回金额。

【例 6-20】 某公司 2011 年 12 月 31 日在对资产进行减值测试时，发现某资产组很可能发生了减值。已知该资产组包括固定资产甲和乙，其中固定资产甲账面价值为 200 万元、固定资产乙账面价值为 300 万元。该公司经调研分析后，确定该资产组的公允价值减去处置费用后的净额为 470 万元，未来现金流量现值为 460 万元，即该资产组的可收回金额为 470 万元。因资产组的账面价值 500 万元高于其可收回金额 470 万元，应计提固定资产减值准备总计 30 万元。30 万元的资产减值损失按照固定资产账面价值在组内所占的比重，分摊给甲、乙两项资产。具体分摊过程如表 6-5 所示。

表 6-5 资产减值损失分摊表 （单位:万元）

资产组合	分摊减值损失前账面价值	分摊比例	分摊的减值损失	分摊减值损失后账面价值
固定资产甲	200	40%	12	188
固定资产乙	300	60%	18	282
合计	500		30	470

根据上述分摊结果，该公司账务处理如下：

借:资产减值损失 300 000

　贷:固定资产减值准备——甲资产 120 000

　　　　　　　　　　——乙资产 180 000

思考题

1. 什么是固定资产？固定资产如何分类？
2. 固定资产如何确认？固定资产有哪些计价基础？
3. 不同来源的固定资产其入账价值如何确定？
4. 什么是固定资产折旧？固定资产折旧的计算方法有哪几种？
5. 固定资产处置如何核算？
6. 后续支出符合哪些条件才能资本化？
7. 什么是固定资产减值？固定资产减值如何进行会计核算？

练习题

一、单项选择题

1. 下列固定资产不能计提折旧的是(　　)。

A. 已计价入账的土地　　B. 大修理期间的固定资产

C. 季节性停产的固定资产　　D. 未使用的固定资产

2. 下列各项固定资产，应计提折旧的是(　　)。

A. 未提足折旧提前报废的设备　　B. 闲置的设备

C. 已提足折旧继续使用的设备　　D. 经营租赁租入的设备

3. 某公司为增值税一般纳税人，购入一台生产用需要安装的机器设备，增值税专用发票上注明价款 220 万元，增值税税额 37. 4 万元，支付运杂费 5 万元。设备安装时，领用企业原材料一批，原材料账面成本 10 万元，计税价格 12 万元，原材料取得时增值税为 1.7 万元，此外，发生其他支出 15 万元，则该项设备的入账价值为(　　)万元。

A. 289.1　　B. 250　　C. 291.1　　D. 293. 44

4. 某公司 5 月购入一台需安装的生产设备。该设备购买价格为 200 000 元，增值税额为 34 000 元，支付保险、装卸等费用 4 000 元。设备安装领用生产用原材料的实际成本 20 000 元，该原材料适用的增值税税率为 17%。支付安装人工费 600 元。该设备已达到预定可使用状态，其入账价值为(　　)元。

A. 224 600　　B. 258 600　　C. 224 000　　D. 262 000

5. 企业接受投资者投入的一项固定资产,应按(　　)作为入账价值。

A. 公允价值　　B. 投资方的账面原值

C. 投资合同或协议约定的价值(公允)　　D. 投资方的账面价值

6. 甲企业对某一项生产设备进行改良,该生产设备原价为1 000万元,已提折旧500万元,改良中发生各项支出共计100万元。改良时被替换部分的账面价值为20万元。则该项固定资产的入账价值为(　　)万元。

A. 1 000　　B. 1 100　　C. 580　　D. 600

7. 某企业本期出售设备一台,出售价格为28万元。该设备的原价为30万元,已提折旧5万元。假设不考虑相关税费,本期出售该设备影响当期损益的金额为(　　)万元。

A. 28　　B. 3　　C. 31　　D. 33

8. 甲企业将一项固定资产对外捐赠,固定资产的原价为100万元,已提折旧30万元,已计提固定资产减值准备10万元,支付运费0.3万元,不考虑其他因素,则甲企业计入营业外支出的金额为(　　)万元。

A. 100　　B. 60.3　　C. 60　　D. 59.7

9. 下列各项中不应计入"固定资产清理"科目借方的是(　　)。

A. 发生固定资产清理人员工资

B. 因自然灾害损失的固定资产取得的赔款

C. 因出售厂房而缴纳的营业税

D. 因自然灾害损失的固定资产账面净值

二、多项选择题

1. 关于固定资产,下列说法中正确的有(　　)。

A. 固定资产后续支出计入固定资产成本的,应当终止确认被替换部分的账面价值

B. 固定资产盘亏造成的净损失,应当计入当期损益

C. 确定固定资产成本时,应当考虑预计弃置费用因素

D. 与固定资产有关的后续支出,符合准则规定的固定资产确认条件的,应当计入固定资产成本

E. 购进固定资产的增值税均为可抵扣的进项税

2. 下列项目中,应计入外购固定资产入账价值的有(　　)。

A. 购买设备发生的运杂费　　B. 购买设备发生的保险费

C. 购买设备发生的包装费用　　D. 取得固定资产的安装费

E. 购买设备发生的人员差旅费

3. 下列项目中,不会引起固定资产账面价值发生变化的有(　　)。

A. 经营租入固定资产的改良支出　　B. 固定资产修理支出

C. 核电站企业发生的弃置费用　　D. 计提固定资产减值准备

E. 固定资产以经营租赁方式对外出租

4. 盘盈、盘亏、报废、毁损的工程物资,减去过失人或保险公司等赔款后的差额,可能计

入的科目有(　　)。

A. 管理费用　　B. 营业外收入

C. 营业外支出　　D. 在建工程

E. 财务费用

5. 下列各项资产,符合固定资产定义的有(　　)。

A. 企业为生产经营持有的机器设备　　B. 企业以融资租赁方式出租的机器设备

C. 企业以经营租赁方式出租的机器设备　　D. 企业以经营租赁方式出租的建筑物

E. 企业以经营租赁方式租入的机器设备

6. 影响固定资产折旧计算的因素有固定资产的(　　)。

A. 原始价值　　B. 预计净残值

C. 性能　　D. 预计使用年限

E. 购入年份

三、判断题

1. 企业接受投资者投入的一项固定资产,按照投资合同或者协议约定的价值入账。(　)

2. 任何企业都应该对所持有的固定资产预计其弃置费用,弃置费用即清理费用。(　)

3. 企业建造办公大楼领用生产用原材料时,相关的增值税应计入在建工程成本。(　　)

4. 正常报废和非正常报废的固定资产均应通过"固定资产清理"科目予以核算。(　　)

5. 固定资产的各组成部分具有不同使用寿命或者以不同方式为企业提供经济利益,适用不同折旧率或折旧方法的,应当分别将各组成部分确认为单项固定资产。(　　)

6. 企业一般应当按月提取折旧,当月增加的固定资产,当月计提折旧;当月减少的固定资产,当月不提折旧。(　　)

7. 固定资产的减值准备,一经确认,不得转回。(　　)

8. 盘盈、盘亏、报废、毁损的工程物资,减去保险公司、过失人的赔款部分后的差额,计入营业外收入和营业外支出。(　　)

四、业务题

1. 某公司为增值税一般纳税人,2012 年发生如下经济业务:

(1) 2 月,购入不需要安装的全新生产专用设备一台,增值税专用发票上注明价款 180 000 元、增值税 30 600 元,支付运杂费等 2 000 元,款项均以银行存款支付。

(2) 4 月,购入需要安装的全新生产设备一台,增值税专用发票上注明价款 100 000 元,增值税额 17 000 元,支付运杂费、途中保险费等共 1 000 元;该设备在安装过程中发生职工薪酬 2 000 元,领用原材料 1 500 元(购入时的增值税额为 255 元)。该设备当月安装完毕并交付使用。

(3) 6 月,接受投资者投入一台原始价值为 80 000 元、已提折旧 25 000 元的旧设备,双方协商确认价为51 000元,作为企业实收资本入账。

(4) 8月初,对一栋仓库进行扩建。该楼的原始价值为2 800 000元,已提折旧600 000元;扩建工程采用出包方式,承包单位中标价为500 000元。按合同规定预付工程款30 000元,其余款项在工程完工时补付。扩建前有关清理、拆除等由公司自行完成,公司在清理、拆除中发生职工薪酬9 000元,耗用材料800元,领用低值易耗品300元,同时出售残料价值1 000元。8月末该办公楼扩建完工,达到预定可使用状态。预计该办公楼扩建后的可收回金额为3 000 000元。

要求:根据上述资料,进行相关的会计处理。

2. 某公司2011年12月购入生产设备一台,设备原价为625 000元,预计使用年限5年,预计净残值为25 000元。预计工作总量30 000工时,第一个月的工作量是480工时。

要求:分别采用年限平均法、工作量法、双倍余额递减法和年数总和法计算各年、各月应计提的折旧额,并编制第一个月计提折旧的会计分录。

3. 某公司采用自营工程方式对生产车间的厂房进行改建,厂房的原始价值850 000元,已提折旧250 000元。为厂房改建购买了一批工程物资,增值税专用发票上注明买价120 000元,增值税税额20 400元,款项以银行存款支付。改建中实际耗用工程物资117 000元(含增值税价),改建中支付人工费50 000元,取得废旧物资变价收入12 000元存入银行。剩余物资作为原材料验收入库,工程完工交付使用。假定该厂房改建后的可收回金额为860 000元,尚可使用的年限为20年,用直线法计提折旧,预计净残值率为5%。

要求:(1) 根据上述资料,进行相关的会计处理;

(2) 计算后续支出发生后的固定资产月折旧额。

4. 某公司2012年发生的与固定资产相关的经济活动如下:

(1) 以银行存款支付管理部门的汽车修理保养费1 500元。

(2) 将一台使用期满已提足折旧的设备报废,该设备原始价值60 000元,预计净残值2 000元,预计使用年限10年。该设备报废过程中,用现金支付清理费用200元,回收残料价值800元入材料仓库。

(3) 将一台闲置不用的设备对外出售,该设备的原始价值120 000元,已提折旧60 000元,取得出售价款78 000元存入银行。

(4) 因火灾毁损一栋厂房,原始价值1 200 000元,已提折旧350 000元;保险公司保险理赔450 000元,款项尚未收到;用银行存款支付清理费用3 000元,该毁损厂房清理完毕。

(5) 财产清查中发现短缺一台电脑,原始价值5 000元,已提折旧2 000元;短缺原因已查明,是使用部门李某的失职导致该电脑丢失,领导指示由李某个人赔偿。

要求:根据上述资料,进行相关的会计处理。

5. 某公司为一般纳税人,于2011年2月购进一台不需要安装的生产产品用设备,价款324 000元,增值税额55 080元,款项均以银行存款支付,预计使用年限为6年,预计净残值率为零,采用直线法计提折旧。2011年年末,该设备的市价大幅度下跌,有迹象表明资产可能发生了减值,公司对资产回收金额进行了估计,估计其可收回金额为220 000元。

要求:根据上述资料,进行相关计算,并进行相关会计处理。

第七章　无形资产核算

【教学目的】

通过本章学习，学生应当了解并掌握：

1. 无形资产的概念、特征和分类
2. 无形资产的确认原则与计量方法
3. 无形资产的摊销
4. 自行开发无形资产的会计处理
6. 无形资产处置及减值准备的计提

随着人类社会的进步和科学技术的不断发展，无形资产作为以知识形态存在的重要经济资源，在经济增长中的作用越来越大，对于现代企业的发展与壮大具有越来越重要的意义，无形资产虽然是看不见、摸不着的非物质资产，但它同有形资产相结合，就可以相互转化并产生巨大的经济效益。无形资产有其价值性而且具有交易性，加强无形资产的管理与核算已成为现代企业的共识，企业无形资产的初始计量、后续计量、发生减值和处置时如何进行核算，将在本章的学习中得到详细的解答。通过本章的学习，学生不仅可以了解无形资产的特征和分类，掌握无形资产核算相关的基本理论知识，还可以依照书中实例，按照企业会计准则的相关规定，科学地进行执业判断，正确进行无形资产实务的核算及处理。

第一节　无形资产的确认与分类

一、无形资产的确认

无形资产是指企业拥有或者控制的没有实物形态的可辨认非货币性资产。无形资产应当在符合定义的前提下，同时满足以下两个确认条件，才能予以确认。

（1）与该资产有关的经济利益很可能流入企业。

作为无形资产确认的项目，必须具备产生的经济利益很可能流入企业这一条件。通常情况下，无形资产产生的未来经济利益可能包括在销售商品、提供劳务的收入中，或者企业使用该项无形资产而减少或节约的成本中，或体现在获得的其他利益中。例如，生产加工企业在生产工序中使用了某种知识产权，使其降低了未来生产成本，而不是增加未来收入。实务中，要确定无形资产创造的经济利益是否很可能流入企业，需要实施职业判断。在实施这种判断时,需要对无形资产在预计使用寿命内可能存在的各种经济因素做出合理估计,并且应当有明确的证据支持,比如,企业是否有足够的人力资源、高素质的管理队伍、相关的硬件设备、相关的原材料等来配合无形资产为企业创造经济利益,同时,更为重要的是关注一些外界因素的影响,比如是否存在相关的新技术、新产品冲击与无形资产相关的技术或据其生产的产品的市场等。

(2) 该无形资产的成本能够可靠地计量。

成本能够可靠地计量是资产确认的一项基本条件。对于无形资产来说,这个条件相对更为重要。比如,企业内部产生的品牌、报刊名等,因其成本无法可靠计量,不作为无形资产确认。又比如,一些高新科技企业的科技人才,假定其与企业签订了服务合同,且合同规定其在一定期限内不能为其他企业提供服务。在这种情况下,虽然这些科技人才的知识在规定的期限内预期能够为企业创造经济利益,但这些技术人才形成这些知识所发生的支出难以计量,因而不能作为企业的无形资产加以确认。

二、无形资产的特征

1. 由企业拥有或控制并能为其带来未来经济利益的资源

预计能为企业带来未来经济利益是作为一项资产的本质特征,无形资产也不例外。通常情况下,企业拥有或控制的无形资产应当拥有其所有权并且能够为企业带来未来经济利益。但在某些情况下并不需要企业拥有其所有权,如果企业有权获得某项无形资产产生的经济利益,同时又能约束其他人获得这些经济利益,则说明企业控制了该无形资产,或者说控制了该无形资产产生的经济利益,具体表现为企业拥有该无形资产的法定所有权,或者使用权受法律的保护。例如,企业自行研制的技术通过申请依法取得专利权后,在一定期限内拥有了该专利技术的法定所有权;又如,企业与其他企业签订合约转让商标权,由于合约的签订,使商标使用权转让方的相关权利受到法律的保护。

客户关系、人力资源等,由于企业无法控制其带来的未来经济利益,不符合无形资产的定义,不应将其确认为无形资产。

2. 无形资产不具有实物形态

无形资产通常表现为某种权利、某项技术或某种获取超额利润的综合能力。它们不具有实物形态,看不见、摸不着,如土地使用权、非专利技术等。无形资产为企业带来经济利益的方式与固定资产不同,固定资产是通过实物价值的磨损和转移来为企业带来未来经济利益,而无形资产很大程度上是通过自身所具有的技术等优势为企业带来未来经济利益,不具有实物形态是无形资产区别于固定资产等其他资产的特征之一。

3. 无形资产属于非货币性资产

非货币性资产,是指企业持有的货币资金和将以固定或可确定的金额收取的资产以外的其他资产。无形资产由于没有发达的交易市场,一般不容易转化成现金,在持有过程中为企业带来未来经济利益的情况不确定,不属于以固定或可确定的金额收取的资产,属于非货币性资产。

货币性资产主要有现金、银行存款、应收账款、应收票据和短期有价证券等,它们的共同特点是直接表现为固定的货币数额,或在将来收到一定货币数额的权利。应收款项等资产也没有实物形态,其与无形资产的区别在于无形资产属于非货币性资产。

4. 无形资产具有可辨认性

要作为无形资产进行核算,该资产必须是能够区别于其他资产的、可单独辨认的,如企业持有的专利权、非专利技术、商标权、土地使用权、特许权等。

从可辨认性角度考虑,商誉是与企业整体价值联系在一起的,其存在无法与企业自身区分开来。由于不具有可辨认性,虽然商誉也是没有实物形态的非货币性资产,但不属于无形资产。

三、无形资产的分类

无形资产通常包括专利权、非专利技术、商标权、著作权、特许权、土地使用权等。

1. 专利权

专利权,是指国家专利主管机关依法授予发明创造专利申请人,对其发明创造在法定期限内所享有的专有权利,包括发明专利权、实用新型专利权和外观设计专利权。发明,是指对产品、方法或者其改进所提出的新的技术方案。实用新型,是指对产品的形状、构造或者其结合所提出的适于实用的新的技术方案。外观设计,是指对产品的形状、图案或者其结合以及色彩与形状、图案的结合所做出的富有美感并适用于工业应用的新设计。发明专利权的期限为20年,实用新型专利权和外观设计专利权的期限为10年,均自申请日起计算。

2. 非专利技术

非专利技术,也称专有技术。它是指不为外界所知的、在生产经营活动中已采用了的、不享有法律保护的、可以带来经济效益的各种技术和诀窍。非专利技术一般包括工业专有技术、商业贸易专有技术、管理专有技术等。工业专有技术,指在生产上已经采用,仅限于少数人知道,不享有专利权或发明权的生产、装配、修理、工艺或加工方法的技术知识,可以用蓝图、配方、技术记录、操作方法的说明等具体资料表现出来,也可以通过卖方派出技术人员进行指导,或接受买方人员进行技术实习等手段实现。商业贸易专有技术,指具有保密性质的市场情报、原材料价格情报以及用户、竞争对象的情况的有关知识。管理专有技术,指生产组织的经营方式、管理方法、职工培训方法等保密知识。非专利技术并不是专利法的保护对象,而是用自我保密的方式来维持其独占性,具有经济性、机密性和动态性等特点。

3. 商标权

商标是用来辨认特定的商品或劳务的标记。商标权指专门在某类指定的商品或产品上使用特定的名称或图案的权利。经商标局核准注册的商标为注册商标,包括商品商标、服务商标和集体商标、证明商标;商标注册人享有商标专用权,受法律保护,构成企业的无形资产。注册商标的有效期为10年,自核准注册之日起计算。注册商标有效期满,需要继续使用的,可以申请延长注册有效期。企业享有的商标权可以是自己的商标申请注册取得,也可以为了扩大产品的销售直接从外部购买取得。

4. 著作权

著作权又称版权,指作者对其创作的文学、科学和艺术作品依法享有的某些特殊权利。

著作权包括作品署名权、发表权、修改权和保护作品完整权,还包括复制权、发行权、出租权、展览权、表演权、放映权、广播权、信息网络传播权、摄制权、改编权、翻译权、汇编权以及应当由著作权人享有的其他权利。著作权人包括作者和其他依法享有著作权的公民、法人或者其他组织。著作权受法律保护,法律规定作品的发表权、使用权和获得报酬权的有效期为作者终生及其死亡后50年。

5. 特许权

特许权,又称经营特许权、专营权,指企业在某一地区经营或销售某种特定商品的权利或是一家企业接受另一家企业使用其商标、商号、技术秘密等的权利。通常有两种形式,一种是由政府机构授权,准许企业使用或在一定地区享有经营某种业务的特权,如水、电、邮电通信等专营权、烟草专卖权等;另一种指企业间依照签订的合同,有限期或无限期使用另一家企业的某些权利,如连锁店分店使用总店的名称等。特许权的经济价值在于它具有一定的垄断性,从而可以给企业带来利润。特许权的取得,一般是企业通过与授予方签订合同并支付一定数额的费用取得的,只有将这些费用资本化,取得的特许权才能确认为企业的无形资产。

6. 土地使用权

土地使用权,指国家准许某企业在一定期间内对国有土地享有开发、利用、经营的权利。根据我国土地管理法的规定,我国土地实行公有制,任何单位和个人不得侵占、买卖或者以其他形式非法转让。企业取得土地使用权的方式大致有行政划拨取得、外购取得(例如以缴纳土地出让金方式取得)及投资者投资取得几种。通常情况下,作为投资性房地产或作为固定资产核算的土地,按照投资性房地产或者固定资产核算;以缴纳土地出让金等方式外购的土地使用权、投资者投入等方式取得的土地使用权,作为无形资产核算。

第二节　无形资产的初始计量

无形资产通常是按实际成本计量,即以取得无形资产并使之达到预定用途而发生的全部支出,作为无形资产的成本。对于不同来源取得的无形资产,其初始成本构成也不尽相同。企业应根据各种无形资产的特点和来源,进行无形资产的初始计量。

一、外购无形资产

外购的无形资产,应按其取得成本进行初始计量,其成本包括购买价款、相关税费以及直接归属于使该项资产达到预定用途所发生的其他支出。其中,直接归属于使该项资产达到预定用途所发生的其他支出包括使无形资产达到预定用途所发生的专业服务费用、测试无形资产是否能够正常发挥作用的费用等。下列各项不包括在无形资产的初始成本中:

(1) 为引入新产品进行宣传发生的广告费、管理费用及其他间接费用。

(2) 无形资产已经达到预定用途以后发生的费用。例如,在形成预定经济规模之前发生的初始运作损失,以及在无形资产达到预定用途之前发生的其他经营活动的支出,如果该经营活动并非是无形资产达到预定用途必不可少的,则有关经营活动的损益应于发生时计入当期损益,而不构成无形资产的成本。

如果购入的无形资产超过正常信用条件延期支付价款,实质上具有融资性质的,应按所取得无形资产购买价款的现值计量其成本,现值与实际支付的价款之间的差额作为未确认的融资费用,在付款期间内按照实际利率法确认为利息费用。

【例 7-1】 因某企业生产活动需要乙公司已获得的专利技术,如果使用了该项专利技术,企业预计其生产能力比原先提高 20%,销售利润率增长 15%。为此,企业从乙公司购入一项专利权,按照协议约定以现金支付,实际支付的价款为 300 万元,并支付相关税费 2 万元和有关专业服务费用 6 万元,款项已通过银行转账支付。请做出企业的账务处理。

分析:企业购入的专利权符合无形资产的定义和确认条件。首先,企业能够拥有或者控制该项专利技术,符合可辨认的条件,同时是不具有实物形态的非货币性资产;其次,企业使用了该项专利技术,生产能力和销售利润率将提高,即经济利益很可能流入;最后,企业购买该项专利权的成本能够可靠计量。因此,企业可以将该专利技术确认为无形资产。

无形资产初始计量的成本 = 300 + 2 + 6 = 308(万元)

账务处理如下:

借:无形资产——专利权	3 080 000	
贷:银行存款		3 080 000

二、投资者投入的无形资产

投资者投入的无形资产的成本,应当按照投资合同或协议约定的价值确定无形资产的取得成本。投资合同或协议约定价值不公允的,应按无形资产的公允价值作为无形资产初始成本入账。

【例 7-2】 某企业与乙公司协议商定,乙公司以其商标权投资于该企业,获得该企业 500 万股股票,双方协议该商标权的价格(等于公允价值)为 500 万元,企业另支付印花税等相关税费 2 万元,款项已通过银行转账支付。

该商标权的初始计量,应当以取得时的成本为基础。取得时的成本为投资协议约定的价格 500 万元,加上支付的相关税费 2 万元。

甲公司接受乙公司作为投资的商标权的成本 = 500 + 2 = 502(万元)

甲公司的账务处理如下:

借:无形资产——商标权	5 020 000	
贷:股本		5 000 000
银行存款		20 000

三、自行研究开发无形资产

企业自行研究开发取得的无形资产,按照开发阶段符合资本化条件的费用支出确认无形资产的成本。具体处理见本章第三节内容。

四、通过非货币性资产交换取得的无形资产

企业通过非货币性资产交换取得的无形资产,包括以投资、存货、固定资产或无形资产

换入的无形资产等。非货币性资产交换具有商业实质且公允价值能够可靠计量的，在发生补价的情况下，支付补价方应当以换出资产的公允价值加上支付的补价（即换入无形资产的公允价值）和应支付的相关税费，作为换入无形资产的成本；收到补价方，应当以换入无形资产的公允价值（或换出资产的公允价值减去补价）和应支付的相关税费，作为换入无形资产的成本。

五、通过债务重组取得的无形资产

通过债务重组取得的无形资产，是指企业作为债权人取得的，债务人用于偿还债务的非现金资产，且企业作为无形资产管理的资产。通过债务重组取得的无形资产成本，应当以其公允价值入账。

六、土地使用权的处理

企业取得的土地使用权，通常应当按照取得时所支付的价款及相关税费确认为无形资产。土地使用权用于自行开发建造厂房等地上建筑物时，土地使用权的账面价值不与地上建筑物合并计算其成本，而仍作为无形资产进行核算，土地使用权与地上建筑物分别进行摊销和提取折旧。但下列情况除外：

（1）房地产开发企业取得的土地使用权用于建造对外出售的房屋建筑物，相关的土地使用权应当计入所建造的房屋建筑物成本。

（2）企业外购的房屋建筑物，实际支付的价款中包括土地以及建筑物的价值，则应当对支付的价款按照合理的方法（例如，公允价值比例）在土地和地上建筑物之间进行分配；如果确实无法在地上建筑物与土地使用权之间进行合理分配，应当全部作为固定资产，按照固定资产确认和计量的规定进行处理。

企业改变土地使用权的用途，将其用于出租或增值目的时，应将其转为投资性房地产。

【例 7-3】 2012 年 1 月 1 日，某企业购入一块土地的使用权，以银行存款转账支付 8 000 万元，并在该土地上自行建造厂房等工程，发生材料支出 12 000 万元，工资费用 8 000 万元，其他相关费用 10 000 万元等。该工程已经完工并达到预定可使用状态。假定土地使用权的使用年限为 50 年，该厂房的使用年限为 25 年，两者都没有净残值，都采用直线法进行摊销和计提折旧。为简化核算，不考虑其他相关税费。

分析：企业购入土地使用权，使用年限为 50 年，表明它属于使用寿命有限的无形资产，在该土地上自行建造厂房，应将土地使用权和地上建筑物分别作为无形资产和固定资产进行核算，并分别摊销和计提折旧。企业的账务处理如下：

① 购入土地使用权，支付价款

借：无形资产——土地使用	80 000 000	
贷：银行存款		80 000 000

② 在土地上自行建造厂房

借：在建工程	300 000 000	
贷：工程物资		120 000 000

应付职工薪酬 80 000 000

银行存款 100 000 000

③ 厂房达到预定可使用状态

借:固定资产 300 000 000

贷:在建工程 300 000 000

④ 每年分期摊销土地使用权和对厂房计提折旧

借:管理费用(80 000 000 ÷ 50) 1 600 000

制造费用(300 000 000 ÷ 25) 12 000 000

贷:累计摊销 1 600 000

累计折旧 12 000 000

第三节 内部研发费用的确认和计量

通常情况下,企业内部产生的无形资产不确认为无形资产,如企业内部产生的品牌、报刊名等。但是,企业内部研究与开发活动发生的费用,如果满足无形资产确认和初始计量的条件,应确定为企业的无形资产。为评价内部产生的无形资产是否满足确认标准,企业应当将资产的形成过程分为研究阶段与开发阶段两部分,对于开发过程中发生的费用,在符合一定条件的情况下,才可确认为一项无形资产。

一、研究阶段和开发阶段的划分

对于企业自行进行的研究开发项目,应当分研究阶段与开发阶段两个部分分别进行核算。

1. 研究阶段

研究阶段,是指为获取新的技术和知识等进行的有计划的调查,研究阶段的特点是:

(1) 计划性。研究阶段是建立在有计划的调查基础上,如某药品公司为研究开发某药品,经董事会或者相关管理层的批准,进行有计划的收集相关资料、进行市场调查、比较市场中相关药品的药性、效用等活动。

(2) 探索性。研究阶段基本上是探索性的,为进一步的开发活动进行资料及相关方面的准备,在这一阶段不会形成阶段性成果。

从研究阶段的特点看,其研究是否能在未来形成成果具有很大的不确定性,企业也无法证明其能够带来未来经济利益的无形资产的存在,因此,研究阶段的有关支出在发生时,应当予以费用化,计入当期损益。

2. 开发阶段

开发阶段是指在进行商业性生产或使用前,将研究成果或其他知识应用于某项计划或设计,以生产出新的或具有实质性改进的材料、装置、产品等。开发阶段的特点是:

(1) 具有针对性。开发阶段是建立在研究阶段基础上的,因此,对项目的开发具有针对性。

(2) 形成成果的可能性较大。进入开发阶段的研发项目形成成果的可能性较大。

由于开发阶段相对于研究阶段更进一步，相对于研究阶段来讲，进入开发阶段，则很大程度上形成一项新产品或新技术的基本条件已经具备，此时如果企业能够证明满足无形资产的定义及相关确认条件，所发生的开发支出可资本化，确认为无形资产的成本。

二、开发阶段有关支出资本化的条件

在开发阶段，判断可以将有关支出资本化计入无形资产成本的条件包括：

(1) 完成该无形资产以使其能够使用或出售在技术上具有可行性。

(2) 企业具有完成该无形资产并使用或出售的意图。

(3) 无形资产产生经济利益的方式，包括能够证明运用该无形资产生产的产品存在市场或无形资产自身存在市场，无形资产将在内部使用的，应当证明其有用性。

(4) 有足够的技术、财务资源和其他资源支持，以完成该无形资产的开发，并有能力使用或出售该无形资产。

(5) 归属于该无形资产开发阶段的支出能够可靠地计量。

三、内部研究开发费用的会计处理

1. 基本原则

企业内部研究和开发无形资产，其在研究阶段的支出全部费用化，计入当期损益(管理费用)；开发阶段的支出符合资本化条件的资本化，不符合资本化条件的计入当期损益(管理费用)。如果无法可靠区分研究阶段的支出和开发阶段的支出，应将其所发生的研发支出全部费用化，计入当期损益。

2. 应设置的账户

为了核算发生的内部研发费用，企业应设置“研发支出”账户来进行核算，在“研发支出”总账账户下，分别设置“费用化支出”、“资本化支出”这两个明细账户进行明细核算。

(1)“研发支出——费用化支出”账户，核算企业研究阶段的费用及开发阶段不符合资本化条件的费用。借方登记费用的发生与归集，贷方登记期末结转当期损益。期末无余额。

(2)“研发支出——资本化支出”账户，核算企业开发阶段符合资本化条件的费用。借方登记费用的发生与归集，贷方登记转入无形资产的金额。期末余额反映尚未转入无形资产价值的费用。

3. 具体账务处理

企业自行开发无形资产，发生研究阶段的费用及开发阶段不符合资本化条件的费用时，借记“研发支出——费用化支出”账户，贷记“原材料”、“银行存款”、“应付职工薪酬”等账户。会计期末，将“研发支出——费用化支出”账户的余额全额转入当期损益，借记“管理费用”账户，贷记“研发支出——费用化支出”账户。

企业自行开发无形资产，发生开发阶段符合资本化条件的费用时，借记“研发支出——资本化支出”账户，贷记“原材料”、“银行存款”、“应付职工薪酬”等账户。研究开发项目达到预定用途形成无形资产时，应按“研发支出——资本化支出”账户的余额，借记“无形资产”账户,贷记“研发支出——资本化支出”账户。

【例 7-4】 2011 年 1 月 1 日,某企业经董事会批准研发某项新产品专利技术,该企业在研究开发过程中发生材料费 4 000 万元、人工工资 1000 万元以及其他费用 3 000 万元,总计 8 000 万元,其中,符合资本化条件的支出为 5 000 万元。2011 年 12 月 31 日,该专利技术已经达到预定用途。企业的账务处理如下:

① 发生研发支出时

借:研发支出——费用化支出	30 000 000	
——资本化支出	50 000 000	
贷:原材料		40 000 000
应付职工薪酬		10 000 000
银行存款		30 000 000

② 2011 年 12 月 31 日,该专利技术已经达到预定用途

借:管理费用	30 000 000	
无形资产	50 000 000	
贷:研发支出——费用化支出		30 000 000
——资本化支出		50 000 000

第四节 无形资产的后续计量

一、无形资产后续计量的原则

无形资产初始确认和计量后,在其后使用该项无形资产期间内应以成本减去累计摊销额和累计减值损失后的余额计量。要确定无形资产在使用过程中的累计摊销额,基础是估计其使用寿命,使用寿命有限的无形资产才需要在估计使用寿命内采用系统合理的方法进行摊销,对于使用寿命不确定的无形资产则不需要摊销。

二、无形资产使用寿命的判断

1. 估计无形资产的使用寿命

企业应当于取得无形资产时分析判断其使用寿命。无形资产的使用寿命如果是有限的,应当估计该使用寿命的年限或者构成使用寿命的产量等类似计量单位数量;无法预见无形资产为企业带来未来经济利益期限的,应当视为使用寿命不确定的无形资产。

估计无形资产使用寿命应考虑的主要因素包括:

(1) 该资产通常的产品寿命周期,以及可获得的类似资产使用寿命的信息。

(2) 技术、工艺等方面的现实情况及对未来发展的估计。

(3) 以该资产在该行业运用的稳定性和生产的产品或服务的市场需求情况。

(4) 现在或潜在的竞争者预期采取的行动。

(5) 为维持该资产产生未来经济利益的能力所需要的维护支出,以及企业预计支付有

关支出的能力。

(6) 对该资产的控制期限,以及对该资产使用的法律或类似限制,如特许使用期间、租赁期间等。

(7) 与企业持有的其他资产使用寿命的关联性等。

2. 无形资产使用寿命的确定

某些无形资产的取得源自合同性权利或其他法定权利,其使用寿命不应超过合同性权利或其他法定权利的期限。但如果企业使用资产预期的期限短于合同性权利或其他法定权利规定的期限,则应当按照企业预期使用的期限确定其使用寿命。例如,企业取得一项专利技术,法律保护期为20年,企业预计运用该专利生产的产品在未来15年内会为企业带来经济利益。就该项专利技术,第三方向企业承诺在5年内以其取得之日公允价值的60%购买该专利权,从企业管理层目前的持有计划来看,准备在5年内将其出售给第三方。为此,该项专利权的实际使用寿命为5年。

没有明确的合同或法律规定无形资产的使用寿命的,企业应当综合各方面情况,例如企业经过努力,聘请相关专家进行论证、与同行业的情况进行比较以及参考企业的历史经验等,来确定无形资产为企业带来未来经济利益的期限。只有经过这些努力,仍确实无法合理确定无形资产为企业带来经济利益的期限的,才能将该无形资产作为使用寿命不确定的无形资产。例如,企业取得了一项在过去几年市场份额领先的畅销产品的商标。该商标按照法律规定还有5年的使用寿命,但是在保护期届满时,企业可每10年以较低的手续费申请延期,同时有证据表明企业有能力申请延期。此外,有关调查表明,根据产品生命周期、市场竞争等方面的情况综合判断,该品牌将在不确定的期间内为企业产生现金流量。综合各方面情况,该商标可视为使用寿命不确定的无形资产。

3. 无形资产使用寿命的复核

企业至少应当于每年年度终了,对无形资产的使用寿命及摊销方法进行复核,如果有证据表明无形资产的使用寿命及摊销方法不同于以前的估计,如由于合同的续约或无形资产应用条件的改善,延长了无形资产的使用寿命。则对于使用寿命有限的无形资产,应改变其摊销年限及摊销方法,并按照会计估计变更进行处理。例如,企业使用的某项非专利技术,原预计使用寿命为5年,使用至第2年年末,该企业计划再使用2年即不再使用,为此,企业应当在第2年年末变更该项无形资产的使用寿命,并作为会计估计变更进行处理。又如,某项无形资产计提了减值准备,这可能表明企业原估计的摊销期限需要作出变更。

对于使用寿命不确定的无形资产,如果有证据表明其使用寿命是有限的,则应视为会计估计变更,应当估计其使用寿命并按照使用寿命有限的无形资产的处理原则进行处理。

三、使用寿命有限的无形资产的后续计量

使用寿命有限的无形资产,应在其预计的使用寿命内采用系统合理的方法对应摊销金额进行摊销。应摊销金额,是指无形资产的成本扣除残值和已计提的无形资产减值准备后的金额。使用寿命有限的无形资产,其残值一般应当视为零。

(一)摊销期和摊销方法

1. 摊销期

无形资产的摊销期自其可供使用(即其达到预定用途)时起至终止确认时止,按月对无形资产进行摊销。当月增加的无形资产,当月开始摊销;当月减少的无形资产,当月不再摊销。

2. 摊销方法

在无形资产的使用寿命内系统地分摊其应摊销金额,存在多种方法。这些方法包括直线法、产量法等。企业应根据该项无形资产有关的经济利益的预期实现方式选择适宜的无形资产摊销方法,并一致地运用于不同会计期间。例如,受技术陈旧因素影响较大的专利权和专有技术等无形资产,可采用类似固定资产加速折旧的方法进行摊销;有特定产量限制的特许经营权或专利权,应采用产量法进行摊销。无法可靠确定其预期实现方式的,应当采用直线法进行摊销。

无形资产的摊销一般应计入当期损益,但如果某项无形资产是专门用于生产某种产品或者其他资产,其所包含的经济利益是通过转入到所生产的产品或其他资产中实现的,则无形资产的摊销费用应当计入相关资产的成本。例如,某项专门用于生产过程中的专利技术,其摊销费用应构成所生产产品成本的一部分,计入制造该产品的制造费用。

持有待售的无形资产不进行摊销,按照账面价值与公允价值减去处置费用后的净额孰低进行计量。

(二)残值的确定

除下列情况外,无形资产的残值一般为零:

(1)有第三方承诺在无形资产使用寿命结束时购买该项无形资产。

(2)可以根据活跃市场得到无形资产预计残值信息,并且该市场在该项无形资产使用寿命结束时可能存在。

无形资产的残值,意味着在其经济寿命结束之前企业预计将会处置该无形资产,并且从该处置中取得利益。估计无形资产的残值应以资产处置时的可收回金额为基础,此时的可收回金额是指在预计出售日,出售一项使用寿命已满且处于类似使用状况下,同类无形资产预计的处置价格(扣除相关税费)。残值确定以后,在持有无形资产的期间,至少应于每年年末进行复核,预计其残值与原估计金额不同的,应按照会计估计变更进行处理。如果无形资产的残值重新估计以后高于其账面价值的,则无形资产不再摊销,直至残值降至低于账面价值时再恢复摊销。

(三)摊销的账务处理

使用寿命有限的无形资产应当在其使用寿命内,采用合理的摊销方法进行摊销。摊销时,应设置"累计摊销"账户来进行核算,贷方登记摊销的计提数,借方登记无形资产处置时已计提摊销的转出。

企业应当考虑该项无形资产所服务的对象,并以此为基础将其摊销价值计入相关资产的成本或者当期损益。企业自用的无形资产,摊销时,借记"管理费用"账户,贷记"累计摊销"账户;出租的无形资产,摊销时,借记"其他业务成本"账户,贷记"累计摊销"账户;无形资产包含的经济利益通过所生产的产品或其他资产实现的，摊销时，借记“生产成本”等账户，贷记“累计摊销”账户。

【例 7-5】 2012 年 1 月 1 日，某企业从外单位购得一项非专利技术，支付价款 6 000 万元，款项已支付，估计该项非专利技术的使用寿命为 10 年，该项非专利技术用于产品生产；同时，购入一项商标权，支付价款 2 000 万元，款项已支付，估计该商标权的使用寿命为 5 年。假定这两项无形资产的净残值均为零，并按直线法摊销。

本例中，企业外购的非专利技术的估计使用寿命为 10 年，表明该项无形资产是使用寿命有限的无形资产，且该项无形资产用于产品生产，因此，应当将其摊销金额计入相关产品的制造成本。企业外购的商标权的估计使用寿命为 5 年，表明该项无形资产同样也是使用寿命有限的无形资产，而商标权的摊销金额通常直接计入当期管理费用。企业的账务处理如下：

① 取得无形资产时

借：无形资产——非专利技术	60 000 000	
——商标权	20 000 000	
贷：银行存款		80 000 000

② 按年摊销时

借：制造费用——非专利技术	6 000 000	
管理费用——商标权	4 000 000	
贷：累计摊销		10 000 000

四、使用寿命不确定的无形资产的后续计量

根据可获得的相关信息判断，如果某项无形资产的使用寿命无法合理估计，则应作为使用寿命不确定的无形资产进行核算。对于使用寿命不确定的无形资产，在持有期间内不需要摊销，但应当在每个会计期间进行减值测试。其减值测试的方法按照资产减值的原则进行处理，如经减值测试表明已发生减值，则需要计提相应的减值准备，具体账务处理见本章第五节。

第五节　无形资产减值

无形资产在资产负债表日存在可能发生减值的迹象时，其可收回金额低于账面价值的，企业应当将该无形资产的账面价值减记至可收回金额，减记的金额确认为减值损失，计入当期损益，同时计提相应的资产减值准备，按应计提的金额，借记“资产减值损失”账户，贷记“无形资产减值准备”账户。无形资产减值损失确认后，减值资产的摊销应当在未来期间做相应调整，以使该资产在剩余使用寿命内，系统地分摊调整后的资产账面价值。

无形资产减值损失一经确认，在以后期间不得转回。

【例 7-6】 2010 年 1 月 10 日，企业用银行存款 300 万元外购一项专利技术自用，企业估计此无形资产的预计使用年限为 5 年，按直线法摊销。2011 年 12 月 31 日，由于与此无形

资产相关的经济因素发生了不利变化,致使此无形资产发生价值减值。企业估计其可收回金额为 108 万元。企业进行的会计处理如下:

① 购入时

借:无形资产　　3 000 000

　贷:银行存款　　3 000 000

② 2010 年 1 月 31 日摊销

每月摊销额 = 300 ÷ 5 ÷ 12 = 5(万元)

借:管理费用　　50 000

　贷:累计摊销　　50 000

③ 2010 年 2 月至 2011 年 12 月摊销同 2010 年 1 月。

④ 2011 年 12 月 31 日计提减值准备

2010 年 1 月至 2011 年 12 月共摊销 24 个月,即已摊销额 = 5 × 24 = 120(万元)

无形资产摊余价值 = 300 − 120 = 180(万元)

无形资产减值损失 = 180 − 108 = 72(万元)

借:资产减值损失　　720 000

　贷:无形资产减值准备　　720 000

⑤ 2012 年 1 月摊销时按计提完减值准备后的账面价值及剩余使用年限摊销

每月摊销额 = 108 ÷ 3 ÷ 12 = 3(万元)

借:管理费用　　30 000

　贷:累计摊销　　30 000

【例 7-7】 2011 年 1 月 1 日,某企业购入一项市场领先的畅销产品的商标,支付成本为 6 000 万元,该商标按照法律规定还有 5 年的使用寿命,但是在保护期届满时,企业可每 10 年以较低的手续费申请延期,同时,企业有充分的证据表明其有能力申请延期。此外,有关的调查表明,根据产品生命周期、市场竞争等方面情况综合判断,该商标将在不确定的期间内为企业带来现金流量。

根据上述情况,该商标可视为使用寿命不确定的无形资产,在持有期间内不需要进行摊销。

2011 年年底,企业对该商标按照资产减值的原则进行减值测试,该商标的公允价值为 5 000 万元,经测试表明该商标已发生减值,则 A 公司的账务处理如下:

① 2011 年购入商标时

借:无形资产——商标权　　60 000 000

　贷:银行存款　　60 000 000

② 2011 年年末发生减值时

借:资产减值损失　　10 000 000

　贷:无形资产减值准备　　10 000 000

第六节 无形资产的处置

无形资产的处置，主要是指无形资产出售、对外出租、对外捐赠，或无法为企业带来未来经济利益时，应予以报废。

一、无形资产的出售

企业出售某项无形资产，表明企业放弃无形资产的所有权，应按所取得的价款与该无形资产账面价值的差额作为资产处置利得或损失（营业外收入或营业外支出），与固定资产处置性质相同，计入当期损益。

出售无形资产时，应按实际收到的金额，借记“银行存款”等账户，按已计提的累计摊销，借记“累计摊销”账户，原已计提减值准备的，借记“无形资产减值准备”账户，按应支付的相关税费，贷记“应交税费”等账户，按其账面余额，贷记“无形资产”账户，按其差额，贷记“营业外收入——处置非流动资产利得”账户或借记“营业外支出——处置非流动资产损失”账户。

【例 7-8】 2010 年 9 月 5 日，某企业将拥有的某项专利技术出售给甲公司，取得出售收入 600 万元，应交纳的营业税等相关税费为 36 万元。该项专利技术的初始确认成本为 1 000 万元，已摊销金额为 500 万元，已计提的减值准备为 20 万元。做出企业出售该项专利技术的会计处理。企业的账务处理为：

借：银行存款	6 000 000	
累计摊销	5 000 000	
无形资产减值准备	200 000	
贷：无形资产		10 000 000
应交税费——应交营业税		360 000
营业外收入——处置非流动资产利得		840 000

如果企业转让该项专利技术取得的收入为 4 000 000 元，应交纳的营业税等相关税费为 240 000 元，则企业的账务处理为：

借：银行存款	4 000 000	
累计摊销	5 000 000	
无形资产减值准备	200 000	
营业外支出——处置非流动资产损失	1 040 000	
贷：无形资产		10 000 000
应交税费——应交营业税		240 000

二、无形资产的出租

无形资产出租是指企业将所拥有的无形资产的使用权让渡给他人，并收取租金的行为。无形资产出租收入属于与企业日常活动相关的其他经营活动取得的收入，在满足收入确认条件的情况下,应确认相关的收入及成本,通过其他业务收支账户进行核算。让渡无形资产使用权而取得租金收入时,借记“银行存款”等账户,贷记“其他业务收入”等账户;摊销出租无形资产的成本并发生与转让有关的各种费用支出时,借记“其他业务成本”账户,贷记“累计摊销”账户。

【例 7-9】 2012 年 1 月 1 日,某企业将一项专利技术出租给甲企业使用,该专利技术账面余额为 500 万元,摊销期限为 10 年,出租合同规定,承租方每销售一件用该专利生产的产品,必须付给出租方 10 元专利技术使用费。假定承租方当年销售该产品 10 万件,应交的营业税金为 5 万元。企业出租该无形资产的账务处理如下:

① 取得该项专利技术使用费时

借:银行存款	1 000 000	
贷:其他业务收入		1 000 000

② 按年对该项专利技术进行摊销并计算应交的营业税

借:其他业务成本	500 000	
营业税金及附加	50 000	
贷:累计摊销		500 000
应交税费——应交营业税		50 000

三、无形资产的报废

如果无形资产预期不能为企业带来未来经济利益,例如,该无形资产已被其他新技术替代或超过法律保护期,不能再为企业带来经济利益的,则不再符合无形资产的定义,应将其报废并予以转销,其账面价值转作当期损益。转销时,应按已计提的累计摊销,借记“累计摊销”账户;按其账面余额,贷记“无形资产”账户;按其差额,借记“营业外支出”账户。已计提减值准备的,还应同时结转减值准备。

【例 7-10】 某企业拥有某项专利技术,根据市场调查,因其生产的产品已没有市场,决定应予转销。转销时,该项专利技术的账面余额为 600 万元,摊销期限为 10 年,采用直线法进行摊销,已累计摊销 300 万元,假定该项专利权的残值为零,已累计计提的减值准备为 160 万元,假定不考虑其他相关因素。企业报废无形资产的账务处理如下:

借:累计摊销	3 000 000	
无形资产减值准备	1 600 000	
营业外支出——处置非流动资产损失	1 400 000	
贷:无形资产——专利权		6 000 000

思考题

1. 什么是无形资产?它有何特征?
2. 无形资产通常包括哪些内容?确认无形资产应满足哪些条件?
3. 各种途径取得的无形资产入账价值应如何确定?
4. 如何进行无形资产的取得、摊销及出租、出售、报废的会计处理?

练习题

一、单项选择题

1. 下列项目,属于企业无形资产的是(　　)。

A. 企业自创的品牌　B. 商誉　C. 客户关系　D. 技术诀窍

2. 对于企业出售无形资产实现的收益,正确的会计处理是(　　)。

A. 计入其他业务收入　B. 冲减管理费用

C. 计入营业外收入　D. 计入本年利润

3. 企业2006年1月1日购入一项专利权,实际成本为200万元,摊销年限为10年,采用直线法摊销。2010年12月31日,该无形资产发生减值,预计可收回金额为70万元。计提减值准备后,该无形资产原摊销年限和摊销方法不变。2011年12月31日,该无形资产的账面价值为(　　)万元。

A. 200　B. 86　C. 56　D. 130

4. 企业外购一项专利技术,成交前双方协商价为35 000元,实际成交价32 000元,另付800元交易手续费和法律费用,该项专利技术入账价值为(　　)元。

A. 32 800　B. 35 800　C. 35 000　D. 32 000

5. 下列有关无形资产的表述中错误的是(　　)。

A. 无形资产的后续支出应当在发生时计入当期损益

B. 无形资产的成本应当自取得当月开始摊销

C. 无形资产的出租收入应当确认为其他业务收入

D. 无形资产的开发费用应在发生时计入当期损益

6. 下列各项中不会引起无形资产账面价值发生变动的是(　　)。

A. 对无形资产计提减值准备　B. 发生无形资产后续支出

C. 摊销无形资产　D. 转让无形资产所有权

7. 在会计期末,无形资产的账面价值高于其可收回金额的差额应当计入(　　)。

A. 管理费用　B. 销售费用

C. 其他业务成本　D. 资产减值损失

8. 某公司2007年1月1日取得一项无形资产,实际成本500万元,按10年摊销。2011年末该无形资产预计可收回金额180万元,计提减值准备后,该无形资产原摊销年限不变,则2011年年末该无形资产的账面价值为(　　)。

A. 170万元　B. 214万元　C. 200万元　D. 144万元

二、多项选择题

1. 下列表述中,能够表现无形资产特征的是(　　)。

A. 没有实物形态　B. 能给企业带来经济利益

C. 属于非货币性流动资产　D. 具有可辨认性

E. 都可以单独予以取得

2. 下列各项目中，一般而言有期限的是(　　)。

A. 专营权　　B. 专利权

C. 非专利技术　　D. 商誉

E. 著作权

3. 下列关于无形资产摊销的说法，正确的有(　　)。

A. 无形资产应当自达到预定用途当月起开始进行摊销

B. 当月达到预定用途的无形资产，当月不摊销，下月开始摊销

C. 企业自用无形资产的摊销金额都应当计入管理费用

D. 企业出租无形资产的摊销价值应该计入营业外支出

E. 并不是所有的无形资产都要进行摊销

4. 下列项目中，构成开发支出资本化条件的是(　　)。

A. 无形资产产生经济利益的方式

B. 归属于该无形资产开发阶段的支出能够可靠地计量

C. 具有完成该无形资产并使用或出售的意图

D. 开发的技术必须能够申请专利权

E. 完成该无形资产以便其能够使用或出售在技术上具有可行性

5. 企业出租无形资产发生的费用成本包括(　　)。

A. 应交的营业税　　B. 为履行出租合同发生的各种费用

C. 无形资产的账面金额　　D. 无形资产的摊销金额

E. 无形资产摊余价值

6. 下列说法中正确的是(　　)。

A. 投资者投入的无形资产，应当按照投资合同或协议约定的价值作为成本，但合同或协议约定价值不公允的除外

B. 企业内部研究开发项目研究阶段的支出，应当于发生时计入当期损益

C. 开发过程中符合资本化条件的费用应当计入自行研发取得的无形资产的成本

D. 自创的商誉可以计入无形资产成本

E. 企业内部研究开发项目研究阶段的支出，应当于发生时计入无形资产

7. 关于无形资产减值，下列说法正确的是(　　)。

A. 当一项无形资产已被其他新技术等代替，使其为企业创造经济利益的能力受到重大不利影响时计提

B. 当一项无形资产的市价在当期大幅下跌，在剩余摊销年限内预期不会恢复时计提

C. 计提的无形资产减值准备记入“营业外支出”科目

D. 当一项已计提减值准备的无形资产价值回升时可冲回已计提的减值准备

E. 计提的无形资产减值准备记入“管理费用”科目。

8. 可以作为无形资产入账的是(　　)

A. 商誉　　B. 商标权　　C. 土地使用权　　D. 特许权

E. 非专利技术

三、判断题

1. 我国的无形资产既包括可辨认的，也包括不可辨认的。(　　)

2. 无形资产有的有期限，有的没期限。(　　)

3. 非专利技术与专利技术相同，都是有期限的。(　　)

4. 无形资产摊销期限一经确定，不得随意改变。(　　)

5. 无形资产计提的减值准备和转销所确认的损失均应计入企业当期的管理费用。(　　)

6. 无形资产在确认后发生的支出，应在发生时计入无形资产成本。(　　)

7. 使用寿命不确定的无形资产不进行摊销，而是在每个会计期末进行减值测试，如果有减值发生，则计提无形资产减值准备。(　　)

8. 对使用寿命确定的无形资产进行摊销，不需要进行减值测试及计提无形资产减值准备。(　　)

四、业务题

1. A企业2010年1月1日从B企业购入一项专利的所有权自用，以银行存款支付买价和有关费用共计40 000元，该专利的法定有效期限为10年，合同规定的法定有效期限为8年，假定A企业于年末一次计提全年无形资产摊销，2012年1月15日，A企业将上项专利权出售给C企业，取得收入35 000元存入银行，该项收入适用的营业税税率为5%（不考虑其他税费）。

要求：(1) 对A企业购入专利权进行会计处理。

(2) 计算该项专利权的年摊销额并进行相关会计处理。

(3) 做出企业转让该项专利权的会计处理

2. 2009年1月1日，甲企业外购A无形资产自用，实际支付的价款为2 000 000元。根据相关法律，A无形资产的有效年限10年，已使用1年。甲企业估计A无形资产预计使用年限为5年。假定甲企业于年末一次计提全年无形资产摊销。2010年12月31日，由于与A无形资产相关的经济因素发生不利变化，A无形资产发生价值减值。甲企业估计其可收回金额为900 000元。2012年12月31日，甲企业发行股票，导致A无形资产在2010年发生减值损失的不利经济因素已全部消失，且此时估计A无形资产的可收回金额为800 000元。假定不考虑所得税及其他相关税费的影响。

要求：对无形资产购入到无形资产使用期满相关业务进行会计处理。

3. 2011年1月1日，甲公司经董事会批准研发某项新产品专利技术，该公司董事会认为，研发该项目具有可靠的技术和财务等资源的支持，一旦研发成功将降低该公司生产产品的生产成本。该公司在研究开发过程中发生材料费5 000万元、人工工资1 000万元以及其他费用4 000万元，总计10 000万元，其中，符合资本化条件的支出为6 000万元。2012年2月15日，该专利技术已经达到预定用途。做出该公司自行开发无形资产支出及无形资产确认的会计处理。

第八章　投资性房地产核算

【教学目的】

通过本章学习，学生应当了解并掌握：

1. 房地产的含义及范围
2. 投资性房地产的确认和初始计量
3. 投资性房地产的后续计量
4. 投资性房地产的转换和处置

企业拥有的房地产，不仅可以满足生产和经营的需要，还可以作为一种投资手段进行有效保值、增值或者规避风险的工具。随着我国经济的快速发展，越来越多的企业将闲置资金也投资于房地产，以实现资金的保值和增值。在《企业会计准则第3号——投资性房地产》出台之前，对投资性房地产会计处理一直没有相关的系统性规定，而该准则对企业的投资性房地产的核算进行了规范。会计准则中明确规定，投资性房地产的含义是，只有为赚取租金或资本增值，或两者兼有而持有的房地产才属于投资性房地产，而企业自用的房地产属于固定资产，房地产开发企业开发的作为商品用于出售的房地产属于存货。因此，判断企业持有的房地产到底是投资性房地产还是固定资产或存货，其根本依据在于持有目的不同。通过本章内容的学习，学生不但可以了解投资性房地产的含义、范围，还可以掌握投资性房地产的确认与计量、投资性房地产的相关会计核算方法，为企业规范房地产核算提供理论依据和现实指导。

第一节　投资性房地产的含义及范围

我国投资性房地产会计准则指出，投资性房地产，是指为赚取租金或资本增值，或两者兼有而持有的房地产。企业会计准则所规定的投资性房地产范围主要包括：已出租的土地使用权、持有并准备增值后转让的土地使用权以及已出租的建筑物。

1. 已出租的土地使用权

已出租的土地使用权，是指企业以经营租赁方式出租的土地使用权。包括企业以交纳土地出让金的方式取得或接受其他单位转让取得的土地使用权。

对于已出租的投资性房地产经营租赁期届满，因暂时空置但继续用于出租的，仍作为投资性房地产；对于以经营租赁方式租入土地使用权再转租给其他单位的，不能确定为投资性房地产。

2. 持有并准备增值后转让的土地使用权

持有并准备增值后转让的土地使用权，是指企业通过受让方式取得的、准备增值后再转让的土地使用权。按照国家《闲置土地处置办法》规定认定的闲置土地，不属于持有并准备增值的土地使用权，也就不属于投资性房地产。《闲置土地处置办法》规定，闲置土地是指土地使用者依法取得土地使用权后，未经原批准用地的人民政府同意，超过规定的期限未动工开发建设的建设用地。

3. 已出租的建筑物

已出租的建筑物，是指企业以经营租赁方式出租的建筑物。包括自行建造或开发活动完成后用于出租的房地产。用于出租的建筑物一方面企业拥有产权，另一方面必须有经营租赁协议，并按租赁协议向承租人提供的与出租相关的辅助服务（如维护、保安等）在整个协议中不重大的出租业务，将该出租的建筑物确认为投资性房地产。

下列各项不属于投资性房地产：

(1) 自用房地产，指企业为生产商品、提供劳务或者经营管理而持有的房地产。另外，企业出租企业职工居住的房产，属于间接为生产经营服务的房产，具有自用性质，也不属于投资性房地产。

(2) 作为存货核算的房地产。房地产开发企业以销售为目的而开发的商品房和土地，属于房地产开发企业的存货，不属于投资性房地产。

第二节　投资性房地产的确认和初始计量

一、投资性房地产的确认

将某项资产确认为投资性房地产，除了要符合投资性房地产的定义外，还必须同时具备以下两个条件：

(1) 与该投资性房地产有关的经济利益很可能流入企业。

投资性房地产的确认，是解决能否作为投资性房地产入账的根本。投资性房地产确认的关键是判断房地产能否给企业带来经济利益，只有与投资性房地产有关的经济利益能够流入企业，才能将其确认为投资性房地产，否则不能确认为投资性房地产。

(2) 该投资性房地产的成本能够可靠计量。

投资性房地产的成本能够可靠计量，是解决入账价值多少的问题。对投资性房地产的确认，除了满足与该投资性房地产有关的经济利益很可能流入企业的条件之外，该投资性房地产的成本也必须能够可靠计量，才能在会计核算中准确确定入账价值。因此，只有投资性房地产的成本能够可靠地计量，才将其确认为投资性房地产，否则不能确认为投资性房地产。

二、投资性房地产的初始计量

投资性房地产应当按照成本进行初始计量。由于投资性房地产的取得方式有外购、自行建造和其他方式等,其成本的构成内容也不完全一致。

(1) 外购投资性房地产的成本,包括购买价款、相关税费和可直接归属于该资产的其他支出。

(2) 自行建造投资性房地产的成本,由建造该项资产达到预定可使用状态前所发生的必要支出构成。建造投资性房地产的必要支出一般包括土地征用及拆迁补偿费、前期工程费、基础设施费、建筑安装工程费、公共配套设施费,以及应予以资本化的借款费用、支付的其他费用和分摊的间接费用等。需要说明的是,建造过程中发生的非正常损失,不计入建造成本,直接计入当期损益。

(3) 以其他方式取得的投资性房地产的成本,按照相关会计准则的规定确定。

三、投资性房地产的取得核算

投资性房地产的核算既可以采用成本模式计量,也可以采用公允价值模式计量。在这两种计量模式下,用于核算企业投资性房地产的总账设置均为"投资性房地产"账户,资产类,用于核算投资性房地产价值的增、减变动及结存情况。

采用成本模式计量的投资性房地产,应当按照投资性房地产的类别和项目进行明细核算。

采用公允价值模式计量的投资性房地产,还应当分"成本"和"公允价值变动"进行明细核算。

采用成本模式计量的投资性房地产的累计折旧或累计摊销,可以单独设置"投资性房地产累计折旧(摊销)"科目,比照"累计折旧"等科目进行处理。

采用成本模式计量的投资性房地产发生减值的,可以单独设置"投资性房地产减值准备"科目,比照"固定资产减值准备"等科目进行处理。

1. 外购投资性房地产

外购的房地产只有在购入的同时予以出租,才能作为投资性房地产进行核算。

采用成本模式计量的,企业外购的投资性房地产,应按取得时的实际成本,借记"投资性房地产"账户,贷记"银行存款"等账户。

采用公允价值模式计量的,企业外购的投资性房地产,按取得时的实际成本,借记"投资性房地产——成本"账户,贷记"银行存款"等账户。

【例 8-1】 2012 年 3 月 10 日,甲企业购入一幢办公楼,购买价款为 8 000 000 元,款项已通过银行转账支付。购入后甲企业决定出租给乙公司,并采用成本模式核算。假设不考虑其他因素的影响。甲公司会计处理如下:

借:投资性房地产——办公楼	8 000 000	
贷:银行存款		8 000 000

【例 8-2】 承【例 8-1】,假设甲企业采用公允价值模式核算,则其会计处理如下:

借:投资性房地产——办公楼(成本)	8 000 000	
贷:银行存款		8 000 000

2. 自行建造投资性房地产

采用成本模式计量的,按照确定的成本,借记“投资性房地产”账户,贷记“银行存款”、“在建工程”或“开发产品”等账户。

采用公允价值模式计量的,按照确定的成本,借记“投资性房地产——成本”账户,贷记“银行存款”、“在建工程”或“开发产品”等账户。

【例 8-3】 2011 年 6 月,甲企业从乙公司购入土地使用权价值 300 万元,该土地使用权全部用于自行开发建造仓库,建成的仓库用于对外出租。仓库在建造过程中,共领用工程物资 60 万元,计提工程人员工资 10 万元,福利费 1.5 万元,应负担的借款费用 4 万元。该仓库建造工程于当年 11 月末达到预定可使用状态。甲企业相关会计处理如下:

① 购入土地使用权时

借:无形资产——土地使用权	3 000 000	
贷:银行存款		3 000 000

② 领用工程物资时

借:在建工程	600 000	
贷:工程物资		600 000

③ 计提工程人员工资、福利费时

借:在建工程	115 000	
贷:应付职工薪酬——工资		100 000
——职工福利		15 000

④ 负担的借款费用

借:在建工程	40 000	
贷:应付利息		40 000

⑤ 工程完工结算总成本

借:投资性房地产——仓库	755 000	
贷:在建工程		755 000

⑥ 土地使用权转为投资性房地产时

借:投资性房地产——已出租土地使用权	3 000 000	
贷:无形资产——土地使用权		3 000 000

3. 投资者投入的投资性房地产

投资者投入的投资性房地产,应当按照投资合同或协议约定的价值作为初始投资成本,但合同或协议约定价值不公允的除外。投资者投入投资性房地产时,投资合同或协议约定价值,借记“投资性房地产”账户,贷记“实收资本”或“股本”等账户。

【例 8-4】 2012 年 5 月 10 日,乙企业以其持有的投资性房地产作为资本投入甲企业,双方合同约定价格为 200 万元,并全部作为投资份额进行核算,已办妥相关手续。假设不考虑其他相关因素的影响。甲企业的会计处理如下:

借:投资性房地产	2 000 000	
贷:实收资本——乙企业		2 000 000

第三节 投资性房地产的后续计量

投资性房地产的后续计量,既可以采用成本模式,也可采用公允价值模式。但同一企业只能采用一种模式对所有投资性房地产进行后续计量,不得同时采用两种模式计量。企业对投资性房地产的计量模式一经确定,不得随意变更。成本模式转为公允价值模式的,应当作为会计政策变更处理,已采用公允价值模式计量的投资性房地产,不得从公允价值模式转为成本模式。

与投资性房地产有关的后续支出,满足投资性房地产的两个确认条件规定的,应当计入投资性房地产成本;不满足投资性房地产的两个确认条件规定的,应当在发生时计入当期损益。

这里需要说明的是,投资性房地产的修理支出,无论是日常修理还是大修理支出,都应直接计入修理当期损益。

一、成本模式下投资性房地产的后续计量

投资性房地产属于企业的长期资产,通常也有使用寿命期限,因此,在成本模式下企业应该按期对投资性房地产计提折旧或进行摊销。在资产负债表日如果投资性房地产存在减值迹象的,应对投资性房地产进行减值测试。

企业可以单独设置"投资性房地产累计折旧"或"投资性房地产累计摊销"账户,按月对投资性房地产计提折旧或进行摊销时,借记"其他业务成本"账户,贷记"投资性房地产累计折旧"或"投资性房地产累计摊销"账户。取得的租金收入,借记"银行存款"等账户,贷记"其他业务收入"账户。

在资产负债表日对投资性房地产进行减值测试后确定发生减值的,应当计提减值准备,借记"资产减值损失"账户,贷记"投资性房地产减值准备"账户。已经计提减值准备的投资性房地产,其减值损失在以后会计期间不得转回。

【例8-5】 甲企业新建一栋办公楼出租给乙企业使用,已确认为投资性房地产,采用成本模式进行后续计量。假设这栋办公楼的建造总成本为1 500万元,按照直线法计提折旧,预计使用寿命为40年,预计净残值为零。按照经营租赁合同,乙企业每月支付给甲企业租金6万元。当年末,这栋办公楼发生减值迹象,经减值测试,其可收回金额为900万元,此时办公楼账面价值为1 200万元,以前未计提减值准备。甲公司的账务处理如下:

① 投资性房地产建造完成时

借:投资性房地产　　15 000 000

　贷:在建工程　　15 000 000

② 计提折旧时

每月计提的折旧 = 1 500 ÷ 40 ÷ 12 = 3.125(万元)

借:其他业务成本　　31 250

　贷:投资性房地产累计折旧　　31 250

③ 每月确认租金

借:银行存款(或其他应收款) 60 000

贷:其他业务收入 60 000

④ 资产负债表日计提减值准备时

借:资产减值损失 3 000 000

贷:投资性房地产减值准备 3 000 000

二、公允价值模式下投资性房地产的后续计量

投资性房地产的后续计量,只有有确凿证据表明投资性房地产公允价值能够可靠取得时,才可以对投资性房地产采用公允价值模式进行后续计量。投资性房地产公允价值能够可靠取得的条件为:① 投资性房地产所在地有活跃的房地产交易市场;② 企业能够从房地产交易市场上取得同类或类似房地产的市场价格及其他相关信息,从而对投资性房地产的公允价值做出合理的估计。

采用公允价值模式后续计量的,不对投资性房地产计提折旧或进行摊销,应当以资产负债表日投资性房地产的公允价值为基础调整其账面价值,资产负债表日其公允价值高于账面余额的差额,借记"投资性房地产——公允价值变动"账户,贷记"公允价值变动损益"账户;公允价值低于账面余额的差额做相反的会计分录。

【例 8-6】 2012 年 5 月 31 日,甲企业出租给乙企业使用的一项土地使用权账面价值为 500 000 元,当日市场上同类土地使用权的公允价值为 530 000 元。假设不考虑其他因素影响。甲企业的会计处理如下:

借:投资性房地产——公允价值变动 30 000

贷:公允价值变动损益 30 000

第四节 投资性房地产的转换和处置

一、投资性房地产的转换

(一) 投资性房地产转换的条件

房地产转换是因为房地产用途发生了改变而进行的重新分类,并不是后续计量模式的转变。企业必须有确凿的证据表明房地产用途发生改变,才能进行房地产转换核算。企业的房地产满足下列条件之一,即为有确凿证据表明房地产用途发生改变:

(1) 投资性房地产开始自用。

(2) 作为存货的房地产改为出租。

(3) 自用土地使用权停止自用,用于赚取租金或资本增值。

(4) 自用建筑物停止自用,改为出租。

（二）投资性房地产转换的账务处理

1. 成本模式下投资性房地产转换的账务处理

在成本模式下，企业不论是将自用房地产（或存货）转换为投资性房地产，还是将投资性房地产转换为自用房地产（或存货），都应将房地产转换前的账面价值作为转换后的账面价值。

（1）将作为存货的房地产转换为投资性房地产

将作为存货的房地产转换为投资性房地产的，应按其在转换日的账面余额，借记“投资性房地产”账户，贷记“开发产品”等账户。已计提跌价准备的，还应同时结转跌价准备。

【例8-7】 甲为房地产开发企业，2012年3月1日与乙企业签订了租赁协议，将其开发的写字楼出租给乙企业。租赁开始日为2012年4月1日，当日写字楼的账面余额为600万元，未计提存货跌价准备，转换后采用成本模式计量。甲企业将其开发的产品（写字楼）转为投资性房地产的会计处理如下：

借：投资性房地产——写字楼	6 000 000	
贷：开发产品		6 000 000

（2）将自用的房地产转换为投资性房地产

将自用的房地产转换为投资性房地产的，应按其在转换日的原价、累计折旧、减值准备等，分别转入“投资性房地产”、“投资性房地产累计折旧（摊销）”、“投资性房地产减值准备”账户。

【例8-8】 2012年5月3日，甲企业将自用办公楼出租，原采用成本模式计量。当日，该办公楼账面原价为180万元，已计提折旧50万元，已计提减值准备4万元，假设不考虑其他因素。甲企业的会计处理如下：

借：投资性房地产——办公楼	1 800 000	
累计折旧	500 000	
固定资产减值准备	40 000	
贷：固定资产		1 800 000
投资性房地产累计折旧		500 000
投资性房地产减值准备		40 000

（3）将投资性房地产转为自用

将投资性房地产转为自用时，应按其在转换日的账面余额、累计折旧、减值准备等，分别转入“固定资产”、“累计折旧”、“固定资产减值准备”等账户。

【例8-9】 如果【例8-8】业务中的甲企业将出租的办公楼收回自用，则甲企业的会计处理如下：

借：固定资产	1 800 000	
投资性房地产累计折旧	500 000	
投资性房地产减值准备	40 000	
贷：投资性房地产——办公楼		1 800 000
累计折旧		500 000

固定资产减值准备　　40 000

2. 公允价值模式下投资性房地产转换的账务处理

在公允价值模式下,企业不论是将自用房地产(或存货)转换为投资性房地产,还是将投资性房地产转换为自用房地产(或存货),都应将房地产转换日该房地产的公允价值作为其入账价值。对于转换日该房地产的公允价值与其账面价值的差额,在不同的转换业务中,其账务处理不尽相同。

(1) 将作为存货的房地产转换为投资性房地产

将作为存货的房地产转换为投资性房地产的,应按其在转换日的公允价值,借记"投资性房地产——成本",按其账面余额,贷记"开发产品"等账户,按其差额,贷记"资本公积——其他资本公积"账户或借记"公允价值变动损益"账户。已计提跌价准备的,还应同时结转跌价准备。

【例 8-10】 甲为房地产开发企业,2012 年 3 月 1 日与乙企业签订了租赁协议,将其开发的写字楼出租给乙企业。租赁开始日为 2012 年 4 月 1 日,当日写字楼的账面余额为 600 万元,未计提存货跌价准备,转换后采用公允价值模式计量,出租日的公允价值为 650 万元。甲企业将其开发的产品(写字楼)转为投资性房地产的会计处理如下:

借:投资性房地产——写字楼(成本)　　6 500 000

　贷:开发产品　　6 000 000

　　资本公积——其他资本公积　　500 000

(2) 将自用的房地产转换为投资性房地产

将自用的建筑物等转换为投资性房地产的,按其在转换日的公允价值,借记"投资性房地产——成本"账户,按已计提的累计折旧等,借记"累计折旧"等账户,按其账面余额,贷记"固定资产"等账户,按其差额,贷记"资本公积——其他资本公积"账户或借记"公允价值变动损益"账户。已计提减值准备的,还应同时结转减值准备。

【例 8-11】 2012 年 5 月 3 日,甲企业将自用办公楼出租,原采用公允价值模式计量。当日,该办公楼账面原价 180 万元,已计提折旧 50 万元,已计提减值准备 4 万元,转换日的公允价值为 115 万元。假设不考虑其他因素。甲企业的会计处理如下:

借:投资性房地产——办公楼(成本)　　1 150 000

　累计折旧　　500 000

　固定资产减值准备　　40 000

　公允价值变动损益　　110 000

　贷:固定资产　　1 800 000

【例 8-12】 如果【例 8-11】中的办公楼在转换日的公允价值为 140 万元,则甲企业的会计处理如下:

借:投资性房地产——办公楼(成本)　　1 400 000

　累计折旧　　500 000

　固定资产减值准备　　40 000

　贷:固定资产　　1 800 000

资本公积——其他资本公积　　140 000

(3) 将投资性房地产转为自用

将投资性房地产转为自用时,应按其在转换日的公允价值,借记"固定资产"等账户,按其账面余额,贷记"投资性房地产——成本"或"投资性房地产——公允价值变动"账户,按其差额,贷记或借记"公允价值变动损益"账户。

【例 8-13】 承【例 8-11】,如果甲企业将出租办公楼收回转为自用,原采用公允价值模式计量。当日,该办公楼账面原价 180 万元,已计提折旧 50 万元,已计提减值准备 4 万元,转换日的公允价值为 115 万元。假设不考虑其他因素。甲企业的会计处理如下:

借:固定资产　　1 150 000
　投资性房地产累计折旧　　500 000
　投资性房地产减值准备　　40 000
　公允价值变动损益　　110 000
　贷:投资性房地产——办公楼　　1 800 000

二、投资性房地产的处置

企业出售、转让、报废投资性房地产或者发生投资性房地产毁损等情况,即投资性房地产退出使用,且预计不能从其处置中取得经济利益时,应当终止确认该投资性房地产,并将处置收入扣除其账面价值和相关税费后的金额计入当期损益。

1. 成本模式下投资性房地产的处置

处置投资性房地产时,应按实际收到的金额,借记"银行存款"等账户,贷记"其他业务收入"账户。按该项投资性房地产的累计折旧或累计摊销,借记"投资性房地产累计折旧(摊销)"账户,按该项投资性房地产的账面余额,贷记"投资性房地产"账户,按其差额,借记"其他业务成本"账户。已计提减值准备的,还应同时结转减值准备。

【例 8-14】 甲房地产公司出租的一栋办公楼确认为投资性房地产,采用成本模式计量。租期届满后,甲公司将其出售给乙公司,合同价值为 980 万元,甲公司收到款项存入银行。出售时该办公楼的成本为 1 200 万元,已计提折旧 700 万元。甲公司的会计处理如下:

借:银行存款　　9 800 000
　贷:其他业务收入　　9 800 000
借:其他业务成本　　5 000 000
　投资性房地产累计折旧　　7 000 000
　贷:投资性房地产——办公楼　　12 000 000

2. 公允价值模式下投资性房地产的处置

处置投资性房地产时,应按实际收到的金额,借记"银行存款"等账户,贷记"其他业务收入"账户。按该项投资性房地产的账面余额,借记"其他业务成本"账户,贷记"投资性房地产——成本"账户,贷记或借记"投资性房地产——公允价值变动"账户;同时,按该项投资性房地产的公允价值变动,借记或贷记"公允价值变动损益"账户,贷记或借记"其他业务收入"账户。按该项投资性房地产在转换日计入资本公积的金额,借记"资本公积——其他资本公积”账户，贷记“其他业务收入”账户。

【例 8-15】 2010 年 1 月，甲公司将其作为存货管理的办公楼对外出租以赚取租金，并采用公允价值模式计量。该存货的账面余额是 146 万元，转换当日的公允价值为 196 万元；2010 年 12 月 31 日，该投资性房地产的公允价值为 210 万元；2011 年 12 月 31 日，该投资性房地产的公允价值为 190 万元。假设 2012 年 2 月 20 日，甲公司将其持有的投资性房地产（出租的办公楼）出售给丙公司，出售获得价款 205 万元存入银行。甲公司相关账务处理如下：

① 存货转换为投资性房地产时

借：投资性房地产——办公楼（成本）	1 960 000	
贷：开发产品		1 460 000
资本公积——其他资本公积		500 000

② 2010 年 12 月 31 日公允价值增加时

借：投资性房地产——公允价值变动	140 000	
贷：公允价值变动损益		140 000

③ 2011 年 12 月 31 日公允价值降低时

借：公允价值变动损益	200 000	
贷：投资性房地产——公允价值变动		200 000

④ 2012 年 2 月 20 日出售获得价款时

借：银行存款	2 050 000	
贷：其他业务收入		2 050 000

⑤ 结转成本时

借：其他业务成本	1 900 000	
投资性房地产——公允价值变动（20 万 - 14 万）	60 000	
贷：投资性房地产——成本		1 960 000

⑥ 累计公允价值变动损益结转时

借：其他业务成本	60 000	
贷：公允价值变动损益		60 000

⑦ 原来计入资本公积部分结转时

借：资本公积——其他资本公积	500 000	
贷：其他业务收入		500 000

思考题

1. 什么是投资性房地产？投资性房地产的范围如何？
2. 如何确认投资性房地产？其初始价值如何计量？
3. 投资性房地产后续计量模式有哪些？分别是什么？
4. 投资性房地产的后续计量在各种模式下如何进行？
5. 投资性房地产转换为非投资性房地产的条件是什么？

6. 采用成本模式计量对投资性房地产进行处置应如何核算？

练习题

一、单项选择题

1. 企业取得投资性房地产发生的下列支出中，不应计入投资性房地产成本的是(　　)。

A. 土地开发费　　B. 业务人员差旅费

C. 建筑安装成本　　D. 应予资本化的借款费用

2. 下列各项中，不属于投资性房地产的是(　　)。

A. 已出租的土地使用权　　B. 持有并准备增值后转让的土地使用权

C. 已出租的建筑物　　D. 持有并准备增值后转让的建筑物

3. 企业将其拥有产权的办公楼经营出租给其他单位，同时向承租人提供保安、维修等日常辅助服务，下列说法正确的是(　　)。

A. 提供的相关辅助服务在整个协议中不重大的，该办公楼应确认为自用房地产

B. 提供的相关辅助服务在整个协议中不重大的，该办公楼应确认为投资性房地产

C. 提供的相关辅助服务在整个协议中无论是否重大，该办公楼都应确认为自用房地产

D. 提供的相关辅助服务在整个协议中无论是否重大，该办公楼都应确认为投资性房地产

4. 某企业对投资性房地产采用成本模式计量，且投资性房地产不属于该企业的主营业务，计提的折旧费用或摊销费用应当计入(　　)。

A. 管理费用　　B. 销售费用

C. 其他业务成本　　D. 营业外支出

5. 采用成本模式进行后续计量的企业，关于投资性房地产的会计处理，下列说法中不正确的是(　　)。

A. 应当按规定计提折旧或进行摊销

B. 折旧额或摊销额计入其他业务成本

C. 取得的租金收入计入其他业务收入

D. 不得再转为公允价值模式计量

6. 采用公允价值模式进行后续计量的企业，关于投资性房地产的会计处理，下列说法中正确的是(　　)。

A. 应当按规定计提折旧或者进行摊销

B. 持有期间公允价值高于账面余额的差额计入资本公积

C. 持有期间公允价值低于账面余额的差额计入资本公积

D. 不得再转为成本模式计量

7. 下列关于投资性房地产后续计量的表述中，不正确的是(　　)。

A. 投资性房地产通常应采用成本模式计量

B. 满足规定条件时投资性房地产才可以采用公允价值模式

C．同一个企业可以分别采用成本模式和公允价值模式

D．同一个企业只能采用一种后续计量模式

8．企业将自用房地产转换为以公允价值模式计量的投资性房地产，转换日该房地产公允价值大于原账面价值的差额，应当计入（　　）。

A．营业外收入　　　　B．其他业务收入

C．资本公积　　　　D．公允价值变动损益

9．企业将自用房地产转换为以公允价值模式计量的投资性房地产，转换日该房地产公允价值小于原账面价值的差额，应当计入（　　）。

A．营业外收入　　　　B．其他业务收入

C．资本公积　　　　D．公允价值变动损益

10．企业将自用房地产转换为以公允价值模式计量的投资性房地产，该投资性房地产的入账价值为（　　）。

A．转换日该房地产的原始价值　　　　B．转换日该房地产的账面价值

C．转换日该房地产的公允价值　　　　D．转换日该房地产的重置价值

二、多项选择题

1．下列各项中，不属于投资性房地产的有（　　）。

A．企业已经建成准备出售但尚未售出的房屋

B．企业准备建成后用于出租的在建房屋

C．企业已发出取得使用权的待开发土地

D．企业经营租入又转租的房屋

E．超过规定期限未动工开发建设的闲置建设用地

2．某项房地产部分用于出售、部分用于赚取租金，并且不同用途的部分能够单独计量和出售，对于该房地产，下列说法中正确的有（　　）。

A．该项房地产均属于存货

B．该项房地产均属于投资性房地产

C．该项房地产应分别确认为存货和投资性房地产

D．用于出售的部分属于存货

E．用于赚取租金的部分属于投资性房地产

3．下列各项中，属于投资性房地产的有（　　）。

A．企业以经营租赁方式租出的写字楼

B．企业准备建成后用于出租的在建写字楼

C．企业拥有并自行经营的饭店

D．企业出租给本企业职工的房屋

E．企业持有拟增值后转让的土地使用权

4．房地产转换是因房地产用途发生改变而对房地产进行的重新分类，其转换形式具体包括（　　）。

A．自用房地产转换为投资性房地产

B. 作为存货的房地产转换为投资性房地产

C. 作为存货的房地产转换为自用房地产

D. 投资性房地产转换为自用房地产

E. 投资性房地产转换为存货

5. 下列关于投资性房地产的表述中,正确的有(　　)。

A. 采用公允价值模式计量的投资性房地产不需要计提折旧

B. 采用成本模式计量的投资性房地产不需要计提减值准备

C. 采用公允价值模式计量的投资性房地产不需要计提减值准备

D. 采用公允价值模式计量的投资性房地产可以转为成本模式

E. 采用成本模式计量的投资性房地产可以转为公允价值模式

6. 企业用于出租的下列建筑物中,不应计提折旧的是(　　)。

A. 采用成本模式计量的建筑物

B. 采用公允价值模式计量的建筑物

C. 改建、扩建中的采用成本模式计量的建筑物

D. 日常维护修理中的采用成本模式计量的建筑物

E. 已达到可使用状态但尚未对外出租的建筑物

7. 下列各项中,会引起采用成本模式计量的投资性房地产账面价值发生增减变化的有(　　)。

A. 对投资性房地产进行改建扩建　　B. 对投资性房地产进行修理维护

C. 对投资性房地产计提折旧　　D. 对投资性房地产计提减值准备

E. 投资性房地产发生增值

三、判断题

1. 投资性房地产无论采用成本模式还是公允价值模式,取得时均应当按照成本进行初始计量。(　　)

2. 房地产开发企业依法取得的、用于开发后出售的土地使用权,属于房地产开发企业的存货,即使房地产开发企业决定待增值后再转让其开发的土地,也不得将其确认为投资性房地产。(　　)

3. 成本模式转为公允价值模式,应将计量模式变更时投资性房地产的公允价值大于账面价值的差额计入资本公积,公允价值小于账面价值的差额,计入当期损益。(　　)

4. 企业以出租为目的建造一幢写字楼,该写字楼虽然尚未完工,但由于其建造目的是用于出租,属于投资性房地产。(　　)

5. 采用公允价值模式进行后续计量的企业,其投资性房地产不计提折旧,但应进行减值测试,如果可收回金额低于账面价值,应计提减值准备。(　　)

6. 投资性房地产后续支出如果不满足资本化条件,应当在发生时计入当期损益。(　　)

7. 投资性房地产的修理支出,无论是日常修理还是大修理支出,都应直接计入修理当期损益。(　　)

四、业务题

1. 甲公司在已购的土地(使用权)上自行建造一栋厂房,准备用于扩大生产。厂房竣工总造价300万元。在生产使用之前,以经营租赁方式出租给乙公司使用,采用成本模式进行后续计量。租赁开始日,承租方乙公司按合同给付第一期租金5万元已经存入银行。

要求:编制上述经济业务的会计分录。

2. 甲公司出租的厂房原值为288万元,预计使用30年,预计净残值为零。

要求:编制投资性房地产折旧计算表,并编制会计分录。

3. 甲公司装修已租入的用于产品零售的营业用楼房。装修工程采用外包形式并与丙装饰工程公司签订合同。工程总价格192 000元。工程款待工程竣工验收合格时一次结算。营业用房投入使用后,装修费用按租期8年期限平均摊销。

要求:编制装修费用分摊计算表和相关经济业务的会计分录。

4. 甲企业出租给乙企业使用的一项土地使用权账面价值为230 000元,租赁开始日市场上同类土地使用权的公允价值为270 000元。假设不考虑其他因素影响。甲企业采用公允价值模式进行投资性房地产的后续计量。

要求:编制甲企业投资性房地产后续计量的会计分录。

5. 甲公司与丙公司签订了租赁协议,将其开发的写字楼出租给丙公司。租赁开始日写字楼的账面余额为800万元,未计提存货跌价准备,转换后采用成本模式计量。

要求:编制甲企业将其开发的写字楼转为投资性房地产的会计分录。

6. 甲公司将自用办公楼出租,原采用成本模式计量。当日,该办公楼账面原价为300万元,已计提折旧100万元,假设不考虑其他因素。

要求:编制甲公司自用办公楼转为投资性房地产的会计分录。

7. 甲公司与乙公司签订了租赁协议,将其开发的写字楼出租给乙公司。租赁开始日写字楼的账面余额为300万元,未计提存货跌价准备,转换后采用公允价值模式计量,出租日的公允价值为350万元。

要求:编制甲公司将其开发的写字楼转为投资性房地产的会计分录。

8. 甲企业将自用办公楼出租,原采用公允价值模式计量。当日,该办公楼账面原价为360万元,已计提折旧150万元,已计提减值准备10万元,转换日的公允价值为195万元。假设不考虑其他因素。

要求:编制甲公司办公楼转为投资性房地产的会计分录。

9. 甲公司(房地产开发企业)出租的一栋办公楼确认为投资性房地产,采用成本模式计量。租期届满后,甲公司将其出售给乙公司,合同价值为620万元,甲公司收到款项存入银行。出售时该办公楼的成本为980万元,已计提折旧650万元。

要求:编制甲公司处置该办公楼的会计分录。

10. 甲公司将其办公楼(作为存货管理)对外出租以赚取租金,采用公允价值模式计量。租赁日该办公楼账面余额为260万元,公允价值为290万元;当年12月31日,该投资性房地产的公允价值为320万元;次年12月31日,该投资性房地产的公允价值为300万元。第三年5月10日,甲公司将其出租的办公楼出售给丙公司,出售获得价款270万元并存入银行。

要求:编制甲公司相关业务的会计分录。

第九章　负债核算

【教学目的】

通过本章学习，学生应当了解并掌握：

1. 负债的概念和分类
2. 应交税费的核算
3. 应付职工薪酬的内容及核算
4. 借款费用的会计处理
5. 长期借款的核算
6. 应付债券的核算

负债是指由于过去的交易或事项所引起的公司、企业的现时债务，这种债务需要企业在将来以转移资产或提供劳务加以清偿，从而引起未来经济利益的流出。公司生产经营活动的资金，除投资者投入以外，向银行或金融机构借入资金也是一个重要来源。另外，公司在生产经营活动中由于购买材料、商品等或接受其他单位劳务供应而结欠其他单位的款项，公司由于接受投资者投入资金而应付给投资者的利润，以及应交纳的税金、应付给职工的工资、福利费等，都属于公司的负债。负债一般具有确切的债权人和到期日。负债是如何分类的、流动负债和非流动负债是如何核算的等内容，将在本章得到详细的解答。通过本章的学习，学生一方面可以掌握负债核算相关的基本理论知识，另一方面可以依照书中的大量案例，在企业会计准则及会计制度的规范下，科学进行执业判断，正确进行负债的核算及处理。

负债有确切的债权人、到期日和确定的金额，到期必须还本付息，这是负债不同于所有者权益的一个明显特征。负债按其偿还期限的长短可以分为流动负债和非流动负债。

第一节　流 动 负 债

流动负债是指将在1年内(含1年)或超过1年的一个营业周期内偿还的债务，主要包括短期借款、应付账款、应付票据、应付职工薪酬、应交税费等。

一、短期借款的核算

1. 短期借款的概念

短期借款是指企业为了满足其生产经营活动对资金的临时需要而向银行或其他金融机

构等借入的偿还期限在1年以内(含1年)的各种借款。

2. 短期借款利息的确认与计量

短期借款必须按期归还本金并按时支付利息。由于短期借款利息的支付方式和支付时间不同,会计处理的方法也有一定的区别。如果银行对企业的短期借款按月计收利息,或者在借款到期收回本金时一并收回利息,但利息数额不大,企业可以在收到银行的计息通知或在实际支付利息时,直接将发生的利息费用计入当期损益(财务费用);如果银行对企业的短期借款采取按季或半年等较长期间计收利息,或者是在借款到期收回本金时一并计收利息,数额较大,为了合理地计算各期损益额,保持各个期间损益额的均衡性,企业通常按权责发生制核算基础的要求,采取预提的方法按月计提借款利息,计入各期损益(财务费用)。

$$短期借款利息=借款本金\times利率\times计息期限$$

短期借款本金和利息的核算,需要设置“短期借款”和“应付利息”等账户。

“短期借款”账户,是负债类,核算企业向银行或其他金融机构借入的期限在1年以内(含1年)的各种借款本金的增减变动及其结余情况。贷方登记取得的短期借款,即短期借款本金的增加;借方登记短期借款的偿还,即短期借款本金的减少,期末余额在贷方,表示企业尚未偿还的短期借款的本金的余额。短期借款应按照债权人的不同设置明细账户,并按照借款种类进行明细分类核算。

“应付利息”账户,是负债类,核算企业按照合同约定应支付的利息。在资产负债表日,应按计算确定的短期借款应付利息,记入本账户贷方;实际支付利息时,记入本账户借方;期末余额在贷方,表示企业应付而未付的利息。

企业取得短期借款时,借记“银行存款”账户,贷记“短期借款”账户,在资产负债表日,按计算确定的短期借款利息费用,借记“财务费用”等账户,贷记“银行存款”或“应付利息”账户;偿还短期借款本金、支付利息时,借记“短期借款”、“应付利息”账户,贷记“银行存款”账户。

【例9-1】 某企业因生产经营的临时性需要,于2012年6月1日向银行申请取得期限为6个月,借款利率为6%的借款100 000元,存入银行。该企业有关会计处理如下:

① 取得短期借款时

借:银行存款	100 000	
贷:短期借款		100 000

② 按月计提利息时

$$应付利息=100\,000\times6\%\times1/12=500(元)$$

借:财务费用	500	
贷:应付利息		500

各月支付利息的分录略。

③ 2012年11月1日,到期还本和尚未支付的最后一个月利息时

借:短期借款	100 000	
应付利息	500	
贷:银行存款		100 500

二、以公允价值计量且其变动计入当期损益的金融负债的核算

金融负债来自于金融合同,是企业负债的组成部分,金融负债在初始确认时划分为两类:以公允价值计量且其变动计入当期损益的金融负债和其他金融负债(指没有划分为以公允价值计量且其变动计入当期损益的金融负债)。其中,以公允价值计量且其变动计入当期损益的金融负债,包括交易性金融负债和直接指定为以公允价值计量且其变动计入当期损益的金融负债。

(一) 以公允价值计量且其变动计入当期损益的金融负债的内容

1. 交易性金融负债

满足下列条件之一的金融负债,应当划分为交易性金融负债:

(1) 承担该金融负债的目的,主要是为了近期内出手或回购。

(2) 属于进行集中管理可辨认金融工具组合的一部分,具有客观证据表明企业近期采用短期获利方式对该组合进行管理,在这种情况下,即使组合中有某个组成项目持有的期限稍长也不受影响。

(3) 属于衍生工具。

2. 指定为以公允价值计量且其变动计入当期损益的金融负债

企业不能随意将某项金融负债直接指定为公允价值计量且其变动计入当期损益的金融负债,只有符合下列条件之一的金融负债,才可以在初始确认时指定为以公允价值计量且其变动计入当期损益的金融负债:

(1) 该指定可以消除或明显减少由于该金融负债的计量基础不同所导致的相关利得或损失在确认或计量方面不一致的情况。

(2) 企业风险管理或投资策略的正式书面文件已载明,该金融负债组合或该金融资产和金融负债组合,以公允价值为基础进行管理,评价并向关键管理人员报告。

(二) 以公允价值计量且其变动计入当期损益的金融负债的确认

1. 金融负债确认的条件

企业成为金融工具合同的一方时,应当确认一项金融资产或金融负债。根据此确认条件,企业应当将衍生工具合同形成义务,确认为金融负债。

2. 金融负债终止确认

金融负债的现时义务全部或部分已经解除的,才能终止该金融负债或其一部分。金融负债现时义务的解除可能会涉及其他复杂情形,企业应当注重分析交易的法律形式和经济实质。

企业将用于偿付金融负债的资产转入某个机构或设立信托,偿付债务的现时义务仍存在的,不应当终止确认该金融负债,也不能终止确认转出的资产。企业(债务人)与债权人之间签订协议,以承担新金融负债方式替换现存金融负债,且新金融负债与现存金融负债的合同条款实质上不同的,应当终止确认现存金融负债,并同时确认新的金融负债。企业回购金融负债一部分的,应当在回购日按照继续确认部分和终止确认部分的相对公允价值,将该金融负债整体的账面价值进行分配,分配给终止确认部分的账面价值与支付的对价(包括转

出的非现金资产或承担的新金融负债)之间的差额,计入当期损益。

(三) 以公允价值计量且其变动计入当期损益的金融负债的计量

1. 金融负债的初始计量

企业初始确认金融负债,应当按照公允价值计量。对于以公允价值计量且其变动计入当期损益的金融负债,相关交易费用应当直接计入当期损益。其中,金融负债的公允价值,应当以市场交易价格为基础确定。

2. 金融负债的后续计量

金融负债的后续计量原则:

(1) 公允价值计量且其变动计入当期损益的金融负债,企业应当按照公允价值进行后续计量,且不扣除将来结清金融负债时可能发生的交易费用。

(2) 不属于指定为以公允价值计量且其变动计入当期损益的金融负债的财务担保合同,应当在初始确认后按照下列两项金额中的较高者进行后续计量:一是按照《企业会计准则第13号——或有事项》确定的金额;二是初始确认金额扣除按照《企业会计准则第14号——收入》的原则确定的累计摊销额后的余额。

(3) 没有指定为公允价值计量且其变动计入当期损益并将以低于市场利率贷款的承诺,应当在初始确认后按照下列两项金额之中的较高者进行后续计量:一是,按照《企业会计准则第13号——或有事项》确定的金额;二是初始确认金额扣除按照《企业会计准则第14号——收入》的原则确定的累计摊销额后的余额。

(4) 上述金融负债以外的金融负债,应当按摊余成本进行后续计量。

企业成为金融工具合同的一方并承担相应义务时确认金融负债。金融负债的现时义务全部或部分已经解除的,才能终止确认该金融负债或其一部分。

3. 金融负债公允价值变动形成的利得或损失的处理

(1) 对于按公允价值进行后续计量的金融负债,其公允价值变动形成的利得或损失,除与套期保值有关外,应当计入当期损益。

(2) 以摊余成本计量的金融负债,在摊销、终止确认时产生的利得或损失,应当计入当期损益。符合资本化条件的,应当按照借款费用会计处理原则处理。但是,该金融负债被指定为被套期项目的,相关的利得或损失的处理适用《企业会计准则第24号——套期保值》。

(四) 以公允价值计量且其变动计入当期损益的金融负债的核算

1. 账户设置

企业应设置"交易性金融负债"账户,用来核算企业承担的交易性金融负债的公允价值。企业持有的直接指定为以公允价值计量且其变动计入当期损益的金融负债,也在本账户核算。但衍生金融负债不在此账户核算,是单设"衍生工具"账户核算。"交易性金融负债"账户可按交易性金融负债类别,分别"本金"、"公允价值变动"等进行明细核算。

2. 交易性金融负债的主要账务处理

(1) 企业承担的交易性金融负债,应按实际收到的金额,借记"银行存款"、"存放中央银行款项"、"结算备付金"等账户,按发生的交易费用,借记"投资收益"账户,按交易性金融负债的公允价值,贷记"交易性金融负债——本金"账户。

（2）资产负债表日，按交易性金融负债票面利率计算的利息，借记“投资收益”账户，贷记“应付利息”账户。

资产负债表日，交易性金融负债的公允价值高于其账面余额的差额，借记“公允价值变动损益”账户，贷记“交易性金融负债——公允价值变动”账户；公允价值低于其账面余额的差额做相反的会计分录。

（3）处置交易性金融负债，应按该金融负债的账面余额，借记“交易性金融负债”账户，按实际支付的金额，贷记“银行存款”、“存放中央银行款项”、“结算备付金”等账户，按其差额，贷记或借记“投资收益”账户。同时，按该金融负债的公允价值变动，借记或贷记“公允价值变动损益”账户，贷记或借记“投资收益”账户。资金交收日，按实际交收的证券清算款，借记“证券清算款”账户，贷记“银行存款”或“结算备付金”等账户。

（4）“交易性金融负债”账户期末贷方余额，反映企业承担的交易性金融负债的公允价值。

三、应付票据的核算

应付票据是由出票人出票，委托付款人在指定日期无条件支付特定的金额给收款人或者持票人的票据。应付票据按是否带息分为不带息应付票据和带息应付票据两种。

1. 带息应付票据的处理

应付票据如果为带息票据，其票据的面值就是票据的现值。对于带息应付票据，通常应在期末对尚未支付的应付票据计提利息，计入当期财务费用。

2. 不带息应付票据的处理

不带息应付票据，其票据的面值就是票据到期时的应付金额。

3. 账务处理

（1）开出票据时，借记“在途物资（或材料采购）”、“应交税费——应交增值税（进项税额）”账户，贷记“应付票据”账户。

（2）到期付款时，借记“应付票据（票据的账面价值）”、“财务费用（带息票据尚未计提的利息）”账户，贷记“银行存款（票据的到期值）”账户。

（3）到期无款支付时，无法支付的银行承兑汇票按应付票据的到期值转入“短期借款”账户，无法支付的商业承兑汇票将应付票据的账面价值转入“应付账款”账户。

四、应付账款的核算

1. 应付账款核算的内容

应付账款是指企业购买材料、商品和接受劳务供应等应支付给供应单位的款项。应付账款的入账时间应为商品货物的所有权发生转移的时间。

为了核算应付账款的形成及其偿还情况，应设置“应付账款”账户，贷方登记企业购买材料物资、接受劳务等所形成的应付未付款项；借方登记偿还的应付账款，或开出商业汇票抵付应付账款的款项，或冲销无法支付的应付账款；余额一般在贷方，表示尚未偿还的应付账款。企业应付各种赔款、应付租金、应付存入保证金等，不在本账户核算，在“其他应付款”中核算。

2. 应付账款的核算

企业购入材料、商品等验收入库，但货款尚未支付，应根据有关凭证（发票账单、随货同行发票等）上记载的实际价款或暂估价值，借记“原材料”等账户，按应付的款项，贷记“应付账款”账户；企业接受供应单位提供劳务而发生的应付未付款项，应根据供应单位的发票账单，借记“生产成本”、“管理费用”等账户，贷记“应付账款”账户；交易涉及增值税进项税额的，还应进行相应的处理；偿还应付账款，或开出商业汇票抵付应付账款的款项，或冲销无法支付的应付账款时，借记“应付账款”账户，贷记有关账户。

【例 9-2】 某一般纳税人企业向 B 公司购入材料一批，货款 80 000 元，增值税 13 600 元，对方代垫运杂费 400 元。材料已运到并验收入库，款项尚未支付（存货采用实际成本核算）。该企业应做如下会计处理：

借：原材料	80 400	
应交税费——应交增值税（进项税额）	13 600	
贷：应付账款——B 公司		94 000

若上述款项已通过银行支付，则该企业应做如下会计处理：

借：应付账款——B 公司	94 000	
贷：银行存款		94 000

【例 9-3】 根据供电部门通知，企业本月应付电费 48 000 元，其中生产车间电费 32 000 元，企业行政管理部门电费 16 000 元，款项尚未支付。

借：制造费用	32 000	
管理费用	16 000	
贷：应付账款——×供电部门		48 000

有些应付账款由于债权单位撤销或者其他原因，企业无法支付该笔应付的款项。对于无法支付的应付款项，企业应将其账面余额转入营业外收入，借记“应付账款”账户，贷记“营业外收入”账户。

五、预收账款的核算

1. 预收账款核算的内容

预收账款是指企业按照合同规定，向购货单位预先收取的款项。根据购销合同的规定，销货企业可向购货企业先收取一部分货款，待向对方发货后再收取其余货款。企业在发货前所收取的货款，成为企业的负债。与应付账款不同，这一负债不是以货币偿付，而是以货物或者提供劳务偿付。

企业应设置“预收账款”账户，是负债类，用来核算企业按照合同规定向购货单位预收的款项。贷方登记预收货款的数额和购货单位补付货款的数额；借方登记企业向购货方发货后冲销的预收货款数额和退回购货方多付货款的数额；余额一般在贷方，表示已预收货款但尚未向购货方发货或尚未提供的劳务的数额。

预收货款业务不多的企业，可以不设置“预收账款”账户，其所发生的预收货款，可通过

“应收账款”账户贷方核算。

2. 预收账款的核算

企业按规定向购货单位预收货款时，借记“银行存款”账户，贷记“预收账款”账户；将货物交给购货方时，按售价及增值税，借记“预收账款”账户，贷记“主营业务收入”、“应交税费——应交增值税(销项税额)”账户；收到购货单位补付的货款，借记“银行存款”账户，贷记“预收账款”账户；向购货单位退回其多付的款项时，借记“预收账款”账户，贷记“银行存款”账户。

【例 9-4】 某一般纳税人企业与D企业签订供货合同，供货金额100 000元，增值税额17 000元。D企业预付全部款项的40%，余款交货后付清。该企业应做如下会计处理：

① 预收40%货款时

借：银行存款 46 800

贷：预收账款——D企业 46 800

② 按合同规定，向D企业发出货物，确认销售实现时

借：预收账款——D企业 117 000

贷：主营业务收入 100 000

应交税费——应交增值税(销项税额) 17 000

③ 收到D企业补付的欠款时

借：银行存款 70 200

贷：预收账款——D企业 70 200

六、其他应付款的核算

1. 其他应付款核算的内容

其他应付款是指与企业购销业务没有直接关系的应付、暂收款项，包括应付租入包装物的租金、经营租入固定资产的应付租金、出租或出借包装物收取的押金、应付及暂收其他单位的款项等。

企业应设置“其他应付款”账户，是负债类，贷方登记发生的各种应付、暂收款项，借方登记偿还或转销的各种应付、暂收款项，余额在贷方，表示应付而未付的款项。

2. 其他应付款的核算

企业发生各种应付、暂收款项时，借记“银行存款”等账户，贷记“其他应付款”账户；支付或退回有关款项时，借记“其他应付款”账户，贷记“银行存款”等账户。

【例 9-5】 某企业出租包装箱一批，收取押金5 000元，存入银行。出租期满收回该批包装箱，并退还原收取的押金。应做如下会计处理：

① 收取包装物押金时

借：银行存款 5 000

贷：其他应付款——存入保证金 5 000

② 收回包装物，退还押金时

借：其他应付款——存入保证金 5 000

贷:银行存款　　5 000

七、应付职工薪酬的核算

(一) 应付职工薪酬的含义及组成内容

1. 应付职工薪酬的含义

应付职工薪酬是企业为获得职工提供的服务而给予的各种形式的报酬以及其他相关支出。其中企业的职工包括:① 与企业订立正式劳动合同的所有人员(含全职、兼职和临时职工);② 企业正式任命的人员(如董事会、监事会和内部审计委员会成员等);③ 虽未订立正式劳动合同或企业未正式任命,但在企业的计划、领导和控制下提供类似服务的人员。

2. 职工薪酬的内容

(1) 职工工资、奖金、津贴和补贴。

(2) 职工福利费,是指企业负担职工福利方面的义务而发生的支出。

(3) 社会保险费,是指企业为职工交纳的医疗保险费、养老保险费、失业保险费、工伤保险费和生育保险费等社会保险费。

(4) 住房公积金,是指企业在职工工作年限内,为职工按月交存、长期储蓄、归职工个人所有、专项用于职工住房支出的资金。

(5) 工会经费和职工教育经费,是指企业根据《工会法》等有关规定,按每月全部职工工资总额的一定比例计提,向工会拨缴的经费和用于职工教育培训的经费。

(6) 非货币性福利,是指企业给予职工的非货币性薪酬,包括企业以自产产品发放给职工作为福利、将企业拥有或租赁的资产无偿提供给职工使用、为职工无偿提供医疗保健服务等。

(7) 辞退福利,即因解除与职工的劳动关系而给予的补偿,是指企业在职工劳动合同到期前解除与职工的劳动关系,或者为鼓励职工自愿接受裁减而给予职工的补偿。

(8) 其他与获得职工提供的服务相关的支出。企业以商业保险形式提供给职工的各种保险待遇、以现金结算的股份支付也属于职工薪酬;以权益工具结算的股份支付也属于职工薪酬。

(二) 应付职工薪酬的确认和计量

1. 应付职工薪酬的确认

企业应当在职工为其提供服务的会计期间,根据职工提供服务的受益对象,将确认的职工薪酬(包括货币性薪酬和非货币性福利)计入相关资产成本或当期损益,同时确认为应付职工薪酬,但解除劳动关系补偿(即辞退福利)全部计入当期损益。

具体应分别下列情况处理:

(1) 应由生产产品、提供劳务负担的职工薪酬,计入产品成本或劳务成本。

(2) 应由在建工程、无形资产负担的职工薪酬,计入建造固定资产或无形资产成本。

(3) 上述两项以外的其他职工薪酬,计入当期损益。

2. 应付职工薪酬的计量

计量应付职工薪酬时,国家规定了计提基础和计提比例的,应当按照国家规定的标准计提。国家没有规定计提基础和计提比例的，企业应当根据历史经验数据和实际情况，合理预计当期应付职工薪酬。当期实际发生金额大于预计金额的，应当补提应付职工薪酬；当期实际发生金额小于预计金额的，应当冲回多提的应付职工薪酬。

按照2007年1月1日起施行的《企业财务通则》和《关于实施修订后的〈企业财务通则〉有关问题的通知》(财会[2007]48号)的规定，企业不再按照工资总额的14%计提职工福利费。企业负担职工福利方面的义务而发生的支出，所需费用直接作为成本(费用)列支。

3. 应付职工薪酬的核算

为了核算企业根据有关规定应付给职工的各种薪酬，应设置"应付职工薪酬"账户。企业确认的应付职工薪酬，记入本账户贷方；企业发放给职工的工资、奖金、津贴和补贴及福利费，按规定交纳社会保险费和住房公积金，支付工会经费和职工教育经费用于职工培训等，记入本账户借方；期末余额在贷方，表示企业应付而未付的职工薪酬。

企业应当根据职工提供服务的受益对象，确认应付职工薪酬。生产部门人员的职工薪酬，借记"生产成本"、"制造费用"、"劳务成本"等账户，贷记"应付职工薪酬"账户；应由在建工程、研发支出负担的职工薪酬，借记"在建工程"、"研发支出"等账户，贷记"应付职工薪酬"账户；管理部门人员、销售人员的职工薪酬，借记"管理费用"或"销售费用"账户，贷记"应付职工薪酬"账户。

向职工支付工资、奖金、津贴、福利费等，从应付职工薪酬中扣还的各种款项(代垫的家属医疗费、个人所得税)等，借记"应付职工薪酬——工资"账户，贷记"银行存款"、"库存现金"、"其他应收款"、"应交税费——应交个人所得税"等账户；支付工会经费和职工教育经费用于工会活动和职工培训，借记"应付职工薪酬——工会经费(或职工教育经费)"账户，贷记"银行存款"等账户；按照国家有关规定交纳社会保险费和住房公积金，借记"应付职工薪酬——社会保险费(或住房公积金)"账户，贷记"银行存款"账户。

【例9-6】 2012年3月，某公司当月发放工资2 680 000元，其中：生产部门直接生产人员工资1 800 000元；生产部门管理人员工资250 000元；公司管理部门人员工资300 000元；公司专设销售机构人员工资200 000元；从事建造厂房人员工资130 000元。

根据所在地政府规定，公司分别按照职工工资总额的10%、12%、2%和10.5%计提医疗保险费、养老保险费、失业保险费和住房公积金。交纳给当地社会保险经办机构和住房公积金管理机构。根据2011年实际发生的职工福利费情况，公司预计2012年应承担的职工福利费金额为职工工资总额的2%，职工福利的受益对象为上述所有人员。公司分别按照职工工资总额的2%和2.5%计提工会经费和职工教育经费。

应计入生产成本的职工薪酬

$$= 1\,800\,000 + 1\,800\,000 \times (10\% + 12\% + 2\% + 10.5\% + 2\% + 2\% + 2.5\%)$$
$$= 2\,538\,000(\text{元})$$

应计入制造费用的职工薪酬

$$= 250\,000 + 250\,000 \times (10\% + 12\% + 2\% + 10.5\% + 2\% + 2\% + 2.5\%)$$

$$= 352\,500(元)$$

应计入管理费用的职工薪酬

$$= 300\,000 + 300\,000 \times (10\% + 12\% + 2\% + 10.5\% + 2\% + 2\% + 2.5\%)$$

$$= 423\,000(元)$$

应计入销售费用的职工薪酬

$$= 200\,000 + 200\,000 \times (10\% + 12\% + 2\% + 10.5\% + 2\% + 2\% + 2.5\%)$$

$$= 282\,000(元)$$

应计入在建工程成本的职工薪酬

$$= 130\,000 + 130\,000 \times (10\% + 12\% + 2\% + 10.5\% + 2\% + 2\% + 2.5\%)$$

$$= 183\,300(元)$$

应付职工福利费 $= 2\,680\,000 \times 2\% = 53\,600$(元)

应付社会保险费 $= 2\,680\,000 \times (10\% + 12\% + 2\%) = 643\,200$(元)

应付住房公积金 $= 2\,680\,000 \times 10.5\% = 281\,400$(元)

应付工会经费 $= 2\,680\,000 \times 2\% = 53\,600$(元)

应付职工教育经费 $= 2\,680\,000 \times 2.5\% = 67\,000$(元)

公司在分配、确认应付职工薪酬时,应做如下会计分录:

借:生产成本	2 538 000	
制造费用	352 500	
管理费用	423 000	
销售费用	282 000	
在建工程	183 300	
贷:应付职工薪酬——工资		2 680 000
——职工福利		53 600
——社会保险费		643 200
——住房公积金		281 400
——工会经费		53 600
——职工教育经费		67 000

企业以其自产产品作为非货币性福利发放给职工的,应当根据受益对象,按照该产品的公允价值,计入相关资产成本或当期损益,同时确认应付职工薪酬,借记“生产成本”、“制造费用”、“管理费用”等账户,贷记“应付职工薪酬——非货币性福利”账户。企业以其自产产品实际发放给职工时,借记“应付职工薪酬——非货币性福利”账户,贷记“主营业务收入”、“应交税费——应交增值税(销项税额)”账户;同时还应结转产品的成本,借记“主营业务成本”账户,贷记“库存商品”账户。

企业将拥有的房屋等资产无偿提供给职工使用的，应当根据受益对象，将该住房每期应计提的折旧计入相关资产成本或当期损益，同时确认应付职工薪酬，借记“管理费用”、“生产成本”、“制造费用”等账户，贷记“应付职工薪酬——非货币性福利”账户；同时，借记“应付职工薪酬——非货币性福利”账户，贷记“累计折旧”账户。

难以认定受益对象的非货币性福利，直接计入当期损益和应付职工薪酬。

【例 9-7】 某一般纳税人企业，2012 年 6 月，决定以其生产的空调作为福利发放给职工，每人发放一台空调。企业共有职工 200 人，其中生产工人 150 人，车间管理人员 20 人，厂部管理人员 30 人。该型号空调的每台不含税售价为 5 800 元，单位成本为 4 200 元，增值税税率为 17%。该企业会计处理如下：

① 公司决定发放非货币性福利时

计入生产成本的职工薪酬金额 $=150\times5\,800\times(1+17\%)=1\,017\,900$（元）

计入制造费用的职工薪酬金额 $=20\times5\,800\times(1+17\%)=135\,720$（元）

计入管理费用的职工薪酬金额 $=30\times5\,800\times(1+17\%)=203\,580$（元）

借：生产成本	1 017 900	
制造费用	135 720	
管理费用	203 580	
贷：应付职工薪酬——非货币性福利		1 357 200

② 实际发放非货币性福利时

借：应付职工薪酬——非货币性福利	1 357 200	
贷：主营业务收入（200×5 800）		1 160 000
应交税费——应交增值税（销项税额）		197 200
借：主营业务成本（200×4 200）	840 000	
贷：库存商品		840 000

八、应交税费的核算

应交税费，包括企业依法交纳的增值税、消费税、营业税、所得税、资源税、土地增值税、城市维护建设税、房产税、土地使用税、车船税、教育费附加、矿产资源补偿费等税费，以及在上缴国家之前，由企业代扣代缴的个人所得税等。

（一）应交增值税的核算

增值税是就货物和劳务的增值部分征收的一种税。按照《中华人民共和国增值税暂行条例》规定，凡在我国境内销售货物，提供加工、修理修配劳务，以及进口货物的单位和个人，均为增值税的纳税人。

增值税暂行条例规定：增值税为价外税，根据经营规模大小及会计核算的健全程度，增值税纳税人可划分为一般纳税人和小规模纳税人。

1. 应交增值税核算的账户设置

为了核算一般纳税人企业应交增值税的确认、抵扣、转出及缴纳等会计事项，应在“应交税费”账户下设置“应交增值税”和“未交增值税”两个明细账户进行核算。

“应交增值税”明细账户内，分别设置“进项税额”、“已交税金”、“转出未交增值税”、“销项税额”、“进项税额转出”、“转出多交增值税”等专栏，并采用多栏式明细账进行核算。

“未交增值税”明细账户，核算一般纳税人企业月度终了转入的应交而未交增值税或多交的增值税。

小规模纳税人企业应在“应交税费”账户下设置“应交增值税”明细账户，采用三栏式明细账即可。

2. 小规模纳税人企业的会计处理

小规模纳税人企业具有三个特点：一是销售货物或者提供应税劳务，一般情况下，只能开具普通发票，不能开具增值税专用发票；二是销售货物或者提供应税劳务，实行简易办法计算应交增值税额，即应交增值税额 = 不含税销售额 × 征收率；三是销售额不包括其应交增值税额。采用销售额和应交增值税合并定价方法的，应还原为不含增值税的销售额，其计算公式为：

不含税销售额 = 含税销售额 ÷（1 + 征收率）

根据小规模纳税人企业的特点，会计实务中：一是购进货物或者接受应税劳务支付的增值税额，直接计入有关购入货物或者应税劳务的成本；二是销售收入应按不含税价格计算；三是只设置“应交税费——应交增值税”账户，账户中不设置专栏。

【例 9-8】 某公司被核定为小规模纳税人企业，增值税征收率为 3%，该公司本月发生如下经济业务：

（1）购入原材料一批，取得的增值税专用发票上记载的原材料价款为 100 000 元，增值税额为 17 000 元，款项已用银行存款支付，材料尚未到达（采用实际成本进行日常材料核算）。

借：在途物资	117 000	
贷：银行存款		117 000

（2）销售 A 产品 500 件，开出的普通发票中注明含税价格为 92 700 元，收到三个月到期的不带息银行承兑汇票。

销售收入 = 92 700 ÷（1 + 3%）= 90 000（元）

应交增值税额 = 90 000 × 3% = 2 700（元）

借：应收票据	92 700	
贷：主营业务收入		90 000
应交税费——应交增值税		2 700

（3）以银行存款缴纳增值税 2 700 元。

借：应交税费——应交增值税	2 700	
贷：银行存款		2 700

3. 一般纳税人企业的会计处理

一般纳税人企业有三个特点：一是销售货物或者提供应税劳务可以开具增值税专用发票。二是购入货物或者接受应税劳务取得的增值税专用发票上注明的增值税额可以用销项税额抵扣；如果当期销项税额小于当期进项税额而不足抵扣时，可以结转至下期继续抵扣，如果当期销项税额大于当期进项税额，抵扣后的余额为企业的应交增值税额。三是销售额不包括其销项税额。如果企业销售货物或者提供应税劳务采用销售额和销项税额合并定价方法，应还原为不含税销售额，其计算公式为：销售额 = 含税销售额 ÷（1 + 增值税税率），并按不含税销售额计算销项税额。

根据一般纳税人企业的特点，其会计实务有三个要点：一是在购进阶段，会计处理时实行价与税分离，价与税分离的依据为增值税专用发票上注明的价款和增值税税款，属于价款部分计入购入物资或者应税劳务的成本，属于增值税额部分，计入进项税额。二是在销售阶段，销售价格中不含税。如果定价时含税，应还原为不含税的价格作为销售收入，向购买方收取的增值税额作为销项税额。三是一般纳税人企业只有取得增值税专用发票、进口货物已交纳增值税的完税凭证、购进免税农产品或者收购废旧物资的专用收购凭证以及可据以作为扣税依据的运费结算单据等凭证时，进项税额才能从销项税额中予以抵扣。

（1）一般购销业务的会计处理

① 购进货物、接受应税劳务的会计处理

一般纳税人企业购进货物、接受应税劳务，按取得的增值税专用发票（或完税凭证）上注明的增值税额，借记“应交税费——应交增值税（进项税额）”账户，按专用发票上记载的应计入采购成本或加工修理等物资成本的金额，借记“在途物资”等账户；按照实际支付或应付的金额，贷记“银行存款”、“应付账款”等账户。购入货物发生退回，做相反的会计处理。

【例 9-9】 某公司为一般纳税人企业，购入原材料一批，取得的增值税专用发票上注明的原材料价款为 50 000 元，增值税额为 8 500 元，材料验收入库，公司开出承兑期限为 2 个月的商业承兑汇票。该公司采用实际成本进行日常材料核算，其会计处理如下：

借：原材料	50 000	
应交税费——应交增值税（进项税额）	8 500	
贷：应付票据		58 500

② 销售货物、提供应税劳务的会计处理

一般纳税人企业销售货物或者提供应税劳务，按实现的销售收入，贷记“主营业务收入”、“其他业务收入”等账户，按销售收入和规定的增值税税率计算收取的增值税额，贷记“应交税费——应交增值税（销项税额）”账户；按照应收或者实际收到的金额，借记“应收账款”、“银行存款”等账户。发生销售退回做相反的会计处理。

【例 9-10】 某企业被核定为一般纳税人，增值税税率为 17%，该企业当期销售商品一批，不含税销售收入为 150 000 元，款项已收到，并存入银行。该企业的会计处理如下：

借：银行存款	175 500	
贷：主营业务收入		150 000
应交税费——应交增值税（销项税额）		25 500

【例 9-11】 某公司被核定为一般纳税人企业，适用增值税税率为 17%。该公司为 A 企业代加工包装桶 1 000 个，每个收取含税加工费 35.10 元。款项已收到，并存入银行。该公司的会计处理如下：

销售额 = 35.10 × 1 000 ÷ (1 + 17%) = 30 000(元)

销项税额 = 30 000 × 17% = 5 100(元)

借:银行存款　　35 100

　贷:主营业务收入　　30 000

　　应交税费——应交增值税(销项税额)　　5 100

【例 9-12】 A、B 两公司均为一般纳税人企业,B 公司因品种不符合要求,把原 A 公司提供的商品予以退回。该商品原售价 70 000 元,增值税额 11 900 元。A 公司收到了退货,B 公司收到了退款。

A 公司商品被退回时的会计分录如下:

借:主营业务收入　　70 000

　应交税费——应交增值税(销项税额)　　11 900

　贷:银行存款　　81 900

结转退回商品的成本时,应借记"库存商品"账户,贷记"主营业务成本"账户。

B 公司退货并收到退货款时的会计分录如下:

借:银行存款　　81 900

　贷:原材料(或在途物资)　　70 000

　　应交税费——应交增值税(进项税额)　　11 900

③ 购入免税产品的会计处理

企业购进农产品,除取得增值税专用发票或者海关进口增值税专用缴款书外,可按照农产品收购发票或者销售发票上注明的农产品买价和 13% 的扣除率计算进项税额,并准予从销项税额中抵扣。

做会计处理时,应根据有关购进农产品的有关规定计算的进项税额,借记"应交税费——应交增值税(进项税额)"账户,按买价扣除计算的进项税额后的差额,借记"在途物资"、"原材料"、"库存商品"等账户;按支付或应付的买价,贷记"银行存款"等账户。

【例 9-13】 某公司收购农产品一批,收购发票上注明的买价为 500 000 元,以现金支付,收购的农产品已验收入库。该公司进行如下会计处理:

进项税额 = 500 000 × 13% = 65 000(元)

购进农产品的成本 = 500 000 − 65 000 = 435 000(元)

借:库存商品　　435 000

　应交税费——应交增值税(进项税额)　　65 000

　贷:库存现金　　500 000

④ 视同销售的会计处理

企业将自产、委托加工或购买的货物分配给股东或投资者;将自产、委托加工的货物用于集体福利或个人消费、用于非应税项目等行为,应视同销售行为,需要计算缴纳增值税。

【例 9-14】 某公司为增值税一般纳税人企业,适用增值税税率为 17%,本期以一批自产产品对另一公司投资,该批产品的成本为 100 000 元,售价和计税价格均为 120 000 元,双方协议按该批产品的售价作价(假定该协议价是公允的),则甲公司应作如下账务处理:

产品对外投资计算的销项税额 = 120 000 × 17% = 20 400(元)

借:长期股权投资　　140 400

　贷:主营业务收入　　120 000

　　应交税费——应交增值税(销项税额)　　20 400

借:主营业务成本　　100 000

　贷:库存商品　　100 000

⑤ 不予抵扣项目的会计处理

增值税暂行条例及其实施细则规定,企业用于非增值税应税项目、免征增值税项目、集体福利或者个人消费的购进货物或者应税劳务;非正常损失的购进货物及相关的应税劳务;非正常损失的在产品、产成品所耗用的购进货物或者应税劳务,其进项税额不得从销项税额中抵扣。

会计实务中,对于这些按规定不予抵扣的进项税额,应根据购入时能否直接确认,分别进行会计处理。

一是购入货物时能直接确认其进项税额不能抵扣的,如购进货物直接用于免征增值税项目,或者直接用于非增值税应税项目,或者直接用于集体福利或个人消费的,会计核算时,其增值税专用发票上注明的增值税额,应直接计入购入货物或接受劳务的成本。

【例 9-15】 某公司为增值税一般纳税人企业,现购入原材料一批,增值税专用发票上注明的价款为 400 000 元,增值税额为 68 000 元,款项已用银行存款支付,该批原材料用于集体福利设施的安装。

根据增值税暂行条例规定,用于集体福利购进的货物属于免征增值税项目,因此,该批原材料购入时应做如下会计分录:

借:原材料　　468 000

　贷:银行存款　　468 000

二是购入货物时不能直接确认其进项税额能否抵扣的,会计核算时,先按一般购进货物进行会计处理。如果这部分购入货物以后用于按规定不得抵扣进项税额的项目或者购进货物及在产品、产成品发生非正常损失,应将其原已记入进项税额的金额转出,从“应交税费——应交增值税(进项税额转出)”账户转入有关的“生产成本”、“应付职工薪酬”、“待处理财产损溢”等账户。

【例 9-16】 某公司为增值税一般纳税人企业,购入原材料一批,增值税专用发票上注明的价款 1 500 000 元,增值税额 255 000 元,材料已验收入库,款项已支付。后来,因生产需要,公司将该批原材料的 30% 用于免征增值税产品的生产。有关账务处理如下:

购入原材料时:

借:原材料　　1 500 000

　　应交税费——应交增值税(进项税额)　　255 000

　贷:银行存款　　1 755 000

免征增值税产品的生产领用原材料时:

借:生产成本　　526 500

贷:原材料　450 000

应交税费——应交增值税(进项税额转出)　76 500

【例 9-17】 某公司为增值税一般纳税人企业,因管理不善,毁损库存原材料一批,其实际成本为 70 000 元,相关的增值税进项税额为 11 900 元。应做如下会计处理:

借:待处理财产损溢——待处理流动资产损溢　81 900

贷:原材料　70 000

应交税费——应交增值税(进项税额转出)　11 900

⑥ 转出多交增值税和未交增值税的会计处理

月份终了,企业应通过计算来确定是否存在应交而未交或多交的增值税额。其计算公式如下:

本月应交而未交增值税额 = 本月销项税额 + 本月进项税额转出额 - 月初结转的尚未抵扣的进项税额 - 本月进项税额 - 本月已交本月的增值税额

如果计算结果大于零,表示企业有应交而未交的增值税额,应借记“应交税费——应交增值税(转出未交增值税)”账户,贷记“应交税费——未交增值税”账户。

【例 9-18】 某公司为一般纳税人企业,2011 年 11 月份发生销项税额 212 500 元,进项税额 87 970 元,本月已交本月的增值税额 25 000 元,月初结转的尚未抵扣进项税额 48 560 元,本月进项税额转出 3 930 元。

应交而未交的增值税额 = 212 500 + 3 930 - 48 560 - 87 970 - 25 000 = 54 900(元)

借:应交税费——应交增值税(转出未交增值税)　54 900

贷:应交税费——未交增值税　54 900

如果计算结果小于零,表示企业有多交或者尚未抵扣的增值税额。会计实务中要区分是否采用预缴增值税额的方式分别核算。如果采用预缴增值税方式,计算结果小于零一般表示企业有当月多交的增值税额,应借记“应交税费——未交增值税”账户;贷记“应交税费——应交增值税(转出多交增值税)”账户;如果不采用预缴增值税方式,计算结果小于零,表示企业有尚未抵扣的进项税额,则不必进行会计处理。

⑦ 缴纳增值税的会计处理

企业缴纳当月的增值税,应借记“应交税费——应交增值税(已交税金)”账户,贷记“银行存款”账户;如果当月缴纳上月或以前月份欠交的增值税,则应借记“应交税费——未交增值税”账户,贷记“银行存款”账户。

【例 9-19】 承【例 9-18】,该公司 2011 年 11 月 29 日缴纳当月的增值税款 25 000 元。2011 年 12 月 8 日,缴纳上月应交而未交的增值税款。应做如下会计分录:

11 月 29 日缴纳当月增值税款:

借:应交税费——应交增值税(已交税金)　25 000

贷:银行存款　25 000

12 月 8 日,缴纳结清上月应交未交增值税款:

借:应交税费——未交增值税　54 900

贷:银行存款　54 900

（二）应交消费税的核算

应交消费税的会计处理主要涉及以下三个方面：

（1）消费税实行价内征收，企业缴纳的消费税计入“营业税金及附加”账户，按照规定应交的消费税，在“应交税费”账户下设置“应交消费税”明细账户。

（2）以应税消费品对外投资或用于在建工程等，按规定应交纳的消费税计入投资成本或在建工程。

【例 9-20】 某公司销售应税消费品 1 000 件，价款 100 万元，该项产品增值税税率 17%，消费税税率为 10%，款项已收存银行账户中。

借：银行存款　　1 170 000

　贷：主营业务收入　　1 000 000

　　应交税费——应交增值税（销项税额）　　170 000

同时：

借：营业税金及附加　　100 000

　贷：应交税费——应交消费税　　100 000

【例 9-21】 某公司以应税消费品 100 件向 A 公司投资，产品成本为 400 万元，计税价格为 500 万元，该产品增值税税率 17%，消费税税率为 10%，该公司账务处理如下：

借：长期股权投资——A 公司　　5 350 000

　贷：库存商品　　4 000 000

　　应交税费——应交增值税（销项税额）　　850 000

　　应交税费——应交消费税　　500 000

（3）委托加工应税消费品。对于需要交纳消费税的委托加工应税消费品，委托方提货时，受托方应代收代交税款（除受托加工或翻新改制金银首饰按照规定由受托方交纳消费税外）。委托加工应税消费品收回后，委托方直接用于销售的，应将受托方代收代交的消费税计入委托加工应税消费品成本；委托加工应税消费品收回后委托方用于连续生产，按照规定准予抵扣消费税的，应记入“应交税费——应交消费税”账户。

【例 9-22】 甲公司委托乙公司加工材料一批（是应税消费品，非金银首饰）。发出原材料的成本为 150 万元。以银行存款支付受托加工企业加工费 30 万元，恢复增值税 5.1 万元，由乙公司代收代缴的消费税 20 万元，收回委托加工的材料用于生产应交消费税产品 A 产品。

甲公司的账务处理如下：

① 发出加工材料时

借：委托加工物资　　1 500 000

　贷：原材料　　1 500 000

② 支付加工费、增值税及消费税时

借：委托加工物资　　300 000

　应交税费——应交消费税　　200 000

　应交税费——应交增值税（进项税额）　　51 000

贷:银行存款 551 000

③ 收回加工物资时

借:原材料——C材料 1 800 000

贷:委托加工物资 1 800 000

(三) 应交营业税的核算

营业税是对提供劳务、转让无形资产或者销售不动产的单位和个人征收的一种税。企业按规定应交的营业税,在“应交税费”账户下设置“应交营业税”明细账户。

1. 提供应税劳务,计入“营业税金及附加”。

2. 销售不动产:

(1) 销售商品房应交的营业税,计入“营业税金及附加”。

(2) 出售已用过的建筑物应交的营业税,通过“固定资产清理”账户核算。

3. 出售无形资产:

(1) 出售无形资产所有权应交的营业税,计入“营业外收入”或“营业外支出”。

(2) 出售无形资产使用权应交的营业税,计入“营业税金及附加”。

(四) 其他税费的核算

企业转让土地使用权应交的土地增值税,土地使用权与其地上建筑物及其附着物一并在“固定资产”等账户核算的,借记“固定资产清理”等账户,贷记“应交税费——应交土地增值税”账户。土地使用权在“无形资产”账户核算的,按实际收到的金额,借记“银行存款”账户,按摊销的无形资产金额,借记“累计摊销”账户,按已计提的无形资产减值准备,借记“无形资产减值准备”账户,按无形资产账面余额,贷记“无形资产”账户,按应交的土地增值税,贷记“应交税费——应交土地增值税”账户,按其差额,借记“营业外支出”账户或贷记“营业外收入”账户。

企业按规定计算应交的房产税、土地使用税、车船税、矿产资源补偿费,借记“管理费用”账户,贷记“应交税费——应交房产税(或土地使用税与车船税)”账户。

九、应付利息的核算

应付利息是指企业按照合同约定支付的利息,包括吸收存款、分期付息到期还本的长期借款、企业债券等应支付的利息。

十、应付股利的核算

应付股利是企业经股东大会或类似机构审议批准分配的现金股利或利润。企业股东大会或类似机构审议批准的利润分配方案、宣告分派的现金股利或利润,在实际支付前,形成企业的负债。

企业董事会或类似机构通过的利润分配方案中拟分配的现金股利或利润,不应确认为负债,但应在附注中披露。

十一、其他应付款的核算

其他应付款是指应付、暂收其他单位或个人的款项,如应付经营租入固定资产租金、应付租入包装物租金、存入保证金等。企业采用售后回购方式融入的资金，应按实际收到的款项，借记"银行存款"账户，贷记"其他应付款"账户。回购价格与原销售价格之间的差额，应在售后回购期间内按期计提利息费用，借记"财务费用"账户，贷记"其他应付款"账户。按照合同的约定购回该项商品时，应按实际支付的款项，借记"其他应付款"账户，贷记"银行存款"账户。

第二节 非流动负债

非流动负债是指偿还期在1年以上或超过1年的一个营业周期以上的债务，主要包括长期借款、应付债券、长期应付款等各项借款。

一、长期借款

长期借款是企业向银行及其他金融机构借入的偿还期限在1年以上或超过1年的一个营业周期以上的各种借款。一般来说，企业举借长期借款，主要是为了增添机器设备、购置地产、建造厂房等。在会计核算中，应当区分长期借款的性质，按照申请获得贷款时实际收到的贷款数额进行确认和计量，按照规定的利率和期限定期计息并确认为长期借款入账。

长期借款的利息费用等，应按照权责发生制基础，依据《企业会计准则第17号——借款费用》的要求按期计算、确认并计入所购建资产的成本（资本化）或直接计入当期损益（财务费用）。

为了核算长期借款本金及利息，需要设置"长期借款"账户，用来核算企业从银行或其他金融机构取得的长期借款的增减变动及其结余情况。其贷方登记长期借款的增加数（包括本金和各期计算出来的应计利息）；借方登记长期借款的减少数（偿还的借款本金和利息）；期末余额在贷方，表示尚未偿还的长期借款本息数。

（1）企业借入长期借款，应按实际收入的现金净额，借记"银行存款"账户，贷记"长期借款——本金"账户，按其差额，借记"长期借款——利息调整"账户。

（2）资产负债表日，应按摊余成本和实际利率计算确定的长期借款的利息费用，借记"在建工程"、"制造费用"、"财务费用"、"研发支出"等账户，按借款本金和合同约定的名义利率计算确定的应付利息金额，贷记"长期借款——应计利息"账户或"应付利息"账户，按其差额，贷记"长期借款——利息调整"账户。

实际利率与合同约定的名义利率差异很小的，也可以采用合同约定的名义利率计算确定利息费用。

（3）归还长期借款本金时，借记"长期借款——本金"账户，贷记"银行存款"账户。同时，按应转销的利息调整、应计利息金额，借记或贷记"在建工程"、"制造费用"、"财务费用"、"研发支出"等账户，贷记或借记"长期借款——利息调整"、"应计利息"账户。

【例9-24】 某有限责任公司为购建一条新的生产线（工期2年），于2012年1月1日向中国银行取得期限为3年的人民币借款5 000 000元，存入银行。假定该有限责任公司当即将该借款全部用于生产线的购建工程中。应做会计分录如下：

① 取得借款时

借:银行存款　　5 000 000

　贷:长期借款　　5 000 000

② 款项用于生产线的购建工程时

借:在建工程　　5 000 000

　贷:银行存款　　5 000 000

【例 9-25】 承【例 9-24】,假如上述借款年利率为 8%,合同规定到期一次还本付息,按年计息,所有借款利息均可资本化。应做会计分录如下:

借:在建工程　　400 000

　贷:长期借款　　400 000

【例 9-26】 承【例 9-24】和【例 9-25】,假如该有限责任公司在 2014 年年末全部偿还该笔借款的本金和利息。应做会计分录如下:

借:长期借款　　6 200 000

　贷:银行存款　　6 200 000

二、应付债券

(一) 一般公司债券

企业发行的一般公司债券,无论是按面值发行,还是溢价发行或折价发行,均按债券面值记入"应付债券"账户的"面值"明细账户,实际收到款项与面值的差额,记入"利息调整"明细账户。企业发行债券时,按实际收到的款项,借记"银行存款"、"库存现金"等账户,按债券票面价值,贷记"应付债券——面值"账户,按实际收到的款项与票面价值之间的差额,贷记或借记"应付债券——利息调整"账户。

利息调整应在债券存续期间内采用实际利率法进行摊销。实际利率法是指按照应付债券的实际利率计算其摊余成本及各期利息费用的方法;实际利率是指将应付债券在债券存续期间的未来现金流量,折现为该债券当前账面价值所使用的利率。

资产负债表日,对于分期付息、一次还本的债券,企业应按应付债券的摊余成本和实际利率计算确定的债券利息费用,借记"在建工程"、"制造费用"、"财务费用"等账户,按票面利率计算确定的应付未付利息,贷记"应付利息"账户,按其差额,借记或贷记"应付债券——利息调整"账户。对于一次还本付息的债券,应于资产负债表日按摊余成本和实际利率计算确定的债券利息费用,借记"在建工程"、"制造费用"、"财务费用"等账户,按票面利率计算确定的应付未付利息,贷记"应付债券——应计利息"账户,按其差额,借记或贷记"应付债券——利息调整"账户。

(二) 可转换公司债券

为了吸引投资者,发行企业允许债券持有者在将来一定日期后将其债券转换为普通股票,这种债券称为可转换债券。公司发行可转换债券的,除应具备债券的发行条件外,还应符合《公司法》规定的股票发行条件,并报经国务院证券监督管理机构核准。可转换债券属于混合性证券,它兼有债券和股票两种性质。转换前是债券,转换后是股票。转换期过后未转换的,该债券仍作为一般债券进行核算与管理,直至到期清偿。

可转换债券的售价由两部分组成:一是债券面值及应付的票面利息按市场利率计算的现值,二是转换权价值。其中,关键之处在于确定转换权价值。由于股票价格上涨时,债权人将债券按规定的比率转换成股票,可以得到股票增值的利益,所以转换权是有价值的。

转换权价值无单独市价,我国现行的确定方法是:企业发行的可转换公司债券,应当在初始确认时将其包含的负债成分和权益成分进行分拆,将负债成分确认为应付债券,将权益成分确认为资本公积(即转换权价值)。在进行分拆时,应当先对负债成分的未来现金流量进行折现确定负债成分的初始确认金额,再按发行价格总额和除负债成分初始确认金额后的金额确定权益成分的初始确认金额。发行可转换公司债券发生的交易费用,应当在负债成分和权益成分之间按照各自的相对公允价值进行分摊。

企业发行的可转换公司债券,应按实际收到的金额,借记"银行存款"等账户,按该项可转换公司债券包含的负债成分的面值,贷记"应付债券——可转换公司债券(面值)"账户,按权益成分的公允价值,贷记"资本公积——其他资本公积"账户,按其差额,借记或贷记"应付债券——可转换公司债券(利息调整)"账户。

【例 9-26】 某公司 2012 年 1 月 1 日按面值发行三年期可转换公司债券,实际发行价款 100 000 万元,其中负债成分的未来现金流量的现值为 90 000 万元。假定不考虑债券发行费用,该公司发行可转换债券时的会计处理如下:

可转换公司债券权益成分的公允价值(即转换权价值) = 100 000 - 90 000 = 10 000(万元)

借:银行存款	100 000	
应付债券——可转换公司债券(利息调整)	10 000	
贷:应付债券——可转换公司债券(面值)		100 000
资本公积——其他资本公积		10 000

对于可转换公司债券的负债成分,在转换为股份前,其会计处理与一般公司债券相同,即按照实际利率和摊余成本确认利息费用,按照面值和票面利率确认应付利息,差额作为利息调整进行摊销。可转换公司债券持有者在债券存续期间内行使转换权利,将可转换公司债券转换为股份时,对于债券面额不足转换 1 股股份的部分,企业应当以现金偿还。

三、长期应付款

长期应付款,是指企业除长期借款和应付债券以外的其他各种长期应付款项,包括应付融资租入固定资产的租赁费、以分期付款方式购入固定资产发生的应付款项、采用补偿贸易方式引进国外设备发生的应付款项等。

企业采用融资租赁方式租入的固定资产,应按最低租赁付款额,确认长期应付款。

企业延期付款购买资产,如果延期支付的购买价款超过正常信用条件,实质上具有融资性质的,所购资产的成本应当以延期支付购买价款的现值为基础确定,实际支付的价款与购买价款的现值之间的差额,应当在信用期间内采用实际利率法进行摊销,计入相关资产成本或当期损益。

企业采用补偿贸易方式引进国外设备时,应按设备、工具、零配件等的价款以及国外运杂费的外币金额和规定的汇率折合为人民币确认长期应付款。

第三节 借款费用

一、借款费用概述

借款费用是指企业因借入资金所付出的代价,包括借款利息、折价或者溢价的摊销、辅助费用以及因外币借款而发生的汇兑差额等。具体来说,包括以下各项内容:

(1) 因借款而发生的利息。

(2) 因借款而发生的折价或溢价的摊销,主要是指发行债券等所发生的折价或者溢价,发行债券中的折价或者溢价,其实质是对债券票面利息的调整(即将债券票面利率调整为实际利率),属于借款费用的范畴。

(3) 因借款而发生的辅助费用,是指企业在借款过程中发生的诸如手续费、佣金、印刷费等交易费用。

(4) 因外币借款而发生的汇兑差额,属于借款费用的有机组成部分。

需要注意的是,发行债券产生的折价或溢价不属于借款费用。通常情况下,借款费用的确认原则是,企业发生的借款费用(包括利息、溢折价摊销、辅助费用、汇兑差额等),应按照规定,分别计入有关科目:

(1) 属于筹建期间不应计入相关资产价值的借款费用,计入管理费用。

(2) 属于经营期间不应计入相关资产价值的借款费用,计入财务费用。

(3) 属于发生的与购建或者生产符合资本化条件的资产有关的借款费用,按规定在购建或者生产的资产达到预定可使用或者可销售状态前应予以资本化的,计入相关资产的成本,视资产的不同,分别计入"在建工程"、"制造费用"、"研发支出"等账户。

(4) 购建或者生产符合资本化条件的资产达到预定可使用或者可销售状态后所发生的借款费用以及规定不能予以资本化的借款费用,计入财务费用。

需要注意的是,暂停资本化期间发生的借款利息,计入财务费用。

借款费用的确认原则,总体而言是,可直接归属于符合资本化条件的资产的购建或者生产的,应当予以资本化,计入相关的资产成本。其他借款费用,应当在发生时根据其发生额确认为费用,计入当期损益。

二、借款费用资本化的确认

(一) 借款费用资本化的范围

1. 符合资本化条件的资产范围

符合资本化条件的资产,是指需要经过相当长时间的购建或者生产活动才能达到预定可使用或者可销售状态的固定资产、投资性房地产和存货等资产。特别提示:无形资产的研发、建造合同等,也可以是符合资本化条件的资产。

2. 借款费用应予资本化的借款范围

借款费用应予资本化的借款范围包括专门借款和一般借款。其中,专门借款是指为购建或者生产符合资本化条件的资产而专门借入的款项,通常签订有标明该用途的借款合同;一般借款是指除专门借款之外的借款。

(二) 开始资本化的条件

借款费用必须同时满足以下三个条件,才能允许开始资本化,计入相关资产的成本。

(1) 资产支出已经发生。资产支出包括为购建或生产符合资本化条件的资产而以支付现金、转移非现金资产和承担带息债务形式所发生的支出。

支付现金是指用货币资金支付符合资本化条件的资产的购建或者生产支出。

转移非现金资产是指企业将自己的非现金资产用于符合资本化条件的资产的购建或生产,如将自产产品用于固定资产建造,将自己生产的产品向其他企业换取用于固定资产建造所需的工程物资等。

承担带息债务是指企业为了购建或者生产符合资本化条件的资产所需用物资等而承担带息应付款项(如带息应付票据),即企业以带息票据购入工程物资,在赊购日即认为资产支出已经发生,如为不带息票据,则应在实际支付票款时作为资产支出的发生日。

(2) 借款费用已经发生。指企业已经发生了因购建或生产符合资本化条件的资产而专门借入款项的借款费用或者所占用的一般借款的利息、溢折价的摊销、辅助费用以及因外币借款而发生的汇兑差额等借款费用。

(3) 为使资产达到预定可使用或者可销售状态所必要的购建或者生产活动已经开始。具体是指符合资本化条件的资产的实体建造或生产工作已经开始,如主体设备的安装、厂房的实际开工建造等;不包括仅仅持有资产但没有发生为改变资产形态而进行实质上的建造或者生产活动的情况,如只购置了建筑用地但未发生有关房屋建造活动等。

三、借款费用资本化金额的确定

1. 利息(包括溢价或折价的摊销)资本化金额的确定

资本化期间,是指从借款费用开始资本化时点到停止资本化时点的期间,借款费用暂停资本化的期间不包括在内。

(1) 专门借款,是指为购建或者生产符合资本化条件的资产而专门借入的款项。应当以专门借款当期实际发生的利息费用,减去将尚未动用的借款资金存入银行取得的利息收入或进行暂时性投资取得的投资收益后的金额,确定为专门借款利息费用的资本化金额,在资本化期间内,应当全部计入符合资本化条件的资产的成本,不计算借款资本化率。

(2) 一般借款,是指除专门借款之外的借款。在借款费用资本化期间内,为购建或者生产符合资本化条件的资产而占用了一般借款的,应当根据累计资产支出超过专门借款部分的资产支出加权平均数乘以所占用一般借款的资本化率,计算确定一般借款应予资本化的利息金额。

一般借款应予资本化的利息金额应当按照下列公式计算:

一般借款利息费用资本化金额 = 累计资产支出超过专门借款部分的资产支出加权平均

数×所占用一般借款的资本化率

如果为购建或者生产符合资本化条件的资产只占用一笔一般借款，则所占用一般借款的资本化率即为该项一般借款的利率；如果占用了一笔以上的一般借款，则资本化率为这些一般借款的加权平均利率，计算公式如下：

所占用一般借款的资本化率

= 所占用一般借款加权平均利率

= 所占用一般借款当期实际发生的利息之和（含折溢价摊销额）

÷ 所占用一般借款本金加权平均数

所占用一般借款本金加权平均数

= ∑［所占用每笔一般借款本金

×（每笔一般借款在当期所占用的天数／当期天数）］

2. 外币专门借款汇兑差额资本化金额的确定

在资本化期间内，外币专门借款本金及利息的汇兑差额，应当予以资本化，计入符合资本化条件的资产的成本。

一般外币借款本金及利息的汇兑差额，不予以资本化，全部计入当期损益。

3. 借款辅助费用资本化金额的确定

(1) 专门借款发生的辅助费用，在所购建或者生产的符合资本化条件的资产达到预定可使用或者可销售状态之前发生的，应当在发生时根据其发生额予以资本化，计入符合资本化条件的资产的成本；在所购建或者生产的符合资本化条件的资产达到预定可使用或者可销售状态之后发生的，应当在发生时根据其发生额确认为费用，计入当期损益。

(2) 一般借款发生的辅助费用，应当按照专门借款辅助费用的确定原则来处理的，符合资本化条件的，发生时应当资本化。

(3) 上述资本化或计入当期损益的辅助费用的发生额，是指根据《企业会计准则第22号——金融工具确认和计量》，按照实际利率法所确定的金融负债交易费用对每期利息费用的调整额。由于辅助费用的发生会导致相关借款实际利率的上升，从而需要对各期利息费用作相应调整，因此，在确定相关借款辅助费用资本化金额时可以结合借款利息资本化金额一起计算。

4. 资本化金额的限额

在资本化期间内，每一会计期间的利息资本化金额，不应当超过当期相关借款实际发生的利息金额。

四、暂停资本化

符合资本化条件的资产在购建或者生产过程中发生了非正常中断，且中断时间连续超过3个月的，应当暂停借款费用的资本化。在中断期间发生的借款费用应当确认为费用，计入当期损益，直至资产的购建或者生产活动重新开始。

(1) 非正常中断，通常是由于企业管理决策上的原因或者其他不可预见的原因等所导致的中断。例如，企业因与施工方发生了质量纠纷，或者工程、生产用料没有及时供应，或者资金周转发生了困难,或者施工、生产发生了安全事故,或者发生了与资产购建、生产有关的劳动纠纷等原因,导致资产购建或者生产活动发生中断,均属于非正常中断。

(2) 正常中断通常仅限于因购建或者生产符合资本化条件的资产达到预定可使用或者可销售状态所必要的程序,或者事先可预见的不可抗力因素导致的中断。例如,某些工程建造到一定阶段必须暂停下来进行质量或者安全检查,检查通过后才可继续下一阶段的建造工作,这类中断是在施工前可以预见的,而且是工程建造必须经过的程序,属于正常中断。

其中,中断时间连续超过 3 个月是指从符合资本化条件的资产的购建或者生产活动中断开始到恢复购建或者生产活动为止的时间连续超过 3 个月(含 3 个月)。

如果中断是所购建或者生产的符合资本化条件的资产达到预定可使用或者可销售状态必要的程序,借款费用的资本化应当继续进行。

某些地区的工程在建造过程中,由于可预见的不可抗力因素(如雨季或冰冻季节等原因)导致施工出现停顿,也属于正常中断。

五、停止资本化

当所购建或生产符合资本化条件的资产达到预定可使用状态或者可销售状态时,应当停止其借款费用的资本化;以后发生的借款费用应当在发生时根据发生额确认为费用,计入当期损益。所购建或生产符合资本化条件的资产达到预定可使用状态或者可销售状态,可从下列几个方面进行判断:

(1) 符合资本化条件的资产的实体建造(包括安装)或者生产工作已经全部完成或者实质上已经完成。

(2) 所购建或者生产的符合资本化条件的资产与设计要求、合同规定或者生产要求相符或者基本相符,即使有极个别与设计、合同或者生产要求不相符的地方,也不影响其正常使用或者销售。

(3) 继续发生在所购建或生产的符合资本化条件的资产上的支出金额很少或者几乎不再发生。

购建或者生产符合资本化条件的资产需要试生产或者试运行的,在试生产结果表明资产能够正常生产出合格产品、或者试运行结果表明资产能够正常运转或者营业时,应当认为该资产已经达到预定可使用或者可销售状态。

如果购建或者生产的符合资本化条件的资产的各部分分别完工,且每部分在其他部分继续建造过程中可供使用或者可对外销售,且为使该部分资产达到预定可使用或可销售状态所必要的购建或者生产活动实质上已经完成的,应当停止与该部分资产相关的借款费用的资本化。

购建或者生产的资产的各部分分别完工,但必须等到整体完工后才可使用或者可对外销售的,应当在该资产整体完工时停止借款费用的资本化。

计算利息时,如果所涉及的借款存在折价或者溢价的,应当按照实际利率法确定每一会计期间应摊销的折价或者溢价金额,调整每期利息金额。

【例 9-27】 某公司于 2010 年 1 月 1 日动工建办公楼一栋,工程采用出包方式,每半年

支付一次工程进度款。工程于2011年6月30日完工,达到预定可使用状态。有关资料如下:

(1) 建造工程资产支出如下:

2010年1月1日,支出1 500万元;

2010年7月1日,支出2 500万元,累计支出4 000万元;

2011年7月1日,支出1 800万元,累计支出5 800万元。

(2) 该公司为建造办公楼于2010年1月1日向银行借款2 000万元,借款期限为3年,年利率为8%。除此之外,无其他专门借款。

办公楼的建造还占用两笔一般借款:① 2009年12月1日向工商银行借入的长期借款3 000万元,期限为3年,年利率6%,按年支付利息。② 2009年1月1日按面值发行的公司债券5 000万元,期限为5年,年利率为8%(假定与实际利率相同),按年支付利息。

2010年闲置专门借款资金取得利息收入5万元。

假定全年按360天计算。

要求:(1) 计算该公司2010年利息资本化金额并进行账务处理。

(2) 计算该公司2011年利息资本化金额并进行账务处理。

解答:(1) 2010年利息资本化金额及账务处理

① 计算专门借款利息资本化金额:

2010年专门借款利息资本化金额 = 2 000 × 8% − 5 = 155(万元)

② 计算一般借款利息资本化金额:

一般借款资本化率(年)

= (3 000 × 6% + 5 000 × 8%)/(3 000 + 5 000) = 7.25%

2010年占用了一般借款的资产支出加权平均数

= (1 500 + 2 500 − 2 000) × 180/360

= 1 000(万元)

2010年一般借款利息资本化金额 = 1 000 × 7.25% = 72.5(万元)

2010年利息资本化金额 = 155 + 72.5 = 227.50(万元)

③ 有关账务处理如下:

借:在建工程	2 275 000	
贷:应付利息		2 275 000

(2) 2011年利息资本化金额及账务处理

① 计算专门借款利息资本化金额:

2011年专门借款利息资本化金额 = 2 000 × 8% × 180/360 = 80(万元)

② 计算一般借款利息资本化金额:

一般借款资本化率(年) = (3 000 × 6% + 5 000 × 8%)/(3 000 + 5 000)

= 7.25%

2011年占用了一般借款的资产支出加权平均数

= (2 000 + 1 800) × 180/360 = 1 900(万元)

2011 年一般借款利息资本化金额 = 1 900 × 7.25% = 137.75(万元)

2011 年利息资本化金额 = 80 + 137.75 = 217.75(万元)

③ 有关账务处理如下:

借:在建工程	2 177 500	
贷:应付利息		2 177 500

思考题

1. 什么是负债?
2. 按照偿还期限的长短,负债可分为哪几类?
3. 职工薪酬的内容有哪些? 分别如何核算?
4. 什么是流动负债? 流动负债包括哪些内容?
5. 长期借款的会计处理如何?
6. 长期借款与短期借款的利息核算有何区别?
7. 如何核算应交增值税、应交消费税?
8. 借款费用开始资本化的条件是什么?
9. 借款费用资本化的金额如何确定?

练习题

一、单项选择题

1. 关于金融负债初始计量,下列说法中错误的是(　　)。

A. 企业初始确认金融负债,应当按照公允价值计量

B. 对于公允价值计量且其变动计入当期损益的金融负债,相关交易费用应当在发生时直接计入当期损益

C. 对于公允价值计量且其变动计入当期损益以外的金融负债,相关交易费用应当计入初始确认金额

D. 对于公允价值计量且其变动计入当期损益的金融负债,相关交易费用应当直接计入初始确认金额

2. 下列职工薪酬中,不应根据职工提供服务的受益对象计入成本费用的是(　　)。

A. 因解除与职工的劳动关系给予的补偿

B. 构成工资总额的各组成部分

C. 工会经费和职工教育经费

D. 社会保险费

3. 某公司为增值税一般纳税人,适用的增值税税率为 17%。2012 年 1 月该公司董事会决定将本公司生产的 500 件产品作为福利发放给公司管理人员。该批产品的单件成本为 1.2 万元,市场销售价格为每件 2 万元(不含增值税)。不考虑其他相关税费,该公司在 2012 年因该项业务应计入管理费用的金额为(　　)万元。

A. 600　　B. 770　　C. 1 000　　D. 1 170

4. 某公司于2011年1月1日发行3年期、每年1月1日付息、到期一次还本的公司债券，债券面值为100万元，票面年利率5%，实际利率为6%，发行价格为94万元。按实际利率法确认利息费用。该债券2012年度确认的利息费用为(　　)万元。

A. 5.68　　B. 6.25　　C. 6.75　　D. 5.58

5. 企业因解除与职工的劳动关系给予职工补偿而发生的职工薪酬，应借记的会计科目是(　　)。

A. 管理费用　　B. 财务费用　　C. 营业外支出　　D. 销售费用

6. 某公司2011年1月1日按面值发行三年期可转换公司债券，每年1月1日付息、到期一次还本，面值总额为10 000万元，票面年利率为4%，实际年利率为6%。债券的公允价值为9 465.40万元，2012年1月1日，某债券持有人将其持有的5 000万元(面值)本公司可转换公司债券转换为100万股普通股(每股面值1元)。该公司按实际利率法确认利息费用。2012年1月1日，该公司转换债券时应确认的"资本公积——股本溢价"的金额为(　　)万元。

A. 4 983.96　　B. 534.60　　C. 4 716.66　　D. 4 616.60

7. 一般情况下，下列税金与企业损益无关的有(　　)。

A. 城市维护建设税　　B. 营业税

C. 一般纳税人企业的增值税销项税额　　D. 企业所得税

8. 委托加工应纳消费税物资(非金银首饰)收回后用于连续生产应税消费品，其由受托方代收代交的消费税，应记入(　　)账户。

A. 管理费用　　B. 委托加工物资

C. 营业税金及附加　　D. 应交税费——应交消费税

9. 企业的应付账款确实无法支付，经确认后转作(　　)。

A. 营业外收入　　B. 补贴收入　　C. 其他业务收入　　D. 资本公积

10. 增值税一般纳税人企业因火灾毁损库存材料一批，该批原材料实际成本为20 000元，收回残料价值800元，保险公司赔偿21 600元。该企业购入材料的增值税税率为17%，该批毁损原材料造成的非常损失净额是(　　)元。

A. 2 400　　B. 8 800　　C. 2 600　　D. 1 000

二、多项选择题

1. 下列项目中，属于职工薪酬的有(　　)。

A. 职工工资、奖金　　B. 非货币性福利

C. 职工津贴和补贴　　D. 因解除与职工的劳动关系给予的补偿

E. 职工出差报销的飞机票

2. 下列增值税，应计入有关成本的有(　　)。

A. 一般纳税人建造生产线购入工程物资支付的增值税

B. 一般纳税人因建造办公楼领用本企业生产的产品应交的增值税

C. 小规模纳税人企业购入商品已交的增值税

D. 一般纳税人企业购入材料支付的增值税

E. 一般纳税人企业购入包装物支付的增值税

3. 企业应通过“营业税金及附加”科目核算的有(　　)。

A. 教育费附加　　B. 消费税

C. 营业税　　D. 城市维护建设税

E. 房产税

4. 下列各项属于职工薪酬范围的有(　　)。

A. 工资和资金　　B. 非货币性薪酬　　C. 社会保险费　　D. 股份支付

E. 工会经费

5. “长期应付款”科目核算的内容主要有(　　)。

A. 应付经营租入固定资产的租赁费

B. 以分期付款方式购入固定资产发生的应付款项

C. 采用补偿贸易方式引进国外设备价款

D. 应付融资租入固定资产的租赁费

E. 发行长期债券收款

6. 关于金融债券,下列说法中正确的有(　　)。

A. 以公允价值计量且其变动计入当期损益的金融债券,应当按照公允价值计量,且不扣除将来结清金融负债时可能发生的交易费用

B. 以公允价值计量且其变动计入当期损益的金融负债,应当按照公允价值计量,但扣除将来结清金融负债时可能发生的交易费用

C. 以公允价值计量且其变动计入当期损益的金融负债公允价值变动形成的利得或损失,应当计入当期损益

D. 以公允价值计量且其变动计入当期损益的金融负债公允价值变动形成的利得或损失,应当计入所有者权益

E. 以摊余成本计量的金融负债(没有被指定为被套期项目),在终止确认或摊销时产生的利得或损失,应当计入当期损益

7. “应交税费”科目核算企业按照税法规定计算应交纳的各种税费包括(　　)。

A. 教育费附加　　B. 矿产资源补偿费

C. 耕地占用税　　D. 企业代扣代缴的个人所得税

E. 资源税

8. 对于分期付息、一次还本的债券,应于资产负债日按摊余成本和实际利率计算确定的债券利息,可能借记的会计科目有(　　)。

A. 在建工程　　B. 制造费用　　C. 财务费用　　D. 研发支出

E. 应付利息

9. 长期借款利息可能借记的科目有(　　)。

A. 在建工程　　B. 财务费用　　C. 长期待摊费用　　D. 管理费用

E. 生产成本

10. 关于应付债券,下列说法中正确的是(　　)。

A. 应按摊余成本和实际利率计算确定长期应付债券的利息费用

B. 应按合同约定的名义利率计算确定利息费用

C. 对于分期付息、一次还本的债券，应于资产负债表日按摊余成本和实际利率计算确定债券利息，与按票面利率计算确定的应付未付利息的差额，借记或贷记“应付债券——利息调整”科目

D. 企业发行债券（非转换公司债券）所发生的交易费用，计入应付债券初始确认金额

E. 企业发行债券所发生的交易费用，计入财务费用或在建工程

三、判断题

1. 企业长期借款所发生的利息支出，应在实际支付时计入在建工程成本或计入当期损益。（　　）

2. 如果带有现金折扣的应付账款，其入账金额应按发票记载应付金额的总金额扣除现金折扣后的净额记账。（　　）

3. 现行会计制度规定，企业退休人员的退休金应计入管理费用并通过“应付工资”科目核算。（　　）

4. 溢价或折价发行债券是在存续期内对利息费用的一种调整，因此，在摊销债券溢价时应减少财务费用，在摊销债券折价时应增加当期的财务费用。（　　）

5. 企业自产或委托加工的货物用于非应税项目，由于不是销售，所以不必计算交纳增值税。（　　）

6. 企业用应税消费品对外投资或用于在建工程等方面，按规定缴纳的消费税，应计入“长期股权投资”或“在建工程”科目。（　　）

7. 企业向股东宣告的现金股利，在尚未支付给股东之前，是企业股东权益的一个组成部分。（　　）

8. 企业自产应纳资源税的产品直接对外出售的，其应交纳的资源税，应计入生产成本。（　　）

9. 企业在建工程领用本企业的产品，在会计上应确认销售收入的实现，并按税法的规定交纳相关税金。（　　）

10. 企业会计核算中，预收账款不多的，也可以不设置“预收账款”科目。企业预收客户货款时，直接将其记入“应付账款”科目的贷方。（　　）

四、业务题

1. 某公司经批准于2011年1月1日起发行两年期面值为100元的债券200 000张，债券票面利率为3%，每年7月1日和12月31日付息两次，到期时归还本金和最后一次利息。该债券发行收款为1 961.92万元，债券实际利率为年利率4%。该债券所筹资金全部用于新生产线的建设，该生产线于2011年6月底完工交付使用。债券溢价采用实际利率法摊销，每年6月30日和12月31日计提利息。

要求：编制该企业从债券发行到债券到期的全部会计分录。

2. 某企业1月1日从银行借入3个月的借款500 000元，月利率5‰，利息按月计算，按季支付的方法。

要求：编制借入时、月末计息时和到期还本付息时的会计分录。

3. 根据下列业务做出有关会计分录。

（1）从外购入材料一批，买价 10 000 元，增值税进项税额 1 700 元，材料货款未付，材料已验收入库。后因供货方已清算关闭，企业款项无法付出，经批准予以核销。

（2）根据销货合同预收甲企业购买商品款 30 000 元存入银行。

（3）购入材料一批，价款 10 000 000 元，增值税额 1 700 000 元，价税合计 1 170 000 元。材料已入库，货款尚未支付。

（4）购入农产品一批，实际支付价款 450 000 元，货款已付，农产品已验收入库。增值税抵税率为 13%。

（5）从小规模企业购入材料一批，价款 530 000 元，企业开出商业承兑汇票一张，材料已入库。

（6）收回上月自营出口退回的增值税 250 000 元存入银行。

（7）在建工程领用材料用于工程建设，材料实际成本为 5 000 000 元，进项税额为 850 000 元。

（8）以银行存款购入设备一台，价款 1 400 000 元，增值税款 238 000 元，设备已投入使用。

（9）企业一张银行承兑汇票 40 000 元期限已到，因企业账上无款支付，银行代付，并将其转做企业逾期贷款。

（10）企业转让商标权的所有权，转让所得价款 150 000 元存入银行，该商标权账面价值为 75 000 元，应交营业税 7 500 元。

（11）销售产品售价 50 000 000 元，增值税额 10 500 000 元，货款尚未收到。

（12）销售产品给小规模纳税企业，共收价税款 117 000 元，其中 17 000 元为增值税额。款项已收到存入银行。

（13）销售厂房一栋，所得价款 200 000 元，已存入银行。

（14）用银行存款交纳增值税 9 800 000 元。

（15）结转本月应交增值税科目余额。

4. 甲企业于 6 月 10 日向乙企业购入材料一批，增值税专用发票上注明价款为 30 000 元，增值税 5 100 元，材料已验收入库，款项尚未支付。发票上注明的付款条件为“2/10，1/20，*n*/30”，假设现金折扣包括增值税。

要求：分别编制甲企业付款日期选择三个时点情况下的会计分录。

5. 某企业本月应付工资总额 90 000 元，用银行存款实发工资 85 000 元，代扣房租 3 000 元，水电费 1 000 元，个人所得税 1 000 元。月末分配工资费用 90 000 元，其中生产工人工资 30 000 元，车间管理人员工资 20 000 元，行政管理人员工资 20 000 元，销售机构人员工资 10 000 元，医务福利人员工资 5 000 元，在建工程人员工资 5 000 元。按工资总额的 14% 计提职工福利费、按 2% 计提工会经费、按 1.5% 计提职工教育经费。

要求：编制有关职工薪酬核算的会计分录。

6. 某股份有限公司 2011 年度实现净利润 9 000 000 元，经过股东大会批准，决定 2011 年度分配股利共计 6 000 000 元。股利以银行存款支付。

要求:编制该股份有限公司的会计分录。

7. 甲上市公司(以下简称甲公司)经批准于 2011 年 1 月 1 日委托证券公司以 50 000 万元的价格,发行面值总额为 50 000 万元的可转换公司债券,另支付相关费用 150 万元。

该可转换公司债券期限为 5 年,每年 1 月 5 日支付上年利息,票面年利率为 4%。甲公司发行可转换公司债券时二级市场上与之类似的没有附带转换权的债券市场利率为 6%。债券发行 1 年后可转换为普通股股票,初始转换价格为每股 10 元,股票面值为每股 1 元。债券持有人若在当期付息前转换股票的,应按债券面值和应付利息之和除以转股价,计算转换的股数。

其他相关资料如下:① 2011 年 1 月 1 日,甲公司收到发行的价款 50 000 万元,并支付发行费用 150 万元,所筹资金用于某机器设备的技术改造项目,该技术改造项目于 2011 年 12 月 31 日达到预定可使用状态并交付使用。② 2012 年 1 月 2 日,该可转换公司债券的 40% 转为甲公司的普通股,相关手续已于当日办妥;未转为甲公司普通股的可转换公司债券持有至到期,其本金及最后一期利息一次结算。

假定:① 甲公司采用实际利率法确认利息费用(为简化计算,假定实际利率为 6%);② 每年年末计提债券利息和确认利息费用;③ 2011 年该可转换公司债券借款费用的 100% 计入该技术改造项目成本;④ 不考虑其他相关因素;⑤ 利率为 6%、期数为 5 期的普通年金现值系数为 4.2124,利率为 6%、期数为 5 期的复利现值系数为 0.7473;⑥ 按实际利率计算的可转换公司债券的现值即为其包含的负债成分的公允价值。

要求:

(1) 编制甲公司发行该可转换公司债券的会计分录。

(2) 计算甲公司 2011 年 12 月 31 日应计提的可转换公司债券利息和应确认的利息费用。

(3) 编制甲公司 2011 年 12 月 31 日计提可转换公司债券利息和应确认的利息费用的会计分录。

(4) 计算 2012 年 1 月 2 日可转换公司债券转为甲公司普通股的股数。

(5) 编制甲公司 2012 年 1 月 2 日与可转换公司债券转为普通股有关的会计分录("应付债券"科目要求写出明细科目。)

第十章　所有者权益核算

【教学目的】

通过本章学习，学生应当了解并掌握：

1. 所有者权益的含义及来源
2. 所有者权益的性质和特征
3. 所有者权益与金融负债的区别
4. 混合权益工具的分折
5. 所有者权益构成及企业的组织形式
6. 一般企业实收资本、股份有限公司股本、实收资本或股本增减变动的会计核算
7. 资本公积中资本(或股本)溢价和其他资本公积的形成及其会计核算
8. 盈余公积和未分配利润的内容及会计核算

所有者权益是企业资产扣除负债后由所有者享有的剩余权益，即所有者权益金额取决于资产和负债的计量。所有者权益的来源包括所有者投入的资本、直接计入所有者权益的利得和损失、留存收益等。公司的所有者权益又称为股东权益。我国《公司法》等有关法律对涉及企业所有者权益的重大事项的处理做出了规定。我国企业会计基本准则也将所有者权益作为一个独立的准则项目进行了规范和解释。所有者权益因企业组织形式不同，其会计核算方法也有所不同。企业对所有者权益进行核算，不仅可以反映企业资本的构成、来源及增减变动情况，还可以反映企业盈余公积和未分配利润的使用情况。本章在对所有者权益的含义界定及性质分析基础上，分别介绍所有者权益各个组成部分的基本理论及会计核算方法。

第一节　所有者权益概述

一、所有者权益的含义及来源

1. 所有者权益的含义

所有者权益，即产权，是指企业的投资者(或称股东)对企业净资产的所有权，所有者权益在数量上等于企业全部资产减去全部负债后的余额。它表明企业资产总额在抵偿了一切现存债务后的差额部分，包括企业所有者投入资本及留存收益等。对于股份公司来说，所有

者权益即为股东权益,是指股东对公司净资产的要求权。

2. 所有者权益的来源

我国企业会计准则规定:"所有者权益的来源包括所有者投入的资本、直接计入所有者权益的利得和损失、留存收益等。"

(1) 所有者投入的资本是指所有者投入企业的资本部分(既包括注册资本,也包括资本溢价或股本溢价)。

(2) 直接计入所有者权益的利得和损失是指不应计入当期损益、会导致所有者权益发生增减变动的、与所有者投入资本或向所有者分配利润无关的利得或损失。其中,利得是指由企业非日常活动所形成的、会导致所有者权益增加的、与所有者投入资本无关的经济利益的流入,其内容包括直接计入所有者权益的利得和直接计入当期利润的利得。损失是指由企业非日常活动所发生的、会导致所有者权益减少的、与向所有者分配利润无关的经济利益的流出,其内容包括直接计入所有者权益的损失和直接计入当期利润的损失。直接计入所有者权益的利得和损失主要包括可供出售金融资产的公允价值变动额等。

(3) 留存收益是企业历年实现的净利润留存于企业的部分,主要包括累计计提的盈余公积和未分配利润。

二、所有者权益的性质和特征

1. 所有者权益的性质

(1) 所有者权益是与投资人的投资行为相伴而生。无论投资人是国家还是企业或者个人,其权益在性质上是相同的,数量上的差别则取决于其投资额的大小。

(2) 所有者权益的数量在投资人投入资本时是直接计量的,在企业存续期间的任何一时点,都不能直接计量,而是按一定的方法计量资产和负债以后所形成的结果。

(3) 同样是对企业资产的要求权,所有者的要求权不仅在顺序上滞后于债权人的要求权,而且要求权的实现也与债权人不同。

2. 所有者权益的特征

与负债相比,所有者权益具有以下特征:

(1) 除非发生减资或清算,企业不需要偿还所有者权益。所有者权益通常没有期限,但负债有期限。

(2) 企业清算时,只有在清偿所有负债后,所有者权益才返还给所有者。

所有者提供资金在先,享受权益在后;负债是债权人对企业资产的要求权,所有者权益是所有者对企业净资产的要求权,是剩余权益。

(3) 所有者凭借所有者权益能够参与利润分配。

三、所有者权益与金融负债的区别

企业发行金融工具,应按照该金融工具的实质,以及金融资产、金融负债和权益工具的定义,在初始确认时将该金融工具或其组成部分确认为金融资产、金融负债或权益工具。

通常情况下,企业比较容易分辨所发行的金融工具是权益工具还是金融负债,但也会遇到比较复杂的情况。例如,企业发行的、须用自身权益工具进行结算的金融工具,可能因为结算方式不同,导致所确认结果不同。

企业发行金融工具时,如果该工具合同条款中包括了交付现金或其他金融资产给其他单位的合同义务,那么该合同形成企业的一项金融负债。例如,企业发行债券,规定到期时交付现金或其他金融资产给对方,那么该合同形成了发行企业的一项金融负债。

企业发行金融工具时,如果该工具合同条款中没有包括交付现金或其他金融资产给其他单位的合同义务,也没有包括在潜在不利条件下与其他单位交换金融资产或金融负债的合同义务,那么该工具应确认为权益工具。

如果企业发行的该工具将来须用或可用自身权益工具进行结算,还需要继续区分不同情况进行判断。如果该工具是非衍生工具,且企业没有义务交付非固定数量的自身权益工具进行结算,那么该工具应确认为权益工具;如果该工具是衍生工具,且企业只有通过交付固定数量的自身权益工具(此处所指权益工具不包括需要通过收取或交付企业自身权益工具进行结算的合同),换取固定数额的现金或其他金融资产进行结算,那么该工具也应确认为权益工具。

四、混合工具的分拆

企业发行的某些非衍生金融工具(如可转换公司债券等)既含有负债成分,又含有权益成分。对此,企业应当在初始确认时将负债和权益成分进行分拆,分别进行处理。

在进行分拆时,应当先确定负债成分的公允价值并以此作为其初始确认金额,再按照该金融工具整体的发行价格扣除负债成分初始确认金额后的金额确定权益成分的初始确认金额。

发行该非衍生金融工具发生的交易费用,应当在负债成分和权益成分之间按照各自的相对公允价值进行分摊。

五、所有者权益的构成

企业的所有者权益主要包括实收资本(或股本)、资本公积、盈余公积和未分配利润四部分内容。

1. 实收资本

实收资本是指投资者向企业缴付的出资额。按照不同的投资者,实收资本可具体分为国家投入资本、法人投入资本、个人投入资本和外商投入资本等。

2. 资本公积

资本公积是指归所有者共有的,非收益转化而形成的资本。主要包括:企业收到投资者出资额超出其在注册资本或股本中所占份额的部分,即资本溢价或股本溢价、直接计入所有者权益的利得和损失。

3. 盈余公积

盈余公积是从净利润中提取的,具有特定用途的资金,包括法定盈余公积和任意盈余公积。

4. 未分配利润

未分配利润是企业留待以后年度进行分配的结存利润，即净利润中未指定用途的部分。

六、企业的组织形式

企业的组织形式不同，所有者权益核算情况也有所不同。

企业是指从事商品生产、流通或者服务活动，在法律上具有一定独立地位的营利性组织。企业的组织形式有个人独资企业、合伙企业和公司制企业。

个人独资企业是指企业的全部资产归出资者一人所有，企业的经营也由出资者个人承担，即所有权与经营权统一的企业。

合伙企业是两个或两个以上的合伙人按照协议共同出资，共同承担企业经营风险，并且对企业债务承担连带责任的企业。

公司制企业是指依法设立，以营利为目的的具有法人资格的经济组织。公司有自己独立的财产，独立地承担经济责任，同时享有相应的民事权利。我国《公司法》规定，公司制企业主要包括有限责任公司和股份有限公司。

1. 有限责任公司

有限责任公司，又称有限公司，是指股东以其认缴的出资额为限对公司债务承担责任，公司以其全部财产对公司债务承担责任的公司。

有限责任公司具有下列特征：

(1) 由50个以下股东出资设立。《公司法》规定："有限责任公司由五十个以下股东出资设立。"没有规定有限责任公司股东数的下限，即允许设立1人公司。五十个以下股东，可以是自然人，也可以是法人和政府。

(2) 有限责任公司注册资本的最低限额为人民币3万元。法律、行政法规对有限责任公司注册资本的最低限额有较高规定的，从其规定。

(3) 不能发行股票，不能公开募股。

(4) 股东的出资不能随意转让。

(5) 公司的财务不公开。

国有独资公司的特别规定：国有独资公司是指国家单独出资、由国务院或者地方人民政府委托本级人民政府国有资产监督管理机关履行出资人职责的有限责任公司。

国有独资公司与一般意义上的有限责任公司相比较，具有以下特征：

(1) 公司股东的单一性。国有独资公司的股东仅有一个。

(2) 单一股东的特定性。国有独资公司的股东只能是国有资产管理机构。

2. 股份有限公司

股份有限公司，是指将公司全部资本分为等额股份，股东以其认购的股份为限对公司承担责任，公司以其全部财产对公司的债务承担责任的公司。

我国股份有限公司的主要特征是：

(1) 股份有限公司注册资本的最低限额为人民币500万元，资本划分为等额股份，每股金额与股份数的乘积为股本总额。

(3) 股份有限公司的股东人数不得少于法律规定的数目。只规定股东最低法定人数,而对股东的上限则不做规定。

(4) 发起人符合法定人数。发起人是指依法筹办创立股份公司事务的人。《公司法》第七十九条明确规定:设立股份有限公司,应当由二人以上二百人以下为发起人,其中须有半数以上的发起人在中国境内有住所。

(5) 可以发起设立,也可以募集设立,即由发起人认缴公司设立时发行的一部分(不低于注册资本的35%)股份,其余股份向社会募集或向特定对象募集。

(6) 股票可以自由转让。

(7) 财务公开。

第二节 实收资本

一、实收资本概述

1. 实收资本的概念

实收资本是指投资人作为资本投入企业中的各种资产的价值,是企业注册登记的法定资本总额的来源,它表明所有者与企业的基本产权关系。企业接受投资人投入的资本,一般不需要偿还,可以长期使用。

2. 对实收资本的有关规定

(1) 除国家另行规定外,企业的实收资本应当与注册资本相一致。

(2) 企业实收资本比原注册资本数额增减超过20%时,应持资金使用证明或验资证明,向原登记主管机关申请变更登记。

(3) 如擅自改变注册资金数额或抽逃资金等,要受到工商行政管理部门的处罚。

3. 实收资本的出资方式

(1) 以货币资金出资,以实际收到的货币资金入账。

(2) 以固定资产、材料物资等实物资产方式出资的,以实物评估价入账。

(3) 以无形资产出资。如专利权、商标权、非专利技术或土地使用权以评估作价入账。企业各种投资者以无形资产出资的总额不得超过注册资本总额的20%。特殊情况经国家工商行政管理部门审查批准最多不超过30%。

二、实收资本的核算

(一) 一般企业投入资本核算

一般企业是指除股份有限公司以外的企业。投资者投资资本的形式可以用货币投资、实物投资,也可以用无形资产投资。为了反映和监督投资者投入资本的增减变动情况,除股份有限公司外,一般企业应设置"实收资本"账户。该账户的借方登记实收资本的增加数额,贷记登记实收资本的减少数额,期末贷方余额反映企业期末实收资本实有数额。

企业收到投资时，按收到的现金借记"银行存款"账户，按收到的实物资产借记"原材料"、"固定资产"等账户，按收到的无形资产借记"无形资产"账户，同时，按投入资本在注册资本或股本中所占的份额，贷记"实收资本"账户，按其差额，贷记"资本公积——资本溢价"账户。

【例 10-1】 甲、乙、丙三人共同出资设立 A 有限责任公司，其注册资本为 180 万元，所占份额比例为 50%、30%、20%，三人以银行存款实际出资额分别为：甲 90 万元、乙 54 万元、丙 36 万元。公司收到甲、乙、丙三人投资时，A 公司编制如下会计分录：

借：银行存款	1 800 000	
贷：实收资本——甲		900 000
——乙		540 000
——丙		360 000

【例 10-2】 甲、乙、丙三人各出资 100 万元组建 A 公司，A 公司注册资本为 300 万元，2 年后 A 公司增加注册资本至 400 万元，投资者丁投入资产（现金）180 万元，占 A 公司注册资本的 1/4，A 公司收到丁投入的资本时应做的会计处理如下：

借：银行存款	1 800 000	
贷：实收资本		1 000 000
资本公积——资本溢价		800 000

【例 10-3】 某有限责任公司收到乙公司投入的原材料一批，双方协议材料作价为 30 000 元，增值税额为 5 100 元，材料已入库，全部作为实收资本入账。会计分录如下：

借：原材料	30 000	
应交税费——应交增值税（进项税额）	5 100	
贷：实收资本——乙		35 100

（二）股份有限公司投入资本核算

股份有限公司的设立方式不同，会计处理方法也不同。股份公司的设立有发起式和募集式两种。发起设立时，公司的股份全部由发起人认购，不向发起人之外的任何人募集股份，加之所需资本由发起人一次认足，一般不会发生设立公司失败的情况，即筹资风险小，所以，发起设立方式下，筹集费用很低，如发生的股权证明印刷费等费用时，可以直接计入"管理费用"账户。募集设立时，公司股份除发起人认购外，还可以采用向其他法人或自然人发行股票的方式进行募集，因此，发行的股票数量大，印刷费用高，手续繁琐费用多，支付给证券商的费用可以从溢价收入中支付。此外，募集设立方式下，筹资风险大，按照有关规定，发行失败的损失由发起人负担，包括承担筹建费用、公司筹建过程中的债务和对认股人已缴纳的股款支付银行同期存款利息等责任。

股份有限公司设置"股本"账户，核算股东投入企业的股本。为提供企业股份的构成情况，企业应在"股本"账户下，按普通股和优先股及股东单位或姓名设置明细账。

企业发行股票取得的收入与股本总额往往不一致，公司发行股票取得的收入大于股本总额的，称为溢价发行；小于股本总额的，称为折价发行（我国不允许企业折价发行股票）；等于股本总额的，称为面值发行。在溢价发行股票时，按股票面值记入"股本"账户，其余部分在扣除手续费、佣金等发行费用后记入“资本公积——股本溢价”账户。

【例 10-4】 某股份有限公司委托有关机构发行每股面值为 1 元的普通股 500 000 股，每股发行价格 2 元。假设股票已发行成功，并已收到款项(假设已扣除应支付给发行机构的发行费用 20 000 元)。该公司会计处理如下：

借：银行存款(500 000 × 2 − 20 000)　　980 000
　财务费用　　20 000
　贷：股本——普通股股本　　500 000
　　资本公积——股本溢价　　500 000

三、实收资本增减变动核算

(一) 实收资本增加的会计处理

1. 一般企业增加资本的途径

(1) 将资本公积转增资本。

(2) 将盈余公积转增资本。

(3) 投资者追加投资等。

2. 股份有限公司以发放股票股利的方法实现增资

股份有限公司除具有上述一般企业增加资本的途径外，还可以通过发放股票股利的方式增加资本。股东不足领取 1 股股票股利时有两种处理方法：一是将不足 1 股的股票股利改为现金股利，用现金支付。二是由股东相互转让，凑为整股。账务处理为：

借：利润分配
　贷：股本

3. 可转换公司债券持有人行使转换权利

借：应付债券——可转换公司债券　　(面值、利息调整)
　资本公积——其他资本公积　　(权益成分的金额)
　贷：股本　　(转换的股份面值总额)
　　资本公积——股本溢价
　　库存现金　　(不足转换 1 股的部分用现金)

4. 企业重组债务转增资本(在重组日)

借：应付账款　　(重组债务的账面余额)
　贷：实收资本(或股本)　　(债权人放弃债权而享有本企业股份的面值总额)
　　营业外收入——债务重组利得　(股份的公允价值小于重组债务账面余额的差额)

5. 以权益结算的股份支付(在行权日)

借：银行存款　　(按行权价实际收到的金额)
　资本公积——其他资本公积　　(在每个资产负债表日确认的金额)
　贷：股本　　(行权时增加的股份面值)
　　资本公积——股本溢价　　(差额)

（二）实收资本减少的会计处理

企业按法定程序报经批准减少注册资本的，按减少的注册资本金额减少实收资本。

股份有限公司采用收购本公司股票方式减资的，按股票面值和注销股数计算的股票面值总额，借记"股本"账户，按注销库存股的账面余额，贷记"库存股"账户，按其差额借记"资本公积——股本溢价"账户。股本溢价不足冲减的，应借记"盈余公积"、"利润分配——未分配利润"账户。如果购回股票支付的价款低于面值总额的，应按股票面值总额借记"股本"账户，按所注销的库存股账面余额，贷记"库存股"账户，按其差额贷记"资本公积——股本溢价"账户。

【例 10-5】 甲股份有限公司在成立时发行股票 300 万股，每股面值 1 元，发行价格为 4 元。按合同规定支付给证券商的手续费为发行收入的 5%，所筹款项在扣除手续费后已划转到银行存款账户。该股份有限公司在收到所筹款项时做如下会计处理：

借：银行存款［300 万 ×4 ×（1 －5%）］	11 400 000	
贷：股本		3 000 000
资本公积——股本溢价		8 400 000

假定上例中，公司股票发行价格为 1 元，支付发行费用 30 000 元，则做如下会计处理：

借：银行存款	2 970 000	
财务费用	30 000	
贷：股本		3 000 000

【例 10-6】 某股份有限公司因资本过剩需要减资，经办理有关手续后，收回本公司曾发行面值为 1 元的普通股 100 000 股，发行价为每股 5 元，现以每股 6.4 元的价格赎回，款项以银行存款支付，该股份公司做如下会计处理：

借：库存股	640 000	
贷：银行存款		640 000
借：股本	100 000	
资本公积——股本溢价	400 000	
盈余公积	140 000	
贷：库存股		640 000

如果该公司以每股 5 元的价格赎回，则应做如下会计处理：

借：库存股	500 000	
贷：银行存款		500 000
借：股本	100 000	
资本公积	400 000	
贷：银行存款		500 000

第三节 资本公积

一、资本公积概述

1. 资本公积的概念

资本公积是一种积累，是投资者投入的或从其他来源取得的而由所有者享有的资本。主要包括：企业收到投资者出资额超出其在注册资本或股本中所占份额的部分，即资本溢价或股本溢价，直接计入所有者权益的利得和损失。

2. 资本公积的内容

资本公积按其来源不同，可分为资本（股本）溢价和其他资本公积两部分。

（1）资本溢价（或股本溢价）是企业收到投资者的超出其在企业注册资本（股本）中所占份额的投资。其形成原因主要有溢价发行股票、投资者超额缴入资本、可转换公司债券转为股权时的溢价部分、企业合并中产生的溢价及以股份支付员工薪酬产生的溢价部分等。

（2）其他资本公积主要包括：长期股权投资采用权益法核算，在持股比例不变的情况下，被投资单位除净损益以外的所有者权益的其他变动，企业按持股比例所享有的份额部分；以权益结算的股份支付换取职工或其他地方提供服务的部分；自用房地产或存货转换为采用公允价值模式计量的投资性房地产，转换日原账面价值和公允价值的差额部分；持有至到期投资和可供出售金融资产相互重分类时的差额部分；可供出售金融资产在后续计量时的调整部分。

二、资本公积的主要账务处理

企业接受投资者投入的资本、可转换公司债券持有人行使转换权利、将债务转为资本等形成的资本公积，借记有关科目，贷记“实收资本”或“股本”科目、“资本公积——资本溢价或股本溢价”科目等。

与发行权益性证券直接相关的手续费、佣金等交易费用，借记“资本公积——股本溢价”账户等，贷记“银行存款”等账户。

经股东大会或类似机构决议，用资本公积转增资本，借记“资本公积——资本溢价或股票溢价”账户，贷记“实收资本”或“股本”账户。

【例 10-7】 某公司委托甲证券公司代理发行普通股 200 000 股，每股面值 1 元，按每股 1.2 元的价格发行。公司与受托单位约定，按发行收入的 3% 收取手续费，从发行收入中扣除。假如收到的股款已存入银行。根据资料，企业应做如下会计处理：

公司收到受托方发行单位交来现金 = 200 000 × 1.2 × (1 − 3%) = 232 800（元）

应记入“资本公积”账户的金额 = 溢价收入 − 发行手续费

= 40 000 − 7 200 = 32 800（元）

借：银行存款　　232 800

　贷：股本　　200 000

资本公积——资本溢价　　32 800

【例 10-8】 某有限责任公司经股东大会批准，将公司的资本公积（资本溢价）200 000 元转增资本金。

借：资本公积——资本溢价　　200 000

　贷：实收资本　　200 000

同一控制下控股合并形成的长期股权投资，应在合并日按取得被合并方所有者权益账面价值的份额，借记"长期股权投资"账户，按享有被投资单位已宣告尚未发放的现金股利或利润，借记"应收股利"账户，按支付的合并对价的账面价值，贷记有关资产账户或有关负债账户，按其差额，贷记"资本公积——资本溢价或股本溢价"账户；为借方差额的，借记"资本公积——资本溢价或股本溢价"账户，资本公积（资本溢价或股本溢价）不足冲减的，借记"盈余公积"、"利润分配——未分配利润"账户。

同一控制下吸收合并涉及的资本公积，比照上述原则进行处理。

长期股权投资采用权益法核算的，在持股比例不变的情况下，被投资单位除净损益以外所有者权益的其他变动，企业按持股比例计算应享有的份额，借记或贷记"长期股权投资——其他权益变动"账户，贷记或借记"资本公积——其他资本公积"账户。

处置采用权益法核算的长期股权投资，还应结转原计入资本公积的相关金额，借记或贷记"资本公积——其他资本公积"账户，贷记或借记"投资收益"账户。

以权益结算的股份支付换取职工或其他地方提供服务的，应按照确定的金额，借记"管理费用"等账户，贷记"资本公积——其他资本公积"账户。

在行权日，应按实际行权的权益工具数量计算确定的金额，借记"资本公积——其他资本公积"账户，按计入实收资本或股本的金额，贷记"实收资本"或"股本"账户，按其差额，贷记"资本公积——资本溢价或股本溢价"账户。

自用房地产或存货转换为采用公允价值模式计量的投资性房地产，公允价值大于账面价值的差额，相应调整资本公积。

将持有至到期投资重分类为可供出售金融资产，或将可供出售金融资产重分类为持有至到期投资的，按照"持有至到期投资"、"可供出售金融资产"等账户的相关规定进行处理，相应调整资本公积。

可供出售金融资产的后续计量，按照"可供出售金融资产"账户的相关规定进行处理，相应调整资本公积。

股份有限公司采用收购本公司股票方式减资的，按股票面值和注销股数计算的股票面值总额，借记"股本"账户，按所注销的库存股的账面余额，贷记"库存股"账户，按其差额，借记"资本公积——股本溢价"账户，股本溢价不足冲减的，应借记"盈余公积"、"利润分配——未分配利润"账户；购回股票支付的价款低于面值总额的，应按股票面值总额，借记"股本"账户，按所注销的库存股的账面余额，贷记"库存股"账户，按其差额，贷记"资本公积——股本溢价"账户。

第四节 留存收益

一、留存收益概述

1. 留存收益的概念

留存收益是指企业从历年实现的利润中提取或留存于企业的内部积累。留存收益来源于企业生产经营活动所实现的利润,包括盈余公积和未分配利润两部分。

2. 留存收益的内容

留存收益包括盈余公积和未分配利润。

盈余公积是指定用途的留存收益,未分配利润是未指定用途的留存收益。盈余公积又分为法定盈余公积和任意盈余公积,法定盈余公积是按《公司法》规定提取,公司制企业的法定盈余公积按照净利润的10%计提,非公司制企业也可按照超过10%的比例计提。法定盈余公积累计额已达注册资本的50%时,可以不再提取。任意盈余公积是由企业自愿提取,是否计提及计提多少,由企业董事会或股东大会决定。

未分配利润是指已经实现但尚未分配或留待以后年度分配的利润,其金额为企业可供分配利润在提取了盈余公积和支付了股东股利以后的余额。

未分配利润的用途:① 供以后年度分配利润;② 弥补亏损;③ 分派股利。

二、盈余公积

(一) 利润分配的顺序

(1) 提取法定盈余公积。公司制企业的法定盈余公积按照税后利润的10%的比例提取(非公司制企业也可按超过10%的比例提取)。公司的法定盈余公积不足以弥补以前年度亏损的,在提取法定盈余公积前,应当先用当年利润弥补亏损。

(2) 提取任意盈余公积。

(3) 向投资者分配利润或股利。公司弥补亏损和提取盈余公积后所余税后利润,可向投资者分配利润或股利。股东会、股东大会或董事会违反规定,在公司弥补亏损和提取法定盈余公积之前向股东分配利润的,股东必须将违反规定分配的利润退还公司。

(二) 盈余公积的用途

(1) 弥补亏损。一是用以后年度税前利润弥补(五年内亏损);二是用以后年度税后利润弥补(五年以上亏损);三是以盈余公积弥补亏损。

(2) 转增资本。企业提取的盈余公积较多时,可以将提取的盈余公积转增资本,但必须经过股东大会决议或类似机构批准。按照《公司法》的规定,盈余公积转增资本时,转增后留存的盈余公积的数额不得少于注册资本的25%。同时注意,应按投资人持股比例结转。

(3) 用盈余公积发放现金股利或利润。

(三) 盈余公积的会计核算

企业应设置"盈余公积"账户,用于核算盈余公积的提取、使用和结存情况。

1．提取盈余公积

企业提取盈余公积时，借记"利润分配——提取法定盈余公积（或提取任意盈余公积）"账户，贷记"盈余公积——法定盈余公积（或任意盈余公积）"账户。

【例 10-9】 某股份有限公司的注册资本额为 1 000 万元，累积的法定盈余公积已达 400 万元。当年实现的税后利润为 100 万元，该公司按 10% 的比例提取法定盈余公积，按 5% 提取任意盈余公积。有关计算及会计处理如下：

提取法定盈余公积 = 100 × 10% = 10（万元）

提取任意盈余公积 = 100 × 5% = 5（万元）

借：利润分配——提取法定盈余公积　　100 000
　　　　　　——提取任意盈余公积　　50 000
　贷：盈余公积——法定盈余公积　　100 000
　　　　　　——任意盈余公积　　50 000

该公司的法定盈余公积已达到 500 万元，以后年度盈利可不再提取法定盈余公积。

2．盈余公积转增资本

盈余公积的减少可用于增加注册资本（股本或实收资本）、派发股利或应付利润、弥补亏损几个方面。各种类型企业在这方面的账务处理基本上都是一致的。

（1）盈余公积转增注册资本

用盈余公积转增资本时，应按投资人持有的比例转增资本，并按批准的增资文件进行会计业务处理。

【例 10-10】 经批准，甲公司用法定盈余公积 100 000 元转增资本。会计分录如下：

借：盈余公积——法定盈余公积　　100 000
　贷：实收资本（或股本）　　100 000

（2）盈余公积派发股利

【例 10-11】 某股份有限公司的注册资本额为 1 000 万元，累积的法定盈余公积已达 400 万元。当年经营状况差于往年，缴纳流转税后盈亏持平，公司董事会决议按注册资本的 6% 用盈余公积金发放股东的现金股利。普通股按 6% 的比例计算分得 60 万元的现金股利。有关计算及会计处理如下：

本例中的企业盈余公积已达 400 万元，是公司注册资本的 40%，高于 25%，可以用盈余公积支付股利；支付股利的比例为 6%，符合我国法规规定的标准，且用来支付股利后，盈余公积金的数额仍高于注册资本的 25%。

借：盈余公积　　600 000
　贷：利润分配——未分配利润　　600 000
借：利润分配——应付现金股利　　600 000
　贷：应付股利——应付普通股股利　　600 000

需要说明的是，公司对优先股的股利须按约定的股利率支付，优先股不得享有公司公积金权益。当年可供分配利润不足以按约定的股利率支付优先股利的，由以后年度的可供分配股利的利润补足。因此，用公积金发放股利的事项不应包括公司的优先股。

3. 盈余公积弥补亏损

此类事项可单独进行,也可与派发股利结合进行。

【例 10-12】 某股份有限公司的注册资本额为 1 000 万元,累积的法定盈余公积已达 400 万元。该公司当年发生亏损 120 万元,公司用以往年度提存的盈余公积金弥补亏损后,决定以最大限度发放股利。有关计算及会计处理如下:

盈余公积弥补亏损后余额 = 400 - 120 = 280(万元)

注册资本的 25% = 1 000 × 25% = 250(万元)

按我国的法规规定,经股东会特别决议,仍可用高于注册资本额比例 25% 的部分发放普通股股利。

该公司可用盈余公积金发放的股利 = 280 - 250 = 30(万元)

借:盈余公积　　1 200 000

　贷:利润分配——盈余公积补亏　　1 200 000

借:利润分配——盈余公积补亏　　1 200 000

　贷:利润分配——未分配利润　　1 200 000

同时,

借:利润分配——应付现金股利　　300 000

　贷:应付股利——应付普通股股利　　300 000

4. 盈余公积以股票股利方式补充资本

此类事项一般都与股利分配的事项相联。

【例 10-13】 承【例 10-11】和【例 10-12】,若上述公司当年盈亏持平,经董事会决议,并已报经管理部门批准,用盈余公积金补足按注册资本额 6% 计算的普通股股利,然后将高于注册资本额 25% 比例部分的盈余公积金按普通股股东原有的股份比例发放新股。有关计算及会计处理如下:

如果企业用 60 万元发放现金股利,则用来增发新股的数额只有 90 万元(400 - 60 - 250)。

借:盈余公积　　1 500 000

　贷:利润分配——未分配利润　　600 000

　　股本——普通股　　900 000

同时,

借:利润分配——应付现金股利　　60 000

　贷:应付股利——应付普通股股利　　60 000

按原普通股股东的备查簿登记“股本”账户的明细账和其他应登记的项目。

三、未分配利润

未分配利润是留于以后年度进行分配的累积结存利润,是企业所有者权益的组成部分。未分配利润是企业的税后利润经过提取盈余公积和向投资者分配投资报酬后的余额部分。未分配利润通过“利润分配——未分配利润”账户核算,该账户用来核算企业利润分配(或亏损的弥补)和历年分配(或弥补)后的余额。

年度终了,企业应将全年实际的净利润,自“本年利润”账户转入“利润分配——未分配利润”账户。如企业当年实现盈利,借记“本年利润”账户,贷记“利润分配——未分配利润”账户;如果企业亏损,借记“利润分配——未分配利润”账户,贷记“本年利润”账户。然后将“利润分配”账户下的其他明细账户(即应付现金股利或利润、提取法定盈余公积、盈余公积补亏等明细账户)的余额,转入“未分配利润”明细账户。结转后,“未分配利润”明细账户的贷方余额,就是未分配的利润数额。如出现借方余额,则表示未弥补的亏损数额。

【例 10-14】 某企业本年实现净利润 2 000 000 元,即“本年利润”年末贷方余额 2 000 000 元,本年提取法定盈余公积 200 000 元,提取任意盈余公积 100 000 元,宣告发放现金股利 800 000 元,编制分录如下:

① 分配当年实现净利润

借:利润分配——提取法定盈余公积	200 000	
——提取任意盈余公积	100 000	
——应付现金股利	800 000	
贷:盈余公积——法定盈余公积		200 000
——任意盈余公积		100 000
应付股利——应付普通股股利		800 000

② 结转本年实现利润

借:本年利润	2 000 000	
贷:利润分配——未分配利润		2 000 000

③ 结转本年利润分配

借:利润分配——未分配利润	1 100 000	
贷:利润分配——提取法定盈余公积		200 000
——提取任意盈余公积		100 000
——应付现金股利		800 000

? 思考题

1. 什么是所有者权益?所有者权益的性质如何?
2. 所有者权益的内容有哪些?
3. 所有者权益和金融负债的区别有哪些?
4. 什么是实收资本?
5. 利润分配的顺序是什么?
6. 盈余公积的用途有哪些?
7. 什么是未分配利润?如何核算?

练习题

一、单项选择题

1. 甲股份有限公司委托 A 证券公司发行普通股 1 000 万股，每股面值 1 元，每股发行价格为 4 元。根据约定，股票发行成功后，甲股份有限公司应按发行收入的 2% 向 A 证券公司支付发行费。如果不考虑其他因素，股票发行成功后，甲股份有限公司记入“资本公积”科目的金额应为(　　)万元。

A. 20　　B. 80　　C. 2 920　　D. 3 000

2. 下列各项，能够引起所有者权益总额变化的是(　　)。

A. 以资本公积转增资本　　B. 增发新股

C. 向股东支付已宣告分派的现金股利　　D. 以盈余公积弥补亏损

3. 2011 年 1 月 1 日某企业所有者权益情况如下：实收资本 200 万元，资本公积 17 万元，盈余公积 38 万元，未分配利润 32 万元。则该企业 2011 年 1 月 1 日留存收益为(　　)万元。

A. 32　　B. 38　　C. 70　　D. 87

4. 下列各项中，会引起所有者权益总额发生增减变动的是(　　)。

A. 以盈余公积弥补亏损　　B. 提取法定盈余公积

C. 发放股票股利　　D. 将债务转为资本

5. 有限责任公司在增资扩股时，如果新投资者介入，新介入的投资者缴纳的出资额大于其按约定比例计算的其在注册资本中所占份额部分，不记入“实收资本”，而做(　　)处理。

A. 盈余公积　　B. 资本公积

C. 未分配利润　　D. 营业外收入

6. 某企业年初未分配利润为 100 万元，本年净利润为 1 000 万元，按 10% 计提法定盈余公积，按 5% 计提任意盈余公积，宣告发放现金股利为 80 万元，该企业年末未分配利润为(　　)万元。

A. 855　　B. 867　　C. 870　　D. 874

7. 某股份制公司委托某证券公司代理发行普通股 100 000 股，每股面值 1 元，每股按 1.2 元的价格出售。按协议，证券公司从发行收入中收取 3% 的手续费，从发行收入中扣除。则该公司计入资本公积的数额为(　　)元。

A. 16 400　　B. 100 000　　C. 116 400　　D. 0

8. 上市公司发生下列交易或事项中，会引起上市公司所有者权益总额发生增减变动的有(　　)。

A. 发行股票股利　　B. 应付账款获得债权人豁免

C. 以本年利润弥补以前年度亏损　　D. 注销库存股

9. 企业发行可转换公司债券时，收到的款项当中属于权益成分的公允价值部分应记入(　　)科目。

A. 实收资本　　B. 资本公积——资本溢价
C. 资本公积——其他资本公积　　D. 利润分配——未分配利润

二、多项选择题

1. 下列项目中，属于权益工具的有（　　）。
A. 企业发行的普通股
B. 企业发行的、是持有者有权以固定价格购入固定数量本企业普通股的认股权证
C. 企业发行金融工具时，该工具合同条款中没有包括交付现金或其他金融资产给其他单位的合同义务，也没有包括在潜在不利条件下与其他单位交换金融资产或金融负债的合同义务
D. 该工具是非衍生工具，且企业没有义务交付非固定数量的自身权益工具进行结算
E. 企业发行的债券

2. 下列各项中，属于所有者权益的有（　　）。
A. 盈余公积　　B. 实收资本
C. 直接计入所有者权益的利得　　D. 坏账准备
E. 直接计入所有者权益的损失

3. 下列项目中，可能引起资本公积变动的有（　　）。
A. 与发行权益性证券直接相关的手续费、佣金等交易费用
B. 企业接受投资者投入的资本　　C. 用资本公积转增资本
D. 处置采用权益法核算的长期股权投资　　E. 以权益结算的股份支付行权时

4. 下列事项中，可能引起资本公积变动的有（　　）。
A. 经批准将资本公积转增资本　　B. 宣告分派现金股利
C. 投资者投入的资金大于其按约定比例在注册资本中享有的份额
D. 直接计入所有者权益的损失　　E. 计入当期损益的利得

5. 下列各项中会使企业所有者权益增加的有（　　）。
A. 当年发生盈利　　B. 用当年税后利润弥补以前年度亏损
C. 接受投资者投资　　D. 以盈余公积补亏
E. 资本公积转增资本

6. 下列项目中，属于资本公积核算的内容有（　　）。
A. 企业收到投资者出资额超出其在注册资本或股本中所占份额的部分
B. 直接计入所有者权益的利得　　C. 直接计入当期损益的利得
D. 企业收到投资者的按注册资本比例计算的出资额
E. 可供出售金融资产正常公允价值变动

7. 股份有限公司采用收购公司股票方式减资的，下列说法中正确的有（　　）。
A. 按股票面值和注销股数计算的股票面值总额减少股本
B. 按股票面值和注销股数计算的股票面值总额减少库存股
C. 按所注销库存股的账面余额减少库存股
D. 购回股票支付的价款低于面值总额的，应按股票面值总额，借记“实收资本”科目或

“股本”科目，按所注销库存股的账面余额，贷记“库存股”科目，按其差额，贷记“资本公积——股本溢价”科目

E. 按股票面值和注销股数计算的股票市价总额减少股本

8. 下列各项中，能同时引起资产和所有者权益发生增减变化的有（　　）。

A. 分配股票股利　　B. 接受现金捐赠

C. 用盈余公积弥补亏损　　D. 投资者投入资本

E. 可供出售金融资产公允价值上升

三、判断题

1. 企业增发新股，企业的股本或实收资本金额增加，但是所有者权益总额不发生变化。（　　）

2. 股份有限公司发行股票发生的手续费和佣金等费用，先从发行股票的溢价收入中抵销，发行股票的溢价不足冲减或无溢价，计入财务费用。（　　）

3. 经过股东大会或类似权力机构批准，企业可以用资本公积转增资本。（　　）

4. 企业实际支付已宣告的现金股利会导致企业所有者权益减少。（　　）

5. 企业接受投资者作价投入的材料物资，应按投资合同或协议约定价值确定材料物资价值（投资合同或协议约定价值不公允的除外）和在注册资本中应享有的份额。（　　）

6. 不管企业期初是否存在未弥补的亏损，当期计提法定盈余公积的基数都是当期实现的净利润。（　　）

7. 企业以盈余公积向投资者分配现金股利，不会引起留存收益总额的变动。（　　）

8. 所有者权益是指企业资产扣除负债后由所有者享有的剩余权益，公司所有者权益又称股东权益。（　　）

9. 企业用当年实现的利润弥补亏损时，应单独做出相应的会计处理。（　　）

10. 企业股东大会通过决议宣告发放现金股利和股票股利时，应作为负债和利润分配处理。（　　）

四、业务题

1. 甲公司是增值税的一般纳税人，由A、B、C三位股东于2009年12月31日共同出资设立，注册资本为1 600万元，出资协议约定，A、B、C三位股东的股权比例分别是40%、35%、25%，有关资料如下：

（1）2009年12月31日三位股东的出资方式和出资额如下表所示。

单位：万元

出资者	货币资金	实物资产	无形资产	合计
A	540		100（专利权）	640
B	260	300（设备）		560
C	340	60（轿车）		400
合计	1 140	360	100	1 600

（2）2010年甲公司实现净利润800万元，分配现金股利200万元，计划于2011年2月10日支付。

(3) 2011 年 12 月 31 日,吸收 D 股东加入本公司,将甲公司的注册资本由 1 600 万元增加到 2 000 万元,D 股东以银行存款 200 万元、原材料 117 万元(原材料 100 万元,增值税 17 万元)出资,占增资后注册资本的 10%,其余的 200 万元增资由 A、B、C 三个股东按照原有的出资比例来出资。2011 年 12 月 31 日,四位股东的出资全部到位,并办理了相关的法律手续。

要求:根据上述资料,不考虑其他因素,回答下列问题。

(1) 甲公司 2010 年 12 月 31 日,所有者权益的金额是多少?

(2) 甲公司 2011 年 12 月 31 日吸收 D 股东出资时产生的资本公积是多少?

(3) 甲公司 2011 年 12 月 31 日收到 A、B、C 股东追加投资及 D 股东出资之后,"实收资本——A"的账面余额是多少?

(4) 甲公司 2011 年 12 月 31 日增资扩股后,投资者 A 所占的比例是多少?

2. 甲股份有限公司(以下简称甲公司)2011 年 12 月 31 日的股本总额为 30 000 万股,每股面值为 1 元,资本公积(股本溢价)5 000 万元,盈余公积 3 000 万元,未分配利润 2 000 万元。经股东大会批准,甲公司拟以现金回购本公司股票 3 000 万股并注销。

要求:

(1) 假定每股回购价为 0.9 元,编制回购股票和注销股票的会计分录。

(2) 假定每股回购价为 3 元,编制回购股票和注销股票的会计分录。

(3) 假定每股回购价为 4 元,编制回购股票和注销股票的会计分录。

(答案中的金额单位用万元表示)

3. 某有限责任公司 2011 年发生有关经济业务如下:

(1) 按照规定办理增资手续后,将盈余公积 60 万元转增注册资本,其 A、B、C 三家公司各占 1/3。

(2) 用盈余公积 25 万元分配现金股利。

(3) 从税后利润中提取法定盈余公积 30 万元。

(4) 接受 D 公司加入联营,经投资各方协议,D 公司实际出资额中 300 万元作为新增注册资本,使投资各方在注册资本总额中均占 1/4。D 公司以银行存款 350 万元缴付出资额。

要求:根据上述经济业务(1)—(4)编制该公司的相关会计分录(不要求编制将利润分配各明细科目余额结转到"利润分配——未分配利润"账户中的分录,分录中的金额单位为万元)。

4. 甲、乙两个投资者向某有限责任公司投资,甲投资者投入自产产品一批,双方确认价值为 170 万元,公允价值是 180 万元,税务部门认定增值税为 30.6 万元,并开具了增值税专用发票。乙投资者投入货币资金 9 万元和一项固定资产,货币资金已经存入开户银行,该固定资产原账面价值为 160 万元,预计使用寿命为 16 年,已计提折旧 50 万元,计提减值准备 20 万元,双方确认的价值为 90 万元(假设是公允的)。假定甲、乙两位投资者投资时均不产生资本公积。两年后,丙投资者向该公司追加投资,其缴付该公司的出资额为人民币 200 万元,协议约定丙投资者享有的注册资本金额为 140 万元。

要求:根据上述资料,分别编制被投资公司接受甲、乙、丙投资的有关会计分录(分录中的金额单位用万元表示)。

第十一章　收入、费用和利润

【教学目的】

通过本章学习，学生应当了解并掌握：

1. 收入的概念、特征及分类
2. 收入的核算
3. 费用的概念、特征及分类
4. 费用的核算
5. 利润的核算
6. 所得税的核算
7. 利润分配的核算

从会计的角度说，企业生产经营活动的目的，除为整个社会做贡献外，主要是追求利润最大化。利润是收入与成本费用相抵后的差额。收入是企业利润的重要来源，从广义上来说，企业在一定会计期间内经济利益的总流入都是企业的收入，费用的发生将导致企业利润的减少，费用是指企业会计期间内经济利益的总流出。通过本章学习，学生将熟悉各种收入和费用的确认、计量及相关会计处理，掌握利润及利润分配的计算、分配程序及相关会计处理。

第一节　收　　入

一、收入的定义

收入有广义和狭义之分。

广义的收入是指企业在一定会计期间内经济利益的总流入，其表现形式为资产增加或负债减少而引起的所有者权益增加，但不包括与所有者出资等有关的资产增加或负债减少。

狭义的收入是指企业在销售商品、提供劳务及让渡资产使用权等日常活动中形成的，会引起所有者权益增加，与所有者出资无关的经济利益的总流入。

二、收入的分类

收入的分类如图 11-1 所示，广义的收入可分为狭义的收入和利得。利得是指企业在日常经营活动以外取得的经济利益流入，可分为公允价值变动收益、营业外收入等。公允价值变动收益是企业交易性金融资产等公允价值变动形成的收益。营业外收入是企业在日常经营业务以外取得的收入。

- 广义的收入
  - 狭义的收入
    - 营业收入
      - 主营业务收入
      - 其他业务收入
    - 投资收益
  - 利得
    - 公允价值变动收益
    - 营业外收入

图 11-1　收入分类

狭义的收入可分为营业收入和投资收益。营业收入是指企业在从事销售商品、提供劳务和让渡资产使用权等日常经营业务活动中取得的收入。投资收益是指企业在从事各项对外投资活动中取得的净收入,其性质也属于让渡资产使用权取得的收入。

根据企业经营业务的主次,营业收入可分为主营业务收入和其他业务收入。主营业务收入是指企业为完成其经营目标而从事的经常性活动取得的收入。不同行业其主营业务收入所包括的内容各不相同,主营业务收入一般占企业营业收入的比重较大。其他业务收入也称附营业务收入,是指企业除主营业务以外的其他经营活动取得的收入。其他业务收入一般占企业营业收入的比重较小。

按收入的性质,主营业务收入可分为销售商品收入、提供劳务的收入、让渡资产使用权的收入和建造合同收入,其他业务收入可分为原材料出让收入、无形资产转让收入、租金收入等。本节主要讲述主营业务收入。

三、销售商品收入

(一) 销售商品收入的确认

销售商品收入是指企业通过销售商品取得的收入。这里的商品包括企业为销售而生产的产品和为转售而购进的商品,如工业企业生产的产品、商业企业购进的商品等,企业销售的其他存货,如原材料、包装物等,也视同企业的商品。

根据《企业会计准则第 14 号——收入》的规定,企业销售商品收入的确认必须同时满足下列五个条件:

1. 企业已将商品所有权上的主要风险和报酬转移给购货方

企业已将商品所有权上的主要风险和报酬转移给购货方,是指与商品所有权有关的主要风险和报酬同时转移给了购货方。其中,与商品所有权有关的风险,是指商品可能发生减值或毁损等形成的损失;与商品所有权有关的报酬,是指商品价值增值或通过使用商品等形成的经济利益。

判断企业是否已将商品所有权上的主要风险和报酬转移给购货方,应当关注交易的实质而不是形式,同时考虑所有权凭证的转移或实物的交付。如果与商品所有权有关的任何损失均不需要销货方承担,与商品所有权有关的任何经济利益也不归销货方所有,就意味着商品所有权上的主要风险和报酬转移给了购货方。

2. 企业既没有保留通常与所有权相联系的继续管理权，也没有对已售出的商品实施有效控制

通常情况下，企业售出商品后不再保留与商品所有权相联系的继续管理权，也不再对售出商品实施有效控制，商品所有权上的主要风险和报酬已经转移给购货方，应在发出商品时确认收入。

对售出商品实施继续管理，既可能源于仍拥有商品的所有权，也可能与商品的所有权没有关系。如果商品售出后，企业仍保留与商品所有权相联系的继续管理权，则说明此项销售交易没有完成，销售不能成立，不应确认销售商品收入。同样，如果商品售出后，企业仍可以对商品实施有效控制，也说明销售不能成立，不应确认销售商品收入。

3. 收入的金额能够可靠地计量

收入的金额能够可靠地计量，是指收入的金额能够合理地估计。如果收入的金额不能够合理估计，就无法确认收入。企业在销售商品时，商品销售价格通常已经确定。但是，由于销售商品过程中某些不确定因素的影响，也有可能存在商品销售价格发生变动的情况。在这种情况下，新的商品销售价格未确定前通常不应确认销售商品收入。企业通常应按从购货方已收或应收的合同或协议价款确定收入金额；合同或协议价款延期收取具有融资性质时，企业应按应收的合同或协议价款的公允价值确定收入金额；已收或应收的价款不公允的，企业应按公允的交易价格确定收入金额。

4. 相关的经济利益很可能流入企业

相关的经济利益很可能流入企业，是指销售商品价款收回的可能性大于不能收回的可能性，即销售商品价款收回的可能性超过50%。企业在确定销售商品价款收回的可能性时，应当结合以前和买方交往的直接经验、政府有关政策、其他方面取得的信息等因素进行分析。企业销售的商品符合合同或协议要求，已将发票账单交付买方，买方承诺付款，通常表明满足本确认条件(即相关的经济利益很可能流入企业)。如果企业判断销售商品收入满足确认条件，确认了一笔应收债权，此后由于购货方资金周转困难无法收回该债权时，不应调整原确认的收入，而应对该债权计提坏账准备、确认坏账损失。如果企业根据以前与买方交往的直接经验判断买方信誉较差，或销售时得知买方在另一项交易中发生了巨额亏损，资金周转十分困难，或在出口商品时不能肯定进口企业所在国政府是否允许将款项汇出等，就可能会出现与销售商品相关的经济利益不能流入企业的情况，不应确认收入。

5. 相关的已发生或将发生的成本能够可靠地计量

通常情况下，销售商品相关的已发生或将发生的成本能够合理地估计，如库存商品的成本、商品运输费用等。如果库存商品是本企业生产的，其生产成本能够可靠计量；如果是外购的，购买成本能够可靠计量。有时，销售商品相关的已发生或将发生的成本不能够合理地估计，此时企业不应确认收入，已收到的价款应确认为负债。

（二）销售商品收入的计量

销售商品收入的金额应根据企业与购货方签订的合同或协议金额确定。无合同或协议的应根据购销双方都能同意或认可的价格确定。如果代第三方或客户所收取的款项，代收款只以暂收款形式记入相应负债账户，不作为收入处理。

企业销售商品过程中可能发生的现金折扣、销售折让可不予考虑，待实际发生时，现金折扣计入当期财务费用，销售折让冲减销售收入。另外，对于商业折扣（在商品标价上给予的扣除），由于它不是构成商品最终成交价格的一部分，销售商品收入金额应是扣除商业折扣后的净额。

（三）账户设置

企业为了核算销售商品收入，应设置"主营业务收入"、"主营业务成本"、"营业税金及附加"等账户。

（1）"主营业务收入"账户。核算企业在销售商品、提供劳务及让渡资产使用权等日常活动中所产生的收入。贷方登记企业销售商品（包括产成品、自制半成品等）或让渡资产使用权所实现的收入；借方登记发生的销售退回、销售折让和转入"本年利润"账户的收入，期末结转后该账户无余额。"主营业务收入"账户应按主营业务的种类设置明细账，进行明细分类核算。

（2）"主营业务成本"账户。核算企业销售商品、提供劳务及让渡资产使用权等日常活动中所产生的与已确认的主营业务收入相配比的实际成本。借方登记结转已售商品、提供的各种劳务等的实际成本；贷方登记当月发生销售退回等的商品成本（未直接从本月销售成本中扣减的销售退回的成本）和期末转入"本年利润"账户的当期销售产品成本，期末结转后该账户无余额。该账户应按照主营业务的种类设置明细账，进行明细分类核算。

（3）"营业税金及附加"账户（详见本章第三节）。

（四）销售商品收入的会计处理

1. 通常情况下销售商品收入的会计处理

企业经确认符合收入确认条件的本期实现的销售商品收入，按已收或应收的合同或协议价款和增值税额，借记"银行存款"、"应收账款"、"应收票据"等账户，按确认的收入金额，贷记"主营业务收入"、"其他业务收入"账户，按专用发票上注明的增值税额，贷记"应交税费——应交增值税（销项税额）"账户；在确认收入的同时或在资产负债表日，按已销商品的账面价值结转销售成本，借记"主营业务成本"、"其他业务成本"等账户，贷记"库存商品"、"原材料"等账户。企业应交纳的消费税、城市建设维护税、资源税、教育费附加等税费金额，应在销售商品的同时或在资产负债表日，按相关税费的金额，借记"营业税金及附加"账户，贷记"应交税费——应交消费税"（或应交城市维护建设税、应交资源税等）账户。

如果售出的商品不符合收入确认条件，则不应确认收入，对于已发出的商品通过"发出商品"等账户核算。期末，"发出商品"账户的余额应列入资产负债表的"存货"项目中。

【例 11-1】 甲公司采用支票结算方式销售商品一批，价款 200 000 元，增值税额为 34 000 元。该批商品的生产成本为 160 000 元。甲公司根据有关凭证，应进行如下的会计处理：

借：银行存款	234 000	
贷：主营业务收入		200 000
应交税费——应交增值税（销项税额）		34 000
借：主营业务成本	160 000	
贷：库存商品		160 000

【例 11-2】 2012 年 1 月 10 日，甲公司采用托收承付结算方式向乙公司销售商品一批，价款 300 000 元，增值税额为 51 000 元，并用银行存款代垫运杂费 500 元，已办妥托收手续。该批商品的生产成本为 240 000 元。甲公司根据有关凭证，应进行如下的会计处理：

借：应收账款 351 500
　贷：主营业务收入 300 000
　　应交税费——应交增值税（销项税额） 51 000
　　银行存款 500
借：主营业务成本 240 000
　贷：库存商品 240 000

【例 11-3】 承【例 11-2】，业务如上例所述，但甲公司在办妥托收手续后得知，乙公司发生财务困难，近期无法支付货款。考虑到与乙公司长期业务往来关系，仍将商品发运给乙公司并开具发票账单。由于与该项交易相关的经济利益不一定能够流入企业，甲公司不确认收入，但要结转库存商品成本，并结转应交增值税。甲公司根据有关凭证，应进行如下的会计处理：

① 2012 年 1 月 10 日，发出商品时

借：发出商品 240 000
　贷：库存商品 240 000
借：应收账款 51 500
　贷：应交税费——应交增值税（销项税额） 51 000
　　银行存款 500

② 2012 年 1 月 20 日，收到购货方的货款，甲公司确认商品销售收入

借：银行存款 351 500
　贷：主营业务收入 300 000
　　应收账款 51 500
借：主营业务成本 240 000
　贷：发出商品 240 000

2. 销售商品涉及现金折扣、商业折扣、销售折让的会计处理

（1）现金折扣。企业销售商品涉及现金折扣的，应当按照扣除现金折扣前的金额确定销售商品收入金额。现金折扣在实际发生时计入财务费用。

（2）商业折扣。企业销售商品涉及商业折扣的，应当按照扣除商业折扣后的金额确定销售商品收入金额。

（3）销售折让。对于销售折让，企业应分别不同情况进行处理：① 已确认收入的售出商品发生销售折让的，通常应当在发生时冲减当期销售商品收入；② 已确认收入的销售折让属于资产负债表日后事项的，应当按照有关资产负债表日后事项的相关规定进行处理。

【例 11-4】 甲公司采用赊销方式销售商品一批，价款 400 000 元，增值税额 68 000 元；付款条件为“2/10，1/20，n/30”。该批商品的生产成本为 320 000 元。甲公司根据有关凭证，应进行如下的会计处理：

① 销售商品时，按销售总价确认收入

借：应收账款　468 000

　贷：主营业务收入　400 000

　　　应交税费——应交增值税（销项税额）　68 000

借：主营业务成本　320 000

　贷：库存商品　320 000

② 如果客户在10天内支付货款，则按销售总价468 000元的2%享受现金折扣9 360元（468 000×2%），实际支付458 640元（468 000－9 360）

借：银行存款　458 640

　　财务费用　9 360

　贷：应收账款　468 000

③ 如果客户在20天内支付货款，则按销售总价468 000元的1%享受现金折扣4 680元（468 000×1%），实际支付463 320元（468 000－4 680）

借：银行存款　463 320

　　财务费用　4 680

　贷：应收账款　468 000

④ 如果客户在30天内支付货款，则按全额付款

借：银行存款　468 000

　贷：应收账款　468 000

【例11-5】 甲公司A商品的标价为每件500元，生产成本为每件400元。乙公司一次购买A商品2 000件，根据甲公司规定的折扣条件，乙公司可得到10%的商业折扣，款项未付。A商品的增值税税率为17%。

发票价格＝2 000×500×（1－10%）＝900 000（元）

增值税销项税额＝900 000×17%＝153 000（元）

甲公司根据有关凭证，应进行如下的会计处理：

借：应收账款　1 053 000

　贷：主营业务收入　900 000

　　　应交税费——应交增值税（销项税额）　153 000

借：主营业务成本　800 000

　贷：库存商品　800 000

【例11-6】 甲公司向乙企业销售商品一批，价款500 000元，增值税85 000元，该批商品的生产成本为400 000元，货款尚未收到。乙企业收到货物后，经验收发现商品有质量问题，经双方协商，同意给乙企业折让总价款的10%。甲公司根据有关凭证，应进行如下的会计处理：

① 确认销售收入实现

借：应收账款　585 000

　贷：主营业务收入　500 000

　　　应交税费——应交增值税（销项税额）　85 000

借:主营业务成本 400 000

贷:库存商品 400 000

② 发生销售折让

借:主营业务收入 5 000

应交税费——应交增值税(销项税额) 850

贷:应收账款 5 850

3. 销售退回的会计处理

销售退回,是指企业售出的商品由于质量、品种不符合要求等原因而发生的退货。对于销售退回,企业应分不同情况进行会计处理。

(1) 对于未确认收入的售出商品发生销售退回的,企业应按已记入“发出商品”账户的商品成本金额,借记“库存商品”账户,贷记“发出商品”账户。

(2) 对于已确认收入的售出商品发生退回的,企业一般应在发生时冲减当期销售商品收入,同时冲减当期销售商品成本。如该项销售退回已发生现金折扣的,应同时调整相关财务费用的金额;如该项销售退回允许扣减增值税额的,应同时调整“应交税费——应交增值税(销项税额)”账户的相应金额。

(3) 已确认收入的售出商品发生的销售退回属于资产负债表日后事项的,应当按照有关资产负债表日后事项的相关规定进行会计处理。

【例 11-7】 甲公司向乙企业销售商品一批,商品的生产成本为 240 000 元,销售价格为 300 000 元,增值税 51 000 元。根据合同规定,乙企业对商品验收无误后再付款,甲公司于乙企业付款时开具增值税专用发票。乙企业收到商品验收时发现商品存在质量问题,要求退货,甲公司同意退货。

甲公司在发出商品时,尚未满足收入确认的条件,不能确认销售收入。待乙企业付款、甲公司开具发票账单后,再据以确认销售收入。甲公司根据有关凭证,应进行如下的会计处理:

① 发出商品时

借:发出商品 240 000

贷:库存商品 240 000

② 发生退货时

借:库存商品 240 000

贷:发出商品 240 000

【例 11-8】 2012 年 2 月 5 日,甲公司收到客户退货一批,商品价款 10 000 元,增值税 1 700 元,生产成本 8 000 元,甲公司上月已确认收入并收讫货款。甲公司根据有关凭证,应进行如下的会计处理:

借:主营业务收入 10 000

应交税费——应交增值税(销项税额) 1 700

贷:银行存款 11 700

借:库存商品 8 000

贷:主营业务成本 8 000

【例 11-9】 2012 年 3 月 15 日,甲公司收到客户退货一批,商品价款 200 000 元,增值税 34 000 元,生产成本 160 000 元,甲公司已于 2011 年 12 月确认收入并收讫货款。甲公司按净利润的 10% 计提法定盈余公积,所得税税率为 25% 。

甲公司办理退货后,根据有关凭证,应进行如下的会计处理:

① 调整销售收入

借:以前年度损益调整 200 000

应交税费——应交增值税(销项税额) 34 000

贷:银行存款 234 000

② 调整销售成本

借:库存商品 160 000

贷:以前年度损益调整 160 000

③ 调整应交所得税

调整金额 = (200 000 - 160 000) × 25% = 10 000(元)

借:应交税费——应交所得税 10 000

贷:以前年度损益调整 10 000

④ 将“以前年度损益调整”账户余额转入“利润分配”账户

以前年度损益调整账户余额 = 200 000 - 160 000 - 10 000 = 30 000(元)

借:利润分配——未分配利润 30 000

贷:以前年度损益调整 30 000

⑤ 调整利润分配

调整金额 = 30 000 × 10% = 3 000(元)

借:盈余公积 3 000

贷:利润分配——未分配利润 3 000

4. 分期收款销售商品的会计处理

分期收款销售是商品已经交付,货款分期收回的一种销售方式。对分期收款销售商品的核算,应根据销售商品的价款延期收取是否具有融资性质,分别进行不同的会计处理。

(1) 不具有融资性质的分期收款销售商品

对于不具有融资性质的分期收款销售商品,企业应按合同约定的收款日期分期确认收入。企业在发出商品时,不确认收入,已发出商品仍属企业的存货,根据发出商品的实际成本,借记“分期收款发出商品”账户,贷记“库存商品”账户。在合同约定的收款日按规定收取的货款金额,借记“应收账款”、“银行存款”等账户,贷记“主营业务收入”、“应交税费——应交增值税(销项税额)”等账户;同时,按本期收款比例结转营业成本,借记“主营业务成本”账户,贷记“分期收款发出商品”账户。

【例 11-10】 甲企业销售给乙企业大型设备一套,价款 400 000 元,增值税额为 68 000 元,该设备成本为 320 000 元,根据购销合同约定,甲企业将在 2 年内分 4 次等额收款。甲企业根据有关凭证,应进行如下的会计处理:

① 甲企业发出设备

借:分期收款发出商品 320 000

  贷:库存商品 320 000

② 在合同约定的收款日期

借:应收账款(或银行存款) 117 000

  贷:主营业务收入 100 000

    应交税费——应交增值税(销项税额) 17 000

借:主营业务成本 80 000

  贷:分期收款发出商品 80 000

(2) 具有融资性质的分期收款销售商品

企业分期收款销售商品,如果延期(通常为超过3年)收取的货款具有融资性质,其实质是企业向购货方提供的信贷,企业应当按照应收的合同或协议价款的公允价值确定收入金额。应收的合同或协议价款的公允价值,通常应当按照其未来现金流量现值或商品现销价格计算确定。

应收的合同或协议价款与其公允价值之间的差额,应当在合同或协议期间内,按照应收款项的摊余成本和实际利率计算确定的金额进行摊销,作为财务费用的抵减处理。其中,实际利率是指具有类似信用等级的企业发行类似工具的现时利率,或者将应收的合同或协议价款折现为商品现销价格时的折现率等。

应收的合同或协议价款与其公允价值之间的差额,按照实际利率法摊销与直线法摊销结果相差不大的,也可以采用直线法进行摊销。

企业应当按照应收的合同或协议价款借记"长期应收款"账户,按应收的合同或协议价款的公允价值确定收入金额,贷记"主营业务收入"等账户,按应收的合同或协议价款与其公允价值之间的差额,贷记"未实现融资收益"账户。在合同或协议期间内,分期按照应收款项的摊余成本和实际利率计算确定的金额,借记"未实现融资收益"账户,贷记"财务费用"账户。

【例11-11】 2009年1月1日,A公司采用分期收款方式向B企业销售一套大型设备,该设备的成本为600万元。合同约定设备销售价格为800万元,分4次于每年12月31日等额收取;增值税136万元于A公司开出增值税专用发票时一次全额支付。

假定A公司按照应收合同价款的现值作为公允价值,以具有类似信用等级的企业发行类似工具的现实利率7%作为折现率。A公司根据有关凭证,应进行如下的会计处理:

① 计算合同价款的现值及未实现融资收益

查年金现值系数表可知,4期、7%的年金现值系数为3.3872。

每期应收合同价款 = 8 000 000 ÷ 4 = 2 000 000(元)

应收合同价款的现值 = 2 000 000 × 3.3872 = 6 774 400(元)

未实现融资收益 = 8 000 000 − 6 774 400 = 1 225 600(元)

② 采用实际利率法分配未实现融资收益

A公司采用实际利率法编制的未实现融资收益分配表见表11-1。

表 11-1　未实现融资收益分配表
（实际利率法）

单位：元

日期	分期应收款	确认的融资收益	应收账款成本减少	应收账款摊余成本
①	②	③＝期初⑤×7%	④＝②－③	⑤＝期初⑤－④
2009 年 1 月 1 日				6 774 400
2009 年 12 月 31 日	2 000 000	474 208	1 525 792	5 248 608
2010 年 12 月 31 日	2 000 000	367 403	1 632 597	3 616 011
2011 年 12 月 31 日	2 000 000	253 121	1 746 879	1 869 132
2012 年 12 月 31 日	2 000 000	130 868	1 738 264	0
合计	8 000 000	1 225 600	6 774 400	

③ 2009 年 1 月 1 日，确认销售商品收入并结转销售成本

借：银行存款　1 360 000
　长期应收款　8 000 000
　贷：主营业务收入　6 774 400
　　应交税费——应交增值税（销项税额）　1 360 000
　　未实现融资收益　1 225 600
借：主营业务成本　6 000 000
　贷：库存商品　6 000 000

④ 2009 年 12 月 31 日，收取第一笔分期应收款并分配未实现融资收益

借：银行存款　2 000 000
　贷：长期应收款　2 000 000
借：未实现融资收益　474 208
　贷：财务费用　474 208

⑤ 2010 年 12 月 31 日，收取第二笔分期应收款并分配未实现融资收益

借：银行存款　2 000 000
　贷：长期应收款　2 000 000
借：未实现融资收益　367 403
　贷：财务费用　367 403

⑥ 2011 年 12 月 31 日，收取第三笔分期应收款并分配未实现融资收益

借：银行存款　2 000 000
　贷：长期应收款　2 000 000
借：未实现融资收益　253 121
　贷：财务费用　253 121

⑦ 2012 年 12 月 31 日，收取第四笔分期应收款并分配未实现融资收益

借：银行存款　2 000 000
　贷：长期应收款　2 000 000
借：未实现融资收益　130 868

　　贷:财务费用　　130 868

5. 代销商品的会计处理

代销商品分别以下情况处理:

(1) 视同买断方式。视同买断方式是指由委托方和受托方签订合同或协议,委托方按合同或协议价收取所代销商品的货款,实际售价由受托方自定,实际售价与合同或协议价之间的差额归受托方所有的销售方式。

如果委托方和受托方之间的协议明确标明,受托方在取得代销商品后,无论是否能够卖出、是否获利,均与委托方无关,那么委托方和受托方之间的代销商品交易,与委托方直接销售商品给委托方没有实质区别,在符合销售商品收入确认条件时,委托方应确认相关销售商品收入。

如果委托方和受托方之间的协议明确标明,将来受托方没有将商品售出时,可以将商品退回给委托方,或受托方因代销商品出现亏损时可以要求委托方补偿,那么委托方在交付商品时不确认收入,受托方也不作为购进商品处理。受托方将商品销售后,应按实际售价确认为销售收入,并向委托方开具代销清单。委托方收到代销清单时,再确认本企业销售收入。

【例 11-12】 2012 年 3 月 10 日,甲公司采用视同买断方式委托乙企业销售商品 200 件,协议价为 1 000 元/件,成本为 800 元/件。根据协议约定,乙企业在取得代销商品后,无论是否能够卖出、是否获利,均与甲公司无关,代销商品的实际售价由乙企业自定。该批商品已发出,甲公司开出的增值税专用发票上注明的增值税额为 34 000 元,货款尚未收到。乙企业将商品以 1 200 元/件的价格售出,于 7 月 20 日将货款汇给甲公司。

甲公司(委托方)根据有关业务凭证,应进行如下的会计处理:

① 3 月 10 日将商品交付乙企业

借:应收账款　　234 000

　　贷:主营业务收入　　200 000

　　　　应交税费——应交增值税(销项税额)　　34 000

借:主营业务成本　　160 000

　　贷:库存商品　　160 000

② 7 月 20 日收到乙企业的代销清单及汇入的货款

借:银行存款　　234 000

　　贷:应收账款　　234 000

乙企业(受托方)根据有关的凭证,应进行如下的会计处理:

① 收到受托代销商品

借:库存商品　　200 000

　　应交税费——应交增值税(进项税额)　　34 000

　　贷:应付账款　　234 000

② 售出代销商品

借:银行存款　　280 800

　　贷:主营业务收入　　240 000

应交税费——应交增值税(销项税额) 40 800

借:主营业务成本 200 000

贷:库存商品 200 000

③ 按协议将货款汇给甲公司

借:应付账款 234 000

贷:银行存款 234 000

(2) 收取手续费方式。受托方向委托方收取手续费这种代销方式下,委托方在发出商品时通常不应确认销售商品收入,而应在受托方向委托方开具代销清单时确认销售商品收入;受托方在商品销售后,按合同或协议约定的方法计算确定的手续费确认收入。

【例 11-13】 2012 年 4 月 10 日,甲公司委托 B 企业销售商品 200 件,商品已发出,成本为 800 元/件。根据协议约定,B 企业按 1 000 元/件对外销售,甲公司按售价的 10% 向 B 企业支付手续费。7 月 20 日甲公司收到 B 企业的代销清单,B 企业已销售 100 件,货款尚未收到。7 月 30 日,甲公司收到 B 企业的代销货款,存入银行。

甲公司(委托方)根据有关业务凭证,应进行如下的会计处理:

① 4 月 10 日将商品交付 B 企业

借:发出商品 160 000

贷:库存商品 160 000

② 7 月 20 日收到 B 企业的代销清单

借:应收账款 117 000

贷:主营业务收入 100 000

应交税费——应交增值税(销项税额) 17 000

借:主营业务成本 80 000

贷:发出商品 80 000

③ 确认应付的代销手续费

代销手续费 = 100 000 × 10% = 10 000(元)

借:销售费用 10 000

贷:应收账款 10 000

④ 7 月 30 日收到货款

借:银行存款 107 000

贷:应收账款 107 000

B 企业(受托方)根据有关业务凭证,应进行如下的会计处理:

① 收到受托代销商品

借:受托代销商品 200 000

贷:受托代销商品款 200 000

② 售出受托代销商品

借:银行存款 117 000

贷:应付账款 100 000

应交税费——应交增值税(销项税额) 17 000

③ 收到甲公司开具的增值税专用发票

借:应交税费——应交增值税(进项税额) 17 000

贷:应付账款 17 000

借:受托代销商品款 100 000

贷:受托代销商品 100 000

④ 结清代销商品款并计算手续费

借:应付账款 117 000

贷:银行存款 107 000

主营业务收入 10 000

6. 附有销售退回条件的商品销售

附有销售退回条件的商品销售,是指购买方依照有关协议有权退货的销售方式。在这种销售方式下,企业根据以往经验能够合理估计退货可能性且确认与退货相关负债的,通常应在发出商品时确认收入;企业不能合理估计退货可能性的,通常应在售出商品退货期满时确认收入。

【例 11-14】 2012 年 1 月 1 日,甲公司向乙公司销售 5 000 件商品,单位销售价格为 500 元,单位成本为 400 元,开出的增值税专用发票上注明的销售价款为 2 500 000 元,增值税税额为 425 000 元。协议约定,乙公司应于 2 月 1 日之前支付货款,在 6 月 30 日之前有权退还商品。商品已经发出,款项尚未收到。假定甲公司根据过去的经验,估计该批商品退货率约为 20%;商品发出时纳税义务已经发生;实际发生销售退回时取得税务机关开具的红字增值税专用发票。

甲公司根据有关业务凭证,应进行如下的会计处理:

① 1 月 1 日发出商品时

借:应收账款 2 925 000

贷:主营业务收入 2 500 000

应交税费——应交增值税(销项税额) 425 000

借:主营业务成本 2 000 000

贷:库存商品 2 000 000

② 1 月 31 日确认估计的销售退回时

借:主营业务收入 500 000

贷:主营业务成本 400 000

预计负债 100 000

③ 2 月 1 日前收到货款时

借:银行存款 2 925 000

贷:应收账款 2 925 000

④ 6月30日发生销售退回，实际退货量为1 000件，款项已经支付

借：库存商品　　400 000

　应交税费——应交增值税（销项税额）　　85 000

　预计负债　　100 000

　贷：银行存款　　585 000

如果实际退货量为800件：

借：库存商品　　320 000

　应交税费——应交增值税（销项税额）　　68 000

　主营业务成本　　80 000

　预计负债　　100 000

　贷：银行存款　　468 000

　　主营业务收入　　100 000

如果实际退货量为1 200件：

借：库存商品　　480 000

　应交税费——应交增值税（销项税额）　　102 000

　主营业务收入　　100 000

　预计负债　　100 000

　贷：主营业务成本　　80 000

　　银行存款　　702 000

⑤ 6月30日之前如果没有发生退货

借：主营业务成本　　400 000

　预计负债　　100 000

　贷：主营业务收入　　500 000

即②的相反分录。

【例11-15】 沿用【例11-14】的资料，假定甲公司无法根据过去的经验估计该批商品的退货率；商品发出时纳税义务已经发生。

甲公司根据有关凭证，应进行如下的会计处理：

① 1月1日发出商品时

借：应收账款　　425 000

　贷：应交税费——应交增值税（销项税额）　　425 000

借：发出商品　　2 000 000

　贷：库存商品　　2 000 000

② 2月1日前收到货款时

借：银行存款　　2 925 000

　贷：预收账款　　2 500 000

　　应收账款　　425 000

③ 6 月 30 日退货期满如果没有发生退货

借:预收账款　　2 500 000

　贷:主营业务收入　　2 500 000

借:主营业务成本　　2 000 000

　贷:发出商品　　2 000 000

④ 6 月 30 日退货期满,如果发生 2 000 件退货

借:预收账款　　2 500 000

　应交税费——应交增值税(销项税额)　　170 000

　贷:主营业务收入　　1 500 000

　　银行存款　　1 170 000

借:主营业务成本　　1 200 000

　库存商品　　800 000

　贷:发出商品　　2 000 000

7. 售后回购

售后回购,是指销售商品的同时,销售方同意日后再将同样或类似的商品购回的销售方式。在这种方式下,销售方应根据合同或协议条款判断企业是否已将商品所有权上的主要风险和报酬转移给购货方,以确定是否确认销售商品收入。在大多数情况下,回购价格固定或等于原售价加合理回报,售后回购交易属于融资交易,商品所有权上的主要风险和报酬没有转移,收到的款项应确认为负债;回购价格大于原售价的差额,企业应在回购期间按期计提利息,计入财务费用。

【例 11-16】 2012 年 5 月 1 日,甲公司向乙公司销售一批商品,开出的增值税专用发票上注明的销售价款为 100 万元,增值税税额为 17 万元。该批商品成本为 80 万元;商品并未发出,款项已经收到。协议约定,甲公司应于 9 月 30 日将所售商品购回,回购价为 110 万元(不含增值税额)。

甲公司根据有关凭证,应进行如下的会计处理:

① 5 月 1 日销售商品开出增值税专用发票时。

借:银行存款　　1 170 000

　贷:其他应付款　　1 000 000

　　应交税费——应交增值税(销项税额)　　170 000

② 回购价大于原售价的差额,应在回购期间按期计提利息费用,计入当期财务费用。由于回购期间为 5 个月,货币时间价值影响不大,采用直线法计提利息费用,每月计提利息费用为 2 万元(10 ÷ 5)。

借:财务费用　　20 000

　贷:其他应付款　　20 000

③ 9 月 30 日回购商品时,收到的增值税专用发票上注明的商品价格为 110 万元,增值税税额为 18.7 万元,款项已经支付。

借:财务费用　　20 000

贷:其他应付款 20 000

借:其他应付款 1 100 000

应交税费——应交增值税(进项税额) 187 000

贷:银行存款 1 287 000

四、提供劳务收入

提供劳务收入是指企业通过提供劳务作业而取得的收入,如提供旅游服务、运输服务、饮食服务、广告策划与制作、管理咨询、培训业务、建筑安装、软件开发等取得的收入。企业取得的劳务收入,一般根据劳务的开始和完成是否属于同一会计期间、劳务交易的结果是否能够可靠估计等具体情况进行确认。

在同一会计期间内开始并完成的劳务,应当在劳务完成时以合同或协议总金额确认收入。根据确认的收入金额,借记"银行存款"、"应收账款"等账户,贷记"主营业务收入"等账户;对于发生的相关劳务成本支出,借记"主营业务成本"等账户,贷记"银行存款"等账户。

如劳务的开始和完成分属不同的会计期间,并且劳务交易的结果能够可靠计量,则应按完工百分比法确认相关的收入。

(1)当以下条件均能满足时,劳务交易的结果能可靠地估计:① 收入的金额能够可靠地计量;② 相关的经济利益很可能流入企业;③ 劳务的完成程度能够可靠地确定;④ 交易中已发生和将发生的成本能够可靠计量。

(2)完工百分比法。完工百分比法是指按照提供劳务交易的完工进度确认收入和费用的方法。企业应当在资产负债表日按照提供劳务收入总额乘以完工进度扣除以前会计期间累计已确认提供劳务收入后的金额,确认当期提供劳务收入;同时,按照提供劳务估计总成本乘以完工进度扣除以前会计期间累计已确认劳务成本后的金额,结转当期劳务成本。用公式表示如下:

本期确认的收入 = 劳务总收入 × 本期末止劳务的完工程度 - 以前期间已确认的收入

本期确认的费用 = 劳务总成本 × 本期末止劳务的完工程度 - 以前期间已确认的费用

劳务的完成程度应根据所提供劳务的特点按对已完成工作的测量、已提供劳务占提供劳务总量的比例和已经发生的成本占估计总成本的百分比方法确定。

在采用完工百分比法确认提供劳务收入的情况下,企业应按计算确定的提供劳务收入金额,借记"应收账款"、"银行存款"等账户,贷记"主营业务收入"账户。结转提供劳务成本时,借记"主营业务成本"账户,贷记"劳务成本"账户。

【例 11-17】 某企业于 2012 年 11 月接受一项设备安装任务,安装期为 3 个月,合同总价款为 500 000 元,年末已经预收工程款 300 000 元,实际发生安装费用 250 000 元,预计还会发生 150 000 元。根据有关凭证,应进行如下的会计处理:

截至本年末劳务的完工程度 = 250 000 ÷ (250 000 + 150 000) = 62.5%

2012 年末应确认的收入 = 500 000 × 62.5% - 0 = 310 000(元)

2012 年末应确认的费用 = (250 000 + 150 000) × 62.5% - 0 = 250 000(元)

① 企业实际发生的劳务成本

借:劳务成本　　250 000

　贷:银行存款(或其他相关账户)　　250 000

② 预收工程款

借:银行存款　　300 000

　贷:预收账款　　300 000

③ 2012 年末确认收入并结转劳务成本

借:预收账款　　310 000

　贷:主营业务收入　　310 000

借:主营业务成本　　250 000

　贷:劳务成本　　250 000

企业在资产负债表日提供劳务交易结果不能够可靠估计的,即不能满足上述三个条件中的任何一条时,企业不能采用完工百分比法确认提供劳务收入。此时,企业应正确预计已经发生的劳务成本能够得到补偿和不能得到补偿,分别进行会计处理:

(1) 已经发生的劳务成本预计全部能够得到补偿的,应按已收或预计能够收回的金额确认提供劳务收入,并结转已经发生的劳务成本。

(2) 已经发生的劳务成本预计部分能够得到补偿的,应按能够得到补偿的劳务成本金额确认提供劳务收入,并结转已经发生的劳务成本。

(3) 已经发生的劳务成本预计全部不能得到补偿的,应将已经发生的劳务成本计入当期损益,不确认劳务收入。

五、同时销售商品和提供劳务收入

企业与其他企业签订的合同或协议,有时既包括销售商品又包括提供劳务,如销售电梯的同时负责安装、销售软件后继续提供技术支持、设计产品同时负责生产等。此时,如果销售商品部分和提供劳务部分能够区分且能够单独计量的,企业应当分别核算销售商品部分和提供劳务部分,将销售商品的部分作为销售商品处理,将提供劳务的部分作为提供劳务处理;如果销售商品部分和提供劳务部分不能够区分,或虽能区分但不能够单独计量的,企业应当将销售商品部分和提供劳务部分全部作为销售商品部分进行会计处理。

【例 11-18】 甲公司与乙公司签订合同,向乙公司销售一部电梯并负责安装。甲公司开出的增值税专用发票上注明的价款合计为 1 000 000 元,其中电梯销售价格为 980 000 元,安装费为 20 000 元,增值税税额为 170 000 元。

电梯的成本为 560 000 元;电梯安装过程中发生安装费 12 000 元,均为安装人员薪酬。假定电梯已经安装完成并经验收合格,款项尚未收到;安装工作是销售合同的重要组成部分。

甲公司根据有关凭证,应进行如下的会计处理:

① 电梯发出时

借:发出商品　　560 000

　贷:库存商品　　560 000

② 发生安装费用 12 000 元时

借:劳务成本　　12 000

　贷:应付职工薪酬　　12 000

③ 电梯销售实现确认收入 980 000 元并结转电梯成本 560 000 元时

借:应收账款　　1 150 000

　贷:主营业务收入　　980 000

　　应交税费——应交增值税(销项税额)　　170 000

借:主营业务成本　　560 000

　贷:发出商品　　560 000

④ 确认安装费收入 20 000 元并结转安装成本 12 000 元时

借:应收账款　　20 000

　贷:主营业务收入　　20 000

借:主营业务成本　　12 000

　贷:劳务成本　　12 000

【例 11-19】 沿用【例 11-18】的资料,同时假定电梯销售价格和安装费用无法区分。

甲公司根据有关的凭证,应进行如下的会计处理:

① 电梯发出时

借:发出商品　　560 000

　贷:库存商品　　560 000

② 发生安装费用 12 000 元时

借:劳务成本　　12 000

　贷:应付职工薪酬　　12 000

③ 销售实现确认收入 1 000 000 元并结转成本 572 000 元时

借:应收账款　　1 170 000

　贷:主营业务收入　　1 000 000

　　应交税费——应交增值税(销项税额)　　170 000

借:主营业务成本　　572 000

　贷:发出商品　　560 000

　　劳务成本　　12 000

六、让渡资产使用权收入

让渡资产使用权收入是指企业通过让渡资产使用权所取得的收入。

让渡资产使用权收入主要包括:① 利息收入,主要是指金融企业对外贷款形成的利息收入,以及同业之间发生往来形成的利息收入等。② 使用费收入,主要是指企业转让无形资产(如商标权、专利权、专营权、软件、版权)等资产的使用权形成的使用费收入。

让渡资产使用权收入同时满足下列条件的,才能予以确认:① 相关的经济利益很可能流入企业;② 收入的金额能够可靠地计量。

对于利息收入,企业应在资产负债表日,按照他人使用本企业货币资金的时间和实际利率计算确定利息收入金额。

对于使用费收入,应当按照有关合同或协议约定的收费时间和方法计算确定。如果合同或协议规定一次性收取使用费,且不提供后续服务的,应当视同销售该项资产,一次性确认收入;提供后续服务的,应在合同或协议规定的有效期内分期确认收入。如果合同或协议规定分期收取使用费的,应按合同或协议规定的收款时间和金额或规定的收费方法计算确定的金额分期确认收入。

第二节 费　　用

一、费用的定义

费用有狭义和广义之分。

广义的费用是指会计期间内经济利益的总流出,其表现形式为资产的减少或负债的增加而引起的所有者权益减少,但不包括与所有者分配有关的资产减少或负债增加。

狭义的费用,是指企业在日常活动中发生的、会导致所有者权益减少的、与向所有者分配利润无关的经济利益的总流出。

在理解费用时,要注意正确区分费用与成本、支出三个不同的概念。

成本是指企业为生产商品、提供劳务而发生的各种耗费。它是按一定的产品或劳务对象所归集的耗费,是对象化了的耗费。企业在一定期间发生的直接费用按照成本计算对象进行归集,间接费用则采用分配计入各成本计算对象,转化为产品成本。费用与一定的会计期间相联系,而与在哪一种产品的生产无关;成本与一定种类和数量的产品或某种劳务相联系,而不论发生在哪一时期。

支出是指企业的资源因耗用或偿付等原因而发生的减少,包括偿债性支出、成本性支出、费用性支出和权益性支出。偿债性支出是指用资产偿付各项债务的支出,引起资产和负债的同时减少,如用银行存款偿还所欠供应商货款等。成本性支出是指某项资产的减少导致其他资产增加的支出,资产总额保持不变,如用银行存款购入原材料等。费用性支出是指某项资产的减少导致费用增加的支出,使资产和利润同时减少,如用银行存款支付广告费等。权益性支出是指某项资产的减少导致除利润以外其他所有者权益项目减少的支出,如用银行存款分配现金股利等。

二、费用的分类

费用的分类如图 11-2 所示:

- 广义的费用
  - 狭义的费用
    - 营业费用
      - 营业成本
        - 主营业务成本
        - 其他业务成本
      - 营业税费
      - 期间费用
        - 销售费用
        - 管理费用
        - 财务费用
    - 投资损失
  - 损失
    - 公允价值变动损失
    - 资产减值损失
    - 营业外支出
  - 所得税费用

图 11-2　费用分类

广义的费用可分为狭义的费用、损失和所得税费用。损失是指企业日常经营活动以外发生的经济利益流出。损失包括公允价值变动损失、资产减值损失和营业外支出。公允价值变动损失是指交易性金融资产等公允价值变动形成的损失;资产减值损失是指各项资产减值形成的损失;营业外支出是指企业在经营业务以外发生的支出。所得税费用是指企业在税前利润中扣除的所得税费用。

狭义的费用可分为营业费用和投资损失。营业费用是指企业在经营管理过程中为了取得营业收入而发生的费用,包括营业成本、营业税费和期间费用。投资损失是指企业在从事对外投资活动中发生的净损失。

营业成本是指企业经营业务所发生的实际成本。如工业企业销售商品的实际成本即为企业产品的生产成本。营业成本与营业收入存在直接的配比关系,依据营业收入的主次可分为主营业务成本和其他业务成本。主营业务成本是指企业销售商品、提供劳务及让渡资产使用权等日常活动中所产生的与已确认的主营业务收入相配比的实际成本;其他业务成本是指企业从事主营业务以外的其他经营活动,为取得其他业务收入而发生的各项业务成本。

营业税费是指企业在取得营业收入环节交纳的消费税、营业税、城市维护建设税、教育费附加等。

期间费用是指企业本期发生的、不能直接或间接归于某种产品成本的、直接计入损益的各项费用,包括销售费用、管理费用和财务费用。期间费用的发生虽然与企业的经营有关,但与具体的产品品种和劳务项目没有直接关系,不能对象化为成本,而应在发生的当期直接从营业收入中扣除。

三、费用的确认

费用的实质是资产的耗费,但并非所有的资产的耗费都是费用。既然发生费用的目的是为了获取营业收入,那么费用的确认就应当与营业收入相关联,同时,费用还与会计期间相关联。因此,费用的确认必须坚持三项原则,即划分收益性支出和资本性支出的原则、配比原则、权责发生制原则。

四、期间费用

1. 销售费用

销售费用是指企业在销售商品和材料、提供劳务过程中所发生的各项费用,包括企业在销售商品过程中发生的包装费、运输费、装卸费、保险费、广告费、展览费、商品维修费、预计产品质量保证损失等以及为销售本企业商品而专设的销售机构(含销售网点、售后服务网点等)的职工薪酬、业务费、折旧费、固定资产修理费用等费用。

为了核算企业销售费用的发生情况,应设置"销售费用"账户,其借方登记企业发生的各项销售费用;贷方登记企业期末转入"本年利润"账户的销售费用,结转后该账户期末无余额。该账户应按费用项目设置明细账,进行明细核算。

【例 11-20】 甲公司 12 月份分配销售网点人员的工资及福利费 6 840 元,甲公司根据有关的凭证,应进行如下的会计处理:

借:销售费用　　6 840

　贷:应付职工薪酬　　6 840

【例 11-21】 甲公司 12 月份以银行存款支付电视广告费 200 000 元,甲公司根据有关的凭证,应进行如下的会计处理:

借:销售费用　　200 000

　贷:银行存款　　200 000

2. 管理费用

管理费用是指企业为组织和管理生产经营活动所发生的各项费用,包括企业在筹建期间内发生的开办费、董事会和行政管理部门在企业的经营管理中发生的或应由企业统一负担的公司经费(包括行政管理部门职工工资薪酬、物料消耗、低值易耗品摊销、办公费和差旅费等)、工会经费、董事会经费(包括董事会成员津贴、会议费和差旅费等)、聘请中介机构费、咨询费(含顾问费)、诉讼费、业务招待费、房产税、车船税、城镇土地使用税、印花税、技术转让费、矿产资源补偿费、研究费用、排污费,以及没有满足固定资产确认条件的固定资产日常修理费、大修理费用、更新改造支出、房屋的装修费用等。

为了核算企业管理费用的发生情况,应设置"管理费用"账户,其借方登记企业发生的各项管理费用,贷方登记期末转入"本年利润"账户的管理费用,结转后该账户期末无余额。该账户应按管理部门分设明细账,按费用项目设置专栏进行明细核算。

【例 11-22】 甲公司 12 月份计提行政管理部门职工薪酬 114 000 元,甲公司根据有关业务凭证,应进行如下的会计处理:

借:管理费用　　114 000

　贷:应付职工薪酬　　114 000

【例 11-23】 甲公司 12 月份计算应交印花税 800 元、应交车船税 100 元,甲公司根据有关业务凭证,应进行如下的会计处理:

借:管理费用　　900

　贷: 应交税费——应交印花税　　800

——应交车船税 100

【例 11-24】 甲公司 12 月份计提行政管理部门使用的固定资产折旧费 30 000 元,甲公司根据有关业务凭证,应进行如下的会计处理:

借:管理费用 30 000

贷:累计折旧 30 000

【例 11-25】 甲公司 12 月份用银行存款支付业务招待费 600 元,甲公司根据有关业务凭证,应进行如下的会计处理:

借:管理费用 600

贷:银行存款 600

【例 11-26】 甲公司 12 月份管理部门人员报销差旅费 860 元,甲公司根据有关业务凭证,应进行如下的会计处理:

借:管理费用 860

贷:库存现金 860

3. 财务费用

财务费用是指企业为筹集生产经营所需资金等而发生的筹资费用,包括利息支出(减利息收入)、汇兑差额以及相关的手续费、企业发生的现金折扣或收到的现金折扣等。

为了核算企业财务费用的发生情况,应设置"财务费用"账户,其借方登记企业发生的各项财务费用;贷方登记企业发生的应冲减财务费用的利息收入、汇兑收益以及期末转入"本年利润"账户的财务费用;结转后该账户无余额。该账户应按费用项目设置明细账,进行明细核算。

【例 11-27】 甲公司 12 月份收到银行通知,已划拨本月银行借款利息 3 000 元,甲公司根据有关业务凭证,应进行如下的会计处理:

借:财务费用 3 000

贷:银行存款 3 000

【例 11-28】 甲公司 2 月份收到银行通知,本月银行存款利息 900 元,甲公司根据有关业务凭证,应进行如下的会计处理:

借:银行存款 900

贷:财务费用 900

第三节 利润总额的形成

一、利润的构成

利润也称为净利润或净收益,是企业在一定期间内的经营成果。利润可以反映企业在一定会计期间的经营业绩和获利能力,反映企业的产出与投入的差额,有助于投资人、债权人等进行盈利预测,评价企业经营绩效。

从广义的收入、费用来讲,利润是指收入减去费用的净额。

从狭义的收入、费用来讲,利润包括收入减去费用的净额、直接计入当期利润的利得和损失等。

利润的形成过程主要经过三个主要环节,分别是营业利润、利润总额和净利润,相关计算公式如下:

1. 营业利润

营业利润 = 营业收入 - 营业成本 - 营业税金及附加 - 销售费用 - 管理费用 - 财务费用 - 资产减值损失 + 公允价值变动收益(- 公允价值变动损失) + 投资收益(- 投资损失)

其中:营业收入 = 主营业务收入 + 其他业务收入

营业成本 = 主营业务成本 + 其他业务成本

2. 利润总额

利润总额,也称会计利润、税前利润,是指一定会计期间企业在缴纳所得税之前实现的利润。

利润总额 = 营业利润 + 营业外收入 - 营业外支出

3. 净利润

净利润是指一定会计期间企业的利润总额减去所得税费用后的金额。

净利润 = 利润总额 - 所得税费用

二、其他业务

其他业务是指企业在生产经营过程中发生的除主营业务以外的其他非主营业务,主要包括出租固定资产、出租无形资产、出租包装物和商品、销售材料等。

为了核算企业其他业务收入的发生情况,应设置"其他业务收入"账户,其贷方登记企业从事其他业务实现的收入,借方登记期末转入"本年利润"账户的其他业务收入;结转后该账户无余额。该账户可按收入种类设置明细账,进行明细核算。

与其他业务收入相关的支出,如销售材料的成本、出租固定资产的折旧额、出租无形资产的摊销额、出租包装物的成本或摊销额等,应通过"其他业务成本"账户核算。该账户的借方登记企业发生的其他业务成本,贷方登记期末转入"本年利润"账户的其他业务成本;结转后该账户无余额。该账户应与"其他业务收入"同口径设置明细账,进行明细核算。

【例 11-29】 甲公司销售材料一批,价款 2 000 元,增值税额为 340 元,款项收到,存入银行,该材料实际成本为 1 800 元。甲公司根据有关凭证,应进行如下的会计处理:

借:银行存款	2 340	
贷:其他业务收入		2 000
应交税费——应交增值税(销项税额)		340
借:其他业务成本	1 800	
贷:原材料		1 800

三、营业税金及附加

为了核算企业经营活动(包括主营业务和其他业务)应负担的营业税费,应设置"营业税金及附加”账户。该账户借方登记按照规定计算确定的与经营活动相关的税费(包括营业税、消费税、城市维护建设税、资源税、土地增值税和教育费附加等);贷方登记企业收到的返还的消费税、营业税等原记入本账户的各种税金以及期末转入“本年利润”账户中的营业税金及附加,期末结转后本账户无余额。

【例11-30】 2012年12月末,甲公司根据当月发生的经济业务计算确定,当月应交营业税500元,应交城市维护建设税700元,应交教育费附加300元。甲公司根据有关业务凭证,应进行如下的会计处理:

借:营业税金及附加　　1 500

　贷:应交税费——应交营业税　　500

　　　　　——应交城市维护建设税　　700

　　　　　——应交教育费附加　　300

四、资产减值损失

为了核算企业计提各项资产减值准备所形成的损失,应设置“资产减值损失”账户。该账户的借方登记应收款项、存货、长期股权投资、持有至到期投资、固定资产、在建工程、工程物资、无形资产、商誉等资产发生的减值损失;贷方登记企业计提坏账准备、存货跌价准备、持有至到期投资减值准备等相关资产价值的恢复金额;期末,应将“资产减值损失”账户余额转入“本年利润”账户,结转后无余额。

企业计提的长期股权投资减值准备、固定资产减值准备、在建工程减值准备、无形资产减值准备、商誉减值准备,根据会计准则的规定,一经计提,不得转回。

【例11-31】 甲公司2012年末应收账款余额为300 000元,“坏账准备”账户贷方余额1 000元,企业按1%计提坏账准备。甲公司根据有关业务凭证,于2012年末企业计提坏账准备时进行如下的会计处理:

借:资产减值损失　　2 000

　贷:坏账准备　　2 000

五、公允价值变动损益

公允价值变动损益是指企业交易性金融资产以及其他采用公允价值计量的资产和负债由于公允价值变动形成的应计入当期损益的利得或损失。

企业的公允价值变动收益(利得)和公允价值变动损失(损失)通过设置“公允价值变动损益”账户来核算。企业应将有关资产的公允价值高于其账面余额的差额,确认为公允价值变动收益,借记“交易性金融资产——公允价值变动”等账户,贷记“公允价值变动损益”账户;公允价值低于其账面余额的差额,确认为公允价值变动损失,做相反的会计分录;期末将该账户余额转入“本年利润”账户,结转后无余额。

【例11-32】 2012年12月末,甲公司交易性金融资产的账面价值为605 000元,其公允价值为635 000元,甲公司根据有关业务凭证,应进行如下的会计处理:

借:交易性金融资产——公允价值变动　　30 000

贷:公允价值变动损益 30 000

六、投资净损益

投资净损益是投资收益与投资损失的差额。企业通过设置"投资收益"账户来核算。该账户的借方登记发生的投资损失;贷方登记取得的投资收益;期末将账户余额转入"本年利润"账户,结转后无余额。该账户可按投资项目设置明细账,进行明细核算。

【例 11-33】 甲公司于2012年12月5日从二级市场购入某股票10 000股,每股价格10元,支付价款100 000元,另支付交易费用500元。12月24日,企业以每股12元价格将其全部出售,扣除交易费用后,取得出售收入119 400元。甲公司根据有关业务凭证,应进行如下的会计处理:

① 12月5日购入股票

借:交易性金融资产——成本 100 000

投资收益 500

贷:银行存款 100 500

② 12月24日出售股票

借:银行存款 119 400

贷:交易性金融资产——成本 100 000

投资收益 19 400

七、营业外收入和营业外支出

1. 营业外收入

营业外收入是指企业发生的与生产经营无直接关系的各项收入,主要包括非流动资产处置利得、盘盈利得、捐赠利得、罚没利得、政府补助、非货币性资产交换利得、债务重组利得等。企业确定无法支付的应付账款也作为利得计入营业外收入。非流动资产处置利得包括固定资产处置利得和无形资产出售利得。罚没利得是指企业收取的滞纳金、违约金以及其他形式的罚款,在弥补了由于对方违约而造成的经济损失后的净收益。政府补助是指企业从政府无偿获得货币性资产或非货币性资产形成的利得。

为了核算企业营业外收入的发生情况,应设置"营业外收入"账户,其贷方登记企业发生的各项营业外收入;借方登记期末转入"本年利润"账户的营业外收入;期末结转后,该账户无余额。

该账户可按营业外收入的具体项目设置明细账,进行明细核算。

【例 11-34】 甲公司在清查财产过程中,盘盈现金100元。经核查未查明具体原因,报经主管领导批准转为营业外收入。甲公司根据有关凭证,应进行如下会计处理:

① 现金盘盈时,根据现金盘点表

借:库存现金 100

贷:待处理财产损溢——待处理流动资产损溢 100

② 报经主管领导批准后

借:待处理财产损溢——待处理流动资产损溢　　100

　　贷:营业外收入　　100

2. 营业外支出

营业外支出是指企业发生的与生产经营无直接关系的各项支出,包括非流动资产处置损失、公益性捐赠支出、非常损失、盘亏损失、非货币性资产交换损失、债务重组损失、赔偿金和违约金支出等。非流动资产处置损失包括固定资产处置损失和无形资产出售损失。

为了核算企业营业外支出发生的情况,企业应设置“营业外支出”账户。其借方登记企业发生的各项营业外支出;贷方登记转入“本年利润”账户的营业外支出;期末结转后,该账户无余额。

该账户可按营业外支出的具体项目设置明细账,进行明细核算。

【例11-35】 甲公司以银行存款向希望工程基金会捐赠50 000元。甲公司根据有关凭证,应进行如下的会计处理:

借:营业外支出　　50 000

　　贷:银行存款　　50 000

【例11-36】 甲公司以银行存款支付税款滞纳金20 000元。甲公司根据有关凭证,应进行如下的会计处理:

借:营业外支出　　20 000

　　贷:银行存款　　20 000

第四节　所得税费用

对所得税的核算,企业的会计核算和税收处理分别遵循不同的原则,服务于不同的目的。在我国,会计的确认、计量、报告应当遵从企业会计准则的规定,目的在于真实、完整地反映企业的财务状况、经营成果和现金流量等,为投资者、债权人以及其他会计信息使用者提供对其决策有用的信息。税法则是以课税为目的,根据国家有关税收法律、法规的规定,确定一定时期内纳税人应交纳的税额,从所得税的角度,主要是确定企业的应纳税所得额,以对企业的经营所得征税。

所得税费用是企业对所得税核算时按照会计准则规定确定的在利润总额中扣除的费用,包括当期所得税和递延所得税。我国现行的会计准则规定,所得税费用的确认应采用资产负债表债务法。

一、资产负债表债务法

资产负债表债务法较为完整地体现了资产负债观,在所得税的会计核算方面贯彻了资产、负债的界定。从资产负债表角度考虑,资产的账面价值代表的是企业在持续持有及最终处置某项资产的一定期间内,该项资产为企业带来的未来经济利益,而其计税基础代表的是在这一期间内,就该项资产按照税法规定可以税前扣除的金额。一项资产的账面价值小于其计税基础的，表明该项资产于未来期间产生的经济利益流入低于按照税法规定允许税前扣除的金额，产生可抵减未来期间应纳税所得额的因素，减少未来期间以应交所得税的方式流出企业的经济利益，从其产生时点来看，应确认为资产。反之，一项资产的账面价值大于其计税基础的，两者之间的差额将于未来期间产生应税金额，增加未来期间的应纳税所得额及应交所得税，对企业形成经济利益流出的义务，应确认为负债。

企业采用资产负债表债务法进行所得税核算一般应遵循以下程序：

（1）确定资产负债表中除递延所得税资产和递延所得税负债以外的其他资产和负债项目的账面价值。

（2）确定资产负债表中有关资产、负债项目的计税基础。

（3）比较资产、负债的账面价值与其计税基础，确定暂时性差异（应纳税暂时性差异与可抵扣暂时性差异）；根据暂时性差异确定递延所得税（递延所得税资产与递延所得税负债）。

（4）按照税法规定计算当期所得税。

（5）确定所得税费用。

二、资产、负债的账面价值

资产、负债的账面价值，是指企业按照相关会计准则的规定进行核算后在资产负债表中列示的金额。

三、资产、负债的计税基础

1. 资产的计税基础

资产的计税基础是指企业收回资产账面价值过程中，计算应纳税所得额时按照税法规定可以自应税经济利益中抵扣的金额，即某一项资产在未来期间计税时按照税法规定可以税前扣除的金额。

资产在初始确认时，其计税基础一般为取得成本，即企业为取得某项资产支付的成本在未来期间准予税前扣除。在资产持续持有的过程中，其计税基础是指资产的取得成本减去以前期间按照税法规定已经税前扣除的金额后的余额，该余额代表的是按照税法规定，就涉及的资产在未来期间计税时仍然可以税前扣除的金额。如固定资产、无形资产等长期资产在某一资产负债表日的计税基础是指其成本扣除按照税法规定已在以前期间税前扣除的累计折旧额或累计摊销额后的金额。

【例 11-37】 甲公司 2011 年 12 月购入办公设备一台，原值 600 000 元，假定无预计净残值。税法规定采用年限平均法计提折旧，折旧年限为 5 年；该企业采用年数总和法计提折旧，折旧年限也为 5 年。

2011 年 12 月 31 日，该固定资产的账面价值为 600 000 元，计税基础也为 600 000 元；2012 年 12 月 31 日，该固定资产的账面价值为 400 000 元，计税基础为 480 000 元。

【例 11-38】 甲公司 2012 年 11 月购入股票，实际支付价款 100 000 元，企业确认为交易性金融资产；12 月 31 日，该股票的公允价值为 130 000 元。

2012年12月31日,该交易性金融资产的账面价值为130 000元;税法规定资产在持有期间市价变动损益在计税时不予考虑,即有关金融资产在某一会计期末的计税基础为其取得成本,则该交易性金融资产2012年12月31日的计税基础为100 000元。

2. 负债的计税基础

负债的计税基础是指负债的账面价值减去未来期间计算应纳税所得额时按照税法规定可予抵扣的金额。用公式表示为:

负债的计税基础 = 账面价值 - 未来期间按照税法规定可予税前扣除的金额

负债的确认与偿还一般不会影响企业的损益,也不会影响其应纳税所得额,未来期间计算应纳税所得额时按照税法规定可予抵扣的金额为零,计税基础即为账面价值,如企业的短期借款、应付账款等。但是,某些情况下,负债的确认可能会影响企业的损益,进而影响不同期间的应纳税所得额,使得其计税基础与账面价值之间产生差额,如按照会计规定确认的某些预计负债、某些预收账款、应付职工薪酬等。

【例11-39】 甲公司2012年因销售产品承诺提供3年的保修服务,在当年利润表中确认了300 000元的销售费用,同时确认为预计负债,2012年度未发生保修支出。

2012年12月31日,该预计负债的账面价值为300 000元。

根据税法规定,与销售产品相关的支出应于发生时税前扣除,则该项预计负债未来期间按照税法规定可予税前扣除的金额为300 000元,该项负债的计税基础为0元(300 000 - 300 000)。

四、递延所得税

递延所得税是指由于暂时性差异的发生或转回而确认的所得税。

(一)暂时性差异

暂时性差异是指资产、负债的账面价值与其计税基础不同产生的差额。由于资产、负债的账面价值与其计税基础不同,产生了在未来收回资产或清偿负债的期间内,应纳税所得额增加或减少并导致未来期间应交所得税增加或减少的情况。根据暂时性差异对未来期间应纳税所得额的影响,分为应纳税暂时性差异和可抵扣暂时性差异。

1. 应纳税暂时性差异

应纳税暂时性差异,是指在确定未来收回资产或清偿负债期间的应纳税所得额时,将导致产生应税金额的暂时性差异。应纳税暂时性差异在未来期间转回时,会增加转回期间的应纳税所得额和应交所得税金额。

应纳税暂时性差异通常产生于以下情况:

(1)资产的账面价值大于其计税基础。一项资产的账面价值大于其计税基础,该项资产未来期间产生的经济利益不能全部税前抵扣,两者之间的差额需要交税,产生应纳税暂时性差异。

(2)负债的账面价值小于其计税基础。一项负债的账面价值小于其计税基础,该项负债在未来期间可以税前抵扣的金额为负数,即应在未来期间应纳税所得额的基础上调增,增加应纳税所得额和应交所得税金额,产生应纳税暂时性差异。

【例 11-40】 根据【例 11-38】资料,2012 年 12 月 31 日,该交易性金融资产的暂时性差异为应纳税暂时性差异,金额为 30 000 元。

2. 可抵扣暂时性差异

可抵扣暂时性差异,是指在确定未来收回资产或清偿负债期间的应纳税所得额时,将导致产生可抵扣金额的暂时性差异。可抵扣暂时性差异在未来期间转回时,会减少转回期间的应纳税所得额和应交所得税金额。

可抵扣暂时性差异一般产生于以下情况:

(1) 资产的账面价值小于其计税基础。从经济含义来看,资产在未来期间产生的经济利益少,按照税法规定允许税前扣除的金额多,则就账面价值与计税基础之间的差额,企业在未来期间可以减少应纳税所得额并减少应交所得税。

(2) 负债的账面价值大于其计税基础。负债产生的暂时性差异实质上是税法规定就该项负债可以在未来期间税前扣除的金额,即:

负债产生的暂时性差异 = 账面价值 - 计税基础

= 账面价值 -(账面价值 - 未来期间计税时按照税法规定可予税前扣除的金额)

= 未来期间计税时按照税法规定可予税前扣除的金额

一项负债的账面价值大于其计税基础,意味着未来期间按照税法规定与该项负债相关的全部或部分支出可以自未来应税经济利益中扣除,减少未来期间的应纳税所得额和应交所得税。

【例 11-41】 根据【例 11-37】资料,2012 年 12 月 31 日,该固定资产的暂时性差异为可抵扣暂时性差异,金额为 80 000 元。

根据【例 11-39】资料,2012 年 12 月 31 日,该预计负债的暂时性差异为可抵扣暂时性差异,金额为 300 000 元。

(二) 递延所得税

递延所得税是指按照所得税准则规定应予确认的递延所得税资产和递延所得税负债在期末应有的金额相对于原已确认金额之间的差额,即递延所得税资产及递延所得税负债当期发生额的综合结果。用公式表示即为:

递延所得税 =(期末递延所得税负债 - 期初递延所得税负债)-(期末递延所得税资产 - 期初递延所得税资产)

1. 递延所得税资产

递延所得税资产是指按照可抵扣暂时性差异和现行税率计算确定的资产,其性质属于预付的税款,在未来期间抵扣应纳税款。期末递延所得税资产大于期初递延所得税资产的差额,应确认为递延所得税收益,冲减所得税费用,借记“递延所得税资产”账户,贷记“所得税费用”账户;反之,应确认为递延所得税费用,冲减递延所得税资产,借记“所得税费用”账户,贷记“递延所得税资产”账户。

2. 递延所得税负债

递延所得税负债是指按照应纳税暂时性差异和现行税率计算确定的负债,其性质属于应付的税款,在未来转变为应纳税款。期末递延所得税负债大于期初递延所得税负债的差额,应确认为递延所得税费用,借记“所得税费用”账户,贷记“递延所得税负债”账户;反之,应确认为递延所得税收益,冲减递延所得税负债,借记“递延所得税负债”账户,贷记“所得税费用”账户。

【例11-42】 根据【例11-37】、【例11-38】、【例11-39】资料。假定甲公司2012年年初没有递延所得税资产和递延所得税负债,适用所得税税率为25%。甲公司根据有关凭证,应进行如下的会计处理:

可抵扣暂时性差异 = 80 000 + 300 000 = 380 000(元)

递延所得税资产 = 380 000 × 25% = 95 000(元)

应纳税暂时性差异 = 30 000(元)

递延所得税负债 = 30 000 × 25% = 7 500(元)

借:递延所得税资产	95 000	
贷:所得税费用——递延所得税		95 000
借:所得税费用——递延所得税	7 500	
贷:递延所得税负债		7 500

五、当期所得税

当期所得税是指企业按照税法规定计算确定的针对当期发生的交易和事项,应交纳给税务部门的所得税金额,即应交所得税,当期所得税应以适用的税收法规为基础计算确定。

当期所得税 = 当期应交所得税 = 应纳税所得额 × 适用的所得税税率

应纳税所得额是指企业按所得税法规定的项目计算确定的收益。由于会计利润与应纳税所得额的计算口径、计算时间可能不一致,两者之间可能存在差异。例如,企业购买国债取得的利息收入,在会计核算中作为投资收益计入了会计利润,而所得税法规定国债利息收入免征所得税,不计入应纳税所得额;企业超过所得税法规定的计税工资标准以及业务招待费标准的支出,在会计核算中作为费用抵减了会计利润,但所得税法不允许在税前扣除;企业确认的公允价值变动损益、资产减值损失,在会计核算中已经调整了会计利润,但所得税法规定不计入应纳税所得额。

企业应在会计利润的基础上,按照适用税收法规的规定进行调整,计算出当期应纳税所得额。两者之间差异的调整可按照以下公式进行:

应纳税所得额 = 会计利润 + 按照会计准则规定计入利润表但计税时不允许税前扣除的费用 ± 计入利润表的费用与按照税法规定可予税前抵扣的费用金额之间的差额 ± 计入利润表的收入与按照税法规定应计入应纳税所得额的收入之间的差额 − 税法规定的不征税收入 ± 其他需要调整的因素

【例11-43】 甲公司2012年的应纳税所得额计算如下:

会计利润:	551 000
减:国债利息收入	21 000
减:公允价值变动收益	30 000
加:超过税法规定确认的折旧费	80 000

加:预计的销售费用 300 000
加:罚款支出 20 000
加:非公益捐赠支出 50 000
应纳税所得额 950 000

当期所得税 =950 000×25% =237 500(元)

甲公司根据有关凭证,应进行如下的会计处理:

借:所得税费用 237 500
　贷:应交税费——应交所得税 237 500

六、所得税费用

计算确定了当期所得税及递延所得税以后,利润表中应予确认的所得税费用为两者之和,即:

所得税费用 = 当期所得税 + 递延所得税

根据【例 11-39】、【例 11-40】的资料,甲公司 2012 年所得税费用为:

所得税费用 =237 500 +(7 500 -95 000)=150 000(元)

第五节　净利润及其利润分配

一、净利润

净利润是指企业的利润总额扣除所得税费用后的余额。净利润通过“本年利润”账户进行核算。

(一)净利润的核算方法

净利润的核算方法有账结法和表结法两种。

1. 账结法

企业采用账结法时,每月月末都要将损益类账户的余额转入“本年利润”账户,通过“本年利润”账户结出当月净利润和截至各月的本年累计已实现的净利润或发生的亏损。采用账结法,账面上能够直接反映各月和各月末本年累计已实现的净利润或发生的亏损,但每月结转本年利润的工作量较大。

2. 表结法

企业采用表结法时,各损益类账户每月月末只需结计出本月发生额和月末累计余额,只有在年末时,才将全年累计余额结转至“本年利润”账户。但每月月末将损益类账户的余额,填制到利润表的相应项目中去,在利润表中计算出本月和截至本月末的本年累计实现的净利润,通过利润表反映各期的净利润或亏损。采用表结法,各月和各月末本年累计已实现的净利润或发生的亏损不能在账面上直接得到反映,需要在利润表中进行结算,但平时不必结转本年利润,能够简化核算工作。

(二)净利润的会计处理

期末(账结法下 1—12 月末,表结法下 12 月末),将各收入类账户的余额转入“本年利润”账户贷方，借记有关收入类账户，贷记“本年利润”账户；将各费用类账户的余额转入“本年利润”账户的借方，借记“本年利润”账户，贷记各有关费用类账户。结转后，“本年利润”账户如为贷方余额，表示当年实现的净利润；如为借方余额，表示当年累计发生的净亏损。

年度终了，企业应将本年度实现的净利润进行结转，结转时，借记“本年利润”账户，贷记“利润分配——未分配利润”账户，若结转本年度实现的净亏损，作相反的会计处理。

【例 11-44】 甲公司采用表结法结转本年利润，2012 年 12 月末各损益类账户余额如表 11-2 所示。

表 11-2

（单位：元）

账户名称	借方余额	贷方余额
主营业务收入		3 500 000
其他业务收入		55 000
投资收益		21 000
公允价值变动损益		30 000
营业外收入		8 000
主营业务成本	2 800 000	
其他业务成本	56 000	
营业税金及附加	8 000	
销售费用	80 000	
管理费用	90 000	
财务费用	9 000	
营业外支出	20 000	
所得税费用	150 000	
合计	3 213 000	3 614 000

甲公司根据有关业务凭证，应进行如下的会计处理：

① 结转本年收入

借：主营业务收入　3 500 000
　　其他业务收入　55 000
　　投资收益　21 000
　　公允价值变动损益　30 000
　　营业外收入　8 000
　贷：本年利润　3 614 000

② 结转本年费用

借：本年利润　3 213 000
　贷：主营业务成本　2 800 000
　　　其他业务成本　56 000
　　　营业税金及附加　8 000
　　　销售费用　80 000
　　　管理费用　90 000

财务费用 9 000

营业外支出 20 000

所得税费用 150 000

企业本年净利润 = 3 614 000 - 3 213 000 = 401 000(元)

(3) 年末结转本年利润

借:本年利润 401 000

贷:利润分配——未分配利润 401 000

二、利润分配

(一) 利润分配程序

在一般情况下,企业实现的净利润必须按照国家有关法律、法规及公司的章程的规定进行分配。

企业的净利润除国家另有规定者外,一般应按照下列顺序进行分配:

(1) 弥补以前年度亏损。根据所得税法规定,企业某年度发生的亏损,在其后 5 年内可以用税前利润弥补,从其后第 6 年开始,只能用净利润来弥补。如果净利润还不够弥补亏损,则可用以前年度提取的盈余公积来弥补。

(2) 提取法定盈余公积。公司制企业应按本年净利润的 10% 的比例提取法定盈余公积,其他企业可以根据需要确定提取的比例,但不得低于 10%。当企业提取的法定盈余公积累计额达到公司注册资本的 50% 以上时,可以不再提取法定盈余公积。

(3) 提取任意盈余公积。公司在提取法定盈余公积后,可以根据股东会或者股东大会决议提取任意盈余公积,提取比例由企业自行确定。

(4) 向投资人分配利润或股利。企业实现的净利润扣除提取的盈余公积再加上期初未分配利润,形成可供投资者分配的利润。可供投资者分配的利润应按投资人的出资比例或持有的股份向投资人进行分配,但公司章程另有规定的除外。

(二) 利润分配的会计处理

为了反映利润的分配过程和结果,企业应设置"利润分配"账户,其借方登记利润的各种分配数或年末从"本年利润"账户转入待弥补亏损数,贷方登记年末从"本年利润"账户转入的净利润或已经弥补的亏损数。年终结算后,如为贷方余额,反映企业历年积存的未分配利润;如为借方余额,反映历年积存的尚未弥补的亏损。

在"利润分配"账户下应分别设置"提取法定盈余公积"、"提取任意盈余公积"、"应付现金股利或利润"、"转作股本的股利"、"盈余公积补亏"和"未分配利润"等明细账户,进行明细核算。

1. 弥补以前年度亏损

若企业以前年度发生亏损,则在"利润分配——未分配利润"账户出现借方余额。企业以当年实现的利润(不论税前或税后)弥补以前年度亏损,不需要进行专门的账务处理。在企业将当年实现的利润从"本年利润"账户转入"利润分配——未分配利润"账户的贷方,"利润分配——未分配利润"账户的贷方发生额与其期初的借方余额自然抵补。

企业用盈余公积弥补以前年度亏损时,应借记"盈余公积"账户,贷记"利润分配——盈余公积补亏"账户。

【例 11-45】 某企业 2011 年末尚有 100 000 元亏损(已过所得税法规定的 5 年弥补期)。2012 年度企业实现净利润 80 000 元,企业决定将净利润弥补亏损后的剩余亏损额用盈余公积弥补。该企业根据有关凭证,应进行如下的会计处理:

① 结转本年利润

借:本年利润　80 000

　贷:利润分配——未分配利润　80 000

"利润分配——未分配利润"账户期初为借方余额 100 000 元,结转本年利润后借方余额为 20 000 元,为尚没有弥补的亏损。

② 用盈余公积补亏

借:盈余公积　20 000

　贷:利润分配——盈余公积补亏　20 000

2. 提取盈余公积

企业当年实现的净利润在弥补以前年度亏损后,如果还有剩余,则按规定比例提取盈余公积(法定盈余公积和任意盈余公积),其中按照净利润的 10% 提取法定盈余公积。法定盈余公积累计金额超过企业注册资本的 50% 以上时,可以不再提取。任意盈余公积是按照股东大会决议提取的盈余公积,没有比例限制。

提取时,借记"利润分配——提取法定盈余公积或提取任意盈余公积"账户,贷记"盈余公积——法定盈余公积或任意盈余公积"账户。

【例 11-46】 甲公司 2012 年净利润为 401 000 元,以前年度未发生亏损,按 10% 提取法定盈余公积,按 5% 提取任意盈余公积。甲公司根据有关凭证,应进行如下的会计处理:

借:利润分配——提取法定盈余公积　40 100

　　　　　——提取任意盈余公积　20 050

　贷:盈余公积——法定盈余公积　40 100

　　　　　　——任意盈余公积　20 050

3. 向投资人分配利润或股利

根据可供投资者分配的利润金额,企业可采用现金股利(或利润)、股票股利等形式进行利润分配。

经股东大会或类似机构决议,分配给股东或投资者的现金股利或利润,借记"利润分配——应付现金股利"或"利润分配——应付利润"账户,贷记"应付股利"或"应付利润"账户。

经股东大会或类似机构决议,分配给股东的股票股利,应在办理增资手续后,借记"利润分配——转作股本的股利"账户,贷记"股本"账户。

【例 11-47】 承【例 11-46】,甲公司年初未分配利润为 300 000 元,则可供投资者分配的利润为 640 850 元(300 000 + 401 000 - 40 100 - 20 050)。同时,经股东大会决议,将向投资者分配现金股利 500 000 元。甲公司根据有关凭证,应进行如下的会计处理:

借:利润分配——应付现金股利 500 000

贷:应付股利 500 000

三、利润结算

年末企业结算利润时,将“本年利润”账户的余额转入“利润分配——未分配利润”账户,同时将“利润分配”账户下的其他明细账户余额转入“利润分配——未分配利润”明细账户。结转后,除“利润分配——未分配利润”明细账户外,“利润分配”账户的其他明细账户均无余额。“利润分配——未分配利润”账户年末余额,反映企业历年积存的未分配利润(或未弥补的亏损)。

【例 11-48】 根据【例 11-44】、【例 11-46】、【例 11-47】的资料,甲公司 2012 年末利润结算的会计处理如下:

借:利润分配——未分配利润 560 150

贷:利润分配——提取法定盈余公积 40 100

利润分配——提取任意盈余公积 20 050

利润分配——应付现金股利 500 000

年末未分配利润 = 300 000 + 401 000 - 560 150 = 140 850(元)

思考题

1. 什么是收入?收入如何分类?
2. 确认商品销售收入的条件是什么?
3. 什么是销售商品现金折扣和销售折让?两者的会计处理有何不同?
4. 各种销售方式下,如何进行会计处理?
5. 什么是费用?费用如何分类?
6. 费用、成本与支出的关系是什么?
7. 什么是期间费用?包括哪些具体内容?
8. 什么是利润?企业的利润是怎样形成的?如何进行会计处理?
9. 净利润的核算方法包括哪几种?它们有什么区别?
10. 利润分配要遵循怎样的程序?如何进行会计处理?

练习题

一、单项选择题

1. 下列关于收入确认的表述中,错误的是( )。

A. 卖方仅仅为了到期收回货款而保留商品的法定产权,则销售成立,相应的收入应予以确认

B. 合同或协议价款的收取采用递延方式,如分期收款销售商品,实质上具有融资性质的,应当按照应收的合同或协议价款确定销售商品收入金额

C. 销售商品涉及商业折扣的,应当按照扣除商业折扣后的金额确定销售商品收入金额

D. 收入和费用需要配比,与同一项销售有关的收入和成本应在同一会计期间予以确认。成本不能可靠计量,相关的收入也不能确认

2. 在视同买断方式下委托代销商品的,若受托方没有将商品售出时可以将商品退回给委托方,或受托方因代销商品出现亏损时可以要求委托方补偿,那么委托方的处理正确的是(　　)。

A. 在交付商品时不确认收入,委托方收到代销清单时确认收入

B. 在交付商品时确认收入

C. 不做任何处理

D. 只做发出商品的处理

3. A公司2012年3月1日与客户签订了一项工程劳务合同,合同期一年,合同总收入200 000元,预计合同总成本170 000元,至2012年12月31日,实际发生成本136 000元。A公司按实际发生的成本占预计总成本的百分比确定劳务完成程度。据此计算,A公司2012年度应确认的劳务收入为(　　)元。

A. 200 000　　B. 170 000　　C. 160 000　　D. 136 000

4. 在视同买断销售商品的委托代销方式下,且未销售的商品不能退回,委托方确认收入的时点是(　　)。

A. 委托方交付商品　　B. 委托方销售商品时

C. 委托方收到代销清单时　　D. 委托方收到货款时

5. 以下各项中,核算时应计入财务费用的是(　　)。

A. 商业折扣　　B. 现金折扣　　C. 销售折让　　D. 销售退回

6. 采用收取手续费的代销,受托方在商品销售后,应按(　　)确认收入。

A. 销售价款　　B. 销售价款和手续费

C. 收取的手续费　　D. 销售价款和增值税

7. 某企业2012年3月份发生一次火灾,共计损失1 000 000元,其中流动资产损失550 000元,固定资产损失450 000元。经查明事故原因是由于雷击所造成的。企业收到保险公司赔款500 000元。其中,流动资产赔款280 000元,固定资产赔款220 000元。企业由于这次火灾损失而应计入营业外支出的金额为(　　)元。

A. 1 000 000　　B. 500 000　　C. 270 000　　D. 230 000

8. 下列项目中,属于其他业务收入的是(　　)。

A. 罚款收入　　B. 出售固定资产收入

C. 材料销售收入　　D. 出售无形资产收入

9. 下列各项中,应作为管理费用处理的是(　　)。

A. 自然灾害造成的流动资产净损失　　B. 房产税

C. 固定资产盘亏净损失　　D. 专设销售机构人员的工资

10. 企业为扩大其产品或劳务的影响而在各种媒体上做广告宣传所发生的广告费用。应于相关广告见诸媒体时,作为期间费用,直接计入(　　),不得预提和待摊。

A. 财务费用　　B. 管理费用　　C. 销售费用　　D. 制造费用

二、多项选择题

1. 下列项目中,应当作为营业外收入核算的有( )。

A. 非货币性资产交换过程中发生的收益

B. 出售无形资产净收益　　C. 出租无形资产净收益

D. 接受现金资产捐赠　　E. 出售原材料取得的收入

2. 下列费用中,应当作为管理费用核算的有( )。

A. 工会经费　　B. 扩大商品销售相关的业务招待费

C. 职工劳动保护费　　D. 筹建期间的开办费

E. 车间管理人员的工资及福利费

3. 下列项目中,会影响企业营业利润的有( )。

A. 按规定程序批准后结转的固定资产盘盈　　B. 出售无形资产的净损益

C. 为管理人员缴纳商业保险　　D. 无法查明原因的现金短缺

E. 出售固定资产资产净收益

4. 一般工业企业交纳的下列各种税金中,可能通过"营业税金及附加"账户核算的有( )。

A. 增值税销项税额　　B. 消费税

C. 城市维护建设税　　D. 印花税

E. 所得税

5. 下列税金中应计入管理费用的是( )。

A. 房产税　　B. 土地使用税　　C. 车船税　　D. 印花税

E. 消费税

6. 需要通过"利润分配"账户进行核算的内容包括( )。

A. 弥补以前年度亏损　　B. 向投资者分配利润

C. 应交所得税　　D. 提取盈余公积

E. 盈余公积转增资本

7. 企业的利润总额等于营业利润( )。

A. 加投资收益　　B. 减所得税费用

C. 加营业外收入　　D. 减营业外支出

E. 减投资损失

8. 一般工业企业的其他业务主要包括( )。

A. 原材料销售　　B. 包装物出租

C. 以固定资产投资　　D. 转让无形资产

E. 包装物出借

9. 下列各项中,通常不应确认收入的有( )。

A. 预计不可收回货款的商品在发出时　　B. 委托代销的商品在商品发出时

C. 预收款销售在商品发出时　　D. 分期收款商品销售发出商品时

E. 已预收货款商品尚未发出时

10. 营业外支出主要包括(　　)。

A. 固定资产盘亏　　B. 非常损失

C. 原材料销售成本　　D. 资产评估减值

E. 对外捐赠

三、判断题

1. 不符合商品销售收入确认条件但已发出的商品的成本,应当在资产负债表的“存货”项目中反映。(　　)

2. 与同一项销售有关的收入,其成本不一定在同一会计期间予以确认。(　　)

3. 收入能否可靠地计量是确认收入的基本前提之一。(　　)

4. 已确认收入的销售商品退回,一般情况下直接冲减退回当月的销售收入。(　　)

5. 对于附有销售退回条件的商品销售,如果不能合理确定退货的可能性,应在售出商品的退货期期满时确认收入。(　　)

6. 制造费用和管理费用都是本期发生的生产费用,因此,均应计入当期费用。(　　)

7. 如劳务的开始和完成分属不同的会计年度,就应按完工百分比法确认收入。(　　)

8. 企业出租无形资产取得收入应缴纳的城市维护建设税和教育费附加,应计入其他业务支出。(　　)

9. 在委托其他单位代销产品的情况下,应当在收到代销单位的代销清单后确认收入的实现。(　　)

10. 对附有销售退回条件的商品销售,如果企业能够按照以往的经验对退货的可能性做出合理估计的,则估计可能发生退货的部分,不确认收入。(　　)

四、业务题

1. A 公司 2012 年末各损益账户余额如表所示:

A 公司 2012 年末各损益账户余额表　　单位:元

账户名称	借方余额	贷方余额
主营业务收入		32 500 000
其他业务收入		440 000
投资收益		50 000
公允价值变动损益		65 000
营业外收入		180 000
主营业务成本	26 800 000	
其他业务成本	320 000	
营业税金及附加	65 000	
销售费用	480 000	
管理费用	1 250 000	
财务费用	78 000	
营业外支出	300 000	
所得税费用	2 000 000	

A 公司决定按 10% 比例提取法定盈余公积,按 5% 比例提取任意盈余公积,向普通股股

东分配现金股利 1 000 000 元。

要求:根据以上资料计算该公司当年的营业利润、利润总额和净利润,并对有关利润结转与分配业务进行会计处理。

2. A 企业为一般纳税人,有关业务资料如下:

(1) 赊销给甲客户商品一批,价款 200 000 元,增值税额 34 000 元,商品已经发出,但估计此项收回的可能性不大。商品成本为 170 000 元。

(2) 甲客户承诺近期付款,企业因此而确认收入。

(3) 收到甲客户交来货款共计 234 000 元,存入银行。

(4) 向乙客户赊销商品一批,价款 60 000 元,增值税额为 10 200 元,付款条件为"3/10,1/20,*n*/30"。

(5) 在 10 日内收到乙客户交来款项 68 400 元,该客户获得现金折扣 1 800 元。

(6) 赊销给丙客户商品一批,价款 40 000 元,增值税额 6 800 元,共计 46 800 元。

(7) 丙客户对所购商品质量提出异议,经协商,在价格上给予 10% 的折让。

(8) 丙客户支付所欠货款 421 200 元。

(9) 销售给丁客户商品价款 10 000 元,增值税额 1 700 元,收到款项共计 11 700 元,存入银行。

(10) 由于质量原因,丁客户将所购商品退回,企业同意并退回所收款项。

要求:对以上经济业务进行会计处理。

3. 某企业为一般纳税人,6 月份发生如下经济业务:

(1) 销售产品 200 件,每件售价 320 元,成本 200 元,该企业采用交款提货销售方式。已将提货单和发票账单交给购货单位,并收到购货方转账支票存入银行。

(2) 采用托收承付结算方式向外地销售一批产品,价款总额为 50 000 元(不含增值税),产品成本为 35 000 元,代垫运杂费 1 600 元,已办妥托收手续。

(3) 采用分期收款结算方式销售产品一批,价款 600 000 元,分 5 个月收款,每月收取价款的 20%,当月已收到 20% 的价款。该批产品成本为售价的 75%。

(4) 上年度售出的产品因质量问题发生退货,产品售价为 15 000 元,增值税为 2 550 元,成本为售价的 70%,退回产品已经入库,并开出支票,退还货款和增值税。

(5) 开出转账支票支付广告费 5 600 元。

(6) 计算结转本月的城市维护建设税 8 900 元。

(7) 计算结转本月的教育费附加 3 000 元。

(8) 本月发生捐赠支出 22 000 元,已用银行存款支付。

要求:根据上述经济业务,进行相关的会计处理。

第十二章　财务报告的编制

【教学目的】

通过本章学习，学生应当了解并掌握：

1. 财务报告的构成及编制要求
2. 资产负债表的构成内容及编制
3. 利润表的构成内容及编制
4. 现金流量表的构成内容及编制
5. 所有者权益变动表的构成内容及编制
6. 附注的构成内容及编制

财务报告是会计主体会计核算工作的结果，是企业对外提供会计信息的重要文件，财务报告包括财务报表和附注。企业对外提供会计信息，对于满足投资者、债权人等有关各方信息使用者的需要，满足国家宏观经济管理部门进行宏观经济调控的需要，满足企业内部管理者了解情况、做出经营决策均具有重要的作用。通过本章学习，学生将掌握财务报告的相关概念，掌握资产负债表、利润表、现金流量表和所有者权益变动表的编制方法，了解财务报表附注的内容及列示要求。

第一节　财务报告概述

一、财务报告的意义

企业日常发生的一切会计事项，都已按一定的会计处理程序和方法，在有关的账簿中进行了全面系统的记录和核算。但这些日常核算资料数量太多，且比较分散，不能集中概括地反映企业财务状况和经营成果，不便于直接向外报送。为此，就有必要定期地将日常会计核算资料进行进一步加工、整理、归集、汇总，按照一定的形式编制财务报告，总括、综合地反映企业的经济活动过程和结果，为有关方面进行管理和决策提供所需的会计信息。

财务报告是指企业对外提供的反映企业某一特定日期财务状况和某一会计期间经营成果、现金流量等会计信息的文件。财务报告包括财务报表和其他应当在财务报告中披露的相关信息和资料。

企业编制财务报告，是会计工作的一个重要阶段，也是会计核算的一种重要方法。提供的会计信息对于改善企业外部有关方面经济决策环境和加强企业内部经营管理，具有重要

作用,其作用主要表现在以下几个方面:

(1) 满足投资者、债权人等有关各方信息使用者的需要。他们通过财务报告可以了解企业的财务状况、经营成果和现金流量,进而判断投资风险、投资报酬以及偿债能力等,据此做出投资决策和信贷决策。

(2) 满足国家宏观经济管理部门进行宏观经济调控的需要。国家宏观经济管理部门通过对各单位提供的财务报告资料进行汇总和分析,了解和掌握各部门、各地区经济计划(预算)的完成情况,各种财经法律制度的执行情况,并针对存在的问题,及时运用经济杠杆和其他手段,调控经济活动,优化资源配置。

(3) 满足企业内部管理者了解情况、做出经营决策的需要。企业内部管理人员可以通过财务报告全面、系统地了解企业的财务状况和经营成果,分析财务计划和有关方针政策的执行情况,以便及时发现经营管理中存在的问题及不足,及时制定切实可行的措施加以改进,加强内部控制,改善经营管理,提高经济效益,并运用会计信息,适时地进行经济预测和决策。

二、财务报表的构成及分类

1. 财务报表的构成

财务报表是对企业财务状况、经营成果和现金流量的结构性表述。财务报表是企业财务报告的核心内容。为了达到财务报表有关决策有用和评价企业管理层受托责任的目标,一套完整的财务报表至少应当包括:资产负债表、利润表、现金流量表、所有者权益(或股东权益)变动表以及附注。

2. 财务报表的分类

按财务报表编报期间的不同,可以分为中期财务报表和年度财务报表。中期财务报表是以短于一个完整会计年度的报告期间为基础编制的财务报表,包括月报、季报和半年报等。中期财务报表至少应当包括资产负债表、利润表、现金流量表和附注。其中,中期资产负债表、利润表和现金流量表应当是完整报表,其格式和内容应当与年度财务报表相一致。与年度财务报表相比,中期财务报表中的附注披露可适当简略。

按财务报表编报主体的不同,可以分为个别财务报表和合并财务报表。个别财务报表是由企业在自身会计核算基础上对账簿记录进行加工而编制的财务报表,它主要用以反映企业自身的财务状况、经营成果和现金流量情况。合并财务报表是以母公司和子公司组成的企业集团为会计主体,根据母公司和所属子公司的财务报表,由母公司编制的综合反映企业集团财务状况、经营成果及现金流量的财务报表。

三、财务报表的编制要求

(一) 财务报表编制的基本要求

1. 遵循各项会计准则进行确认和计量

企业应当根据实际发生的交易和事项,遵循各项具体会计准则的规定进行确认和计量,并在此基础上编制财务报表。企业应当在附注中对遵循企业会计准则编制的财务报表做出声明,只有遵循了企业会计准则的所有规定,财务报表才能被称为“遵循了企业会计准则”。

2. 列报基础

企业应当以持续经营为基础,根据实际发生的交易和事项,按照《企业会计准则》的规定进行确认和计量,在此基础上编制财务报表。

企业不应以附注披露代替确认和计量。

在编制财务报表过程中,企业管理层应当评价企业的持续经营能力,对持续经营能力产生重大怀疑的,应当在附注中披露导致对持续经营能力产生重大怀疑的影响因素。

企业正式决定或被迫在当期或在下一个会计期间进行清算或停止营业的,表明其处于非持续经营状态,应当采用其他基础编制财务报表,并在附注中声明财务报表未以持续经营为基础列报,并披露未以持续经营为基础的原因和财务报表的编制基础。

3. 列报项目的一致性

财务报表项目的列报应当在各个会计期间保持一致,不得随意变更,但下列情况除外:

(1) 会计准则要求改变财务报表项目的列报。

(2) 企业经营业务的性质发生重大变化后,变更财务报表项目的列报能够提供更可靠、更相关的会计信息。

4. 按重要性列报性质或功能不同的项目

企业在编制财务报表的过程中,应当考虑报表项目的重要性。对性质和功能不同的项目,如长期股权投资、固定资产等,应当在财务报表中单独列报,但具有重要性的项目除外;对性质或功能类似的项目,如库存商品、原材料等,应予以合并,作为存货项目列报。

重要性,是指财务报表某项目的省略或错报会影响使用者据此做出经济决策的,该项目具有重要性。重要性应当根据企业所处环境,从项目的性质和金额大小两方面予以判断。

判断项目性质的重要性,应当考虑该项目是否属于企业日常活动等因素;判断项目金额大小的重要性,应当通过单项金额占资产总额、负债总额、所有者权益总额、营业收入总额、营业成本总额、净利润等直接相关项目金额的比重加以确定。

5. 列报项目金额不得随意抵销

财务报表中的资产项目和负债项目的金额、收入项目和费用项目的金额不得相互抵销。资产项目按扣除减值准备后的净额列示,不属于抵销。非日常活动产生的损益,以收入扣减费用后的净额列示,不属于抵销。

6. 列报项目至少提供可比较数据

当期财务报表的列报,至少应当提供所有列报项目上一可比会计期间的比较数据,以及与理解当期财务报表相关的说明。

财务报表项目的列报发生变更的,应当对上期比较数据按照当期的列报要求进行调整,并在附注中披露调整的原因和性质,以及调整的各项目金额。对上期比较数据进行调整不切实可行的,应当在附注中披露不能调整的原因。其中,不切实可行,是指企业在作出所有合理努力后仍然无法采用某项规定。

7. 财务报表的显著位置至少披露的事项

企业应当在财务报表的显著位置至少披露下列各项:

(1) 编报企业的名称。

(2) 资产负债表日或财务报表涵盖的会计期间。

(3) 人民币金额单位。

(4) 财务报表是合并财务报表的,应当予以标明。

8. 企业至少按年编制财务报表

企业至少应当按年编制财务报表。年度财务报表涵盖的期间短于一年的,应当披露年度财务报表的涵盖期间,以及短于一年的原因。

(二) 财务报表编制的具体要求

为了充分发挥财务报表的作用,必须保证其质量。为此,编制财务报表应符合以下具体要求:

企业编制财务会计报表,应当以真实的交易、事项以及完整、准确的账簿记录为依据。向不同的会计资料使用者提供的财务报表,其编制依据应当一致。

在编制财务会计报表前,应全面清查资产、核实债务、核对会计凭证与账簿记录,按时结账,做到账证、账账、账实相符无误。

企业应当按我国统一的会计制度规定的会计报表格式和内容,根据登记完整、核对无误的账簿记录和其他有关资料编制会计报表,做到内容完整、数字真实、计算准确,不得漏报和任意取舍。

为了保证时效性,企业必须按规定的时间对外报送财务会计报表。月度财务报表于月度终了后 6 天内报送;季度财务会计报告于季度终了后 15 天内报送;半年度财务会计报告于半年终了后 60 天内报送;年度财务会计报告于年度终了后 4 个月内报送。

第二节 资产负债表

一、资产负债表概述

(一) 资产负债表的定义和作用

资产负债表是反映企业在某一特定日期的财务状况的会计报表。例如,公历每年 12 月 31 日的财务状况,它反映的就是该日的情况。

资产负债表主要提供有关企业财务状况方面的信息,即某一特定日期关于企业资产、负债、所有者权益及其相互关系。资产负债表的作用包括:

(1) 可以提供某一日期资产的总额及其结构,表明企业拥有或控制的资源及其分布情况,使用者可以一目了然地从资产负债表上了解企业在某一特定日期所拥有的资产总量及其结构。

(2) 可以提供某一日期的负债总额及其结构,表明企业未来需要用多少资产或劳务清偿债务以及清偿时间。

(3) 可以反映所有者所拥有的权益,据以判断资本保值、增值的情况以及对负债的保障程度。

(4) 可以提供进行财务分析的基本资料,如将流动资产与流动负债进行比较,计算出流动比率;将速动资产与流动负债进行比较,计算出速动比率等,可以表明企业的变现能力、偿债能力和资金周转能力,从而有助于报表使用者做出经济决策。

(二) 资产负债表项目分类与排列

资产负债表项目分为资产、负债和所有者权益三大类别。

(1) 资产类项目一般按流动性分类,流动性强的在先,流动性弱的在后。大体分为流动资产和非流动资产两类。其中,流动资产包括货币资金、交易性金融资产、应收账款、应收票据、预付账款、其他应收款、存货等;非流动资产包括持有至到期投资、长期股权投资、固定资产、无形资产、其他非流动资产等。

(2) 负债类项目一般也按流动性分类,分为流动负债和非流动负债,流动负债在先,非流动负债在后。其中,流动负债包括短期借款、应付票据、应付账款、应付职工薪酬、应交税费、应付股利(利润)、其他应付款、预计负债等;非流动负债包括长期借款、应付债券、长期应付款等。

(3) 所有者权益项目一般按照净资产的不同来源和特定用途进行分类,按照实收资本(或股本)、资本公积、盈余公积、未分配利润等项目分项列示。

资产负债表中的资产类至少应当列示流动资产和非流动资产的合计项目;负债类至少应当列示流动负债、非流动负债以及负债的合计项目;所有者权益类应当列示所有者权益的合计项目。

(三) 资产负债表的格式

资产负债表的格式一般有两种:账户式资产负债表和报告式资产负债表。

1. 账户式资产负债表

账户式资产负债表是左右结构,左边列示资产,右边列示负债和所有者权益。根据现行准则的规定,资产负债表采用账户式的格式。通过账户式资产负债表,可以反映资产、负债、所有者权益之间的内在关系,即“资产 = 负债 + 所有者权益”。账户式资产负债表是我国普遍采用的格式,其具体格式如表 12-1 所示。

表 12-1 资产负债表

会企 01 表

编制单位: 年 月 日 单位:元

资产	期末余额	年初余额	负债和所有者权益(或股东权益)	期末余额	年初余额
流动资产			流动负债		
货币资金			短期借款		
交易性金融资产			交易性金融负债		
应收票据			应付票据		
应收账款			应付账款		
预付款项			预收款项		
应收股利			应付职工薪酬		
应收利息			应交税费		
其他应收款			应付利息		
存货			应付股利		
一年内到期的非流动资产			其他应付款		
其他流动资产			一年内到期的非流动负债		
流动资产合计			其他流动负债		
非流动资产			流动负债合计		
可供出售金融资产			非流动负债		
持有至到期投资			长期借款		
长期应收款			应付债券		
长期股权投资			长期应付款		
投资性房地产			专项应付款		

（续表）

资产	期末余额	年初余额	负债和所有者权益（或股东权益）	期末余额	年初余额
固定资产			预计负债		
在建工程			递延所得税负债		
工程物资			其他非流动负债		
固定资产清理			非流动负债合计		
无形资产			负债合计		
开发支出			所有者权益（或股东权益）		
商誉			实收资本（或股本）		
长期待摊费用			资本公积		
递延所得税资产			减：库存股		
其他非流动资产			盈余公积		
非流动资产合计			未分配利润		
			所有者权益合计		
资产总计			负债和所有者权益总计		

2. 报告式资产负债表

报告式资产负债表是上下结构，上半部列示资产，下半部列示负债和所有者权益。具体排列形式又有两种：一是按“资产 = 负债 + 所有者权益”的原理排列，其简化形式如表 12-2 所示；二是按“资产 - 负债 = 所有者权益”的原理排列，其简化形式如表 12-3 所示。

表 12-2　资产负债表

编制单位　　　　年　月　日　　　　单位：元

项目	期末金额	年初金额
资产：		
⋮		
资产总计		
负债与所有者权益：		
⋮		
负债与所有者权益总计		

表 12-3　资产负债表

编制单位　　　　年　月　日　　　　单位：元

项目	期末金额	年初金额
资产与负债：		
⋮		
资产合计		
⋮		
负债合计		
净资产总计		
所有者权益：		
⋮		
所有者权益总计		

二、资产负债表的编制方法

（一）资产负债表栏目及项目的填列方法

1. 年初余额栏的填列方法

资产负债表“年初余额”栏内各项数字，应根据上年年末资产负债表“期末余额”栏内所列数字填列。如果上年度资产负债表规定的各个项目的名称和内容同本年度不相一致，应对上年年末资产负债表各项目的名称和数字按照本年度的规定进行调整，填入表中“年初余额”栏内。

2. 期末余额栏的填列方法

资产负债表“期末余额”栏内各项数字，一般应根据资产、负债和所有者权益类账户的期末余额填列。主要包括以下方式：

（1）根据总账账户的余额填列。资产负债表中的有些项目，可直接根据有关总账账户的余额填列，如“交易性金融资产”、“短期借款”、“应付票据”、“应付职工薪酬”等项目；有些项目则需根据几个总账账户的余额计算填列。如“货币资金”项目，需根据“库存现金”、“银行存款”、“其他货币资金”三个总账账户余额的合计数填列。

（2）根据有关明细账账户的余额计算填列。如“应付账款”项目，需要根据“应付账款”和“预付账款”两个账户所属的相关明细账户的期末贷方余额计算填列；“应收账款”项目，需要根据“应收账款”和“预收账款”两个账户所属的相关明细账户的期末借方余额计算填列。

（3）根据总账账户和明细账账户的余额分析计算填列。如“长期借款”项目，需根据“长期借款”总账账户余额扣除“长期借款”账户所属的明细账户中将在资产负债表日起一年内到期，且企业不能自主地将清偿义务展期的长期借款后的金额计算填列。

（4）根据有关账户余额减去其备抵账户余额后的净额填列。如资产负债表中的“应收账款”、“长期股权投资”等项目，应根据“应收账款”、“长期股权投资”等账户的期末余额减去“坏账准备”、“长期股权投资减值准备”等账户余额后的净额填列；“固定资产”项目，应根据“固定资产”账户的期末余额减去“累计折旧”、“固定资产减值准备”账户余额后的净额填列；“无形资产”项目，应根据“无形资产”账户的期末余额，减去“累计摊销”、“无形资产减值准备”账户余额后的净额填列。

（5）综合运用上述填列方法分析填列。如资产负债表中的“存货”项目，需根据“原材料”、“库存商品”、“委托加工物资”、“周转材料”、“材料采购”、“在途物资”、“发出商品”、“材料成本差异”等总账账户期末余额的分析汇总数，再减去“存货跌价准备”账户余额后的金额填列。

（二）资产负债表各项目的内容和具体填列方法

1. 流动资产

（1）“货币资金”项目，反映企业库存现金、银行结算户存款、外埠存款、银行汇票存款、银行本票存款、信用卡存款、信用证保证金存款等的合计数。本项目应根据“库存现金”、“银行存款”、“其他货币资金”账户期末余额的合计数填列。

（2）“交易性金融资产”项目，反映企业持有的以公允价值计量且其变动计入当期损益为交易目的所持有的债券投资、股票投资、基金投资、权证投资等金融资产。本项目应根据“交易性金融资产”账户的期末余额填列。

（3）“应收票据”项目，反映企业因销售商品、提供劳务等而收到的商业汇票，包括银行承兑汇票和商业承兑汇票。本项目应根据“应收票据”账户的期末余额，减去“坏账准备”账户中有关应收票据计提的坏账准备期末余额后的金额填列。

（4）“应收账款”项目，反映企业因销售商品、提供劳务等经营活动应收取的款项。本项目应根据“应收账款”和“预收账款”账户所属各明细账户的期末借方余额合计数，减去“坏账准备”账户中有关应收账款计提的坏账准备期末余额后的金额填列。如“应收账款”账户所属明细账户期末有贷方余额的，应在资产负债表“预收款项”项目内填列。

（5）“预付款项”项目，反映企业按照购货合同规定预付给供应单位的款项等。本项目应根据“预付账款”和“应付账款”账户所属各明细账户的期末借方余额合计数，减去“坏账准备”账户中有关预付款项计提的坏账准备期末余额后的金额填列。如“预付账款”账户所属各明细账户期末有贷方余额的，应在资产负债表“应付账款”项目内填列。

（6）“应收利息”项目，反映企业应收取的债券投资等的利息。本项目应根据“应收利息”账户的期末余额，减去“坏账准备”账户中有关应收利息计提的坏账准备期末余额后的金额填列。

（7）“应收股利”项目，反映企业应收取的现金股利和应收取其他单位分配的利润。本项目应根据“应收股利”账户的期末余额，减去“坏账准备”账户中有关应收股利计提的坏账准备期末余额后的金额填列。

（8）“其他应收款”项目，反映企业除应收票据、应收账款、预付账款、应收股利、应收利息等经营活动以外的其他各种应收、暂付的款项。本项目应根据“其他应收款”账户的期末余额，减去“坏账准备”账户中有关其他应收款计提的坏账准备期末余额后的金额填列。

（9）“存货”项目，反映企业期末在库、在途和在加工中的各种存货的可变现净值。本项目应根据“材料采购”、“原材料”、“库存商品”、“周转材料”、“委托加工物资”、“发出商品”、“生产成本”等账户的期末余额合计，减去“受托代销商品款”、“存货跌价准备”账户期末余额后的金额填列。材料采用计划成本核算，以及库存商品采用计划成本核算或售价核算的企业，还应按加或减材料成本差异、商品进销差价后的金额填列。

（10）“一年内到期的非流动资产”项目，反映企业将于一年内到期的非流动资产项目金额。本项目应根据有关账户的期末余额填列。

（11）“其他流动资产”项目，反映企业除货币资金、交易性金融资产、应收票据、应收账款、存货等流动资产以外的其他流动资产。本项目应根据有关账户的期末余额填列。

（12）“可供出售金融资产”项目，反映企业持有的以公允价值计量的可供出售的股票投资、债券投资等金融资产。本项目应根据“可供出售金融资产”账户的期末余额，减去“可供出售金融资产减值准备”账户期末余额后的金额填列。

2. 非流动资产

(1)“持有至到期投资”项目,反映企业持有的以摊余成本计量的持有至到期投资。本项目应根据“持有至到期投资”账户的期末余额,减去“持有至到期投资减值准备”账户期末余额后的金额填列。

(2)“长期应收款”项目,反映企业融资租赁产生的应收款项、采用递延方式具有融资性质的销售商品和提供劳务等产生的长期应收款项等。本项目应根据“长期应收款”账户的期末余额,减去相应的“未实现融资收益”账户和“坏账准备”账户所属相关明细账户期末余额后的金额填列。

(3)“长期股权投资”项目,反映企业持有的对子公司、联营企业和合营企业的长期股权投资。本项目应根据“长期股权投资”账户的期末余额,减去“长期股权投资减值准备”账户期末余额后的金额填列。

(4)“投资性房地产”项目,反映企业持有的投资性房地产。企业采用成本模式计量投资性房地产的,本项目应根据“投资性房地产”账户的期末余额,减去“投资性房地产累计折旧(摊销)”和“投资性房地产减值准备”账户期末余额后的金额填列;企业采用公允价值模式计量投资性房地产的,本项目应根据“投资性房地产”账户的期末余额填列。

(5)“固定资产”项目,反映企业各种固定资产原价减去累计折旧和累计减值准备后的净额。本项目应根据“固定资产”账户的期末余额,减去“累计折旧”和“固定资产减值准备”账户期末余额后的金额填列。

(6)“在建工程”项目,反映企业期末各项未完工程的实际支出,包括交付安装的设备价值、未完建筑安装工程已经耗用的材料、工资和费用支出、预付出包工程的价款等的可收回金额。本项目应根据“在建工程”账户的期末余额,减去“在建工程减值准备”账户期末余额后的金额填列。

(7)“工程物资”项目,反映企业尚未使用的各项工程物资的实际成本。本项目应根据“工程物资”账户的期末余额填列。

(8)“固定资产清理”项目,反映企业因出售、毁损、报废等原因转入清理但尚未清理完毕的固定资产的净值,以及固定资产清理过程中所发生的清理费用和变价收入等各项金额的差额。本项目应根据“固定资产清理”账户的期末借方余额填列,如“固定资产清理”账户期末为贷方余额,以“-”号填列。

(9)“无形资产”项目,反映企业持有的无形资产,包括专利权、非专利技术、商标权、著作权、土地使用权等。本项目应根据“无形资产”账户的期末余额,减去“累计摊销”和“无形资产减值准备”账户期末余额后的金额填列。

(10)“开发支出”项目,反映企业开发无形资产过程中能够资本化形成无形资产成本的支出部分。本项目应根据“研发支出”账户中所属的“资本化支出”明细账户期末余额填列。

(11)“商誉”项目,反映企业合并中形成的商誉的价值。本项目应根据“商誉”账户的期末余额,减去相应减值准备后的金额填列。

(12)“长期待摊费用”项目,反映企业已经发生但应由本期和以后各期负担的分摊期限在一年以上的各项费用。长期待摊费用中在一年内(含一年)摊销的部分,在资产负债表

“一年内到期的非流动资产”项目填列。本项目应根据“长期待摊费用”账户的期末余额减去将于一年内(含一年)摊销的数额后的金额填列。

(13)“递延所得税资产”项目,反映企业确认的可抵扣暂时性差异产生的递延所得税资产。本项目应根据“递延所得税资产”账户的期末余额填列。

(14)“其他非流动资产”项目,反映企业除长期股权投资、固定资产、在建工程、工程物资、无形资产等资产以外的其他非流动资产。本项目应根据有关账户的期末余额填列。

3. 流动负债

(1)“短期借款”项目,反映企业向银行或其他金融机构等借入的期限在一年以下(含一年)的各种借款。本项目应根据“短期借款”账户的期末余额填列。

(2)“应付票据”项目,反映企业购买材料、商品和接受劳务供应等而开出、承兑的商业汇票,包括银行承兑汇票和商业承兑汇票。本项目应根据“应付票据”账户的期末余额填列。

(3)“应付账款”项目,反映企业因购买材料、商品和接受劳务供应等经营活动应支付的款项。本项目应根据“应付账款”和“预付账款”账户所属各明细账户的期末贷方余额合计数填列;如“应付账款”账户所属明细账户期末有借方余额的,应在资产负债表“预付款项”项目内填列。

(4)“预收款项”项目,反映企业按照购货合同规定预付给供应单位的款项。本项目应根据“预收账款”和“应收账款”账户所属各明细账户的期末贷方余额合计数填列。如“预收账款”账户所属各明细账户期末有借方余额,应在资产负债表“应收账款”项目内填列。

(5)“应付职工薪酬”项目,反映企业根据有关规定应付给职工的工资、职工福利、社会保险费、住房公积金、工会经费、职工教育经费、非货币性福利、辞退福利等各种薪酬。外商投资企业按规定从净利润中提取的职工奖励及福利基金,也在本项目列示。本项目应根据“应付职工薪酬”账户的期末余额填列。

(6)“应交税费”项目,反映企业按照税法规定计算应交纳的各种税费,包括增值税、消费税、营业税、所得税、资源税、土地增值税、城市维护建设税、房产税、土地使用税、车船使用税、教育费附加、矿产资源补偿费等。企业代扣代交的个人所得税,也通过本项目列示。企业所交纳的税金不需要预计应交数的,如印花税、耕地占用税等,不在本项目列示。本项目应根据“应交税费”账户的期末贷方余额填列;如“应交税费”账户期末为借方余额,应以“-”号填列。

(7)“应付利息”项目,反映企业按照规定应当支付的利息,包括分期付息到期还本的长期借款应支付的利息、企业发行的企业债券应支付的利息等。本项目应当根据“应付利息”账户的期末余额填列。

(8)“应付股利”项目,反映企业分配的现金股利或利润。企业分配的股票股利,不通过本项目列示。本项目应根据“应付股利”账户的期末余额填列。

(9)“其他应付款”项目,反映企业除应付票据、应付账款、预收款项、应付职工薪酬、应付股利、应付利息、应交税费等经营活动以外的其他各项应付、暂收的款项。本项目应根据“其他应付款”账户的期末余额填列。

（10）“一年内到期的非流动负债”项目，反映企业非流动负债中将于资产负债表日后一年内到期部分的金额，如将于一年内偿还的长期借款。本项目应根据有关账户的期末余额填列。

（11）“其他流动负债”项目，反映企业除短期借款、交易性金融负债、应付票据、应付账款、应付职工薪酬、应交税费等流动负债以外的其他流动负债。本项目应根据有关账户的期末余额填列。

4. 非流动负债

（1）“长期借款”项目，反映企业向银行或其他金融机构借入的期限在一年以上（不含一年）的各项借款。本项目应根据“长期借款”账户的期末余额填列。

（2）“应付债券”项目，反映企业为筹集长期资金而发行的债券本金和利息。本项目应根据“应付债券”账户的期末余额填列。

（3）“长期应付款”项目，反映企业除长期借款和应付债券以外的其他各种长期应付款项。本项目应根据“长期应付款”账户的期末余额，减去相应的“未确认融资费用”账户期末余额后的金额填列。

（4）“专项应付款”项目，反映企业取得政府作为企业所有者投入的具有专项或特定用途的款项。本项目应根据“专项应付款”账户的期末余额填列。

（5）“预计负债”项目，反映企业确认的对外提供担保、未决诉讼、产品质量保证、重组义务、亏损性合同等预计负债。本项目应根据“预计负债”账户的期末余额填列。

（6）“递延所得税负债”项目，反映企业确认的应纳税暂时性差异产生的所得税负债。本项目应根据“递延所得税负债”账户的期末余额填列。

（7）“其他非流动负债”项目，反映企业除长期借款、应付债券等负债以外的其他非流动负债。本项目应根据有关账户的期末余额减去将于一年内（含一年）到期偿还数后的余额填列。非流动负债各项目中将于一年内（含一年）到期的非流动负债，应在“一年内到期的非流动负债”项目内单独反映。

5. 所有者权益

（1）“实收资本（或股本）”项目，反映企业各投资者实际投入的资本（或股本）总额。本项目应根据“实收资本”（或“股本”）账户的期末余额填列。

（2）“资本公积”项目，反映企业资本公积的期末余额。本项目应根据“资本公积”账户的期末余额填列。

（3）“库存股”项目，反映企业持有尚未转让或注销的本公司股份金额。本项目应根据“库存股”账户的期末余额填列。

（4）“盈余公积”项目，反映企业盈余公积的期末余额。本项目应根据“盈余公积”账户的期末余额填列。

（5）“未分配利润”项目，反映企业尚未分配的利润。本项目应根据“本年利润”账户和“利润分配”账户的余额计算填列。未弥补的亏损在本项目内以“－”号填列。

第三节 利 润 表

一、利润表概述

（一）利润表的定义和作用

利润表是反映企业在一定会计期间的经营成果的会计报表。

利润表的编制必须充分反映企业经营业绩的主要来源和构成，有助于使用者判断净利润的质量及其风险，有助于使用者预测净利润的持续性，从而做出正确的决策。通过利润表，可以反映企业一定会计期间收入的实现情况，如实现的营业收入、投资收益、营业外收入各有多少等等；可以反映一定会计期间的费用耗费情况，如耗费的营业成本、营业税金及附加、销售费用、管理费用、财务费用、营业外支出各有多少等等；可以反映企业生产经营活动的成果，即净利润的实现情况，据以判断资本保值、增值等情况。将利润表中的信息与资产负债表中的信息相结合，还可以提供进行财务分析的基本资料，如将赊销收入净额与应收账款平均余额进行比较，计算出应收账款周转率；将销货成本与存货平均余额进行比较，计算出存货周转率；将净利润与资产总额进行比较，计算出资产收益率等，可以反映企业资金周转情况及企业的盈利能力和水平，便于报表使用者判断企业未来的发展趋势，做出经济决策。

（二）利润表的格式

利润表的格式一般有两种：单步式利润表和多步式利润表。

1. 单步式利润表格式

单步式利润表是将当期所有的收入列在一起，然后将所有的费用列在一起，两者相减得出当期净损益。单步式利润表格式如表 12-4 所示。

表 12-4 利润表

编制单位： 年度 单位：元

项目	本期金额	上期金额
一、收入		
营业收入		
投资收益		
营业外收入		
收入合计		
二、费用		
营业成本		
营业税金及附加		
销售费用		
管理费用		
财务费用		
资产减值损失		
营业外支出		
所得税费用		
费用合计		
三、净利润		

单步式利润表编制简单，易于理解，但不能反映利润的形成情况，提供的信息较少，不利于报表分析。

2. 多步式利润表格式

多步式利润表是通过对当期的收入、费用、支出项目按性质加以归类，按利润形成的主要环节列示一些中间性利润指标，分步计算当期净损益。

现行会计准则规定，企业应当采用多步式列报利润表，将不同性质的收入和费用类别进行对比，从而可以得出一些中间性的利润数据，便于使用者理解企业经营成果的不同来源。企业可以分如下四个步骤编制利润表：

第一步，以营业收入为基础，减去营业成本、营业税金及附加、销售费用、管理费用、财务费用、资产减值损失，加上公允价值变动收益（减去公允价值变动损失）和投资收益（减去投资损失），计算出营业利润；

第二步，以营业利润为基础，加上营业外收入，减去营业外支出，计算出利润总额；

第三步，以利润总额为基础，减去所得税费用，计算出净利润（或净亏损）；

第四步，普通股或潜在普通股已公开交易的企业，以及正处于公开发行普通股或潜在普通股过程中的企业，还应当在利润表中列示每股收益信息。

多步式利润表格式如表 12-5 所示。

表 12-5　利润表

会企 02 表

编制单位：　　　　　　　　　　年度　　　　　　　　　　单位：元

项目	本期金额	上期金额
一、营业收入		
减：营业成本		
营业税金及附加		
销售费用		
管理费用		
财务费用		
资产减值损失		
加：公允价值变动收益（损失以“－”号填列）		
投资收益（损失以“－”号填列）		
其中：对联营企业和合营企业的投资收益		
二、营业利润（亏损以“－”号填列）		
加：营业外收入		
减：营业外支出		
其中：非流动资产处置损失		
三、利润总额（亏损总额以“－”号填列）		
减：所得税费用		
四、净利润（净亏损以“－”号填列）		
五、每股收益：		
（一）基本每股收益		
（二）稀释每股收益		

多步式利润表可以比单步式利润表提供更为丰富的有关企业盈利能力方面的信息，也

便于对企业的生产经营情况进行分析。

二、利润表的编制方法

1. 利润表栏目的填列方法

(1) 上期金额栏的列报方法

利润表“上期金额”栏内各项数字,应根据上年该期利润表“本期金额”栏内所列数字填列。如果上年该期利润表规定的各个项目的名称和内容同本期不相一致,应对上年该期利润表各项目的名称和数字按本期的规定进行调整,填入利润表“上期金额”栏内。

(2) 本期金额栏的列报方法

利润表“本期金额”栏内各项数字一般应根据损益类账户的发生额分析填列。

2. 利润表各项目的内容及其填列方法

(1) “营业收入”项目,反映企业经营主要业务和其他业务所确认的收入总额。本项目应根据“主营业务收入”和“其他业务收入”账户的发生额分析填列。

(2) “营业成本”项目,反映企业经营主要业务和其他业务所发生的成本总额。本项目应根据“主营业务成本”和“其他业务成本”账户的发生额分析填列。

(3) “营业税金及附加”项目,反映企业经营业务应负担的消费税、营业税、城市建设维护税、资源税、土地增值税和教育费附加等。本项目应根据“营业税金及附加”账户的发生额分析填列。

(4) “销售费用”项目,反映企业在销售商品过程中发生的包装费、广告费等费用和为销售本企业商品而专设的销售机构的职工薪酬、业务费等经营费用。本项目应根据“销售费用”账户的发生额分析填列。

(5) “管理费用”项目,反映企业为组织和管理生产经营发生的管理费用。本项目应根据“管理费用”的发生额分析填列。

(6) “财务费用”项目,反映企业筹集生产经营所需资金等而发生的筹资费用。本项目应根据“财务费用”账户的发生额分析填列。

(7) “资产减值损失”项目,反映企业各项资产发生的减值损失。本项目应根据“资产减值损失”账户的发生额分析填列。

(8) “公允价值变动收益”项目,反映企业应当计入当期损益的资产或负债公允价值变动收益。本项目应根据“公允价值变动损益”账户的发生额分析填列,如为净损失,本项目以“-”号填列。

(9) “投资收益”项目,反映企业以各种方式对外投资所取得的收益。本项目应根据“投资收益”账户的发生额分析填列。如为投资损失,本项目以“-”号填列。

(10) “营业利润”项目,反映企业实现的营业利润。如为亏损,本项目以“-”号填列。

(11) “营业外收入”项目,反映企业发生的与经营业务无直接关系的各项收入。本项目应根据“营业外收入”账户的发生额分析填列。

(12) “营业外支出”项目,反映企业发生的与经营业务无直接关系的各项支出。本项目应根据“营业外支出”账户的发生额分析填列。

(13)“利润总额”项目,反映企业实现的利润。如为亏损,本项目以“－”号填列。

(14)“所得税费用”项目,反映企业应从当期利润总额中扣除的所得税费用。本项目应根据“所得税费用”账户的发生额分析填列。

(15)“净利润”项目,反映企业实现的净利润。如为亏损,本项目以“－”号填列。

(16)“基本每股收益”和“稀释每股收益”项目,反映普通股和稀释潜在股所取得的每股收益。本项目根据基本每股收益和稀释每股收益两项指标填列。

第四节　现金流量表

一、现金流量表概述

(一) 现金流量表的定义和作用

现金流量表是反映企业一定会计期间现金和现金等价物流入和流出的报表。编制现金流量表的主要目的,是为财务报表使用者提供企业一定会计期间内现金和现金等价物流入和流出的信息,以便于财务报表使用者了解和评价企业获取现金和现金等价物的能力,并据以预测企业未来现金流量。通过现金流量表,能够看出企业一定期间现金流入和流出的原因,评价企业支付能力、偿债能力和周转能力;也可以预测企业未来现金流量,分析企业未来获取现金的能力;从现金流量的角度了解净利润的质量,为分析和判断企业的财务前景提供信息。

(二) 现金流量表的编制基础

现金流量表以现金及现金等价物为基础编制。现金流量表所指的现金是广义的现金,它包括现金和现金等价物。

现金,是指企业库存现金以及可以随时用于支付的存款。现金主要包括:

(1) 库存现金,指企业持有可随时用于支付的现金,与“库存现金”账户的核算内容一致。

(2) 银行存款,指企业存入金融机构、可以随时用于支取的存款,与“银行存款”账户核算内容基本一致,但不包括不能随时用于支付的存款。例如,不能随时支取的定期存款等不应作为现金;提前通知金融机构便可支取的定期存款则应包括在现金范围内。

(3) 其他货币资金,指存放在金融机构的外埠存款、银行汇票存款、银行本票存款、信用卡存款、信用证保证金存款和存出投资款等,与“其他货币资金”账户核算内容一致。

现金等价物是指企业持有的期限短、流动性强、易于转换为已知金额现金、价值变动风险很小的投资。其中,“期限短”一般是指从购买日起3个月内到期。现金等价物虽然不是现金,但其支付能力与现金的差别不大,可视为现金。

(三) 现金流量的分类

现金流量指一定会计期间企业现金和现金等价物的流入和流出数量。我国现行的《企业会计准则——现金流量表准则》按企业业务活动的性质和现金流量的来源,将企业一定期间产生的现金流量分为三类:经营活动产生的现金流量、投资活动产生的现金流量和筹资活动产生的现金流量。

1. 经营活动产生的现金流量

经营活动是指企业投资活动和筹资活动以外的所有交易和事项。主要包括销售商品、提供劳务、购买商品、接受劳务、支付税费等。

2. 投资活动产生的现金流量

投资活动是指企业长期资产的购建和不包括在现金等价物范围内的投资及其处置活动。长期资产是指固定资产、无形资产、在建工程、其他资产等持有期限在一年或一个营业周期以上的资产。投资活动,既包括实物资产投资,也包括金融资产投资。之所以将“包括在现金等价物范围内的投资”排除在外,是因为其已视同现金。

3. 筹资活动产生的现金流量

筹资活动是指导致企业资本及债务规模和构成发生变化的活动。这里所说的资本,既包括实收资本(股本),也包括资本溢价(股本溢价);这里所说的债务,指对外举债,包括向银行借款、发行债券以及偿还债务等。

对于企业日常活动之外特殊的、不经常发生的特殊项目,如自然灾害损失、保险赔款、捐赠等,应当归并到相关类别中,并单独反映。

(四)现金流量表的结构

我国企业的现金流量表包括正表和附注两部分。现金流量表附注是现金流量表的补充资料。其基本格式如表12-6、表12-7所示。

表12-6 现金流量表

会企03表

编制单位: 年度 单位:元

项目	本期金额	上期金额
一、经营活动产生的现金流量		
销售商品、提供劳务收到的现金		
收到的税费返还		
收到其他与经营活动有关的现金		
经营活动现金流入小计		
购买商品、接受劳务支付的现金		
支付给职工以及为职工支付的现金		
支付的各项税费		
支付其他与经营活动有关的现金		
经营活动现金流出小计		
经营活动产生的现金流量净额		
二、投资活动产生的现金流量		
收回投资收到的现金		
取得投资收益收到的现金		
处置固定资产、无形资产和其他长期资产收回的现金净额		
处置子公司及其他营业单位收到的现金净额		
收到其他与投资活动有关的现金		
投资活动现金流入小计		

（续表）

项目	本期金额	上期金额
购建固定资产、无形资产和其他长期资产支付的现金		
投资支付的现金		
取得子公司及其他营业单位支付的现金净额		
支付其他与投资活动有关的现金		
投资活动现金流出小计		
投资活动产生的现金流量净额		
三、筹资活动产生的现金流量		
吸收投资收到的现金		
取得借款收到的现金		
收到其他与筹资活动有关的现金		
筹资活动现金流入小计		
偿还债务支付的现金		
分配股利、利润或偿付利息支付的现金		
支付其他与筹资活动有关的现金		
筹资活动现金流出小计		
筹资活动产生的现金流量净额		
四、汇率变动对现金的影响		
五、现金及现金等价物净增加额		
加:期初现金及现金等价物余额		
六、期末现金及现金等价物余额		

表 12-7　现金流量表附注

单位:元

补充资料	本期金额	上期金额
1. 将净利润调节为经营活动现金流量		
净利润		
加:资产减值准备		
固定资产折旧、油气资产折耗、生产性生物资产折旧		
无形资产摊销		
长期待摊费用摊销		
处置固定资产、无形资产和其他长期资产的损失(收益以“-”号填列)		
固定资产报废损失(收益以“-”号填列)		
公允价值变动损失(收益以“-”号填列)		
财务费用(收益以“-”号填列)		
投资损失(收益以“-”号填列)		
递延所得税资产减少(增加以“-”号填列)		
递延所得税负债增加(减少以“-”号填列)		
存货的减少(增加以“-”号填列)		
经营性应收项目的减少(增加以“-”号填列)		
经营性应付项目的增加(减少以“-”号填列)		
其他		
经营活动产生的现金流量净额		

（续表）

补充资料	本期金额	上期金额
2. 不涉及现金收支的重大投资和筹资活动		
债务转为资本		
一年内到期的可转换公司债券		
融资租入固定资产		
3. 现金及现金等价物净变动情况		
现金的期末余额		
减:现金的期初余额		
加:现金等价物的期末余额		
减:现金等价物的期初余额		
现金及现金等价物净增加额		

二、现金流量表的编制方法及程序

（一）直接法和间接法

编制现金流量表时,列报经营活动现金流量的方法有两种:一是直接法,一是间接法。这两种方法通常也称为编制现金流量表的方法。

直接法,是指按现金收入和现金支出的主要类别直接反映企业经营活动产生的现金流量,如销售商品、提供劳务收到的现金;购买商品、接受劳务支付的现金等就是按现金收入和支出的类别直接反映的。在直接法下,一般是以利润表中的营业收入为起算点,调节与经营活动有关的项目的增减变动,然后计算出经营活动产生的现金流量。

间接法,是指以净利润为起算点,调整不涉及现金的收入、费用、营业外收支等有关项目,剔除投资活动、筹资活动对现金流量的影响,据此计算出经营活动产生的现金流量。由于净利润是按照权责发生制原则确定的,且包括了与投资活动和筹资活动相关的收益和费用,将净利润调节为经营活动现金流量,实际上就是将按权责发生制原则确定的净利润调整为现金净流入,并剔除投资活动和筹资活动对现金流量的影响。

采用直接法编报的现金流量表,便于分析企业经营活动产生的现金流量的来源和用途,预测企业现金流量的未来前景;采用间接法编报现金流量表,便于将净利润与经营活动产生的现金流量净额进行比较,了解净利润与经营活动产生的现金流量差异的原因,从现金流量的角度分析净利润的质量。

现金流量表准则规定企业应当采用直接法编报现金流量表,同时要求在现金流量表附注中提供以净利润为基础调节到经营活动现金流量的信息。

（二）工作底稿法或T型账户法

在具体编制现金流量表时,可以采用工作底稿法或T型账户法,也可以根据有关账户记录分析填列。

1. 工作底稿法

采用工作底稿法编制现金流量表,是以工作底稿为手段,以资产负债表和利润表数据为基础,对每一项目进行分析并编制调整分录,从而编制现金流量表。工作底稿法的程序是:

第一步,将资产负债表的期初数和期末数过入工作底稿的期初数栏和期末数栏。

第二步,对当期业务进行分析并编制调整分录。编制调整分录时,要以利润表项目为基础,从“营业收入”开始,结合资产负债表项目逐一进行分析。在调整分录中,有关现金和现金等价物的事项,并不直接借记或贷记现金,而是分别记入“经营活动产生的现金流量”、“投资活动产生的现金流量”、“筹资活动产生的现金流量”有关项目。借记表示现金流入,贷记表示现金流出。

第三步,将调整分录过入工作底稿中的相应部分。

第四步,核对调整分录,借方、贷方合计数均已经相等,资产负债表项目期初数加减调整分录中的借贷金额以后,也等于期末数。

第五步,根据工作底稿中的现金流量表项目部分编制正式的现金流量表。

2. T型账户法

采用T型账户法编制现金流量表,是以T型账户为手段,以资产负债表和利润表数据为基础,对每一项目进行分析并编制调整分录,从而编制现金流量表。T型账户法的程序是:

第一步,为所有的非现金项目(包括资产负债表项目和利润表项目)分别开设T型账户,并将各自的期末期初变动数过入各相关账户。如果项目的期末数大于期初数,则将差额过入和项目余额相同的方向;反之,过入相反的方向。

第二步,开设一个大的“现金及现金等价物”T型账户,每边分为经营活动、投资活动和筹资活动三个部分,左边记现金流入,右边记现金流出。与其他账户一样,过入期末期初变动数。

第三步,以利润表项目为基础,结合资产负债表分析每一个非现金项目的增减变动,并据此编制调整分录。

第四步,将调整分录过入各T型账户,并进行核对,该账户借贷相抵后的余额与原先过入的期末期初变动数应当一致。

第五步,根据大的“现金及现金等价物”T型账户编制正式的现金流量表。

三、现金流量表各项目的内容及填列方法

现金流量表的项目主要有:经营活动产生的现金流量、投资活动产生的现金流量、筹资活动产生的现金流量、汇率变动对现金及现金等价物的影响、现金及现金等价物净增加额、期末现金及现金等价物余额等项目。

(一)经营活动产生的现金流量

1. 经营活动现金流入项目

(1)“销售商品、提供劳务收到的现金”项目。本项目反映企业销售商品、提供劳务实际收到的现金,包括销售收入和应向购买者收取的增值税销项税额,具体包括:本期销售商品、提供劳务收到的现金,以及前期销售商品、提供劳务本期收到的现金和本期预收的款项,减去本期销售本期退回的商品和前期销售本期退回的商品支付的现金。企业销售材料和代购代销业务收到的现金,也在本项目反映。

确定本项目的金额通常可以利润表上的“营业收入”为起点进行调整。

① 由于该项目包括应向购买者收取的增值税销项税额,应在营业收入的基础上加上本期的增值税销项税额。

② 由于企业的商品销售和劳务提供并非均为现金交易,因而应加上应收账款与应收票据的减少数,或减去应收账款与应收票据的增加数。

③ 如果企业有预收货款业务,还应加上预收账款增加数,或减去预收账款减少数。

④ 如果企业采用备抵法核算坏账,则应减去本期计提的坏账准备,或加上本期冲回的坏账准备。

⑤ 如果企业本期有应收票据贴现,发生了贴现息,则应减去应收票据贴现息,因为贴现息代表了应收票据的减少,但并没有相应的现金流入。

⑥ 如果企业发生了按税法规定的应视同销售的业务,则应减去相应的销项税额。

(2)“收到的税费返还”项目。本项目反映企业收到返还的各种税费,如收到的增值税、营业税、所得税、消费税、关税和教育费附加返还款等。本项目可以根据“库存现金”、“银行存款”、“营业税金及附加”、“营业外收入”等账户的记录分析填列。

(3)“收到的其他与经营活动有关的现金”项目。本项目反映企业除上述各项目外,收到的其他与经营活动有关的现金,如罚款收入、经营租赁固定资产收到的现金、流动资产损失中由个人赔偿的现金收入、除税费返还外的其他政府补助收入等。其他与经营活动有关的现金,如果价值较大的,应单列项目反映。本项目可以根据“库存现金”、“银行存款”、“管理费用”、“销售费用”等账户的记录分析填列。

2. 经营活动现金流出项目

(1)“购买商品、接受劳务支付的现金”项目。本项目反映企业购买材料、商品、接受劳务实际支付的现金,包括支付的货款以及与货款一并支付的增值税进项税额,具体包括:本期购买商品;接受劳务支付的现金,以及本期支付前期购买商品、接受劳务的未付款项和本期预付款项,减去本期发生的购货退回收到的现金。为购置存货而发生的借款利息资本化部分,应在“分配股利、利润或偿付利息支付的现金”项目中反映。

确定本项目金额通常以利润表上的“营业成本”为基础进行调整。

① 由于本项目包括支付的增值税进项税额,所以应在营业成本的基础上加上本期的增值税进项税额。

② 营业成本与购买商品并无直接联系,就商品流通企业而言,营业成本加上存货增加数或减去存货减少数,便可大致确定本期购进商品的成本。

③ 本期购进商品并不等于本期购进商品支付的现金,因为可能存在赊购商品或预付货款,所以应加上应付账款与应付票据的减少数、预付账款的增加数,减去应付账款与应付票据的增加数、预付账款的减少数。

④ 对于工业企业,存货包括材料、在产品与产成品等,存货的增加并非都与购进商品相关,本期发生的应计入产品成本的工资费用、折旧费用等也会导致存货增加,但与商品购进无关,因而应进一步扣除计入本期生产成本的非材料费用。

⑤ 应调整其他与商品购进和商品销售无关的存货增减变动,主要包括存货盘亏与盘盈,用存货对外投资或接受存货投资等。

(2)“支付给职工以及为职工支付的现金”项目。本项目反映企业实际支付给职工的现金以及为职工支付的现金,包括企业为获得职工而提供的服务,本期实际给予各种形式的报酬以及其他相关支出,如支付给职工的工资、奖金、各种津贴和补贴等,以及为职工支付的其他费用,不包括支付给离退休人员的各项费用和在建工程人员的工资。企业支付给离退休人员的各项费用,在“支付的其他与经营活动有关的现金”项目中反映;支付的在建工程人员的工资,在“购建固定资产、无形资产和其他长期资产所支付的现金”项目中反映。

企业为职工支付的医疗、养老、失业、工伤、生育等社会保险基金、补充养老保险、住房公积金,企业为职工交纳的商业保险金,因解除与职工劳动关系而给予的补偿,现金结算的股份支付,以及企业支付给职工或为职工支付的其他福利费用等,应根据职工的工作性质和服务对象,分别在“购建固定资产、无形资产和其他长期资产所支付的现金”项目和本项目中反映。

本项目可以根据“库存现金”、“银行存款”、“应付职工薪酬”等账户的记录分析填列。

(3)“支付的各项税费”项目。本项目反映企业按规定支付的各项税费,包括本期发生并支付的税费,以及本期支付以前各期发生的税费和预交的税金,如支付的教育费附加、印花税、房产税、城镇土地增值税、车船税、营业税、增值税、所得税等。不包括本期退回的增值税、所得税。本期退回的增值税、所得税等,在“收到的税费返还”项目中反映。本项目可以根据“应交税费”、“库存现金”、“银行存款”等账户分析填列。

(4)“支付的其他与经营活动有关的现金”项目。本项目反映企业除上述各项目外,支付的其他与经营活动有关的现金,如罚款支出、支付的差旅费、业务招待费、保险费、经营租赁支付的现金等。其他与经营活动有关的现金,如果金额较大的,应单列项目反映。本项目可以根据有关账户的记录分析填列。

(二)投资活动产生的现金流量

1. 投资活动现金流入项目

(1)“收回投资收到的现金”项目。本项目反映企业出售、转让或到期收回除现金等价物以外的交易性金融资产、持有至到期投资、可供出售金融资产、长期股权投资、投资性房地产而收到的现金。不包括债权性投资收回的利息、收回的非现金资产,以及处置子公司及其他营业单位收到的现金净额。债权性投资收回的本金,在本项目反映,债权性投资收回的利息,不在本项目中反映,而在“取得投资收益所收到的现金”项目中反映。处置子公司及其他营业单位收到的现金净额单设项目反映。本项目可以根据“交易性金融资产”、“持有至到期投资”、“可供出售金融资产”、“长期股权投资”、“投资性房地产”、“库存现金”、“银行存款”等账户的记录分析填列。

(2)“取得投资收益收到的现金”项目。本项目反映企业因股权性投资而分得的现金股利,从子公司、联营企业或合营企业分回利润而收到的现金,因债权性投资而取得的现金利息收入。股票股利不在本项目中反映;包括在现金等价物范围内的债券性投资,其利息收入在本项目中反映。本项目可以根据“应收股利”、“应收利息”、“投资收益”、“库存现金”、“银行存款”等账户的记录分析填列。

(3)“处置固定资产、无形资产和其他长期资产收回的现金净额”项目。本项目反映企业出售固定资产、无形资产和其他长期资产所取得的现金,减去为处置这些资产而支付的有关费用后的净额。处置固定资产、无形资产和其他长期资产所收到的现金,与处置活动支付的现金,两者在时间上比较接近,以净额反映更能准确反映处置活动对现金流量的影响。由于自然灾害等原因所造成的固定资产等长期资产报废、毁损而收到的保险赔偿收入,在本项目中反映。如处置固定资产、无形资产和其他长期资产所收回的现金净额为负数,则应作为投资活动产生的现金流量,在“支付的其他与投资活动有关的现金”项目中反映。本项目可以根据“固定资产清理”、“库存现金”、“银行存款”等账户的记录分析填列。

(4)“收到的其他与投资活动有关的现金”项目。本项目反映企业除上述各项目外,收到的其他与投资活动有关的现金。其他与投资活动有关的现金,如果价值较大的,应单列项目反映。本项目可以根据有关账户的记录分析填列。

2. 投资活动现金流出项目

(1)“购建固定资产、无形资产和其他长期资产支付的现金”项目。本项目反映企业购买、建造固定资产,取得无形资产和其他长期资产支付的现金,包括购买机器设备所支付的现金及增值税款、建造工程支付的现金、支付在建工程人员的工资等现金支出,不包括为购建固定资产、无形资产和其他长期资产而发生的借款利息资本化部分,以及融资租入固定资产所支付的租赁费。为购建固定资产、无形资产和其他长期资产而发生的借款利息资本化部分,在“分配股利、利润或偿付利息支付的现金”项目中反映;融资租入固定资产所支付的租赁费,在“支付的其他与筹资活动有关的现金”项目中反映,不在本项目中反映。本项目可以根据“固定资产”、“在建工程”、“工程物资”、“无形资产”、“库存现金”、“银行存款”等账户的记录分析填列。

(2)“投资支付的现金”项目。本项目反映企业进行权益性投资和债权性投资所支付的现金,包括企业取得的除现金等价物以外的交易性金融资产、持有至到期投资、可供出售金融资产而支付的现金,以及支付的佣金、手续费等交易费用。企业购买债券的价款中含有债券利息的,以及溢价或折价购入的,均按实际支付的金额反映。

企业购买股票和债券时,实际支付的价款中包含的已宣告但尚未领取的现金股利或已到付息期但尚未领取的债券利息,应在“支付的其他与投资活动有关的现金”项目中反映;收回购买股票和债券时支付的已宣告但尚未领取的现金股利或已到付息期但尚未领取的债券利息,应在“收到的其他与投资活动有关的现金”项目中反映。

本项目可以根据“交易性金融资产”、“持有至到期投资”、“可供出售金融资产”、“投资性房地产”、“长期股权投资”、“库存现金”、“银行存款”等账户的记录分析填列。

(3)“支付的其他与投资活动有关的现金”项目。本项目反映企业除上述各项目外,支付的其他与投资活动有关的现金。其他与投资活动有关的现金,如果价值较大的,应单列项目反映。本项目可以根据有关账户的记录分析填列。

(三)筹资活动产生的现金流量

1. 筹资活动现金流入项目

(1)“吸收投资收到的现金”项目。本项目反映企业以发行股票、债券等方式筹集资金实际收到的款项净额(发行收入减去支付的佣金等发行费用后的净额)。以发行股票等方式筹集资金而由企业直接支付的审计、咨询等费用,不在本项目中反映,而在"支付的其他与筹资活动有关的现金"项目中反映;由金融企业直接支付的手续费、宣传费、咨询费、印刷费等费用,从发行股票、债券取得的现金收入中扣除,以净额列示。本项目可以根据"实收资本(或股本)"、"资本公积"、"库存现金"、"银行存款"等账户的记录分析填列。

(2)"借款收到的现金"项目。本项目反映企业举借各种短期、长期借款而收到的现金。本项目可以根据"短期借款"、"长期借款"、"交易性金融负债"、"应付债券"、"库存现金"、"银行存款"等账户的记录分析填列。

(3)"收到的其他与筹资活动有关的现金"项目。本项目反映企业除上述各项目外,收到的其他与筹资活动有关的现金。其他与筹资活动有关的现金,如果价值较大的,应单列项目反映。本项目可根据有关账户的记录分析填列。

2. 筹资活动现金流出项目

(1)"偿还债务所支付的现金"项目。本项目反映企业以现金偿还债务的本金,包括归还金融企业的借款本金、偿付企业到期的债券本金等。企业偿还的借款利息、债券利息,在"分配股利、利润或偿付利息所支付的现金"项目中反映,不在本项目中反映。本项目可以根据"短期借款"、"长期借款"、"交易性金融负债"、"应付债券"、"库存现金"、"银行存款"等账户的记录分析填列。

(2)"分配股利、利润或偿付利息支付的现金"项目。本项目反映企业实际支付的现金股利、支付给其他投资单位的利润或用现金支付的借款利息、债券利息。不同用途的借款,其利息的开支渠道不一样,如在建工程、财务费用等,均在本项目中反映。本项目可以根据"应付股利"、"应付利息"、"利润分配"、"财务费用"、"在建工程"、"制造费用"、"研发支出"、"库存现金"、"银行存款"等账户的记录分析填列。

(3)"支付的其他与筹资活动有关的现金"项目。本项目反映企业除上述各项目外,支付的其他与筹资活动有关的现金,如以发行股票、债券等方式筹集资金而由企业直接支付的审计、咨询等费用,融资租赁所支付的现金、以分期付款方式构建固定资产以后各期支付的现金等。其他与筹资活动有关的现金,如果价值较大的,应单列项目反映。本项目可以根据有关账户的记录分析填列。

(四)汇率变动对现金的影响

编制现金流量表时,应当将企业外币现金流量以及境外子公司的现金流量折算成记账本位币。现金流量表准则规定,外币现金流量以及境外子公司的现金流量,应当采用现金流量发生日的即期汇率或按照系统合理的方法确定的、与现金流量发生日即期汇率近似的汇率折算。汇率变动对现金的影响额应当作为调节项目,在现金流量表中单独列报。

汇率变动对现金的影响,指企业外币现金流量及境外子公司的现金流量折算成记账本位币时,所采用的是现金流量发生日的汇率或按照系统合理的方法确定的、与现金流量发生日即期汇率近似的汇率,而现金流量表"现金及现金等价物净增加额"项目中外币现金净增加额是按资产负债表日的即期汇率折算。这两者的差额即为汇率变动对现金的影响。

(五)现金流量表附注

企业应当采用间接法在现金流量附注中披露将净利润调节为经营活动现金流量的信

息。现金流量表附注包括将净利润调节为经营活动现金流量、不涉及现金收支的重大投资和筹资活动、现金及现金等价物净变动情况等项目。

1. 将净利润调节为经营活动现金流量

利润表反映的当期净利润是按权责发生制原则确认计量的,而经营活动的现金流量净额是按收付实现制原则确认计量的;而且当期净利中除包括经营净损益外,还包括不属于经营活动的损益,如投资收益和营业外收支净额等。因此,采用间接列报法将净利润调节为经营活动的现金流量净额时,需要调整四大类项目:第一类,未实际支付现金的费用。按照权责发生制,这些费用包括在利润表中,已从利润中扣除,但却没有发生现金流出。所以,在将净利润调节为经营活动现金流量净额时,需要进行调整"增加"。如计提的资产减值准备、固定资产折旧、无形资产摊销和长期待摊费用摊销等。第二类,未实际收到现金的收益。这些收益已包括在利润表中,增加本期利润,但却没有发生现金流入。因此,在将净利润调节为经营活动净现金流量时,需要进行调整"减少"。第三类,不属于经营活动的损益。这类损失或收益已经包括在本年净利润中,将净利润调节为经营活动净现金流量时,也应进行调整。如为收益,则调整"减少";如为损失和费用,则调整"增加"。这类项目主要有投资损益、处置固定资产、无形资产和其他长期资产净损益、属于投资活动和筹资活动的财务费用等。第四类,经营性应收应付项目的增减变动。经营性应收项目的增加(或减少)会减少(或增加)本期经营活动的现金流入,而经营性应付项目的增加(或减少)会减少(或增加)本期经营活动的现金流出,因此也应调整;存货的增减变动也属此类调整项目。

(1)"资产减值准备"项目。该项目反映企业当期计提并计入损益的各项资产减值准备。如坏账准备、长期投资减值准备、固定资产减值准备、无形资产减值准备、在建工程减值准备等。本项目可以根据"资产减值损失"账户的记录分析填列。

(2)"固定资产折旧"项目。该项目反映企业本期计提的固定资产折旧。本项目可根据"累计折旧"账户的贷方发生额分析填列。

(3)"无形资产摊销"和"长期待摊费用摊销"项目。这两个项目分别反映企业本期摊入成本费用的无形资产价值及长期待摊费用。这两个项目可以根据"累计摊销"、"长期待摊费用"账户的贷方发生额分析填列。

(4)"处置固定资产、无形资产和其他长期资产的损失(减:收益)"项目。该项目反映企业本期处置固定资产、无形资产和其他长期资产的净损失,如为净收益,以"-"号填列。本项目可根据"营业外支出"、"营业外收入"等账户所属的有关明细账户的记录分析填列。

(5)"固定资产报废损失"项目。该项目反映企业本期发生的固定资产盘亏(减盘盈)后的净损失。该项目可根据"营业外支出"和"营业外收入"账户所属的有关明细账户中固定资产盘亏损失减去固定资产盘盈收益后的差额填列。

(6)"公允价值变动损失"项目。该项目反映企业本期交易性金融资产等发生的公允价值变动损益。本项目可以根据"公允价值变动损益"账户的发生额填列;如为收益,以"-"号填列。

(7)"财务费用"项目。该项目反映企业本期实际发生的应属于投资活动和筹资活动的财务费用。该费用在计算净利润时已扣除,但这部分现金流出不属于经营活动的范畴,所以,在将净利润调节为经营活动的现金流量时,应予以加回。本项目可以根据“财务费用”账户的记录分析填列;如为收益,以“-”号填列。

(8)“投资损失(减:收益)”项目。该项目反映企业对外投资所实际发生的投资损失减去收益后的净损失。本项目可以根据利润表“投资收益”项目的数字填列;如为投资收益,以“-”号填列。

(9)“递延所得税资产减少(减:增加)”项目。该项目反映企业资产负债表“递延所得税资产”项目期末、期初余额的差额。本项目可以根据资产负债表“递延所得税资产”项目期初、期末余额分析填列。

(10)“递延所得税负债增加(减:减少)”项目。该项目反映企业资产负债表“递延所得税负债”项目期末、期初余额的差额。本项目可以根据资产负债表“递延所得税负债”项目期初、期末余额分析填列。

(11)“存货的减少(减:增加)”项目。该项目反映企业期末存货比期初存货减少的数额,如为增加以“-”填列。本项目可以根据资产负债表“存货”项目的期初、期末余额的差额填列;期初数小于期末数的差额,以“-”号填列。

(12)“经营性应收项目的减少(减:增加)”项目。该项目反映企业经营性应收项目期末比期初减少的数额,如为增加以“-”号填列。经营性应收项目主要是指应收账款、应收票据、预付账款、其他应收款和长期应收款中与经营活动有关的部分等。本项目可以根据资产负债表“应收账款”、“应收票据”、“预付账款”、“其他应收款”、“长期应收款”等项目的期初、期末余额的差额分析填列;期初数小于期末数的差额,以“-”号填列。

(13)“经营性应付项目的增加(减:减少)”项目。该项目反映企业经营性应付项目期末比期初增加的数额,如为减少以“-”号填列。经营性应付项目主要是指应付账款、应付票据、预收账款、应付利息、应付职工薪酬、应交税费、其他应付款、长期应付款中与经营活动有关的部分等。本项目可以根据资产负债表“应付账款”、“应付票据”、“预收账款”、“应付职工薪酬”、“应交税费”、“应付利息”、“其他应付款”、“长期应付款”等项目的期末、期初余额的差额分析填列;期末数小于期初数的差额,以“-”号填列。

2. 不涉及现金收支的投资和筹资活动

该项目反映企业一定会计期间影响资产、负债或所有者权益但不形成该期现金收支的投资和筹资活动的信息。这些投资和筹资活动是企业的重大理财活动,对以后各期的现金流量会产生重大影响,因此,应单列项目在补充资料中反映。现金流量表补充资料中列示的不涉及现金收支的投资和筹资活动项目主要有以下几项:

(1)“债务转为资本”项目,反映企业本期转为资本的债务金额。

(2)“一年内到期的可转换公司债券”项目,反映企业一年内到期的可转换公司债券的本息。

(3)“融资租入固定资产”项目,反映企业本期融资租入固定资产计入“长期应付款”账户的金额。

3. 现金及现金等价物净增加额

该项目反映企业一定会计期间现金及现金等价物的期末余额减去期初余额后的净增加

额。一般可以通过对“库存现金”、“银行存款”、“其他货币资金”账户以及现金等价物的期末余额与期初余额比较得出。

注意补充资料中的“现金及现金等价物净增加额”与现金流量表中“五、现金及现金等价物净增加额”核对相符。

第五节 财务报表编制举例

下面以光明公司为例，说明资产负债表、利润表、现金流量表的编制方法。

一、资料

1. 光明公司为股份有限公司、一般纳税人，增值税税率为 17%，所得税税率为 25%，该企业只生产一种产品。其 2012 年 1 月 1 日有关账户的余额如表 12-8 所示。

表 12-8 账户余额表

2012 年 1 月 1 日

单位：元

账户名称	借方余额	账户名称	贷方余额
库存现金	5 100	短期借款	600 000
银行存款	1 640 000	应付票据	250 000
其他货币资金	170 000	应付账款	760 000
交易性金融资产	30 000	其他应付款	80 000
应收票据	80 000	应付职工薪酬	51 000
应收账款	400 000	应交税费	40 800
坏账准备	－8 000	应付利息	12 000
预付账款	60 000	长期借款	1 800 000
其他应收款	5 000	其中：一年内到期的非流动负债	850 000
在途物资	120 000	递延所得税负债	8 000
原材料	92 000	股本	4 000 000
包装物	10 000	资本公积	200 300
低值易耗品	70 000	盈余公积	140 000
库存商品	70 000	利润分配（未分配利润）	100 000
存货跌价准备	－7 000		
长期股权投资	300 000		
长期股权投资减值准备	－5 000		
固定资产	3 100 000		
累计折旧	－600 000		
固定资产减值准备	－200 000		
在建工程	1 600 000		
无形资产	1 200 000		
累计摊销	－240 000		
长期待摊费用	150 000		
合计	8 042 100		8 042 100

2. 该公司2012年发生的经济业务如下：

(1) 购入原材料一批，材料价款200 000元，增值税额34 000元，原已预付材料款60 000元，余款174 000用银行存款支付，材料未到。

(2) 收到原材料一批，实际成本120 000元，材料已验收入库，货款已支付。

(3) 购入不需安装的固定资产一项，价款90 000元，支付增值税15 300元，支付运杂费1 700元，共计107 000元，均以银行存款支付。该固定资产的进项税额不得抵扣，固定资产已交付使用。

(4) 购入工程物资一批，价款130 000元，增值税22 100元，用银行存款支付。

(5) 收到银行通知，用银行存款支付到期的商业承兑汇票150 000元，偿还应付账款85 000元。

(6) 销售产品一批，销售价款400 000元，应收取增值税68 000元，产品已发出，货款尚未收到。

(7) 从银行借入3年期借款500 000元，借款已存入银行，该项借款用于购建固定资产。

(8) 在建工程应付工资410 000元。

(9) 一项工程完工，计算应负担的长期借款利息160 000元。该项借款(到期一次性还本付息)本息未付。

(10) 一项工程完工，交付生产使用，已办理竣工手续，固定资产价值1 500 000元。

(11) 销售产品一批，价款800 000元，增值税136 000元，货款银行已收妥。

(12) 公司出售一台不需用设备，收到价款400 000元，设备原价800 000元，已提折旧260 000元，已提减值准备100 000元，设备已交付给购买单位。

(13) 一项长期股权投资的被投资单位宣告发放现金股利40 000元，本期即收到该现金股利存入银行。该项投资按成本法核算，对方公司的所得税税率与本公司一致，均为25%。

(14) 归还短期借款本金200 000元，利息10 000元，共计210 000元。借款利息已预提。

(15) 用银行汇票支付采购材料价款，公司收到开户银行转来银行汇票多余款收账通知，通知上所填多余款为417元，购入材料的价款及运费共计123 500元，支付的增值税额为22 083元，材料已入库。

(16) 提取现金1 037 000元，准备发放工资。

(17) 支付职工工资1 037 000元，其中包括支付给在建工程人员的工资410 000元。

(18) 分配应支付的职工工资627 000元(不包括在建工程负担的工资410 000元)，其中，生产人员工资570 000元，车间管理人员工资11 400元，行政管理部门人员工资45 600元。

(19) 用银行存款支付研发部门的新技术开发支出200 000元，该项支出符合资本化条件。

(20) 用银行存款支付产品展览费15 000元，广告费13 000元。

(21) 基本生产领用原材料，成本300 000元；领用低值易耗品，成本60 000元。采用一次摊销法摊销。

（22）以银行存款支付管理费用支出 11 000 元。

（23）公司采用商业承兑汇票结算方式销售产品一批，价款 300 000 元，增值税额 51 000 元，收到 351 000 元的商业承兑汇票 1 张。

（24）公司将上述商业承兑汇票向银行办理贴现，贴现息为 24 000 元，该票据的到期日为 2012 年 4 月 20 日。同时，将上年销售商品所收到的一张面值为 80 000 元、已到期的无息银行承兑汇票，连同解讫通知书和进账单交银行办理转账，收到银行盖章退回的进账单一联，款项银行已收妥。

（25）提取应计入本期损益的借款利息 32 500 元，其中短期借款利息 22 000 元，长期借款利息 10 500 元（该长期借款到期一次性还本付息）。

（26）计提固定资产折旧 120 000 元，其中，应计入制造费用 100 000 元，管理费用 20 000 元。

（27）摊销无形资产 80 000 元。

（28）摊销基本生产车间固定资产（经营租入）改良支出 75 000 元。

（29）以银行存款支付本年度企业财产保险费 67 100 元。

（30）本期产品销售应缴纳的城市维护建设税 14 875 元，教育费附加 6 375 元。

（31）以银行存款缴纳增值税 120 000 元，城市维护建设税 14 875 元，教育费附加 6 375 元。

（32）年末交易性金融资产的公允价值为 32 000 元，应确认公允价值变动收益 2 000 元。

（33）计算并结转本期制造费用，并结转本期完工产品成本 1 116 400 元。没有期初在产品，本期生产的产品全部完工入库。

（34）结转本期产品销售成本 900 000 元。

（35）基本生产车间盘亏一台设备，原价 280 000 元，已提折旧 225 000 元，已计提减值准备 25 000 元。经批准后，将 30 000 元损失转为营业外支出。

（36）偿还长期借款本金 850 000 元。

（37）收回应收账款 360 000 元，存入银行。

（38）应收某客户的账款 5 000 元，已确定不能收回。

（39）按应收账款余额的 2% 计提坏账准备。

（40）计提存货跌价准备 10 000 元。

（41）计提固定资产减值准备 20 000 元。

（42）结转各收入、费用账户，确定利润总额。

（43）计算并结转所得税费用 59 600 元，应交所得税 49 700 元，增加递延所得税负债 9 900 元。

（44）用银行存款缴纳所得税 48 500 元。

（45）按 10% 提取法定盈余公积；分配普通股现金股利 120 000 元。

（46）将利润分配各明细账户的余额转入“未分配利润”明细账户，结转本年利润。

（47）2012 年末将于一年内到期的非流动负债为 400 000 元。

二、对以上经济业务进行会计处理并编制资产负债表和利润表

1. 根据上述资料,进行会计处理:

(1) 借:在途物资　200 000
　　应交税费——应交增值税(进项税额)　34 000
　贷:预付账款　234 000
借:预付账款　174 000
　贷:银行存款　174 000

(2) 借:原材料　120 000
　贷:在途物资　120 000

(3) 借:固定资产　107 000
　贷:银行存款　107 000

(4) 借:工程物资　152 100
　贷:银行存款　152 100

(5) 借:应付票据　150 000
　　应付账款　85 000
　贷:银行存款　235 000

(6) 借:应收账款　468 000
　贷:主营业务收入　400 000
　　应交税费——应交增值税(销项税额)　68 000

(7) 借:银行存款　500 000
　贷:长期借款　500 000

(8) 借:在建工程　410 000
　贷:应付职工薪酬　410 000

(9) 借:在建工程　160 000
　贷:长期借款——应计利息　160 000

(10) 借:固定资产　1 500 000
　贷:在建工程　1 500 000

(11) 借:银行存款　936 000
　贷:主营业务收入　800 000
　　应交税费——应交增值税(销项税额)　136 000

(12) 借:固定资产清理　440 000
　　累计折旧　260 000
　　固定资产减值准备　100 000
　贷:固定资产　800 000
借:银行存款　400 000
　贷:固定资产清理　400 000

借:营业外支出 40 000
　贷:固定资产清理 40 000

(13) 借:应收股利 40 000
　贷:投资收益 40 000
借:银行存款 40 000
　贷:应收股利 40 000

(14) 借:短期借款 200 000
　应付利息 10 000
　贷:银行存款 210 000

(15) 借:原材料 123 500
　银行存款 417
　应交税费——应交增值税(进项税额) 22 083
　贷:其他货币资金 146 000

(16) 借:库存现金 1 037 000
　贷:银行存款 1 037 000

(17) 借:应付职工薪酬 1 037 000
　贷:库存现金 1 037 000

(18) 借:生产成本 570 000
　制造费用 11 400
　管理费用 45 600
　贷:应付职工薪酬 627 000

(19) 借:研发支出——资本化支出 200 000
　贷:银行存款 200 000

(20) 借:销售费用 28 000
　贷:银行存款 28 000

(21) 借:生产成本 300 000
　贷:原材料 300 000
借:制造费用 60 000
　贷:低值易耗品 60 000

(22) 借:管理费用 11 000
　贷:银行存款 11 000

(23) 借:应收票据 351 000
　贷:主营业务收入 300 000
　　应交税费——应交增值税(销项税额) 51 000

(24) 借:银行存款 327 000
　财务费用 24 000
　贷:应收票据 351 000

借:银行存款　　80 000
　贷:应收票据　　80 000

(25) 借:财务费用　　32 500
　贷:应付利息　　22 000
　　长期借款——应计利息　　10 500

(26) 借:制造费用　　100 000
　管理费用　　20 000
　贷:累计折旧　　120 000

(27) 借:管理费用　　80 000
　贷:累计摊销　　80 000

(28) 借:制造费用　　75 000
　贷:长期待摊费用　　75 000

(29) 借:管理费用　　67 100
　贷:银行存款　　67 100

(30) 借:营业税金及附加　　21 250
　贷:应交税费——应交城市维护建设税　　14 875
　　——应交教育费附加　　6 375

(31) 借:应交税费——应交增值税(已交税金)　　120 000
　——应交城市维护建设税　　14 875
　——应交教育费附加　　6 375
　贷:银行存款　　141 250

(32) 借:交易性金融资产——公允价值变动　　2 000
　贷:公允价值变动损益　　2 000

(33) 借:生产成本　　246 400
　贷:制造费用　　246 400
借:库存商品　　1 116 400
　贷:生产成本　　1 116 400

(34) 借:主营业务成本　　900 000
　贷:库存商品　　900 000

(34) 借:累计折旧　　225 000
　固定资产减值准备　　25 000
　待处理财产损溢——待处理固定资产损溢　　30 000
　贷:固定资产　　280 000
借:营业外支出　　30 000
　贷:待处理财产损溢——待处理固定资产损溢　　30 000

(36) 借:长期借款　　850 000
　贷:银行存款　　850 000

	借方	贷方
(37) 借:银行存款	360 000	
贷:应收账款		360 000
(38) 借:坏账准备	5 000	
贷:应收账款		5 000
(39) 借:资产减值损失	7 060	
贷:坏账准备		7 060
(40) 借:资产减值损失	10 000	
贷:存货跌价准备		10 000
(41) 借:资产减值损失	20 000	
贷:固定资产减值准备		20 000
(42) 借:主营业务收入	1 500 000	
投资收益	40 000	
公允价值变动损益	2 000	
贷:本年利润		1 542 000
借:本年利润	1 336 510	
贷:主营业务成本		900 000
营业税金及附加		21 250
销售费用		28 000
管理费用		223 700
财务费用		56 500
资产减值损失		37 060
营业外支出		70 000
(43) 借:所得税费用	59 600	
贷:应交税费——应交所得税		49 700
递延所得税负债		9 900
借:本年利润	59 600	
贷:所得税费用		59 600
(44) 借:应交税费——应交所得税	48 500	
贷:银行存款		48 500
(45) 借:利润分配——提取法定盈余公积	14 589	
贷:盈余公积——法定盈余公积		14 589
借:利润分配——应付股利	120 000	
贷:应付股利		120 000
(46) 借:本年利润	145 890	
贷:利润分配——未分配利润		145 890
借:利润分配——未分配利润	134 589	
贷:利润分配——提取法定盈余公积		14 589
——应付股利		120 000

2. 根据以上会计分录,登记T型账户。

库存现金

期初余额	5 100		
(16)	1 037 000	(17)	1 037 000
期末余额	5 100		

应收票据

期初余额	80 000		
		(24)	351 000
(23)	351 000	(24)	80 000
期末余额	0		

银行存款

期初余额	1 640 000		
(7)	500 000	(1)	174 000
(11)	936 000	(3)	107 000
(12)	400 000	(4)	152 100
(13)	40 000	(5)	235 000
(15)	417	(14)	210 000
(24)	327 000	(16)	1 037 000
(24)	80 000	(19)	200 000
(37)	360 000	(20)	28 000
		(22)	11 000
		(29)	67 100
		(31)	141 250
		(36)	850 000
		(44)	48 500
期末余额	1 022 467		

应收账款

期初余额	400 000		
(6)	468 000	(37)	360 000
		(38)	5 000
期末余额	503 000		

坏账准备

		期初余额	8 000
(38)	5 000	(39)	7 060
		期末余额	10 060

预付账款

期初余额	60 000		
(1)	174 000	(1)	234 000
期末余额	0		

其他货币资金

期初余额	170 000		
		(15)	146 000
期末余额	24 000		

其他应收款

期初余额	5 000		
期末余额	5 000		

交易性金融资产

期初余额	30 000		
(32)	2 000		
期末余额	32 000		

在途物资

期初余额	120 000		
(1)	200 000	(2)	120 000
期末余额	200 000		

原材料

期初余额	92 000		
(2)	120 000	(21)	300 000
(15)	123 500		
期末余额	35 500		

长期股权投资

期初余额	300 000		
期末余额	300 000		

包装物

期初余额	10 000		
期末余额	10 000		

长期股权投资减值准备

		期初余额	5 000
		期末余额	5 000

低值易耗品

期初余额	70 000		
		(21)	60 000
期末余额	10 000		

生产成本

(18)	570 000		
(21)	300 000	(33)	1 116 400
(33)	246 400		

制造费用

(18)	11 400	(33)	246 400
(21)	60 000		
(26)	100 000		
(28)	75 000		

库存商品

期初余额	70 000		
(33)	1 116 400	(34)	900 000
期末余额	286 400		

存货跌价准备

		期初余额	7 000
		(40)	10 000
		期末余额	17 000

无形资产

期初余额	1 200 000		
期末余额	1 200 000		

累计摊销

		期初余额	240 000
		(27)	80 000
		期末余额	320 000

研发支出

期初余额	0		
(19)	200 000		
期末余额	200 000		

固定资产

期初余额	3 100 000		
(3)	107 000	(12)	800 000
(10)	1 500 000	(35)	280 000
期末余额	3 627 000		

累计折旧

		期初余额	600 000
(12)	260 000	(26)	120 000
(35)	225 000		
		期末余额	235 000

固定资产减值准备

		期初余额	200 000
(12)	100 000	(41)	20 000
(35)	25 000		
		期末余额	95 000

工程物资

期初余额	0		
(4)	152 100		
期末余额	152 100		

在建工程

期初余额	1 600 000		
(8)	410 000	(10)	1 500 000
(9)	160 000		
期末余额	670 000		

应付票据

		期初余额	250 000
(5)	150 000		
		期末余额	100 000

应付账款

		期初余额	760 000
(5)	85 000		
		期末余额	675 000

其他应付款

		期初余额	80 000
		期末余额	80 000

长期待摊费用

期初余额	150 000		
		（28）	75 000
期末余额	75 000		

应付职工薪酬

		期初余额	51 000
（17）	1 037 000	（8）	410 000
		（18）	627 000
		期末余额	51 000

固定资产清理

（12）	440 000	（12）	400 000
		（12）	40 000

应交税费

		期初余额	40 800
（1）	34 000	（6）	68 000
（15）	22 083	（11）	136 000
（31）	120 000	（23）	51 000
（31）	14 875	（30）	14 875
（31）	6 375	（30）	6 375
（44）	48 500	（43）	49 700
		期末余额	120 917

待处理财产损溢

（35）	30 000	（35）	30 000

短期借款

		期初余额	600 000
（14）	200 000		
		期末余额	400 000

应付利息

		期初余额	12 000
（14）	10 000	（25）	22 000
		期末余额	24 000

应付股利

		期初余额	0
（13）	40 000	（13）	40 000
		（45）	120 000
		期末余额	120 000

利润分配（未分配利润）

		期初余额	100 000
（45）	14 589	（46）	145 890
（45）	120 000	（46）	14 589
（46）	123 589	（45）	120 000
		期末余额	111 301

长期借款

		期初余额	1 800 000
（36）	850 000	（7）	500 000
		（9）	160 000
		（25）	10 500
		期末余额	1 620 500

主营业务收入

		（6）	400 000
（42）	1 500 000	（11）	800 000
		（23）	300 000

递延所得税负债

		期初余额	8 000
		（43）	9 900
		期末余额	17 900

主营业务成本

（34）	900 000	（42）	900 000

营业税金及附加

（30）	21 250	（42）	21 250

股本

		期初余额	4 000 000
		期末余额	4 000 000

投资收益

（42）	40 000	（13）	40 000

资本公积

	期初余额	200 300
	期末余额	200 300

销售费用

(20)	28 000	(42)	28 000

盈余公积

	期初余额	140 000
	(45)	14 589
	期末余额	154 589

财务费用

(24)	24 000	(42)	56 500
(25)	32 500		

公允价值变动损益

(42)	2 000	(32)	2 000

管理费用

(18)	45 600	(42)	223 700
(22)	11 000		
(26)	20 000		
(27)	80 000		
(29)	67 100		

资产减值损失

(39)	7 060	(42)	37 060
(40)	10 000		
(41)	20 000		

营业外支出

(12)	40 000	(42)	70 000
(35)	30 000		

所得税费用

(43)	59 600	(43)	59 600

本年利润

(42)	1 336 510	(42)	1 542 000
(43)	59 600		
(46)	145 890		

3. 根据 T 型账户记录编制 2012 年末账户余额表，见表 12-9。

表 12-9 账户余额表

2012 年 12 月 31 日

单位：元

账户名称	借方余额	账户名称	贷方余额
库存现金	5 100	短期借款	400 000
银行存款	1 022 467	应付票据	100 000
其他货币资金	24 000	应付账款	675 000
交易性金融资产	32 000	其他应付款	80 000
应收票据	0	应付职工薪酬	51 000
应收账款	503 000	应交税费	120 917
坏账准备	-10 060	应付利息	24 000
预付账款	0	应付股利	120 000
其他应收款	5 000	长期借款	1 620 500

（续表）

账户名称	借方余额	账户名称	贷方余额
在途物资	200 000	其中：一年内到期的非流动负债	400 000
原材料	35 500	递延所得税负债	17 900
包装物	10 000	股本	4 000 000
低值易耗品	10 000	资本公积	200 300
库存商品	286 400	盈余公积	154 589
存货跌价准备	－17 000	利润分配（未分配利润）	111 301
长期股权投资	300 000		
长期股权投资减值准备	－5 000		
固定资产	3 627 000		
累计折旧	－235 000		
固定资产减值准备	－95 000		
工程物资	152 100		
在建工程	670 000		
无形资产	1 200 000		
累计摊销	－320 000		
开发支出	200 000		
长期待摊费用	75 000		
合计	7 675 507	合计	7 675 507

4．编制资产负债表和利润表。光明公司 2012 年 12 月 31 日的资产负债表见表 12-10，2012 年的利润表见表 12-11。

表 12-10　资产负债表

编制单位：光明公司　　　　2012 年 12 月 31 日　　　　单位：元

资产	期末余额	年初余额	负债和所有者权益（或股东权益）	期末余额	期初余额
流动资产：			流动负债：		
货币资金	1 051 567	1 815 100	短期借款	400 000	600 000
交易性金融资产	32 000	30 000	应付票据	100 000	250 000
应收票据		80 000	应付账款	675 000	760 000
应收账款	492 940	392 000	预收款项		
预付款项		60 000	应付职工薪酬	51 000	51 000
应收股利			应交税费	120 917	40 800
应收利息			应付利息	24 000	12 000
其他应收款	5 000	5 000	应付股利	120 000	
存货	524 900	355 000	其他应付款	80 000	80 000
一年内到期的非流动资产			一年内到期的非流动负债	400 000	850 000
其他流动资产			其他流动负债		
流动资产合计	2 106 407	2 737 100	流动负债合计	1 970 917	2 643 800
非流动资产：			非流动负债：		
可供出售金融资产			长期借款	1 220 500	950 000

（续表）

资产	期末余额	年初余额	负债和所有者权益（或股东权益）	期末余额	期初余额
持有至到期投资			应付债券		
长期股权投资	295 000	295 000	长期应付款		
长期应收款			专项应付款		
固定资产	3 297 000	2 300 000	预计负债		
在建工程	670 000	1 600 000	递延所得税负债	17 900	8 000
工程物资	152 100		其他非流动负债		
固定资产清理			非流动负债合计	1 238 400	958 000
无形资产	880 000	960 000	负债合计	3 209 317	3 601 800
开发支出	200 000		所有者权益(或股东权益)		
商誉			实收资本(或股本)	4 000 000	4 000 000
长期待摊费用	75 000	150 000	资本公积	200 300	200 300
递延所得税资产			减:库存股		
其他非流动资产			盈余公积	154 589	140 000
非流动资产合计	5 569 100	5 305 000	未分配利润	111 301	100 000
			所有者权益合计	4 466 190	4 440 300
资产总计	7 675 507	8 042 100	负债和所有者权益总计	7 675 507	8 042 100

表 12-11 利润表

编制单位:光明公司　　　　2012 年度　　　　单位:元

项目	本期金额	上期金额
一、营业收入	1 500 000	
减:营业成本	900 000	
营业税金及附加	21 250	
销售费用	28 000	
管理费用	223 700	
财务费用	56 500	
资产减值损失	37 060	
加:公允价值变动收益(损失以“-”号填列)	2 000	
投资收益(损失以“-”号填列)	40 000	
其中:对联营企业和合营企业的投资收益		
二、营业利润(亏损以“-”号填列)	275 490	
加:营业外收入		
减:营业外支出	70 000	
其中:非流动资产处置损失		
三、利润总额(亏损总额以“-”号填列)	205 490	
减:所得税费用	59 600	
四、净利润(净亏损以“-”号填列)	145 890	
五、每股收益:		
(一) 基本每股收益		
(二) 稀释每股收益		

三、现金流量表的编制

采用工作底稿法（直接法）。

第一步，将资产负债表的期初数和期末数过入工作底稿的期初数栏和期末数栏；将利润表各项目的本期数过入工作底稿的本期数栏，见表12-12。

第二步，对当期业务进行分析并编制调整分录。

（1）分析调整营业收入。本期营业收入为1 500 000元，增值税销项税额为255 000元，应收账款账户余额增加103 000元，应收票据余额减少80 000元。

借：经营活动现金流量——销售商品收到的现金　　1 732 000
　应收账款　　103 000
　贷：营业收入　　1 500 000
　　应交税费——应交增值税（销项税额）　　255 000
　　应收票据　　80 000

（2）分析调整营业成本。本期营业成本为900 000元，增值税进项税额56 083元，应收票据减少、应付账款减少、存货的增加都暂且作为“购买商品支付的现金”，预付账款的减少不涉及本期现金流出。

借：营业成本　　900 000
　应交税费——应交增值税（进项税额）　　56 083
　应付票据　　150 000
　应付账款　　85 000
　存货　　179 900
　贷：经营活动现金流量——购买商品支付的现金　　1 310 983
　　预付账款　　60 000

（3）调整本年营业税费。将本期确认的“营业税金及附加”作为“支付的各项税费”的现金流出。

借：营业税金及附加　　21 250
　贷：经营活动现金流量——支付的各项税费　　21 250

（4）计算销售费用付现。

借：销售费用　　28 000
　贷：经营活动现金流量——支付的其他与经营活动有关的现金　　28 000

（5）调整本期确认的管理费用。将本期确认的“管理费用”暂且都作为“支付的其他与经营活动有关的现金”，后面再做进一步调整。

借：管理费用　　223 700
　贷：经营活动现金流量——支付的其他与经营活动有关的现金　　223 700

（6）分析调整财务费用。按照现行企业会计准则，企业在一定时期确认的财务费用与经营活动产生的现金流量无直接关系，但在本例中发生了应收票据贴现息24 000元，它会导致应收票据减少，并无相应的现金流入，因而应在分录(1) 的基础上进一步调减“销售商品收到的现金”。

借:财务费用 56 500
　贷:经营活动现金流量——销售商品收到的现金 24 000
　　应付利息 22 000
　　长期借款 10 500

(7) 分析调整资产减值损失。

借:资产减值损失 37 060
　贷:应收账款(坏账准备) 7 060
　　存货(跌价准备) 10 000
　　固定资产(减值准备) 20 000

(8) 分析调整公允价值变动收益。

借:交易性金融资产 2 000
　贷:公允价值变动收益 2 000

(9) 分析调整投资收益。

借:投资活动现金流量——取得投资收益所收到的现金 40 000
　贷:投资收益 40 000

(10) 分析调整营业外支出。

借:营业外支出 70 000
　投资活动现金流量——处置固定资产所收到的现金 400 000
　固定资产(累计折旧) 485 000
　固定资产(减值准备) 125 000
　贷:固定资产 1 080 000

(11) 分析调整所得税费用。

借:所得税费用 59 600
　贷:递延所得税负债 9 900
　　应交税费 49 700

(12) 分析调整坏账准备。本年发生坏账5 000元，冲减了应收账款与坏账准备，但并没有相应的现金流入，因而应在分录(1)的基础上进一步调减“销售商品收到的现金”。

借:应收账款(坏账准备) 5 000
　贷:经营活动现金流量——销售商品收到的现金 5 000

(13) 分析调整固定资产。在分录(10)中已涉及固定资产减少的调整，此处调整固定资产的增加。

借:固定资产 1 607 000
　贷:投资活动现金流量——购建固定资产所支付的现金 107 000
　　在建工程 1 500 000

(14) 分析调整本期计提的折旧。本期计提的折旧中,有 100 000 元计入了产品成本,导致了存货增加,但没有现金流出,应调减"购买商品支付的现金";另 20 000 元计入了管理费用,应调减"支付的其他与经营活动有关的现金"。

借:经营活动现金流量——购买商品支付的现金　100 000
　　　　　　　　　——支付的其他与经营活动有关的现金　20 000
　贷:固定资产(累计折旧)　120 000

(15) 分析调整在建工程和工程物资。

借:在建工程　570 000
　工程物资　152 100
　贷:投资活动现金流量——购建固定资产所支付的现金　562 100
　　长期借款(应计利息)　160 000

(16) 分析调整无形资产。

借:经营活动现金流量——支付的其他与经营活动有关的现金　80 000
　贷:无形资产(累计摊销)　80 000

(17) 分析调整研发支出。

借:研发支出　200 000
　贷:投资活动现金流量——支付其他与投资活动有关的现金　200 000

(18) 分析调整长期待摊费用。

借:经营活动现金流量——购买商品支付的现金　75 000
　贷:长期待摊费用　75 000

(19) 分析调整短期借款。

借:短期借款　200 000
　贷:筹资活动现金流量——偿还债务所支付的现金　200 000

(20) 分析调整应付职工薪酬。

借:应付职工薪酬　627 000
　贷:经营活动现金流量——支付给职工以及为职工支付的现金　627 000
借:经营活动现金流量——购买商品支付的现金　581 400
　　　　　　　　　——支付的其他与经营活动有关的现金　45 600
　贷:应付职工薪酬　627 000

(21) 分析调整应交税费。

借:应交税费　168 500
　贷:经营活动现金流量——支付的各项税费(增值税)　120 000
　　　　　　　　　　——支付的各项税费(所得税)　48 500

(22) 分析调整应付利息。

借:应付利息　10 000
　贷:筹资活动现金流量——分配股利、利润或偿付利息所支付的现金　10 000

（23）分析调整一年内到期的非流动负债。

借:一年内到期的非流动负债 850 000

贷:筹资活动现金流量——偿还债务所支付的现金 850 000

借:长期借款 400 000

贷:一年内到期的非流动负债 400 000

（24）分析调整长期借款。

借:筹资活动现金流量——借款所收到的现金 500 000

贷:长期借款 500 000

（25）结转净利润。

借:净利润 145 890

贷:未分配利润 145 890

（26）提取盈余公积及分配股利。

借:未分配利润 134 589

贷:盈余公积 14 589

应付股利 120 000

（27）调整现金净变化额。

借:现金净减少额 763 533

贷:货币资金 763 533

（28）结转损益。

借:主营业务收入 1 500 000

投资收益 40 000

公允价值变动收益 2 000

贷:主营业务成本 900 000

营业税金及附加 21 250

销售费用 28 000

管理费用 223 700

财务费用 56 500

资产减值损失 37 060

营业外支出 70 000

所得税费用 59 600

净利润 145 890

第三步,将调整分录过入工作底稿中的相应部分,见表12-12。

表 12-12　现金流量表工作底稿

单位：元

项目	期初数	调整分录		期末数
		借方	贷方	
一、资产负债表项目				
借方项目				
货币资金	1 815 100		(27) 763 533	1 051 567
交易性金融资产	30 000	(8) 2 000		32 000
应收票据	80 000		(1) 80 000	
应收账款	392 000	(1) 103 000 (12) 5 000	(7) 7 060	492 940
预付款项	60 000		(2) 60 000	
其他应收款	5 000			5 000
存货	355 000	(2) 179 900	(7) 10 000	524 900
长期股权投资	295 000			295 000
固定资产	2 300 000	(10) 485 000 (10) 125 000 (13) 1 607 000	(7) 20 000 (10) 1 080 000 (14) 120 000	3 297 000
在建工程	1 600 000	(15) 570 000	(13) 1 500 000	670 000
工程物资		(15) 152 100		152 100
无形资产	960 000		(16) 80 000	880 000
开发支出		(17) 200 000		200 000
长期待摊费用	150 000		(18) 75 000	75 000
借方项目合计	8 042 100			7 675 507
贷方项目				
短期借款	600 000	(19) 200 000		400 000
应付票据	250 000	(2) 150 000		100 000
应付账款	760 000	(2) 85 000		675 000
应付职工薪酬	51 000	(20) 627 000	(20) 627 000	51 000
应交税费	40 800	(2) 56 083 (21) 168 500	(1) 255 000 (11) 49 700	120 917
应付利息	12 000	(22) 10 000	(6) 22 000	24 000
应付股利			(26) 120 000	120 000
其他应付款	80 000			80 000
一年内到期的非流动负债	850 000	(23) 850 000	(23) 400 000	400 000
长期借款	950 000	(23) 400 000	(6) 10 500 (15) 160 000 (24) 500 000	1 220 500
递延所得税负债	8 000		(11) 9 900	17 900
实收资本(或股本)	4 000 000			4 000 000
资本公积	200 300			200 300
盈余公积	140 000		(26) 14 589	154 589
未分配利润	100 000	(26) 134 589	(25) 145 890	111 301
贷方项目合计	8 042 100			7 675 507

（续表）

项目	调整分录		本期数
	借方	贷方	
二、利润表项目			
营业收入	（28）1 500 000	（1）1 500 000	1 500 000
营业成本	（2）900 000	（28）900 000	900 000
营业税金及附加	（3）21 250	（28）21 250	21 250
销售费用	（4）28 000	（28）28 000	28 000
管理费用	（5）223 700	（28）223 700	223 700
财务费用	（6）56 500	（28）56 500	56 500
资产减值损失	（7）37 060	（28）37 060	37 060
公允价值变动收益	（8）2 000	（28）2 000	2 000
投资收益	（28）400 000	（9）400 000	40 000
营业外收入			
营业外支出	（10）70 000	（28）70 000	70 000
所得税费用	（11）59 600	（28）59 600	59 600
净利润	（25）145 890	（28）145 890	145 890
三、现金流量表项目			
（一）经营活动产生的现金流量			
销售商品、提供劳务收到的现金	（1）1 732 000	（6）24 000 （12）5 000	1 703 000
经营活动现金流入小计			1 703 000
购买商品、接受劳务支付的现金	（14）100 000 （18）75 000 （20）581 400	（2）1 310 983	554 583
支付给职工以及为职工支付的现金		（20）627 000	627 000
支付的各项税费		（3）21 250 （21）120 000 （21）48 500	189 750
支付其他与经营活动有关的现金	（14）20 000 （16）80 000 （20）45 600	（4）28 000 （5）223 700	106 100
经营活动现金流出小计			1 477 433
经营活动产生的现金流量净额			225 567
（二）投资活动产生的现金流量			
收回投资收到的现金			
取得投资收益收到的现金	（9）40 000		40 000
处置固定资产所收到的现金净额	（10）400 000		400 000
现金流入小计			440 000
购建固定资产支付的现金		（13）107 000 （15）562 100	669 100
支付其他与投资活动有关的现金		（17）200 000	200 000
现金流出小计			869 100
投资活动产生的现金流量净额			－429 100

（续表）

项目	调整分录		本期数
	借方	贷方	
（三）筹资活动产生的现金流量			
取得借款收到的现金	（24）500 000		500 000
筹资活动现金流入小计			500 000
偿还债务支付的现金		（19）200 000 （23）850 000	1 050 000
分配股利、利润或偿付利息支付的现金		（22）10 000	10 000
筹资活动现金流出小计			1 060 000
筹资活动产生的现金流量净额			-560 000
（四）现金及现金等价物净增加额	（27）763 533		-763 533
调整分录借贷合计	13 891 705	13 891 705	

第四步，编制现金流量表，见表12-13。

表12-13　现金流量表

编制单位：光明公司　　2012年12月　　单位：元

项目	本期金额	上期金额
一、经营活动产生的现金流量：		
销售商品、提供劳务收到的现金	1 703 000	
收到的税费返还		
收到其他与经营活动有关的现金		
经营活动现金流入小计	1 703 000	
购买商品、接受劳务支付的现金	554 583	
支付给职工以及为职工支付的现金	627 000	
支付的各项税费	189 750	
支付其他与经营活动有关的现金	106 100	
经营活动现金流出小计	1 477 433	
经营活动产生的现金流量净额	225 567	
二、投资活动产生的现金流量：		
收回投资收到的现金		
取得投资收益收到的现金	40 000	
处置固定资产、无形资产和其他长期资产收回的现金净额	400 000	
处置子公司及其他营业单位收到的现金净额		
收到其他与投资活动有关的现金		
投资活动现金流入小计	440 000	
购建固定资产、无形资产和其他长期资产支付的现金	669 100	
投资支付的现金		
取得子公司及其他营业单位支付的现金净额		
支付其他与投资活动有关的现金	200 000	
投资活动现金流出小计	869 100	
投资活动产生的现金流量净额	-429 100	

（续表）

项目	本期金额	上期金额
三、筹资活动产生的现金流量：		
吸收投资收到的现金		
取得借款收到的现金	500 000	
收到其他与筹资活动有关的现金		
筹资活动现金流入小计	500 000	
偿还债务支付的现金	1 050 000	
分配股利、利润或偿付利息支付的现金	10 000	
支付其他与筹资活动有关的现金		
筹资活动现金流出小计	1 060 000	
筹资活动产生的现金流量净额	-560 000	
四、汇率变动对现金的影响		
五、现金及现金等价物净增加额	-763 533	
加：期初现金及现金等价物余额	1 815 100	
六、期末现金及现金等价物余额	1 051 567	

企业在采用直接法列报经营活动产生的现金流量的情况下，还应当采用间接法在现金流量表附注中披露将净利润调节为经营活动现金流量的信息，如表 12-14 所示。

表 12-14　现金流量表附注

补充资料	本期金额	上期金额
1. 将净利润调节为经营活动现金流量：		
净利润	145 890	
加：资产减值准备	37 060	
固定资产折旧、油气资产折耗、生产性生物资产折旧	120 000	
无形资产摊销	80 000	
长期待摊费用摊销	75 000	
处置固定资产、无形资产和其他长期资产的损失（收益以“-”号填列）	70 000	
固定资产报废损失（收益以“-”号填列）		
公允价值变动损失（收益以“-”号填列）	-2 000	
财务费用（收益以“-”号填列）	56 500	
投资损失（收益以“-”号填列）	-40 000	
递延所得税资产减少（增加以“-”号填列）		
递延所得税负债增加（减少以“-”号填列）	9 900	
存货的减少（增加以“-”号填列）	-179 900	
经营性应收项目的减少（增加以“-”号填列）	8 000	
经营性应付项目的增加（减少以“-”号填列）	-154 883	
其他		
经营活动产生的现金流量净额	225 567	
2. 不涉及现金收支的重大投资和筹资活动：		
债务转为资本		
一年内到期的可转换公司债券		
融资租入固定资产		
3. 现金及现金等价物净变动情况：		
现金的期末余额	1 051 567	

（续表）

补充资料	本期金额	上期金额
减:现金的期初余额	1 815 100	
加:现金等价物的期末余额		
减:现金等价物的期初余额		
现金及现金等价物净增加额	-763 533	

第六节 所有者权益变动表

一、所有者权益变动表概述

（一）所有者权益变动表的定义

所有者权益变动表是反映构成所有者权益的各组成部分当期的增减变动情况的报表。所有者权益变动表应当全面反映一定时期所有者权益变动的情况,不仅包括所有者权益总量的增减变动,还包括所有者权益增减变动的重要结构性信息,特别是要反映直接计入所有者权益的利得和损失,让报表使用者准确理解所有者权益增减变动的根源。

（二）所有者权益变动表的结构

为了清楚地表明构成所有者权益的各组成部分当期的增减变动情况,所有者权益变动表应当以矩阵的形式列示。一方面,列示导致所有者权益变动的交易或事项,改变了以往仅仅按照所有者权益的各组成部分反映所有者权益变动情况,而是按所有者权益变动的来源对一定时期所有者权益变动情况进行全面反映;另一方面,按照所有者权益各组成部分(包括实收资本、资本公积、盈余公积、未分配利润和库存股)及其总额列示交易或事项对所有者权益的影响。此外,企业还需要提供比较所有者权益变动表,所有者权益变动表还就各项目再分为“本年金额”和“上年金额”两栏分别填列。所有者权益变动表的具体格式如表 12-15 所示。

二、所有者权益变动表的填列方法

（一）所有者权益变动表各项目的填列方法

1.“上年年末余额”项目

该项目反映企业上年资产负债表中实收资本(或股本)、资本公积、盈余公积、未分配利润的年末余额。

2.“会计政策变更”和“前期差错更正”项目

此两项目分别反映企业采用追溯调整法处理的会计政策变更的累积影响金额和采用追溯重述法处理的会计差错更正的累积影响金额。

为了体现会计政策变更和前期差错更正的影响,企业应当在上期期末所有者权益余额的基础上进行调整得出本期期初所有者权益,根据“盈余公积”、“利润分配”、“以前年度损益调整”等账户的发生额分析填列。

表 12-15　所有者权益变动表

编制单位：　　　　　　　　年度　　　　　　　　单位：元

项目	本年金额						上年金额					
	实收资本（或股本）	资本公积	减：库存股	盈余公积	未分配利润	所有者权益合计	实收资本（或股本）	资本公积	减：库存股	盈余公积	未分配利润	所有者权益合计
一、上年年末余额												
加:会计政策变更												
前期差错更正												
二、本年年初余额												
三、本年增减变动金额（减少以“－”号填列）												
（一）净利润												
（二）直接计入所有者权益的利得和损失												
1. 可供出售金融资产公允价值变动净额												
2. 权益法下被投资单位其他所有者权益变动的影响												
3. 与计入所有者权益项目相关的所得税影响												
4. 其他												
上述(一)和(二)小计												
（三）所有者投入和减少资本												
1. 所有者投入资本												
2. 股份支付计入所有者权益的金额												
3. 其他												

（续表）

项目	本年金额						上年金额					
	实收资本（或股本）	资本公积	减：库存股	盈余公积	未分配利润	所有者权益合计	实收资本（或股本）	资本公积	减：库存股	盈余公积	未分配利润	所有者权益合计
（四）利润分配												
1. 提取盈余公积												
2. 提取一般风险准备												
3. 对所有者(或股东)的分配												
4. 其他												
（五）所有者权益内部结转												
1. 资本公积转增资本(或股本)												
2. 盈余公积转增资本(或股本)												
3. 盈余公积弥补亏损												
4. 其他												
四、本年年末余额												

3．“本年增减变动额（减少以”－“号填列）”项目

（1）“净利润”项目，反映企业当年实现的净利润（或净亏损）金额，并对应列在“未分配利润”栏。

（2）“直接计入所有者权益的利得和损失”项目，反映企业当年直接计入所有者权益的利得和损失金额。其中：

“可供出售金融资产公允价值变动净额”项目，反映企业持有的可供出售金融资产当年公允价值变动的金额，并对应列在“资本公积”栏。

“权益法下被投资单位其他所有者权益变动的影响”项目，反映企业对按照权益法核算的长期股权投资，在被投资单位除当年实现的净损益以外其他所有者权益当年变动中应享有的份额，并对应列在“资本公积”栏。

“与计入所有者权益项目相关的所得税影响”项目，反映企业根据企业会计准则规定应计入所有者权益项目的当年所得税影响金额，并对应列在“资本公积”栏。

4．“所有者投入和减少资本”项目

该项目反映企业当年所有者投入的资本和减少的资本。其中：

“所有者投入资本”项目，反映企业接受投资者投入形成的实收资本（或股本）和资本溢价或股本溢价，并对应列在“实收资本”和“资本公积”栏。

“股份支付计入所有者权益的金额”项目，反映企业处于等待期中的权益结算的股份支付当年计入资本公积的金额，并对应列在“资本公积”栏。

5．“利润分配”项目

该项目反映当年对所有者（或股东）分配的利润（或股利）金额和按照规定提取的盈余公积金额，并对应列在“未分配利润”和“盈余公积”栏。其中：

“提取盈余公积”项目，反映企业按照规定提取的盈余公积。

“对所有者（或股东）的分配”项目，反映对所有者（或股东）分配的利润（或股利）金额。

6．“所有者权益内部结转”项目

该项目反映不影响当年所有者权益总额的所有者权益各组成部分之间当年的增减变动，包括资本公积转增资本（或股本）、盈余公积转增资本（或股本）、盈余公积弥补亏损等项金额。其中：

“资本公积转增资本（或股本）”项目，反映企业以资本公积转增资本或股本的金额。

“盈余公积转增资本（或股本）”项目，反映企业以盈余公积转增资本或股本的金额。

“盈余公积弥补亏损”项目，反映企业以盈余公积弥补亏损的金额。

（二）所有者权益变动表栏目的填列方法

1．上年金额栏的列报方法

所有者权益变动表“上年金额”栏内各项数字，应根据上年度所有者权益变动表“本年金额”栏内所列数字填列。如果上年度所有者权益变动表规定的各个项目的名称和内容同本年度不相一致，应对上年度所有者权益变动表各项目的名称和数字按本年度的规定进行调整，填入所有者权益变动表“上年金额”栏内。

2. 本年金额栏的列报方法

所有者权益变动表"本年金额"栏内各项数字一般应根据"实收资本(或股本)"、"资本公积"、"盈余公积"、"利润分配"、"库存股"、"以前年度损益调整"等账户的发生额分析填列。

第七节 附 注

一、附注定义和作用

附注是对在资产负债表、利润表、现金流量表和所有者权益变动表等报表中列示项目的文字描述或明细资料,以及对未能在这些报表中列示项目的说明等。

财务报表中的数字是经过分类与汇总后的结果,是对企业发生的经济业务的高度简化和浓缩的数字,如有没有形成这些数字所使用的会计政策、理解这些数字所必需的披露,财务报表就不可能充分发挥效用。因此,附注与资产负债表、利润表、现金流量表、所有者权益变动表等报表具有同等的重要性,是财务报表的重要组成部分。报表使用者了解企业的财务状况、经营成果和现金流量,应当全面阅读附注。

二、附注披露的内容

根据我国企业会计准则的规定,财务报表附注应当按照如下顺序披露有关内容:

1. 企业的基本情况

(1) 企业注册地、组织形式和总部地址。

(2) 企业的业务性质和主要经营活动。

(3) 母公司以及集团最终母公司的名称。

2. 财务报表的编制基础

(1) 会计年度。

(2) 记账本位币。

(3) 会计计量所运用的计量基础。

(4) 现金和现金等价物的构成。

3. 遵循企业会计准则的声明

企业应当声明编制的财务报表符合企业会计准则的要求,真实、完整地反映了企业的财务状况、经营成果和现金流量等有关信息。

4. 重要会计政策的说明

企业应当披露财务报表项目的计量基础和会计政策的确定依据等。

5. 重要会计估计的说明

企业应当披露重要会计估计中所采用的关键假设和不确定因素,包括下一会计期间内很可能导致资产、负债账面价值重大调整的会计估计的确定依据等。

6. 会计政策和会计估计变更以及差错更正的说明

（1）会计政策变更的性质、内容和原因。

（2）当期和各个列报前期财务报表中受影响的项目名称和调整金额。

（3）会计政策变更无法进行追溯调整的事实和原因以及开始应用变更后的会计政策的时点、具体应用情况。

（4）会计估计变更的内容和原因。

（5）会计估计变更对当期和未来期间的影响金额。

（6）会计估计变更的影响数不能确定的事实和原因。

（7）前期差错的性质。

（8）各个列报前期财务报表中受影响的项目名称和更正金额；前期差错对当期财务报表也有影响的，还应披露当期财务报表中受影响的项目名称和金额。

（9）前期差错无法进行追溯重述的事实和原因以及对前期差错开始进行更正的时点、具体更正情况。

7. 重要报表项目的说明

企业对报表重要项目的说明，应当按照资产负债表、利润表、现金流量表、所有者权益变动表及其项目列示的顺序，采用文字和数字描述相结合的方式进行披露。报表重要项目的明细金额合计，应当与报表项目金额相衔接。

（1）交易性金融资产。应披露交易性债券投资、交易性权益工具投资、指定为以公允价值计量且其变动计入当期损益的金融资产、衍生金融资产及其他的期末公允价值。

（2）应收账款。应披露应收账款按账龄结构、应收账款按客户分类。应收票据、预收账款、长期应收款和其他应收款，比照应收账款进行披露。

（3）存货。除披露不同种类存货的年初账面余额、本期增加额、本期减少额及期末账面余额。还应披露存货跌价准备情况。

（4）其他流动资产。长期待摊费用、其他非流动资产，比照其他流动资产进行披露。

（5）可供出售金融资产。披露可供出售债券、可供出售权益工具及其他信息。

（6）持有至到期投资。披露期末账面余额和年初账面余额。

（7）长期股权投资。披露被投资单位期末账面余额和年初账面余额外，应披露被投资单位由于所在国家或地区及其他方面的影响，其向投资企业转移资金的能力受到限制，应披露受限制的具体情况。还应披露当期及累计未确认的投资损失金额。

（8）投资性房地产。分别采用成本模式后续计量投资性房地产的企业和企业采用公允价值模式进行后续计量的投资性房地产企业进行相关信息披露。还应披露公允价值的确定依据及公允价值金额的增减变动情况。如有房地产转换的，应当说明房地产转换的原因及其影响。

（9）固定资产。企业确有准备处置的固定资产的，应说明准备处置的固定资产名称、账面价值、公允价值、预计处置费用和预计处置时间等。

（10）无形资产。计入当期损益和确认为无形资产的研究开发支出金额。

（11）商誉的形成来源、账面价值的增减变动情况。

(12) 递延所得税资产和递延所得税负债。披露已确认递延所得税资产和递延所得税负债,以及未确认递延所得税资产的可抵扣暂时性差异、可抵扣亏损等的金额(存在到期日的,还应披露到期日)。

(13) 资产减值准备。

(14) 所有权受到限制的资产。披露所有权受到限制的资产金额及资产所有权受到限制的原因。

(15) 职工薪酬。披露企业本期为职工提供的各项非货币性福利形式、金额及其计算依据。

(16) 应交税费。按税种披露。

(17) 其他流动负债。预计负债、其他非流动负债,比照其他流动负债进行披露。

(18) 短期借款和长期借款。对于期末逾期借款,应分别贷款单位、借款金额、逾期时间、年利率、逾期未偿还原因和预期还款期等进行披露。

(19) 应付债券。

(20) 长期应付款。

(21) 营业收入。

(22) 公允价值变动收益

(23) 投资收益。披露按照权益法核算的长期股权投资,直接以被投资单位的账面净损益计算确认的投资损益的事实及原因。

(24) 资产减值损失。

(25) 营业外收入。

(26) 营业外支出。

(27) 所得税费用。披露所得税费用(收益)的组成,包括当期所得税、递延所得税。所得税费用(收益)与会计利润的关系。

(28) 企业应当披露取得政府补助的种类及金额。

(29) 每股收益。披露基本每股收益和稀释每股收益分子、分母的计算过程。列报期间不具有稀释性但以后期间很可能具有稀释性的潜在普通股。在资产负债表日至财务报告批准报出日之间,企业发行在外普通股或潜在普通股股数发生重大变化的情况。如股份发行、股份回购、潜在普通股发行、潜在普通股转换或行权等。

(30) 利润表补充资料(费用性质法)。企业可以按照费用的性质分类披露利润表。费用按照性质分类,是指将费用按其性质分为耗用的原材料、职工薪酬费用、折旧费、摊销费等,而不是按照费用在企业所发挥的不同功能分类。

(31) 非货币性资产交换。披露换入资产、换出资产的类别;换入资产成本的确定方式;换入资产、换出资产的公允价值及换出资产的账面价值。

(32) 股份支付。披露当期授予、行权和失效的各项权益工具总额;期末发行在外的股份期权或其他权益工具行权价格的范围和合同剩余期限;当期行权的股份期权或其他权益工具以其行权日价格计算的加权平均价格;股份支付交易对当期财务状况和经营成果的影响。

(33) 债务重组。作为债务人的企业应当说明与债务重组有关的下列信息:① 债务重组方式;② 或有应付金额;③ 将债务转为资本所导致的股本(或实收资本)增加额。作为债权人的企业应当说明与债务重组有关的下列信息:① 债务重组方式;② 债权转为股份所导致的投资增加额及该投资占债务人股份总额的比例;③ 或有应付金额。

(34) 借款费用。披露当期资本化的借款费用金额;当期用于计算确定借款费用资本化金额的资本化率。

(35) 外币折算。披露计入当期损益的汇兑差额;处置境外经营对外币财务报表折算差额的影响。

(36) 企业合并。按照《企业会计准则——企业合并》的相关规定进行披露。

(37) 租赁。披露融资租赁出租人应当说明未实现融资收益的余额,并披露与融资租赁有关的信息;经营租赁出租人各类出租资产的期末账面价值;披露各售后租回交易以及售后租回合同中的重要条款。融资租赁承租人应当说明未确认融资费用的余额,并披露与融资租赁有关的下列信息:① 各类租入固定资产的年初和期末原价、累计折旧额、减值准备累计金额;② 以后年度将支付的最低租赁付款额。对于重大的经营租赁,经营租赁承租人应当披露剩余租赁期及最低租赁付款额信息。

(38) 终止经营。披露终止经营收入、终止经营费用、终止经营利润总额、终止经营所得税费用、终止经营净利润。

8. 或有事项的说明

预计负债的种类、形成原因以及经济利益流出不确定性的说明;与预计负债有关的预期补偿金额和本期已确认的预期补偿金额;或有负债的种类、形成原因及经济利益流出不确定性的说明;或有负债预计产生的财务影响,以及获得补偿的可能性。无法预计的,应当说明原因;或有资产很可能会给企业带来经济利益的,其形成的原因、预计产生的财务影响等;在涉及未决诉讼、未决仲裁的情况下,披露全部或部分信息预期对企业造成重大不利影响的,披露该未决诉讼、未决仲裁的性质以及没有披露这些信息的事实和原因。

9. 资产负债表日后事项的说明

每项重要的资产负债表日后非调整事项的性质、内容,及其对财务状况和经营成果的影响。无法做出估计的,应当说明原因;资产负债表日后,企业利润分配方案中拟分配的以及经审议批准宣告发放的股利或利润。

10. 关联方关系及其交易的说明

(1) 母公司和子公司的名称。母公司不是该企业最终控制方的,说明最终控制方名称。母公司和最终控制方均不对外提供财务报表的,说明母公司之上与其最相近的对外提供财务报表的母公司名称。

(2) 母公司和子公司的业务性质、注册地、注册资本(或实收资本、股本)及其当期发生的变化。

(3) 母公司对该企业或者该企业对子公司的持股比例和表决权比例。

(4) 企业与关联方发生关联方交易的,该关联方关系的性质、交易类型及交易要素。交易要素至少应当包括:交易的金额;未结算项目的金额、条款和条件,以及有关提供或取得担保的信息;未结算应收项目的坏账准备金额;定价政策。

(5) 企业应当分别关联方以及交易类型披露关联方交易。

上述所有信息披露格式详见《企业会计准则第30号——财务报表列报》应用指南。

思考题

1. 财务报表有哪些分类方法?
2. 简述资产负债表的结构。
3. 如何编制资产负债表?应注意什么?
4. 简述利润表的结构。
5. 如何编制利润表?
6. 简述现金流量表的结构。
7. 如何编制现金流量表?
8. 简述所有者权益变动表的结构。
9. 报表附注有何作用?包括哪些内容?

练习题

一、单项选择题

1. 资产负债表中的“未分配利润”项目,应根据(　　)填列。

A. “利润分配”账户余额

B. “本年利润”账户余额

C. “本年利润”和“利润分配”账户的余额计算后

D. “盈余公积”账户余额

2. 某公司年末结账前“应收账款”账户所属明细账户中有借方余额50 000元,贷方余额20 000元;“预收账款”账户所属明细账户中有借方余额3 000元,贷方余额10 000元;“坏账准备”账户余额为0。则年末资产负债表中“应收账款”项目的期末数为(　　)。

A. 30 000元　　B. 53 000元　　C. 63 000元　　D. 47 000元

3. 某股份有限公司从2012年1月1日起对期末存货采用成本与可变现净值孰低法计价,成本与可变现净值的比较采用单项比较法。该公司2012年6月30日A、B、C三种存货的成本分别为:300 000元、210 000元、360 000元;A、B、C三种存货的可变现净值分别为:280 000元、250 000元、360 000元。该公司当年6月30日资产负债表中反映的存货净额为(　　)元。

A. 850 000　　B. 870 000　　C. 880 000　　D. 910 000

4. “预付账款”账户明细账中若有贷方余额,应将其计入资产负债表中的(　　)项目。

A. 应收账款　　B. 预收账款　　C. 应付账款　　D. 其他应付款

5. 某企业2012年12月31日固定资产账户余额为20 000 000万元,累计折旧账户余额为8 000 000元,固定资产减值准备账户余额为1 000 000元,在建工程账户余额为2 000 000元。该企业2012年12月31日资产负债表中固定资产项目的金额为(　　)元。

A. 12 000 000　　B. 900 000　　C. 11 000 000　　D. 22 000 000

6. 资产负债表中的项目按资产负债的(　　)顺序排列。

A. 流动性　　B. 重要性　　C. 金额大小　　D. 程度高低

7. 下列不影响营业利润的项目是(　　)。

A. 财务费用　　B. 投资收益　　C. 资产减值损失　　D. 营业外支出

8. 下列经济事项中,能使企业经营活动的现金流量发生变化的是(　　)。

A. 交纳增值税　　B. 购买工程物资　　C. 赊销商品　　D. 发放股票股利

9. 下列经济业务所产生的现金流量中,属于"投资活动产生的现金流量"的是(　　)。

A. 收到的现金股利　　B. 支付的各种税费

C. 吸收投资所收到的现金　　D. 支付货款

10. 企业偿还的长期借款利息,在编制现金流量表时,应作为(　　)项目填列。

A. 偿还债务支付的现金

B. 分配股利、利润和偿付利息支付的现金

C. 支付的其他与筹资活动有关的现金

D. 支付的利息费用

二、多项选择题

1. 资产负债表中的应付账款项目应根据(　　)填列。

A. 应付账款所属明细账贷方余额合计　　B. 预付账款所属明细账贷方余额合计

C. 预付账款所属明细账借方余额合计　　D. 应付账款所属明细账借方余额合计

E. 应付账款及预付账款所属明细账借贷方之差

2. 下列资产中,属于流动资产的有(　　)。

A. 一年内到期的非流动资产　　B. 交易性金融资产

C. 货币资金　　D. 开发支出

E. 无形资产

3. 在下列项目中,应计入利润表中"营业外收入"项目的是(　　)。

A. 非流动资产处置利得　　B. 先征后返收到的增值税

C. 无法支付的应付账款　　D. 接受现金捐赠

E. 债券利息收入

4. 财务报表包括(　　)。

A. 资产负债表　　B. 利润表

C. 现金流量表　　D. 所有者权益变动表

E. 成本费用计算表

5. 将净利润调节为经营活动产生的现金流量时,下列各调整项目中,属于调减项目的有(　　)。

A. 投资收益　　B. 递延所得税负债增加额

C. 长期待摊费用的增加　　D. 固定资产报废损失

E. 借入短期借款

6. 利润表中的营业收入项目,包含下列各账户的金额(　　)。

A. 营业外收入　　B. 投资收益

C. 主营业务收入　　D. 其他业务收入

E. 营业外支出

7. 下列项目应在现金流量表中的"支付的各项税费"项目中反映的有(　　)。

A. 土地增值税　　B. 耕地占用税

C. 教育费附加　　D. 所得税

E. 营业税

8. 在下列事项中,影响投资活动现金流量的项目是(　　)。

A. 以存款购买设备　　B. 购买三个月内到期的短期债券

C. 购买一项可供出售金融资产　　D. 取得债券利息和现金股利

E. 收回长期股权投资

9. 下列项目中,影响现金流量表中的"购买商品、接受劳务支付的现金"项目有(　　)。

A. 偿还应付账款　　B. 支付的进项税额

C. 预付购货款　　D. 购买材料支付货款

E. 支付到期应付票据

三、判断题

1. 现金流量表中的经营活动,是指企业投资活动和筹资活动以外的交易和事项。销售商品或提供劳务、处置固定资产、分配利润等产生的现金流量均包括在经营活动产生的现金流量中。(　　)

2. 资产负债表中的"固定资产"项目应包括融资租入固定资产和经营租入固定资产的原价。(　　)

3. 企业必须对外提供资产负债表、利润表及利润分配表和现金流量表,会计报表附注不属于企业必须对外提供的资料。(　　)

4. 资产负债表中"应收账款"、"应付账款"、"预收账款"、"预付账款"账户应根据该账户的总账余额填列。(　　)

5. 资产负债表中的资产类应按流动资产和非流动资产项目分别列示,非流动资产在前,流动资产在后。(　　)

6. 稀释每股收益金额大于基本每股收益金额。(　　)

7. 现金流量表只能反映企业与现金有关的经营活动、投资活动和筹资活动。(　　)

8. 投资收益不影响营业利润。(　　)

9. 在编制现金流量表时,因购买商品而支付的相应增值税应计入经营活动产生现金流量的"支付的各项税费"中反映。(　　)

10. 企业偿还的借款利息、债券利息应在筹资活动产生现金流量的"偿还债务所支付的现金"项目反映。(　　)

四、综合业务题

1. 甲企业为增值税一般纳税工业企业，其有关资料如下：

（1）甲企业销售的产品、材料均为应纳增值税货物，增值税税率17%，产品、材料销售价格中均不含增值税。

（2）甲企业材料和产品均按实际成本核算，其销售成本随着销售同时结转。

（3）乙企业为甲企业的联营企业，甲企业对乙企业的投资占乙企业有表决权资本的25%，甲企业对乙企业的投资按权益法核算。

（4）甲企业2012年1月1日有关账户余额如下：

账户名称	借方余额	账户名称	贷方余额
库存现金	500	短期借款	300 000
银行存款	400 000	应付票据	50 000
应收票据	30 000	应付账款	180 000
应收账款	200 000	应付职工薪酬	5 000
坏账准备	-1 000	应交税费	12 000
其他应收款	200	长期借款	1 260 000
原材料	350 000	实收资本	2 000 000
周转材料	30 000	盈余公积	120 000
库存商品	80 000	利润分配（未分配利润）	7 700
长期股权投资－乙企业	600 000		
固定资产	2 800 000		
累计折旧	-560 000		
无形资产	5 000		
合计	3 934 700	合计	3 934 700

（5）甲企业2012年度发生如下经济业务：

① 购入原材料一批，增值税专用发票上注明的增值税税额为51 000元，原材料实际成本300 000元。材料已经到达，并验收入库。企业开出商业承兑汇票。

② 销售给乙企业一批产品，销售价格40 000元，产品成本32 000元。产品已经发出，开出增值税专用发票，款项尚未收到（除增值税以外，不考虑其他税费）。甲企业销售该产品的销售毛利率为20%。

③ 对外销售一批原材料，销售价格26 000元，材料实际成本18 000元。销售材料已经发出，开出增值税专用发票。款项已经收到，并存入银行（除增值税以外，不考虑其他税费）。

④ 出售一台不需用设备给乙企业，设备账面原价150 000元，已提折旧24 000元，出售价格180 000元。出售设备价款已经收到，并存入银行。甲企业出售该项设备的毛利率为30%（假设出售该项设备不需交纳增值税等有关税费）。乙公司购入该项设备用于管理部门，本年度提取该项设备的折旧18 000元。

⑤ 按应收账款年末余额的5‰计提坏账准备。

⑥ 用银行存款偿还到期应付票据20 000元，交纳所得税2 300元。

⑦ 乙企业本年实现净利润280 000元，甲企业按投资比例确认其投资收益。

⑧ 摊销无形资产价值1 000元；计提管理用固定资产折旧8 766元。

⑨ 本年度所得税费用和应交所得税为 42 900 元;实现净利润 87 100 元;计提盈余公积 8 710 元。

要求:

(1) 根据上述资料,对甲企业的有关经济业务进行会计处理。

(2) 填列甲企业 2012 年 12 月 31 日资产负债表的年末数(填入下表)。

资产负债表

编制单位:甲企业　　　　2012 年 12 月 31 日　　　　单位:元

资产	期末余额	负债及所有者权益	期末余额
流动资产:		流动负债:	
货币资金		短期借款	
应收票据		应付票据	
应收账款		应付账款	
其他应收款		应付职工薪酬	
存货		应交税费	
流动资产合计		流动负债合计	
非流动资产:		非流动负债:	
长期股权投资——乙企业		长期借款	
固定资产		非流动负债合计	
无形资产		负债合计	
非流动资产合计		所有者权益:	
		实收资本	
		盈余公积	
		未分配利润	
		所有者权益合计	
资产总计		负债及所有者权益总计	

2. 甲股份有限公司(以下简称甲公司)为增值税一般纳税企业,适用的增值税税率为 17%,适用的所得税税率为 25%,采用债务法核算所得税,不考虑其他相关税费,商品销售价格中均不含增值税额,商品销售成本按发生的经济业务逐项结转。销售商品及提供劳务均为主营业务,资产销售(出售)均为正常的商业交易,采用公允的交易价格结算,除特别指明外,所售资产均未计提减值准备。

甲公司 2012 年 12 月发生的经济业务及相关资料如下:

(1) 12 月 1 日,向 A 公司销售商品一批,增值税专用发票上注明销售价格为 1 000 000 元。增值税额为 170 000 元。提货单和增值税专用发票已交 A 公司,款项尚未收取。为及时收回货款,给予 A 公司的现金折扣条件为"2/10,1/20,n/30"(假定现金折扣按销售价格计算),该批商品的实际成本为 750 000 元。

(2) 12 月 3 日,收到 B 公司来函,要求对当年 11 月 5 日所购商品在销售价格上给予 5% 的折让(甲公司在该批商品售出时,已确认销售收入 2 000 000 元,但款项尚未收取)。经查核,该批商品存在外观质量问题,甲公司同意了 B 公司提出的折让要求。当日,收到 B 公司交来的税务机关开具的索取折让证明单,并开具红字增值税专用发票。

(3) 12 月 10 日,收到 A 公司支付的货款并存入银行。

(4) 12 月 15 日,与 C 公司签订一项专利技术使用权转让合同。合同规定:C 公司有偿使用甲公司的该项专利技术,使用期为 2 年,一次性支付使用费 1 000 000 元,甲公司在合同签订日提供该专利技术资料,不提供后续服务,与该项交易有关的手续已办妥,从 C 公司收取的使用费已存入银行。

(5) 12 月 16 日,与 D 公司签订一项为其安装设备的合同。合同规定,该设备安装期限为 2 个月,合同总价款为 351 000 元(含增值税额),合同签订日预收价款 250 000 元。至 12 月 31 日,已实际发生安装费用 140 000 元(均为安装人员工资),预计还将发生安装费用 60 000 元。甲公司按实际发生的成本占总成本的比例确定安装劳务的完工程度。假定该合同的结果能够可靠地估计。

(6) 12 月 20 日,收到 E 公司退回的商品一批,该批商品系当年 11 月 10 日售出,销售价格为 500 000 元,实际成本为 450 000 元,货款尚未收取。经查核,该批商品的性能不稳定,甲公司同意了 E 公司的退货要求,当日,甲公司办妥了退货手续,并将开具的红字增值税专用发票交给了 E 公司。

(7) 12 月 21 日,收到先征后返的增值税 340 000 元,并存入银行。

(8) 12 月 31 日,财产清查时发现一批原材料盘亏和一台固定资产报废,盘亏的原材料实际成本为 100 000 元,报废的固定资产原价为 1 000 000 元,累计折旧为 700 000 元,已计提的减值准备为 100 000 元,原材料盘亏系计量不准所致。

(9) 除上述经济业务外,登记本月发生的其他经济业务形成的有关账户发生额如下:

账户名称	借方发生额(元)	贷方发生额(万元)
其他业务成本	200 000	
销售费用	150 000	
管理费用	122 000	
财务费用	103 000	
营业税金及附加	65 000	
投资收益		142 000
营业外收入		80 000
营业外支出	122 000 (非流动资产处置损失)	

(10) 12 月 31 日,计算交纳本月应交所得税(假定本月无纳税调整事项)。

要求:

(1) 根据上述资料,对甲公司有关经济业务进行会计处理(应交税费账户要求写出明细账户及专栏名称)。

(2) 编制甲公司 2012 年 12 月份的利润表(以万元表示)。

利润表

编制单位：甲公司　　2012 年 12 月　　单位：万元

项目	本期金额
一、营业收入	
减：营业成本	
营业税金及附加	
销售费用	
管理费用	
财务费用	
资产减值损失	
加：公允价值变动收益（损失以"－"号填列）	
投资收益（损失以"－"号填列）	
其中：对联营企业和合营企业的投资收益	
二、营业利润（亏损以"－"号填列）	
加：营业外收入	
减：营业外支出	
其中：非流动资产处置损失	
三、利润总额（亏损总额以"－"号填列）	
减：所得税费用	
四、净利润（净亏损以"－"号填列）	

参考文献

[1] 中华人民共和国财政部. 企业会计准则[M]. 北京:经济科学出版社,2006.

[2] 全国会计专业技术资格考试领导小组办公室. 税法(I) [M]. 北京:中国税务出版社,2007.

[3] 中国注册会计师协会. 会计[M]. 北京:中国财政经济出版社,2012. 4

[4] 刘永泽,崔凤鸣. 中级财务会计习题与案例[M]. 大连:东北财经大学出版社,2009. 7

[5] 王晓燕. 中级财务会计[M]. 北京:经济科学出版社,2008.9

[6] 戴德明等. 财务会计学[M]. 北京:中国人民大学出版社,2009.10

[7] 刘永泽,陈立军. 中级财务会计[M]. 大连:东北财经大学出版社,2009. 6

[8] 杨有红,欧阳爱平. 中级财务会计[M]. 北京:北京大学出版社,2009. 1

[9] 张志凤. 中级会计实务[M]. 北京:北京大学出版社,2011.11

[10] 葛家澍. 会计学[M]. 北京:高等教育出版社,2008.1

[11] 中国注册会计师协会. 税法[M]. 北京:中国财政经济出版社,2012. 4

[12] 财政部会计资格评价中心. 中级会计实务[M]. 北京:经济科学出版社,2011. 10

[13] 会计专业技术资格考试辅导用书编审委员会. 中级会计实务精讲精练[M]. 北京:经济科学出版社,2011. 11

[14] 葛家澎,杜兴强. 中级财务会计学(第三版)学习指导用书[M]. 北京:中国人民大学出版社,2008.1

[15] 葛家澎,杜兴强. 中级财务会计学(下)(第三版)[M]. 北京:中国人民大学出版社,2007.11

教师反馈及教辅申请表

北京大学出版社以"教材优先、学术为本、创建一流"为目标，主要为广大高等院校师生服务。为更有针对性地为广大教师服务，提升教学质量，在您确认将本书作为指定教材后，请您填好以下表格并经系主任签字盖章后寄回，我们将免费向您提供相应教辅资料。

书号/书名/作者			
您的姓名			
校/院/系			
您所讲授的课程名称			
每学期学生人数	________人 ________年级	学时	
您准备何时用此书授课			
您的联系地址			
邮政编码		联系电话（必填）	
E-mail（必填）		QQ	
您对本书的建议：		系主任签字 盖章	

我们的联系方式：

北京大学出版社经济与管理图书事业部
北京市海淀区成府路 205 号，100871
联 系 人：徐 冰
电　　话：010-62767312 / 62757146
传　　真：010-62556201
电子邮件：em@pup.cn　　xubingjn@yahoo.com.cn
网　　址：http://www.pup.cn
微　　博：北大出版社经管图书，http://weibo.com/pupem